Os sentidos do mundo

David Harvey

Os sentidos do mundo

textos essenciais

Tradução
Artur Renzo

Direção editorial Ivana Jinkings
Edição Thais Rimkus
Assistência editorial Pedro Davoglio
Tradução Artur Renzo
Preparação Mariana Zanini
Revisão Fabiana Medina
Coordenação de produção Livia Campos
Capa e diagramação Antonio Kehl,
sobre projeto gráfico de Heleni Andrade

Equipe de apoio Artur Renzo, Carolina Mercês, Clarissa Bongiovanni, Débora Rodrigues,
Dharla Soares, Elaine Ramos, Frederico Indiani, Higor Alves, Isabella Marcatti, Ivam Oliveira,
Joanes Sales, Kim Doria, Luciana Capelli, Marina Valeriano, Marlene Baptista,
Maurício Barbosa, Raí Alves, Talita Lima, Tulio Candiotto

CIP-BRASIL. CATALOGAÇÃO NA PUBLICAÇÃO
SINDICATO NACIONAL DOS EDITORES DE LIVROS, RJ

H271s

Harvey, David, 1935-
Os sentidos do mundo : textos essenciais / David Harvey ; tradução Artur Renzo. -
1. ed. - São Paulo : Boitempo, 2020.
416 p.

Tradução de: The ways of the world
Inclui bibliografia e índice
ISBN 978-85-7559-756-9

1. Geografia humana. 2. Ambientalismo. 3. Capitalismo. 4. Justiça social. I. Renzo,
Artur. II. Título.

20-63481   CDD: 304.2
                                                                      CDU: 911.3

Meri Gleice Rodrigues de Souza - Bibliotecária CRB-7/6439

 Esta edição contou com o apoio da
Fundação Lauro Campos e Marielle Franco.

1ª edição: março 2020

BOITEMPO
Jinkings Editores Associados Ltda.
Rua Pereira Leite, 373
05442-000 São Paulo SP
Tel.: (11) 3875-7250 | 3875-7285
editor@boitempoeditorial.com.br | www.boitempoeditorial.com.br
www.blogdaboitempo.com.br | www.facebook.com/boitempo
www.twitter.com/editoraboitempo | www.youtube.com/tvboitempo

SUMÁRIO

Prefácio à edição inglesa

Tive a sorte de estar envolvido na publicação de muitos dos livros de David Harvey, desde o primeiro, em 1969, até este, 47 anos depois. O primeiro foi *Explanation in Geography* [Explicação sobre geografia], que reformulou a maneira como os geógrafos colhiam, classificavam e interpretavam dados e como generalizavam e baseavam teorias a partir disso. Harvey o fez à luz de um leque de outras disciplinas, em especial filosofia, estatística e matemática. Ele procurou levar à metodologia e à teorização geográficas aquilo que denominava "padrões intelectuais decentes para um argumento racional". A obra, um *tour de force*, foi rapidamente consagrada no mundo. Harvey concluiu sua redação enquanto lecionava no departamento de geografia da Universidade de Bristol. Quando o livro foi publicado, ele havia se tornado professor associado do departamento de geografia e engenharia ambiental da Universidade Johns Hopkins, em Baltimore. Sua experiência da cidade no rescaldo dos levantes de 1968 alterou dramaticamente o foco de suas pesquisas e marcou o início de seu longo diálogo com as obras de Karl Marx. Essa transição tornou-se evidente dois anos depois, com o ensaio "Teoria revolucionária e contrarrevolucionária na geografia e o problema da formação de guetos", publicado aqui como capítulo 1. A temática do ensaio contrasta com a do livro que o antecedeu, mas em ambos transparece a preocupação de Harvey em reunir e analisar dados meticulosamente e em analisar a importância deles para a teoria e a prática – traço que permaneceu característico de sua obra desde então.

No comentário a respeito do capítulo 1, Harvey assinala que suas descobertas sobre as causas dos problemas de habitação em Baltimore conquistaram a admiração de oficiais municipais, proprietários fundiários e operadores financeiros – ele admite, no entanto, que, nesse caso, deixou de mencionar a fundamentação marxista de sua análise. Suas investigações a respeito da natureza versátil do capital, mesmo quando explicitamente formuladas em termos marxistas, continuaram a arrancar elogios dos próprios capitalistas criticados por ele: *O enigma do capital e as crises do capitalismo**, por exemplo, publicado em 2010, recebeu avaliações positivas no *Financial Times* e na *Finance & Development*, publicada pelo FMI. Você entenderá o porquê disso depois de ler, no capítulo 11 deste livro, a explicação cristalina sobre a evolução do capital. Tal como seu ilustre predecessor, Harvey é um analista brilhantemente perceptivo da história e da adaptabilidade do capital, mesmo quando diagnostica os motivos de suas crises e a inevitabilidade de seu fracasso.

Entre os diversos pontos altos deste livro, destaco a investigação sobre os bastidores da construção da Sacré-Coeur, em Paris, no capítulo 4; a exposição da compressão espaçotemporal em sua análise da pós-modernidade, no capítulo 5; e o relato, no capítulo 8, da greve dos trabalhadores da fábrica automotiva de Cowley, em Oxford, que passa de uma análise das tensões entre ação local e causas globais a uma minuciosa consideração dos romances de Raymond Williams. Destaco também um tema recorrente ao longo do volume: como problemas de sobreacumulação transbordam, de maneira escancarada, em processos de urbanização desenfreada acompanhados de uma série de males sociais.

Esta cornucópia dos escritos de David Harvey de todos os períodos de sua extensa e produtiva carreira interessará a todos aqueles já familiarizados com sua obra, assim como aos que dela se aproximam pela primeira vez.

John Davey
Oxford, agosto de 2015

---

* David Harvey, *O enigma do capital e as crises do capitalismo* (trad. João Alexandre Peschanski, São Paulo, Boitempo, 2011). (N. E.)

Introdução

Ultimamente tem surgido uma porção de relatórios impressionantes sobre a China. O United States Geological Survey, que monitora esses dados, relata que a China consumiu 6,651 bilhões de toneladas de cimento entre 2011 e 2013, em contraste com os 4,405 bilhões de toneladas que os Estados Unidos utilizaram durante todo o século XX. Já despejamos muito cimento nos Estados Unidos, mas os chineses talvez o estejam despejando por toda parte e a uma velocidade inconcebível. Como e por que isso ocorre? E quais são as consequências ambientais, econômicas e sociais disso?

O presente livro foi concebido para esclarecer questões como essas. Observemos, então, o contexto desse fato bruto para em seguida considerar como poderíamos desenhar um arcabouço geral que ajude a compreender o que está ocorrendo.

A economia chinesa amargou uma grave crise em 2008. Suas indústrias exportadoras enfrentaram tempos difíceis. Milhões de trabalhadores (30 milhões, segundo algumas estimativas) foram demitidos porque a demanda de consumo nos Estados Unidos (o principal mercado para os bens chineses) havia despencado drasticamente: milhões de famílias estadunidenses perderam ou estavam ameaçadas de perder suas casas por causa de execuções hipotecárias, e essas pessoas certamente não corriam para os shopping centers a fim de adquirir bens de consumo. O *boom* e a bolha imobiliários surgidos nos Estados Unidos entre 2001 e 2007 foram uma resposta à crise anterior na "bolha da internet" que eclodiu no mercado de ações em 2001. Alan Greenspan, então presidente do FED, o Banco Central estadunidense, estabeleceu taxas de juros baixas, de forma que o capital que estava sendo rapidamente retirado do mercado de ações se deslocou para o mercado imobiliário como destino preferencial até o estouro da bolha imobiliária, em 2007. A crise de 2008, fabricada principalmente nos mercados imobiliários do sudoeste

(Califórnia, Arizona e Nevada) e do sul (Flórida e Geórgia) dos Estados Unidos, resultou em milhões de trabalhadores desempregados nas regiões industriais da China já no início de 2009.

O Partido Comunista Chinês sabia que era preciso levar todos aqueles trabalhadores desempregados de volta ao trabalho ou encarar o risco de um descontentamento social de proporções gigantescas. Ao fim de 2009, um detalhado estudo realizado em conjunto pelo Fundo Monetário Internacional (FMI) e pela Organização Internacional do Trabalho (OIT) estimava que a perda total de postos de trabalho na China em decorrência da crise chegava a 3 milhões (em comparação com 7 milhões nos Estados Unidos). De alguma maneira, o Partido Comunista Chinês conseguiu criar cerca de 27 milhões de empregos em um ano – um feito fenomenal, senão inédito.

Afinal, o que fizeram os chineses? E como fizeram? Eles articularam uma onda massiva de investimentos em infraestruturas físicas, concebidas em parte para integrar geograficamente a economia nacional por meio do estabelecimento de elos entre as vibrantes zonas industriais da Costa Leste do país e o interior, majoritariamente subdesenvolvido, bem como para melhorar a conexão entre os mercados industriais e de consumo do norte e do sul, até então bastante isolados entre si. A isso somou-se um vasto programa de urbanização forçada, marcado pela construção de cidades inteiramente novas, além da expansão e da reconstrução daquelas já desenvolvidas.

Essa resposta a condições de crise econômica não era novidade. Napoleão III trouxe Haussmann a Paris em 1852 para recuperar as taxas de emprego por meio da reconstrução da cidade depois da crise econômica e do movimento revolucionário de 1848. Os Estados Unidos fizeram a mesma coisa após 1945, quando mobilizaram boa parte de sua produtividade ampliada e do dinheiro excedente para construir os subúrbios e as regiões metropolitanas (à moda de Robert Moses) de todas as principais cidades, ao mesmo tempo que integravam o sul e o oeste do país à economia nacional por meio da construção de seu sistema interestadual de autoestradas. O objetivo, em ambos os casos, era criar uma situação de relativo pleno emprego para excedentes de capital e trabalho, assegurando, assim, a estabilidade social. Os chineses, após 2008, fizeram a mesma coisa, mas em uma proporção infinitamente maior, como indicam os dados sobre consumo de cimento. Essa mudança de proporções já havia sido vista nos exemplos citados: Robert Moses trabalhou a partir de uma escala muito maior, a da região metropolitana, que a contemplada pelo barão Haussmann, que havia se concentrado apenas na capital francesa. Depois de 2008, ao menos um quarto do produto interno bruto (PIB) chinês derivava exclusivamente da construção imobiliária, e, se incluirmos todas as infraestruturas físicas (como linhas ferroviárias de alta velocidade, rodovias, barragens e projetos hídricos, novos aeroportos e terminais de contêineres etc.), cerca de metade do PIB chinês e quase todo o seu crescimento (que até pouco tempo beirava os 10%) podem ser atribuídos ao investimento em construções. Foi assim que a China saiu da recessão – daí todo aquele concreto derramado.

A repercussão mundial das iniciativas chinesas foi impressionante. A China consumiu cerca de 60% do cobre do mundo e mais da metade da produção global de cimento e de minério de ferro depois de 2008. A aceleração na demanda por matérias-primas fez com que todos os países fornecedores de minérios, petróleo e produtos agrícolas (madeira, soja, couro, algodão etc.) rapidamente superassem os efeitos da crise de 2007-2008 e experimentassem um crescimento acelerado (Austrália, Chile, Brasil, Argentina, Equador...). A Alemanha, que fornecia aos chineses máquinas-ferramenta de alta qualidade, também prosperou (ao contrário da França). As tentativas de resolução de crises mudam tão rápido quanto as tendências de crise, daí a volatilidade da geografia dos desenvolvimentos desiguais. Contudo, não há dúvida de que a China, com a massividade de sua urbanização e de seus investimentos no meio ambiente construído, acabou assumindo um papel de liderança no resgate do capitalismo global do desastre após 2008.

Como os chineses conseguiram fazer isso? A resposta básica é simples: eles recorreram a financiamento via dívida. O Comitê Central do Partido Comunista ordenou que os bancos concedessem empréstimos independentemente dos riscos. Os municípios, bem como as administrações regionais e locais, foram orientados a maximizar suas iniciativas de desenvolvimento, ao passo que foram afrouxados os termos dos empréstimos tanto para investidores quanto para consumidores poderem comprar imóveis para moradia ou investimento. O resultado disso foi o espetacular crescimento da dívida chinesa: ela praticamente dobrou desde 2008. A proporção dívida/PIB da China hoje está entre as maiores do mundo. Diferentemente do caso da Grécia, porém, a dívida é expressa em renmimbis, não em dólares ou euros. O Banco Central chinês conta com reservas estrangeiras suficientes para cobrir a dívida se for necessário e tem autonomia para imprimir seu próprio dinheiro se assim o quiser. Os chineses abraçaram a (surpreendente) ideia de Ronald Reagan de que déficits e dívidas não importam. Em 2014, entretanto, boa parte dos municípios estavam quebrados, havia surgido um sistema bancário sombra para disfarçar a concessão excessiva de empréstimos bancários a projetos não rentáveis, e o mercado imobiliário havia se tornado um verdadeiro cassino de volatilidade especulativa. Ameaças de desvalorização de valores imobiliários e de capital sobreacumulado no meio ambiente construído começaram a se materializar em 2012 e chegaram ao auge em 2015. Em suma, a China passou por um problema previsível de sobreinvestimento no meio ambiente construído (como havia ocorrido com Haussmann em Paris, em 1867, e com Robert Moses em Nova York, entre o fim dos anos 1960 e a crise fiscal de 1975). A imensa onda de investimento em capital fixo deveria ter elevado a produtividade e a eficiência no espaço da economia chinesa como um todo, como ocorreu no caso do sistema interestadual de autoestradas nos Estados Unidos durante os anos 1960. Investir metade do crescimento do PIB em capital fixo que gera taxas declinantes de crescimento não é uma boa ideia. Reverteram-se, assim, os efeitos mundiais positivos do crescimento da China: à medida que o crescimento chinês desacelerava, os preços das mercadorias passavam a cair, levando as economias de países como Brasil, Chile, Equador e Austrália a uma espiral decrescente.

De que forma, então, os chineses propõem enfrentar o dilema do que fazer com seu capital excedente diante da sobreacumulação no meio ambiente construído e de um endividamento crescente? As respostas são tão chocantes quanto os dados sobre o consumo de cimento. Para começar, eles planejam construir uma única cidade para abrigar 130 milhões de pessoas (quantidade equivalente às populações somadas do Reino Unido e da França). Centrada em Pequim e conectada por redes de comunicação e transporte de alta velocidade (que vão "anular o espaço pelo tempo", como disse Marx certa vez*) em um território menor que o do estado de Kentucky, esse projeto financiado via dívida foi elaborado para absorver excedentes de capital e de trabalho por bastante tempo. A quantidade de cimento a ser despejado para isso é imprevisível, mas certamente será imensa.

Versões menores de projetos desse tipo podem ser encontradas em toda parte, não apenas na China. Um exemplo óbvio é a recente urbanização dos estados do Golfo. A Turquia planeja converter Istambul em uma cidade de 45 milhões de pessoas (a população atual é de cerca de 18 milhões) e deu início a um enorme programa de urbanização na extremidade norte do Bósforo. Já estão em construção um novo aeroporto e uma nova ponte atravessando o estreito. Diferentemente da China, no entanto, a Turquia não pode fazer isso se endividando em sua própria moeda, e os mercados internacionais de títulos de dívida ficam ansiosos quanto aos riscos – grandes chances, portanto, de esse projeto em particular ser interrompido. Em quase toda grande cidade no mundo evidenciam-se *booms* de construção, com aluguéis e preços e imobiliários cada vez mais elevados. Certamente se vive algo assim neste momento na cidade de Nova York. Os espanhóis passaram por um processo

---

* O autor refere-se a uma conhecida formulação presente nos *Grundrisse* que será desenvolvida nos capítulos 2 e 5 deste livro. "É da natureza do capital mover-se para além de todas as barreiras espaciais. A criação das condições físicas da troca – de meios de comunicação e transporte – devêm uma necessidade para o capital em uma dimensão totalmente diferente – a anulação do espaço pelo tempo." Karl Marx, *Grundrisse. Manuscritos econômicos de 1857-1858: esboços da crítica da economia política* (trad. Mario Duayer, Nélio Schneider, Alice Helga Werner e Rudiger Hoffman, São Paulo, Boitempo, 2011), p. 432. (N. T.)

vigoroso semelhante antes de tudo vir abaixo em 2008. E, quando se dá o colapso, ele revela muito sobre o desperdício e a tolice dos esquemas de investimento que acabam sendo abandonados. Em Ciudad Real, logo ao sul de Madri, foi construído um aeroporto inteiramente novo ao custo de pelo menos 1 bilhão de euros, mas no fim das contas não vieram aviões e a empreitada aeroportuária foi à falência. Quando o aeroporto foi a leilão, em 2015, o lance mais alto oferecido foi de 10 mil euros.

Para os chineses, contudo, não basta dobrar a aposta na construção de cidades. Eles também miram além de suas fronteiras à procura de formas de absorver seus excedentes de capital e trabalho. Há um projeto de reconstruir a chamada "Rota da Seda", que na Idade Média ligava a China à Europa ocidental via Ásia Central. "A iniciativa de se criar uma versão moderna da antiga rota comercial surgiu como a marca registrada das relações exteriores do governo Xi Jinping", escreveram Charles Clover e Lucy Hornby no *Financial Times* (em 12 de outubro de 2015). A rede ferroviária se estenderia da Costa Leste da China, passando pela Mongólia interior e exterior e pelos países asiáticos centrais, até Teerã e Istambul, de onde ela se espalharia pela Europa, além de bifurcar para Moscou. Já é possível prever que mercadorias chinesas cheguem à Europa por essa rota em quatro dias, em vez dos sete dias de viagem via transporte marítimo. Essa conjunção de custos mais baixos e tempos mais curtos na Rota da Seda transformará uma área relativamente vazia na Ásia Central em uma fileira de metrópoles florescentes. Isso já começou a ocorrer. Ao explorar a lógica por trás do projeto chinês, Clover e Hornby assinalaram a premente necessidade de se assimilarem os vastos excedentes de capital e de insumos como cimento e aço na China. Os chineses, que absorveram e criaram uma imensa massa de capital excedente ao longo dos últimos trinta anos, agora buscam desesperadamente aquilo que denomino "ajuste espacial"* (ver capítulo 2) para lidar com esses problemas.

Esse não é o único projeto global de infraestrutura que interessa aos chineses. Foi lançada no ano 2000 a Iniciativa para a Integração da Infraestrutura Regional Sul-Americana (IIRSA), um ambicioso programa de construção de infraestruturas de transporte para a circulação de capital e mercadorias ao longo de doze países sul-americanos. As ligações transcontinentais atravessam dez polos de crescimento; os projetos mais audaciosos conectam a Costa Oeste (Peru e Equador) à Costa Leste (Brasil). Os países latino-americanos, no entanto, não têm os recursos para

---

* Cunhado originalmente em 1981 – ver David Harvey, "The Spatial Fix – Hegel, Von Thünen, and Marx", *Antipode*, v. 13, n. 3, dez. 1981 –, o conceito de *spatial fix* é traduzido para o português como "ajuste espacial". Embora amplamente consolidada na bibliografia brasileira, a tradução não preserva a polissemia do termo original em inglês. Na formulação do autor, a palavra "*fix*" alude tanto a uma solução temporária/improvisada baseada em estratégias de reorganização espacial para tendências de crise no capitalismo quanto a um processo que implica certa imobilização de capital em determinado lugar (como ocorre com investimentos em capital fixo, por exemplo). (N. T.)

financiar essa iniciativa. É aqui que entra a China, que está especialmente interessada em abrir o Brasil a seu comércio sem os demorados desvios das rotas marítimas. Em 2012, eles assinaram um acordo com o Peru para dar início a uma rota sobre os Andes em direção ao Brasil. Os chineses também pretendem financiar um novo canal através da Nicarágua para competir com o do Panamá. Na África, os chineses já trabalham a todo vapor (empregando sua própria mão de obra e capital) na integração dos sistemas de transporte do Leste da África, com planos de construir ferrovias transcontinentais de uma costa à outra.

Relato essas histórias para ilustrar como a geografia mundial foi e está constantemente sendo feita, refeita e por vezes até destruída com a finalidade de absorver excedentes de capital que se acumulam com rapidez. A resposta simples a quem me pergunta por que isso ocorre é: porque é o que a reprodução do capital exige. Isso prepara o terreno para fazermos uma avaliação crítica das possíveis consequências sociais, políticas e ambientais desses processos e levanta a questão: será que podemos nos dar ao luxo de continuar trilhando esse caminho ou precisamos trabalhar para conter ou abolir o impulso à acumulação infindável de capital que está em sua raiz? Esse é o tema que conecta os capítulos aparentemente díspares deste livro.

É evidente que há em curso uma destruição criativa do meio ambiente geográfico do mundo – testemunhamos esse processo à nossa volta, lemos sobre ele na imprensa e o acompanhamos no noticiário todos os dias. Cidades como Detroit florescem por certo tempo e depois entram em colapso à medida que outras cidades deslancham. Calotas de gelo derretem e florestas minguam. E a ideia de que precisamos criar novos arcabouços teóricos para compreender como e por que "as coisas ocorrem" da maneira que ocorrem é mais que um pouco revolucionária. Os economistas, por exemplo, costumam reconstruir suas teorias como se a geografia fosse o terreno fixo e imutável sobre o qual as forças econômicas se movimentam. O que poderia ser mais sólido que cordilheiras como os Himalaias, os Andes ou os Alpes, ou mais fixo que a forma dos continentes e as zonas climáticas que circundam a Terra? Recentemente, analistas respeitados como Jeffrey Sachs, em *O fim da pobreza: como acabar com a miséria mundial nos próximos vinte anos**, e Jared Diamond, em *Armas, germes e aço: os destinos das sociedades humanas***, sugeriram que a geografia, compreendida como ambiente físico fixo e imutável, equivale a destino. Boa parte das discrepâncias na distribuição de riqueza entre as nações, assinala Sachs, tem correlação com a distância do equador e com o acesso a águas navegáveis. Outros,

* Jeffrey D. Sachs, *O fim da pobreza: como acabar com a miséria mundial nos próximos vinte anos* (trad. Pedro Maia Soares, São Paulo, Companhia das Letras, 2005). (N. T.)

** Jared Diamond, *Armas, germes e aço: os destinos das sociedades humanas* (trad. Silvia de Souza Costa, Cynthia Cortes e Paulo Soares, Rio de Janeiro, Record, 2017 [1997]). (N. T.)

como Daron Acemoglu e James Robinson, em *Por que as nações fracassam: as origens do poder, da prosperidade e da pobreza**, contestam tal visão. A geografia, dizem eles, não tem nada a ver com a questão: o que importa é o arcabouço institucional construído histórica e culturalmente. Um lado diz que a Europa prosperou e tornou-se o berço do capitalismo de livre mercado por causa de seu regime pluvial, sua faixa litorânea recortada e sua diversidade ecológica, ao passo que a China ficou para trás por causa de sua faixa litorânea uniforme, característica que inibia a fácil navegação, e de seu regime hidrológico, que exigia uma administração estatal centralizada e burocrática, hostil aos livres mercados e à iniciativa individual. O outro lado diz que as inovações institucionais que reforçavam a propriedade privada e uma estrutura fragmentária de poderes estatais regionais emergiram talvez por acidente na Europa e impuseram um imperialismo extrativista sobre regiões densamente populosas do mundo (como a Índia e a China), que até recentemente havia contido as economias desses países, em contraste com a abertura do colonialismo de povoamento nas Américas e na Oceania, que teria estimulado o crescimento econômico de livre mercado. Histórias cativantes da humanidade foram elaboradas a partir de temas análogos: lembremos o monumental *Um estudo da história***, de Arnold Toynbee, em que desafios ambientais e respostas humanas estão na raiz das transformações históricas, ou a impressionante popularidade do já citado *Armas, germes e aço*, de Diamond, segundo o qual o ambiente determina tudo.

O que sugiro nos ensaios aqui reunidos vai na contramão de ambas essas tradições, a começar porque as duas estão simplesmente equivocadas. Não apenas porque erram nos detalhes (determinar a faixa costeira da China como uniforme ou o litoral da Europa como recortado depende muito da escala do mapa consultado), mas porque sua definição do que é ou não é geográfico não faz o menor sentido: depende de uma separação cartesiana artificial entre natureza e cultura, ao passo que na prática é impossível discernir onde termina uma e começa a outra. É um erro fatal impor dicotomia onde não há. A geografia exprime a unidade entre cultura e natureza e não é produto de alguma interação causal com *feedback*, como tantas vezes é representada. Essa ficção de uma dualidade produz todo tipo de desastre político e social.

Como a história recente da China nos mostra, a geografia do mundo não é fixa: ela está em constante transformação. Mudanças na duração e no custo dos transportes, por exemplo, perpetuamente redefinem os espaços relativos da economia

---

* Daron Acemoglu e James Robinson, *Por que as nações fracassam: as origens do poder, da prosperidade e da pobreza* (trad. Cristina Serra, São Paulo, Elsevier, 2012). (N. T.)
** Arnold Toynbee, *Um estudo da história* (trad. Isa Silveira Leal e Miroel Silveira, São Paulo/Brasília, Martins Fontes/Editora UnB, 1986 [1932]). (N. T.)

global. O escoamento de riquezas do Oriente ao Ocidente a partir do século XVIII não podia ter ocorrido sem as novas tecnologias de transporte e o domínio militar que alteraram as coordenadas espaço-tempo da economia global (particularmente com o advento das ferrovias e das embarcações a vapor). É o espaço relativo – não o absoluto – que importa. Aníbal penou para atravessar os Alpes com seus elefantes, mas a construção do túnel Simplon facilitou imensamente o movimento de mercadorias e pessoas entre o norte da Itália e boa parte da Europa*.

Nestes ensaios, procuro encontrar um arcabouço teórico para compreender os processos que moldam e remoldam nossa geografia e as consequências deles para a vida humana e para o meio ambiente do planeta Terra. Digo "arcabouço teórico" em vez de uma teoria específica e rigidamente estruturada pois a geografia está em constante transformação, não apenas porque os humanos são agentes ativos na criação de ambientes propícios a sustentar a continuidade de seus modos de produção (tal como o capitalismo), mas porque há transformações simultâneas nos ecossistemas mundiais ocorrendo sob outras forças. Algumas delas (nem todas) são consequências involuntárias de ações humanas: fenômenos como mudança climática, elevação do nível do mar, formação de buracos na camada de ozônio, degradação do ar e da água, lixo marinho e declínio da população de peixes, extinção de espécies e afins. Novos vírus e agentes patogênicos surgem (HIV/aids, ebola, vírus do Nilo ocidental), enquanto velhos agentes patogênicos ou são eliminados (varíola), ou se mostram extremamente resistentes às tentativas de controle (malária). O mundo natural que habitamos também está em constante transformação, à medida que o movimento das placas tectônicas cospe lava vulcânica e provoca terremotos e tsunâmis, e manchas solares afetam o planeta Terra de diversas formas.

A reprodução de nosso meio ambiente geográfico ocorre de uma imensidão de formas e por todo motivo. Os bulevares de Haussmann, em Paris, foram parcialmente concebidos como instalações militares designadas para controle militar e social de uma população urbana tradicionalmente insubordinada, da mesma maneira que a atual onda de construção de barragens na Turquia é pensada principalmente para destruir, por meio de alagamento, a base agrária do movimento autônomo dos curdos, atravessando o sudeste da Anatólia com uma série de fossos a fim de inibir o movimento das guerrilhas insurgentes em luta pela independência curda. O fato de que tanto a construção dos bulevares quanto a das barragens absorvam capital e mão de obra excedente parece completamente fortuito. Percepções e costumes

---

* Em 218 a. C., no contexto da Segunda Guerra Púnica, o general e estadista cartaginês Aníbal Barca realizou uma travessia dos Alpes, acontecimento que ficou marcado na história das estratégias bélicas da Antiguidade. Mais de dezenove séculos depois, em 1906, inaugurou-se o túnel do Simplon, que transpôs a cordilheira conectando a Suíça à Itália por meio de uma linha ferroviária. (N. T.)

culturais são constantemente embutidos na paisagem à medida que a própria paisagem se converte em artefatos mnemônicos (tal como Sacré-Coeur, em Paris, ou uma montanha como Mont Blanc) que assinalam identidades e significados sociais e coletivos. As cidades e as aldeias que preenchem as colinas da Toscana contrastam com as colinas vazias, tidas como espaços sagrados e intocáveis, da Coreia. Atulhar com características tão diversas uma única teoria abrangente é simplesmente impossível, mas isso não significa que a produção da geografia esteja além de todo entendimento humano. É por isso que falo em "arcabouços teóricos" para compreender a produção de novas geografias, as dinâmicas da urbanização e dos desenvolvimentos geográficos desiguais (e por que alguns lugares prosperam, ao passo que outros decaem) e as consequências econômicas, sociopolíticas e ambientais para a vida no planeta Terra em geral e para a vida cotidiana no mosaico de bairros, cidades e regiões em que o mundo se divide.

Criar tais arcabouços teóricos exige que exploremos filosofias de investigação baseadas em processos e abracemos metodologias mais dialéticas em que as dualidades cartesianas típicas (como aquela entre natureza e cultura) se dissolvam em um único fluxo de destruição criativa histórica e geográfica. Embora isso possa parecer, à primeira vista, difícil de apreender, é possível localizar acontecimentos e processos para melhor intuir como navegar mares perigosos e desbravar territórios desconhecidos. Não há nada, é claro, que garanta que o arcabouço teórico prevenirá naufrágios, nos impedirá de atolar em areias movediças, de empacar ou, ainda, evitará que nos desencorajemos a ponto de simplesmente desistirmos. Qualquer pessoa que se debruça sobre o atual emaranhado de relações e interações no Oriente Médio certamente entenderá o que quero dizer.

Os mapas cognitivos fornecem alguns eixos e pontos de apoio a partir dos quais podemos investigar como tais confusões acontecem e talvez algumas indicações de como escapar dos impasses com que nos deparamos. Essa é uma afirmação ousada; porém, nestes tempos difíceis, é preciso certa ousadia e coragem em nossas convicções para chegarmos a qualquer lugar. E devemos fazê-lo com a certeza de que cometeremos erros. Aprender, nessa instância, significa estender e aprofundar os mapas cognitivos que carregamos em mente. Esses mapas nunca estão completos e, ainda assim, passam por constantes transformações, ultimamente, a taxas cada vez mais rápidas. Os mapas cognitivos, compilados ao longo de cerca de quarenta anos trabalhando, refletindo e dialogando, são incompletos. Talvez eles forneçam, contudo, fundamento para um entendimento crítico dos sentidos da complicada geografia em que vivemos e existimos.

Isso levanta questões sobre como serão os sentidos de nosso mundo. Queremos viver em uma cidade de 130 milhões de pessoas? Despejar cimento por toda parte a fim de impedir que o capital entre em crise parece ser algo razoável? A visão daquela nova cidade chinesa não é atraente para mim por uma série de razões – sociais, ambientais, estéticas, humanísticas e políticas. Manter qualquer noção de valor pessoal ou coletivo, dignidade e sentido em face de tal monstrengo desenvolvimentista parece uma missão fadada ao fracasso, geradora das mais profundas alienações. Não consigo imaginar que muitos de nós desejariam, promoveriam ou conceberiam algo assim, embora, evidentemente, haja futurologistas que jogam mais lenha na fogueira dessas visões utópicas e um grande número de jornalistas sérios que estão convencidos ou cativados o bastante para escrever sobre essas iniciativas, bem como operadores financeiros na gestão de excedentes de capital que estão prontos e desesperados para mobilizá-los e concretizar essas visões.

Recentemente concluí, em *17 contradições e o fim do capitalismo**, que, nestes nossos tempos, é não apenas lógico, como imperativo, considerar seriamente a cambiante geografia do mundo a partir de uma perspectiva crítica anticapitalista. Se sustentar e reproduzir o capital como uma forma dominante de economia política exige, como parece ser o caso, despejar cimento por toda parte a uma velocidade cada vez maior, então certamente é chegada a hora de ao menos questionar, senão rejeitar, o sistema que produz tais excessos. Ou isso, ou os apologistas do capitalismo contemporâneo precisam mostrar que é possível garantir a reprodução do capital por meios menos violentos e menos destrutivos. Aguardo ansiosamente por esse debate.

---

* David Harvey, *17 contradições e o fim do capitalismo* (trad. Rogério Bettoni, São Paulo, Boitempo, 2016). (N. T.)

I. TEORIA REVOLUCIONÁRIA E CONTRARREVOLUCIONÁRIA NA GEOGRAFIA E O PROBLEMA DA FORMAÇÃO DE GUETOS

Como e por que revolucionar o pensamento geográfico? A fim de iluminar essa questão, vale a pena examinar como ocorrem revoluções e contrarrevoluções em todos os ramos da ciência. Kuhn fornece uma análise interessante de como esse fenômeno se dá nas ciências naturais[1]. Ele sugere que boa parte da atividade científica consiste naquilo que ele denomina ciência normal. Isso equivale à investigação de todas as facetas de determinado paradigma (sendo que um paradigma consiste em um conjunto de conceitos, categorias, relações e métodos geralmente aceitos por uma comunidade de cientistas em determinado momento). No decorrer da prática da ciência normal, surgem certas anomalias – observações ou paradoxos que não podem ser resolvidos dentro do paradigma vigente. Com o tempo, tais anomalias se tornam cada vez mais foco de atenção, até que a ciência mergulha num período de crise marcado por tentativas especulativas de resolver os problemas postos pelas anomalias. Dessas tentativas eventualmente surge um novo conjunto interligado de conceitos, categorias, relações e métodos que resolve os dilemas existentes e, ao mesmo tempo, preserva e incorpora os aspectos valiosos do paradigma anterior. Assim nasce um novo paradigma e inaugura-se uma nova leva de atividade científica normal.

O esquema de Kuhn está sujeito a críticas em uma série de aspectos. Discutirei dois problemas muito brevemente. Primeiro, ele não fornece uma explicação de como surgem as anomalias e de como, uma vez que existem, elas passam a gerar crises. Essa crítica poderia ser respondida por meio de uma distinção entre anomalias

---

[1] Thomas Kuhn, *The Structure of Scientific Revolutions* (Chicago, University of Chicago Press, 1962) [ed. bras.: *A estrutura das revoluções científicas*, trad. Beatriz Vianna Boeira e Nelson Boeira, São Paulo, Perspectiva, 1997].

significativas e insignificantes. Por exemplo, era sabido, por muitos anos, que a órbita de Mercúrio não se encaixava nos cálculos de Newton. Essa anomalia, no entanto, era insignificante, pois não era relevante para o uso do sistema newtoniano em um contexto cotidiano. Se tivessem sido identificadas certas anomalias na construção de pontes, então elas obviamente teriam sido consideradas muito significativas. O paradigma newtoniano permaneceria satisfatório e inquestionado até impedir a realização de algo de importância e relevância prática.

Em segundo lugar, há a questão, à qual Kuhn nunca chegou a responder de maneira satisfatória, a respeito de como um novo paradigma é aceito. Kuhn reconhece que a aceitação não é uma questão de lógica; ao contrário, ela envolve um salto de fé. No que se baseia esse salto de fé? Há na análise de Kuhn uma força condutora subjacente que nunca chega a ser examinada de forma explícita. Em sua história, essa força condutora se ancora em uma crença fundamental nas virtudes do controle e da manipulação do ambiente natural. O salto de fé, aparentemente, baseia-se na crença de que um novo paradigma irá ampliar e aprofundar esse poder. Mas qual aspecto da natureza? Supostamente, será um aspecto importante em termos de atividade cotidiana e de vida cotidiana em determinado momento histórico.

A crítica central a Kuhn, para a qual essas duas observações apontam, reside no fato de ele abstrair a produção de conhecimento científico de seu contexto histórico-materialista. Kuhn fornece uma interpretação *idealista* do avanço científico, quando está claro que o pensamento científico é fundamentalmente vinculado a atividades materiais. A base histórica materialista para o desenvolvimento do conhecimento científico foi explorada por Bernal[2]. A atividade material envolve a manipulação da natureza conforme os interesses do homem, e o conhecimento científico não pode ser interpretado de maneira independente desse ímpeto geral. Nesse ponto, no entanto, somos forçados a acrescentar ainda uma segunda perspectiva, pois "o interesse do homem" está sujeito a uma variedade de interpretações, dependendo de qual setor da sociedade for considerado. Bernal assinala que as ciências no Ocidente até muito recentemente foram reduto de um grupo de classe média, e, mesmo com a ascensão daquilo que geralmente se denomina "meritocracia", o cientista é muitas vezes atraído, ao longo de sua carreira, a modos de vida e de pensamento da classe média. Podemos esperar, portanto, que as ciências naturais tacitamente reflitam um imperativo por manipulação e controle sobre aqueles aspectos da natureza relevantes à classe média. Muito mais importante, no entanto, é a mobilização da atividade científica por um processo de mecenato e pesquisa financiada dirigida aos interesses especiais daqueles que controlam os

---

[2]   John Desmond Bernal, *Science in History*, 4 v. (Cambridge, MA, MIT Press, 1971).

meios de produção e financiamento. A coalizão de indústria e governo conduz fortemente a atividade científica em geral. Como consequência, "manipulação e controle" significa manipulação e controle conforme os interesses de determinados grupos da sociedade (em especial a comunidade industrial e financeira, junto com a classe média), não conforme os interesses da sociedade como um todo[3]. Sob essa perspectiva, estamos em melhores condições de compreender o ímpeto geral do desenvolvimento científico oculto no interior das recorrentes revoluções científicas que Kuhn descreveu de maneira tão perspicaz.

É frequente a indagação a respeito da possibilidade de a análise de Kuhn se estender às ciências sociais, aparentemente encaradas por ele como "pré-científicas" no sentido de que nenhuma ciência social chegou efetivamente a estabelecer aquele *corpus* de conceitos, categorias, relações e métodos amplamente aceitos que constituem um paradigma. Essa visão das ciências sociais como pré-científicas é, de fato, um tanto generalizada entre filósofos da ciência[4]. No entanto, uma rápida sondagem da história do pensamento nas ciências sociais revela que de fato ocorrem revoluções nesse âmbito e que elas são marcadas por muitas das mesmas características que Kuhn identificou nas ciências naturais. Não há dúvida de que Adam Smith forneceu uma formulação paradigmática para o pensamento econômico que foi subsequentemente elaborada por Ricardo. Nos tempos modernos, Keynes realizou algo semelhante ao que tinha feito Smith ao conceber uma formulação paradigmática que dominou o pensamento econômico no Ocidente até meados de 1970. Johnson[5] explora tais revoluções de pensamento na economia. Sua análise ecoa em diversos aspectos a de Kuhn, acrescentando, contudo, várias reviravoltas. No coração da revolução keynesiana, afirma Johnson, havia uma crise gerada pelo fracasso da ciência econômica pré-keynesiana em abordar o problema mais premente e significativo da década de 1930: o desemprego. O desemprego, portanto, tornou-se a anomalia significativa. Johnson sugere:

> De longe, a circunstância mais favorável à rápida propagação de uma teoria nova e revolucionária é a existência de uma ortodoxia estabelecida que seja claramente inconsistente em relação aos fatos mais salientes da realidade e ainda confiante o bastante de seu poder intelectual a fim de tentar fornecer uma explicação para tais fatos, e nesses seus esforços expõe sua incompetência de modo escancarado.

---

[3] Ver idem; Hilary Rose e Steven Rose, *Science and Society* (Harmondsworth, Penguin, 1969).

[4] Ver Thomas Kuhn, *The Structure of Scientific Revolutions*, cit., p. 37; Ernest Nagel, *The Structure of Science: Problems in the Logic of Scientific Explanation* (Nova York, Hackett, 1961).

[5] Harry G. Johnson, "The Keynesian Revolution and the Monetarist Counter-Revolution", *American Economic Review*, v. 16, n. 2, 1971, p. 1-14.

Assim, as realidades sociais objetivas da época sobrepujaram a sabedoria convencional e serviram para expor suas debilidades.

Nessa situação de confusão generalizada e evidente irrelevância da ciência econômica ortodoxa diante dos problemas reais, abriu-se o caminho para uma nova teoria que apresentava uma explicação convincente acerca da natureza do problema e oferecia um conjunto prescritivo de políticas baseadas nessa explicação.

Até agora, a semelhança em relação a Kuhn é notável. Mas Johnson acrescenta novas considerações, algumas delas originárias da própria sociologia da ciência. Ele afirma que uma teoria recém-aceita precisaria apresentar cinco características principais:

Primeiro, ela precisaria atacar a proposição central da ortodoxia conservadora [...] com uma análise nova, mas academicamente aceitável, que reverteria a proposição [...]. Segundo, a teoria precisaria aparentar ser nova e, ainda assim, absorver o máximo possível dos componentes válidos ou ao menos não imediatamente questionáveis da teoria ortodoxa existente. Nesse processo, é bastante útil conferir a conceitos antigos nomes novos e confusos e sublinhar a crucialidade de passos analíticos que até então haviam sido tratados como triviais [...]. Terceiro, a nova teoria precisaria possuir o grau apropriado de dificuldade de compreensão [...] de forma que os colegas veteranos da academia não a considerassem algo fácil nem que valesse a pena estudar; assim, eles dirigiriam seus esforços a questões teóricas periféricas, tornando-se alvos fáceis de crítica e desconsideração pelos colegas mais jovens e ávidos. Ao mesmo tempo, a nova teoria precisaria parecer suficientemente difícil para desafiar o interesse intelectual de pares e alunos mais jovens, mas também fácil o bastante para que estes fossem capazes de dominá-la adequadamente mediante um investimento suficiente de esforço intelectual [...]. Quarto, a nova teoria precisaria oferecer aos acadêmicos mais talentosos e menos oportunistas uma nova metodologia, mais interessante que as já disponíveis [...]. Por fim, [precisaria oferecer] uma relação empírica importante [...] para mensurar.

Essa análise reflete com precisão a história do pensamento geográfico nos últimos dez anos. A proposição central da velha geografia era o qualitativo e o singular – o que não sobreviveria ao imperativo, nas ciências sociais como um todo, em direção a ferramentas de manipulação e controle social que exigem uma compreensão do quantitativo e do geral. Tampouco pode haver dúvida de que, durante o processo de transição, conceitos antigos receberam nomes novos e confusos e que pressupostos razoavelmente triviais passaram a ser objeto de uma rigorosa investigação analítica. Ademais, é inegável que a dita revolução quantitativa na geografia permitia ridicularizar os velhos caciques da disciplina, particularmente quando eles se aventuravam em questões ligadas à nova ortodoxia que emergia. Decerto o movimento quantitativo representava um desafio relativamente grande e abria a perspectiva para novas metodologias – muitas das quais viriam a ser bastante férteis em termos de geração de *insights* analíticos. Por fim, novas coisas para se mensurar abundavam; e na função distância-declínio, no limiar mínimo de um bem, o alcance ou raio de um bem, e a mensuração de padrões espaciais, os geógrafos encontraram quatro novos tópicos empíricos aparentemente cruciais aos quais podiam dedicar quantidade ilimitada de tempo. O movimento quantitativo pode, portanto, ser interpretado em parte como um novo e desafiador conjunto de ideias a ser respondidas, em parte como uma disputa um tanto mesquinha por poder e *status* dentro de um arcabouço disciplinar, e em parte como uma resposta a pressões externas para se descobrirem os meios para manipulação e controle naquilo que pode ser definido, de maneira genérica, como "o campo do planejamento". Caso alguém entenda que eu estou, com essas observações, apontando o dedo a qualquer grupo em particular, permita-me dizer que todos nós participamos desse processo e que não havia nem há forma de escapar a tal envolvimento.

Johnson também introduz em sua análise o termo "contrarrevolução". Nesse quesito, seu pensamento não é muito esclarecedor, visto que ele claramente tem um acerto de contas a fazer com os monetaristas, que ele designa como contrarrevolucionários, ainda que exista uma anomalia significativa (a combinação de inflação e desemprego) que se coloca como desafio premente à ortodoxia keynesiana. No entanto, há algo nesse termo que requer análise: parece intuitivamente plausível pensar no movimento de ideias nas ciências sociais como um movimento baseado em revolução e contrarrevolução, em contraste com as ciências naturais, em que tal noção não parece ser aplicável de forma imediata.

Podemos analisar o fenômeno da contrarrevolução utilizando nosso *insight* sobre a formação de paradigmas nas ciências naturais. Este se baseia na extensão da habilidade do homem de manipular e controlar fenômenos que ocorrem naturalmente. De modo semelhante, podemos antecipar que a força motriz por trás da formação de paradigmas nas ciências sociais é o desejo de manipular e controlar a atividade humana e os fenômenos sociais conforme os interesses do homem. As questões que surgem de imediato são: quem irá controlar quem, de acordo com quais interesses o controle será exercido e, se for no interesse de todos, a quem caberá definir no que consiste esse interesse público? Somos forçados, assim, a confrontar diretamente nas ciências sociais aquilo que surge apenas indiretamente nas ciências naturais, a saber, os fundamentos e as implicações sociais do controle e da manipulação. Seria extraordinariamente ingênuo pressupor que essas bases são distribuídas de maneira igualitária na sociedade. Nossa história demonstra que em geral essas bases são altamente concentradas em um número muito restrito de grupos na sociedade, que podem ser benevolentes ou exploradores no que diz respeito a outros grupos. Essa, contudo, não é a questão. A questão é que a ciência social formula conceitos, categorias, relações e métodos que não são independentes das relações sociais existentes. Como tais, os conceitos são produto dos próprios fenômenos que lhes cabe descrever. Uma teoria revolucionária sobre a qual se baseia um novo paradigma só alcançará aceitação geral se a natureza das relações sociais incorporadas na teoria for atualizada no mundo real. Uma teoria contrarrevolucionária é proposta deliberadamente com a finalidade de reagir a uma teoria revolucionária, de modo a evitar – seja por cooptação, seja por subversão – as transformações sociais que uma aceitação generalizada da teoria revolucionária poderia acarretar.

Esse processo de revolução e contrarrevolução na ciência social fica explícito na relação entre as teorias econômico-políticas de Adam Smith e David Ricardo e as de Karl Marx, sobre as quais Friedrich Engels, em seu prefácio ao Livro II de *O capital*, elabora uma série de *insights* extraordinários[6]. O que estava em questão era uma acusação de que Marx teria plagiado a teoria do mais-valor. Marx, contudo, claramente reconhecia que tanto Smith quanto Ricardo haviam discutido e parcialmente compreendido a natureza do mais-valor. Engels se propõe a explicar o que havia de novo nas formulações de Marx sobre o mais-valor e como foi que a teoria marxiana do mais-valor surgiu "como um raio repentino no céu sereno"[*]. Para tanto, ele retoma um episódio da história da química a respeito da relação entre Lavoisier e Priestley na descoberta do oxigênio (coincidentemente, esse mesmo episódio se tornou uma das inspirações para a tese de Kuhn sobre a estrutura das revoluções nas ciências naturais)[7]. Ambos conduziram experimentos semelhantes e chegaram a resultados semelhantes; havia, no entanto, uma diferença essencial entre os dois. Priestley insistiu pelo resto da vida em interpretar seus resultados nos termos da antiga teoria do flogisto e, portanto, denominou sua descoberta "ar desflogizado". Lavoisier, por sua vez, reconheceu que sua descoberta não poderia ser associada à teoria existente do flogisto e, por causa disso, foi capaz de reconstruir o arcabouço teórico da química sob uma base completamente nova. Assim, Engels e, depois dele, Kuhn afirmam que Lavoisier foi o "verdadeiro *descobridor* do oxigênio, ao contrário dos outros dois, que apenas o *encontraram*, sem sequer suspeitar do que haviam encontrado". Engels prossegue:

---

[6] Ver Louis Althusser e Étienne Balibar, *Reading Capital* (Londres, New Left Books, 1970).

[*] Friedrich Engels, "Prefácio da primeira edição", em Karl Marx, *O capital: crítica da economia política*, Livro II: *O processo de circulação do capital* (trad. Rubens Enderle, São Paulo, Boitempo, 2014), p. 94. (N. T.)

[7] Thomas Kuhn, *The Structure of Scientific Revolutions*, cit., p. 52-6.

Tal como Lavoisier para Priestley e Scheele, assim está Marx para seus predecessores na teoria do mais-valor. A *existência* da parte do valor-produto (*Produktenwert*) que agora chamamos mais-valor fora detectada muito tempo antes de Marx; do mesmo modo, revelara-se com maior ou menor clareza em que ela consiste, a saber, no produto do trabalho pelo qual o apropriador não paga equivalente algum. Mas não se sabia mais do que isso. Uns – os economistas clássicos burgueses – investigavam, no máximo, a proporção de grandeza na qual o produto do trabalho se distribui entre o trabalhador e o possuidor dos meios de produção. Outros – os socialistas – achavam essa distribuição injusta e buscavam meios utópicos para eliminar tal injustiça. Ambos permaneciam presos a categorias econômicas tal como as haviam encontrado, já prontas. E então Marx entrou em cena. E em direta oposição a todos os seus predecessores. Onde estes haviam visto uma solução, Marx viu somente um problema. Viu que não se tratava nem de ar desflogizado nem de ar de fogo, mas de oxigênio; que não se tratava nem da simples comprovação de um fato econômico corrente nem do conflito desse fato com a justiça eterna e a moral verdadeira, mas de um fato chamado a revolucionar a economia inteira e que oferecia – a quem soubesse interpretá-lo – a chave para a compreensão de toda a produção capitalista. À luz desse fato, Marx investigou todas as categorias anteriores a ele, assim como Lavoisier, à luz do oxigênio, investigara todas as categorias anteriores da química flogística.[8]

É, de fato, impressionante ler Engels dissertando sobre esse modo de pensar quase um século antes de Kuhn supostamente ter revolucionado nosso modo de pensar o progresso científico. A teoria econômica marxista era claramente perigosa no sentido de que parecia fornecer a chave para compreender a produção capitalista a partir da posição daqueles que *não* detinham o controle sobre os meios de produção. Consequentemente, categorias, conceitos, relações e métodos que tinham o potencial de formar um novo paradigma eram enormes ameaças à estrutura de poder do mundo capitalista. O posterior surgimento da teoria marginalista do valor (em especial entre economistas da escola austríaca como Böhm-Bawerk e Menger) descartou muitos dos fundamentos da análise de Smith e de Ricardo (em particular a teoria do valor-trabalho) e também, a propósito, acabou por reverter a investida marxista na ciência econômica. A cooptação contrarrevolucionária da teoria marxista na Rússia após a morte de Lênin, somada a uma semelhante cooptação contrarrevolucionária de boa parte da linguagem marxista na sociologia ocidental (a ponto de alguns sociólogos sugerirem que hoje seríamos todos marxistas) sem transmitir a essência do pensamento marxista, impediu o verdadeiro

---

8   Karl Marx, *Capital*, v. 2 (Londres, New Left Books/Penguin, 1978), p. 97-8 [ed. bras.: *O capital*, Livro II, cit., p. 96].

florescimento do pensamento marxista e, concomitantemente, o surgimento daquela sociedade humanista que Marx vislumbrava. Frustraram-se tanto os conceitos quanto as relações sociais projetadas embutidas neles.

A revolução e a contrarrevolução no pensamento são, portanto, características das ciências sociais de um modo aparentemente não característico das ciências naturais. As revoluções no pensamento não podem, em última instância, ser divorciadas das revoluções na prática. Isso pode levar à conclusão de que as ciências sociais de fato se encontram em um estado pré-científico; conclusão infundada, no entanto, uma vez que as ciências naturais nunca, em nenhum momento, chegaram a ser arrancadas do controle de um grupo restrito de interesse. É esse fato, mais que qualquer coisa inerente à natureza da própria ciência natural, que explica a falta de contrarrevoluções nas ciências naturais. Em outras palavras, as revoluções de pensamento que ocorrem nas ciências naturais não representam ameaça alguma à ordem existente, já que são construídas tendo em mente, de modo geral, as exigências dessa ordem existente. Não quer dizer que não haja alguns problemas sociais incômodos para resolver nesse processo, pois a descoberta científica não é previsível e pode, portanto, ser fonte de tensão social. O que isso indica, contudo, é que as ciências naturais se encontram em um estado pré-social. Assim sendo, questões de ação social e controle social que costumam ser solucionadas com a ajuda das técnicas da ciência natural não são incorporadas à própria ciência natural. De fato, há certo fetichismo em manter as ciências naturais blindadas das questões sociais, já que incorporá-las supostamente deixaria "tendenciosa" a pesquisa social conduzida sob a ordem social existente. Os dilemas morais enfrentados por cientistas que levam a sério sua responsabilidade social são de fato reais. Ao contrário do que se costuma supor, parece adequado concluir que a filosofia da ciência social é *potencialmente* muito superior à da ciência natural e que a eventual fusão dos dois campos de estudo virá não com as tentativas de "cientificar" a ciência social, mas de socializar a ciência natural[9]. Isso pode significar a substituição de manipulação e controle por realização do potencial humano como o critério básico para a aceitação de paradigmas. Nessa eventualidade, todos os aspectos da ciência experimentariam tanto fases revolucionárias quanto fases contrarrevolucionárias de pensamento que, sem dúvida, seriam associadas a transformações revolucionárias na prática social.

Retornemos agora à questão inicial. Como e por que levar revolucionar o pensamento geográfico? A revolução quantitativa já está saturada, e a tendência de redução nos retornos marginais aparentemente está se consolidando: o acréscimo

---

9   Ver idem, *The Economic and Philosophic Manuscripts of 1844* (Nova York, International Publishers, 1964), p. 164 [ed. bras.: *Manuscritos econômico-filosóficos*, trad. Jesus Ranieri, São Paulo, Boitempo, 2004, p. 112].

de mais outra peça de ecologia fatorial, mais outra tentativa de mensurar o efeito distância-declínio, mais outra tentativa de identificar o raio de um bem, todas essas operações nos dizem coisas cada vez menos relevantes. Além disso, há geógrafos mais jovens agora, tão ambiciosos quanto o eram os quantificadores do início dos anos 1960, ansiosos por reconhecimento e famintos por coisas interessantes para fazer. Há, então, um burburinho de descontentamento no interior da estrutura social da disciplina à medida que os quantificadores consolidam um controle sobre a produção de pós-graduandos e sobre a base curricular de diversos departamentos. Essa condição sociológica na disciplina não é o bastante para justificar uma revolução no pensamento (nem deveria ser), mas a condição está lá. E o que é mais importante: há uma clara disparidade entre o sofisticado arcabouço teórico e metodológico que utilizamos e nossa capacidade de dizer qualquer coisa relevante sobre os fenômenos tais como eles se manifestam diante de nós. Há anomalias demais entre o que nós nos propomos a explicar e manipular e o que de fato ocorre. Há um problema ecológico, um problema urbano, um problema de comércio internacional, e ainda assim parecemos incapazes de dizer qualquer coisa de peso ou profundidade sobre qualquer um deles. Quando finalmente dizemos algo, parece trivial e um tanto ridículo. Em suma, nosso paradigma dá sinais de que não está dando conta; está pronto para ser suplantado. As condições sociais objetivas exigem que digamos algo razoável ou coerente ou, então, que nos calemos para sempre (por causa de falta de credibilidade ou, o que é pior, por causa da deterioração das condições sociais objetivas). São as condições sociais objetivas emergentes e nossa clara inabilidade de dar conta delas que essencialmente explicam a necessidade de uma revolução no pensamento geográfico.

Como devemos realizar tal revolução? Há uma série de caminhos que poderíamos trilhar. Poderíamos, como sugerem alguns, abandonar a base positivista do movimento quantitativo em favor de um idealismo filosófico abstrato e torcer para que as condições sociais objetivas melhorem por conta própria ou que os conceitos forjados por meio de raciocínios idealistas eventualmente atinjam conteúdo suficiente para facilitar a transformação criativa das condições sociais objetivas. É, no entanto, uma característica do idealismo ser eternamente fadado a buscar em vão por conteúdo real. Poderíamos, por outro lado, rejeitar a base positivista dos anos 1960 em favor de interpretações fenomenológicas – o que parece mais interessante que o caminho dos idealistas, pois ao menos serve para nos conectar o conceito de "homem" como um ser em constante interação sensorial com as realidades sociais e naturais que o cercam. Tais abordagens fenomenológicas, por sua vez, podem nos levar ao idealismo ou de volta ao empirismo positivista ingênuo, do mesmo modo como podem nos conduzir a uma forma socialmente consciente de materialismo. A chamada revolução comportamental na geografia aponta para ambas essas direções. Portanto, a estratégia mais fértil nessa encruzilhada é se debruçar sobre aquela área do entendimento em que certos aspectos do positivismo, do materialismo e da fenomenologia se sobrepõem, a fim de fornecer interpretações adequadas da nossa realidade social: é no pensamento marxista que essa sobreposição é mais claramente explorada. Em *Manuscritos econômico-filosóficos* e *A ideologia alemã**, Marx confere a seu sistema de pensamento uma poderosa e atraente base fenomenológica.

Há também certas coisas em comum entre o marxismo e o positivismo. Ambos têm uma base materialista e recorrem a um método analítico, embora o positivismo simplesmente busque compreender o mundo, enquanto o marxismo procura transformá-lo. Em outras palavras, o positivismo extrai suas categorias e seus conceitos de uma realidade existente com todos os seus defeitos, enquanto as categorias e os conceitos marxistas são formulados com a aplicação do método dialético à história à medida que ela se desdobra, aqui e agora, por meio de acontecimentos e ações. O método positivista envolve, por exemplo, a aplicação de uma lógica aristotélica bivalente tradicional para testar hipóteses (a hipótese nula da inferência estatística é um dispositivo puramente aristotélico): as hipóteses são verdadeiras ou falsas e, uma vez categorizadas, permanecem eternamente assim. A dialética, por sua vez, propõe um processo de entendimento que permite a interpenetração de opostos, que incorpora contradições e paradoxos e que aponta para o processo de resolução. Na medida em que se considera relevante falar em verdade e falsidade, a verdade repousa mais no processo dialético que nas proposições derivadas do processo. Essas proposições podem ser designadas "verdadeiras" somente em determinado momento e, ainda assim, podem ser contestadas por outras proposições "verdadeiras". O método dialético nos permite, se necessário, inverter análises, encarar soluções como problemas e ler questões como soluções.

Assim chego, finalmente, à questão da formação de guetos. O leitor pode sentir que o que ele leu até agora não passou de uma elaborada introdução pouco relevante para entender a formação de guetos e formular soluções para os problemas nesse âmbito. Na verdade, ela é crucial para o assunto, pois, conforme defenderei, só poderemos dizer algo significativo sobre o problema do gueto se buscarmos de modo autoconsciente, no processo, estabelecer uma teoria geográfica revolucionária para lidar com ele. Também defenderei que podemos elaborar esse entendimento utilizando muitas das ferramentas que já estão à disposição; no entanto, devemos estar preparados para interpretá-las de maneira nova e um tanto

---

* Karl Marx e Friedrich Engels, *A ideologia alemã* (trad. Luciano Cavini Martorano, Nélio Schneider e Rubens Enderle, São Paulo, Boitempo, 2007). (N. E.)

diversa. Em suma, precisamos pensar mais em termos de oxigênio e menos em termos de ar desflogizado.

O gueto tem atraído atenção considerável como um dos principais problemas sociais urbanos estadunidenses. Ao longo dos anos 1960, tornou-se o centro de onda atrás de onda de descontentamento social, culminando em levantes em Detroit, Los Angeles e uma série de outras cidades em seguida ao assassinato de Martin Luther King Jr., em abril de 1968. O gueto ancorou o que veio a ser conhecida como "a crise urbana" nos Estados Unidos e levantou para o poder político questões que clamam por intervenções e respostas públicas. Em cidades inglesas, o medo da "polarização" e da "guetização" também tem crescido. É comum a opinião de que os guetos são algo ruim e que seria socialmente desejável eliminá-los, de preferência sem eliminar as populações neles contidas. (A posição de Banfield no que diz respeito à segunda questão parece um tanto ambígua.) A intenção aqui não é ensaiar uma análise detalhada da literatura sobre o gueto nem se enredar nas definições dele. Em vez disso, me proponho a examinar aquelas teorias geográficas que parecem ter relevância para compreender a formação e a manutenção dos guetos. O *corpus* teórico que mais obviamente precisa ser examinado aqui é a teoria do uso do solo urbano.

Um grande segmento da teoria do uso do solo urbano na geografia é inspirado na escola sociológica de Chicago. Park, Burgess e McKenzie[10] escreveram extensamente sobre a cidade e interpretaram a forma da cidade em termos ecológicos. Eles notaram a concentração de populações de baixa renda e vários grupos étnicos em determinadas seções da cidade. Também descobriram que as cidades exibiam certa regularidade em sua forma espacial. A partir disso, Burgess elaborou o que veio a ser conhecido como a teoria das zonas concêntricas da cidade. Tanto Park quanto Burgess pareciam conceber a cidade como um tipo de complexo ecológico humanamente produzido, no interior do qual os processos de adaptação social, especialização de função e de estilo de vida, concorrência por moradia e afins atuam para produzir uma estrutura espacial coerente, sendo o todo unido por uma forma culturalmente derivada de solidariedade social que Park[11] denominou "ordem moral". Os diversos grupos e atividades dentro do sistema da cidade seriam essencialmente unificados por essa ordem moral e meramente disputariam entre si por vantagens (tanto sociais quanto espaciais) dentro dos limites impostos pela ordem moral. O principal foco de interesse era descobrir quem ia parar onde e quais eram as condições quando chegavam a esse lugar. O principal ímpeto da escola de

---

[10] Robert E. Park, Ernest W. Burgess e Roderick D. McKenzie, *The City: Suggestions for Investigation of Human Behavior in the Urban Environment* (Chicago, University of Chicago Press, 1925).

[11] Idem.

Chicago era necessariamente descritivo. Essa tradição vem exercendo uma influência extraordinariamente poderosa sobre o pensamento geográfico e sociológico e, embora as técnicas de descrição tenham sofrido certas alterações (com a substituição, fundamentalmente, da ecologia fatorial pela ecologia humana descritiva), a direção essencial do trabalho não mudou muito. A escola de geógrafos urbanos de Chicago deriva firmemente da escola sociológica de Chicago[12]. É curioso notar, no entanto, que Park e Burgess não se atentaram ao tipo de solidariedade social gerado por meio das operações do sistema econômico nem às relações sociais e econômicas que surgem das considerações econômicas. Eles não chegaram a ignorar a questão, é claro, mas deram a ela pouca importância. O resultado é que a teoria do uso do solo urbano desenvolvida por eles apresenta uma falha fundamental quando usada para explicar o gueto. É interessante observar que Engels, cerca de oitenta anos antes de Park e Burgess, notou o fenômeno de zoneamento concêntrico na cidade, mas buscou interpretá-lo em termos econômicos de classe. Vale citar a passagem, pois nela há diversos *insights* sobre a estrutura espacial das cidades.

Manchester tem, em seu centro, um bairro comercial bastante grande, com cerca de uma milha e meia de comprimento e outro tanto de largura, composto quase exclusivamente por escritórios e armazéns (*warehouses*). Nele praticamente não existem moradias e, por isso, à noite, fica vazio e deserto [...]. Nessa zona há algumas ruas grandes, que concentram o tráfego, e o térreo das edificações é ocupado por lojas luxuosas; aí se encontram uns poucos pavimentos superiores habitados, e nela reina, até alta noite, uma certa animação. Excetuada essa zona comercial, toda a Manchester propriamente dita – ao lado de Salford e Hulme [...] – não é mais que um único bairro operário que, com uma largura média de uma milha e meia, circunda como um anel a área comercial. A alta e a média burguesia moram fora desse anel. A alta burguesia habita vivendas de luxo, ajardinadas, mais longe, em Chorlton e Ardwick ou então nas colinas de Cheetham Hill, Broughton e Pendleton, por onde corre o sadio ar do campo, em grandes e confortáveis casas, servidas, a cada quinze ou trinta minutos, por ônibus que se dirigem ao centro da cidade. A média burguesia vive em ruas boas, mais próximas dos bairros operários, sobretudo em Chorlton e nas áreas mais baixas de Cheetham Hill. O curioso é que esses ricos representantes da aristocracia do dinheiro podem atravessar os bairros operários, utilizando o caminho mais curto para chegar aos seus escritórios no centro da cidade, sem se aperceber que estão cercados, por todos os lados, pela mais sórdida miséria. De fato, as principais ruas que, partindo da Bolsa, deixam a cidade em todas as direções estão ocupadas, dos dois lados, por lojas da pequena e da

---

[12] Ver Brian Berry e Frank Horton, *Geographic Perspectives on Urban Systems* (Englewood Cliffs, Prentice-Hall, 1970).

média burguesias, que têm todo o interesse em mantê-las com aspecto limpo e decoroso [de forma que] sempre dão conta de esconder dos ricos senhores e de suas madames, de estômago forte e nervos frágeis, a miséria e a sujeira que são o complemento de seu luxo e de sua riqueza. Sei perfeitamente que essa disposição urbana hipócrita é mais ou menos comum a todas as grandes cidades; também sei que os comerciantes varejistas, pela própria natureza de seu negócio, devem ocupar as ruas principais; sei igualmente que nessas ruas, em toda parte, encontram-se edificações mais bonitas que feias e que o valor dos terrenos que as rodeiam é superior ao daqueles dos bairros periféricos; entretanto, em lugar nenhum como em Manchester verifiquei tanta sistematicidade para manter a classe operária afastada das ruas principais, tanto cuidado para esconder delicadamente aquilo que possa ofender os olhos ou os nervos da burguesia. E, no entanto, em Manchester, a urbanização, menos ainda que em qualquer outra cidade, não resultou de um planejamento ou de ordenações policiais: operou-se segundo o acaso. É por isso que, quando penso na classe média afirmando às pressas que os operários se comportam de maneira adequada, sempre tenho a impressão que os industriais liberais de Manchester, as grandes personalidades liberais (*big whigs*), tiveram sua parte nessa organização urbana tão cheia de pudor.[13]

A linha adotada por Engels em 1844 era e ainda é muito mais consistente em relação às duras realidades econômicas e sociais que a abordagem essencialmente cultural-ecológica de Park e Burgess. De fato, com algumas modificações óbvias, a descrição de Engels poderia facilmente ser adaptada à cidade estadunidense contemporânea (zoneamento concêntrico com bons serviços de transporte para os ricos que vivem nas regiões suburbanas, escondendo dessas pessoas, em seu deslocamento diário, a sujeira e a miséria que constituem o complemento de sua riqueza etc.). É uma pena que os geógrafos contemporâneos tenham se inspirado em Park e Burgess, não em Engels. A solidariedade social que Engels notou não foi gerada por qualquer "ordem moral" mais elevada. Em vez disso, as misérias da cidade constituíam o complemento inevitável de um sistema capitalista cruel e avarento. O que fazia valer essa solidariedade social era a operação do sistema de trocas mercantis. A reação de Engels a Londres foi a seguinte:

Esses londrinos tiveram de sacrificar a melhor parte de sua condição de homens para realizar todos esses milagres da civilização de que é pródiga a cidade, só então começamos a notar que mil forças neles latentes permaneceram inativas e foram asfixiadas

---

[13] Friedrich Engels, *The Condition of the Working Class in England* (Harmondsworth, Penguin, 1987), p. 86-7 [ed. bras.: *A situação da classe trabalhadora na Inglaterra segundo as observações do autor e fontes autênticas*, trad. B. A. Schumann, São Paulo, Boitempo, 2008, p. 89-90].

para que só algumas pudessem desenvolver-se mais e multiplicar-se mediante a união com as de outros. [...] Essa indiferença brutal, esse insensível isolamento de cada um no terreno de seu interesse pessoal é tanto mais repugnante e chocante quanto maior é o número desses indivíduos confinados nesse espaço limitado [...]. A desagregação da humanidade em mônadas, cada qual com um princípio de vida particular e com um objetivo igualmente particular, essa atomização do mundo, é aqui levada às suas extremas consequências. É por isso que a guerra social, a guerra de todos contra todos, é aqui explicitamente declarada. [...] os homens só se consideram reciprocamente como objetos utilizáveis: cada um explora o outro e o resultado é que o mais forte pisa no mais fraco e os poucos fortes, isto é, os capitalistas, se apropriam de *tudo*, enquanto aos muitos fracos, aos pobres, mal lhes resta apenas a vida. [...] Em todas as partes, indiferença bárbara e grosseiro egoísmo de um lado e, de outro, miséria indescritível; em todas as partes, a guerra social: a casa de cada um em estado de sítio; por todos os lados, pilhagem recíproca sob a proteção da lei; e tudo isso tão despudorada e abertamente que ficamos assombrados diante das consequências das nossas condições sociais, aqui apresentadas sem véus, e permanecemos espantados com o fato de este mundo enlouquecido ainda continuar funcionando.[14]

Se polirmos um pouco a linguagem (eliminando as referências ao capitalismo, por exemplo), temos uma descrição digna do Relatório da Comissão Kerner[15], uma das principais tentativas da gestão Lyndon B. Johnson de lidar com a crise urbana que se desenrolava nos Estados Unidos na década de 1960.

A estrutura espacial comum das cidades identificada por Engels e por Park e Burgess pode, portanto, ser analisada a partir de pontos de vista econômicos e culturais. A questão que Engels levantava – a respeito da forma como tal sistema poderia se desenvolver sem ser conduzido pelos "*big whigs*" e ainda assim funcionar claramente em seu benefício – acabou depois virando tema de detalhadas análises econômicas. É na obra de Von Thünen, em um contexto agrícola, que aparece pela primeira vez a possibilidade de se utilizarem princípios econômicos marginalistas para explicar esse fenômeno em termos de renda da terra. Isso lançou as bases para uma teoria econômica do mercado imobiliário urbano na obra relativamente recente de Alonso e Muth[16]. Não é preciso se ater aos detalhes da teoria aqui, mas vale notar sua contribuição para melhor entender a questão da formação de guetos.

---

[14] Ibidem, p. 68-9 [p. 68-9].
[15] Comissão Kerner, *Report of the National Advisory Commission on Civil Disorders* (Washington, Government Printing Office, 1968).
[16] William Alonso, *Location and Land Use* (Cambridge, MA, MIT Press, 1964); Richard Muth, *Cities and Housing* (Chicago, University of Chicago Press, 1969).

O uso do solo urbano, defende-se, é determinado por meio de um processo concorrencial de oferta e demanda. A dinâmica se desenrola de forma que os aluguéis mais altos acabam sendo os mais próximos do centro das atividades (na teoria, geralmente se assume que todos os postos de trabalho se concentram em uma localização central). Se considerarmos agora a escolha residencial de dois grupos da população (um rico e outro pobre) em relação a um mesmo polo de trabalho, podemos prever onde cada um precisará morar ao examinar suas curvas de oferta de aluguel (definidas como quanto determinados grupos sociais têm condições de desembolsar por moradia). Para o grupo pobre, a curva de oferta de aluguel é caracteristicamente íngreme, pois os pobres dispõem de pouquíssimo dinheiro para gastar com transporte; sua capacidade de pagar pelo uso do solo, portanto, diminui rapidamente conforme a distância em relação ao local de trabalho. O grupo rico, por sua vez, conta com uma curva de oferta de aluguel pouco íngreme, pois sua capacidade de pagar não é muito afetada pela quantia gasta com transporte. Quando comparados um com o outro, vemos que o grupo pobre acaba se vendo obrigado a viver no centro da cidade, enquanto o grupo rico vive fora (exatamente como o descreve Engels): isso significa que os pobres são forçados a viver em solo de aluguel alto. A única maneira de os pobres se adequarem a isso, naturalmente, é economizar na extensão de espaço consumida e se espremer numa área muito pequena. A lógica desse modelo indica que grupos pobres ficarão concentrados em áreas de aluguel elevado próximas do centro da cidade e em condições de superlotação. Dito isso, é possível construir uma série de variantes a esse modelo, pois a forma da curva de oferta de aluguéis dos ricos se dá em função de sua preferência por espaço em relação aos custos de transporte. Lave[17] assinala que a estrutura espacial da cidade mudará se mudarem as preferências do grupo rico. Se aumentarem os custos de congestionamento no centro da cidade, por exemplo, e os ricos decidirem que o tempo e a frustração de longos deslocamentos não valem a pena, eles podem facilmente alterar sua função de oferta de aluguel e se mudar de volta para o centro da cidade. É possível prever diversas estruturas urbanas dependendo da forma das curvas de oferta de aluguel, e é perfeitamente possível, conforme essa teoria, encontrar os ricos vivendo no centro da cidade e os pobres localizados na periferia. Nesse caso, os pobres são forçados a se adaptar, por exemplo, trocando tempo por custo de distância, de forma que caminham por longas horas até o trabalho para economizar nos custos com transporte (condição comum em cidades latino-americanas). Em suma, o grupo rico pode sempre impor suas preferências sobre um grupo pobre,

---

[17] Lester B. Lave, "Congestion and Urban Location", *Papers of the Regional Science Association*, n. 25, 1970, p. 133-52.

pois possui mais recursos para aplicar nos custos de transporte ou para obter um terreno em uma localização de sua preferência. Essa é a consequência natural da aplicação de princípios econômicos marginalistas (sendo a curva de oferta de aluguel um dispositivo tipicamente marginalista) a uma situação marcada por diferenças substanciais de renda. A teoria repousa na obtenção daquilo que em geral se denomina "ótimo de Pareto" no mercado imobiliário.

É possível utilizar formulações teóricas desse tipo para avaliar os desequilíbrios em um sistema municipal e elaborar políticas que poderão reequilibrar as condições. Com a rápida suburbanização dos postos de trabalho nos Estados Unidos desde 1950, seria possível antecipar um deslocamento das populações pobres (dadas suas funções na curva de oferta de aluguéis) para fora do centro, à medida que elas buscam se situar mais perto de seus polos de trabalho. Por causa do zoneamento residencial exclusivo em áreas suburbanas, essa mudança *não* ocorreu. Podemos, então, atribuir a seriedade do problema da formação de guetos na sociedade moderna a uma função dessas instituições que impedem que se atinja um equilíbrio. Existem barreiras políticas e institucionais que inviabilizam que se chegue a soluções econômicas supostamente racionais. Podemos, por artifícios como ações judiciais, questionar a legalidade e a constitucionalidade do zoneamento exclusivo. (Curiosamente, esse esforço tem o apoio tanto de grupos de luta pelos direitos civis quanto de empresas: enquanto os primeiros consideram o zoneamento suburbano uma prática discriminatória, as segundas estão preocupadas com a falta de mão de obra barata nas regiões suburbanas.) Podemos também buscar alterar as regras de uso do solo de forma a evitar situações como a de cerca de vinte comunidades na região de Princeton, Nova Jersey, que preveem zoneamento industrial e comercial para 1,2 milhão de postos de trabalho, mas zoneamento residencial para apenas 144 mil trabalhadores[18]. Podemos ainda tentar superar o problema da insuficiência de transportes que ligam as áreas centrais aos subúrbios periféricos subsidiando sistemas de transportes ou organizando instalações especiais de transporte para levar moradores dos guetos a seus locais de trabalho nos subúrbios. Necessariamente, isso exige que o morador do gueto substitua tempo por custo (se o serviço for subsidiado). Boa parte desses programas fracassou. Podemos também buscar retomar o equilíbrio atraindo trabalhos de volta ao centro da cidade por meio de projetos de revitalização urbana, estimulando o capitalismo negro, e por aí vai. Todas essas soluções têm como base o pressuposto de que há um desequilíbrio no uso do solo urbano e que é preciso elaborar políticas no sentido de reequilibrá-lo. Essas soluções são liberais no sentido de que reconhecem a desigualdade, mas buscam saná-la

---

[18] *Wall Street Journal*, 27 nov. 1970.

por meio do conjunto de mecanismos sociais existentes (neste caso, mecanismos compatíveis com a teoria de Von Thünen do uso do solo urbano).

Como identificar soluções mais revolucionárias? Voltemos à apresentação feita por Muth[19] da teoria de Von Thünen. Após expô-la analiticamente, Muth busca avaliar a relevância empírica da teoria colocando-a à prova diante da estrutura existente de uso residencial do solo em Chicago. Seus testes indicam que a teoria está, em linhas gerais, correta, embora evidencie certos desvios justificáveis a partir de fatores como discriminação racial no mercado imobiliário. Concluímos, portanto, que a teoria é verdadeira. Essa conclusão, alcançada por meios positivistas, pode nos ajudar a identificar o problema. O que para Muth configurou um teste bem-sucedido de uma teoria social torna-se para nós um indicador de qual é o problema. A teoria prevê que grupos pobres precisam, necessariamente, morar onde eles têm menos condições financeiras de morar.

Nosso objetivo é eliminar os guetos. Portanto, a única política válida no que diz respeito a esse objetivo é eliminar as condições que ensejam a verdade da teoria. Em outras palavras, queremos que a teoria de Von Thünen do mercado fundiário urbano torne-se *não* verdadeira. A abordagem mais simples aqui seria eliminar aqueles mecanismos que servem para gerar a teoria. O mecanismo, nesse caso, é muito simples: o processo de concorrência pelo uso do solo. Se eliminarmos esse mecanismo, a princípio eliminaríamos o resultado. Isso aponta de imediato para uma política de eliminação de guetos, que supostamente substituiria o processo concorrencial por um mercado fundiário urbano socialmente controlado e por um controle socializado do setor de habitação. Sob tal sistema, a teoria de Von Thünen (que é, afinal, normativa) se tornaria empiricamente irrelevante para nossa compreensão da estrutura espacial do uso residencial da terra. Essa abordagem foi testada em uma série de países. Em Cuba, por exemplo, todos os apartamentos urbanos foram expropriados em 1960. Os aluguéis eram pagos ao governo "e foram considerados amortização referente à posse pelos ocupantes, que precisam pagar pronta e regularmente, além de garantir a manutenção das dependências"[20]. Uma mudança na ocupação só poderia ocorrer por meio da intermediação de uma instituição estatal.

Aqueles que moravam em casas construídas até o ano 1940 estariam liberados dessa prestação em 1965 se o aluguel tivesse sido pago assiduamente desde 1959. E, depois de maio de 1961, todas as novas unidades vagas foram distribuídas a famílias que tinham que pagar aluguéis equivalentes a 10% da renda familiar. Ademais, em meados de 1966 foi concedido a todos os ocupantes de cortiços que haviam quitado sessenta meses de

---

[19] Richard Muth, *Cities and Housing*, cit.
[20] Nelson P. Valdès, "Health and Revolution in Cuba", *Science and Society*, n. 35, 1971, p. 311-35.

pagamento o direito de morar livre de aluguel pelo resto da vida. Em 1969, um total de
268.089 famílias não estava mais pagando aluguel.[21]

É evidente que um país pequeno como Cuba, situado em um estágio razoavelmente primitivo de desenvolvimento econômico, enfrentará uma escassez crônica
de moradia, e a habitação precária não pode ser resolvida por si só por meio desse
tipo de ação. No entanto, as soluções adotadas são interessantes no sentido de que,
em última instância, tornarão a teoria Alonso-Muth do mercado fundiário urbano
irrelevante para compreender a estrutura espacial residencial – e isso, supostamente, é o que pode ocorrer se tivermos êxito na eliminação do gueto.

Essa abordagem do mercado fundiário e imobiliário de guetos sugere um
arcabouço teórico diferente para analisar problemas e traçar soluções. Repare,
por exemplo, no fato de que todas as moradias antigas se tornaram isentas de
aluguel no caso de Cuba. Se considerarmos o montante de habitações de uma
área urbana um bem social (em oposição a privado), então obviamente a comunidade já pagou pelas moradias antigas. Por esse cálculo, todas as residências em
uma área urbana construídas antes, digamos, do ano 1940 (e parte das habitações construídas depois disso) foram pagas. A dívida sobre elas foi amortizada e
quitada. Os únicos custos vinculados a elas são taxas de serviço e manutenção.
Temos uma enorme quantia de capital social travada no estoque habitacional,
mas, quando o solo e a moradia são regulados conforme um sistema privado de
mercado, o valor da moradia nem sempre é mensurado em termos de seu uso
como abrigo e residência, mas em termos da quantidade recebida na troca mercantil, o que pode ser afetado por fatores externos, como especulação. Hoje, em
muitas áreas centrais, há casas que claramente possuem valor de troca baixo ou
nulo. Isso não significa, contudo, que elas não tenham valor de uso. Por causa
disso, estamos desperdiçando valor de uso porque não conseguimos estabelecer
valores de troca. Esse desperdício não ocorreria sob um sistema socializado de
mercado habitacional e é um dos custos com os quais temos de arcar por nos
apegarmos tão tenazmente à noção de propriedade privada. Há, obviamente,
um pressuposto de longa data da teoria econômica de que o valor de uso está
embutido no valor de troca. Embora os dois estejam evidentemente ligados, a
natureza da relação depende de quem é o sujeito desse uso. No mercado habitacional do centro da cidade encontramos valores de uso bastante diferentes
quando comparamos o proprietário que usa o imóvel como fonte de renda e o
inquilino que está interessado em moradia.

---

[21] Ibidem, p. 320.

Esse argumento a respeito da teoria Alonso-Muth do uso residencial do solo é demasiado simplista. Já que frequentemente ocorre que um mecanismo assumido para as finalidades da teoria não é o mesmo que os mecanismos reais que geram resultados em conformidade com a teoria, seria de fato perigoso apontar de imediato para os processos concorrenciais de mercado como sendo a origem da formação de guetos. Um teste bem-sucedido de uma teoria deve, portanto, nos alertar para a possibilidade de que talvez o responsável, neste caso, seja o mecanismo concorrencial de mercado – por isso precisamos examiná-lo de maneira mais detalhada.

Um mercado opera sob condições de escassez. Em outras palavras, a alocação de recursos escassos é a base da economia de mercado. Torna-se, assim, importante nos debruçarmos sobre os conceitos de "recurso" e "escassez". Os geógrafos há muito tempo reconhecem que um recurso equivale a uma avaliação técnica e social[22]. Isso significa que materiais e pessoas só se tornam recursos naturais e humanos uma vez que possuímos a tecnologia e a forma social apropriadas para utilizá-los. O urânio tornou-se um recurso a partir de determinados avanços tecnológicos na física nuclear, e pessoas convertem-se em recursos quando são forçadas a vender sua força de trabalho no mercado a fim de sobreviver (esse é o verdadeiro significado de expressões como "recursos humanos" e "capital humano"). Da mesma forma, o conceito de escassez não surge de maneira natural, mas se torna relevante apenas em termos de ação social e de objetivos sociais[23]. A escassez é definida socialmente, não naturalmente. Um sistema de mercado torna-se possível sob condições de escassez de recursos, pois é somente sob tais condições que podem surgir mercados dotados dos próprios mecanismos de fixação de preços. O sistema de mercado é um dispositivo de controle altamente descentralizado para coordenar e integrar a ação econômica. A extensão dessa habilidade de coordenação permitiu historicamente um elevado incremento na produção de riqueza. Chegamos, assim, a um paradoxo: a riqueza é produzida sob um sistema que depende da escassez para funcionar. Segue-se que, se a escassez for eliminada, a economia de mercado, que é a fonte da riqueza produtiva em regime capitalista, entrará em colapso. No entanto, o capitalismo está eternamente aumentando sua capacidade produtiva. Para resolver esse dilema, formam-se muitas instituições e muitos mecanismos com o objetivo de garantir que a escassez não desapareça. De fato, diversas instituições são concebidas em função da manutenção da escassez (as universidades são um excelente exemplo,

---

[22] Alexander Spoehr, "Cultural Differences in the Interpretation of Natural Resources", em William Thomas (org.), *Man's Role in Changing the Face of the Earth* (Chicago, University of Chicago Press, 1956).

[23] Harry Pearson, "The Economy Has no Surplus", em Karl Polanyi, Conrad Arensberg e Harry Pearson (orgs.), *Trade and Markets in Early Empires* (Nova York, Henry Regnery Co., 1957).

embora isso sempre seja feito em nome da "qualidade"). Diferentes mecanismos garantem controle sobre o fluxo de outros fatores da produção. Enquanto isso, o poder produtivo cada vez maior precisa encontrar uma forma de escoamento – daí o processo de desperdício (em empreitadas militares, programas espaciais e afins) e a dinâmica de criação de necessidades. O que isso sugere, evidentemente, é que a escassez não pode ser eliminada sem também eliminar a economia de mercado. Em uma sociedade produtiva avançada, tal como os Estados Unidos, a principal barreira à eliminação da escassez está no complexo conjunto de instituições interligadas (financeiras, judiciais, políticas, educacionais e afins) que escoram o processo de mercado. Examinemos como essa situação se revela no mercado habitacional das regiões centrais da cidade.

Há algumas características curiosas sobre as moradias de gueto. Um dos paradoxos é que as áreas de maior superlotação são também aquelas com o maior número de casas desocupadas. Há cerca de 5 mil estruturas desocupadas em Baltimore – boa parte das quais está em condições de uso –, e todas elas estão situadas em áreas de maior superlotação. Outras cidades estão passando por situações semelhantes. As mesmas áreas são caracterizadas por uma grande proporção de casas abandonadas em troca de impostos de propriedade. Ao contrário da opinião popular, os proprietários que alugam seus imóveis nas regiões centrais da cidade não estão tendo lucros gigantes – na verdade, os números sugerem que eles lucram menos do que lucrariam em outras regiões do mercado imobiliário[24]. Alguns são antiéticos, é claro, mas o comportamento racional e ético de um proprietário gera uma taxa relativamente baixa de retorno. Os aluguéis que tais proprietários cobram são muito altos em relação à qualidade das acomodações, ao passo que os imóveis, quando trocam de mãos, são negociados a preços desprezíveis. Os bancos, naturalmente, têm motivos racionais para não financiar hipotecas em áreas centrais da cidade. Há um maior grau de incerteza nessas regiões, e o solo é, em todo caso, considerado propício para ser redesenvolvido. A eventual incapacidade de concluir o financiamento de um imóvel hipotecado o torna ainda mais adequado ao redesenvolvimento, fato sem dúvida notado pelas instituições bancárias, que podem ganhar muito com projetos de redesenvolvimento para uso comercial. Dado o imperativo de maximização de lucros, essa decisão não pode ser considerada antiética. De fato, é uma característica geral da moradia de gueto que, se aceitarmos as práticas do comportamento empresarial normal, ético, não há como culpar qualquer um pelas condições sociais objetivas que todos nós estamos dispostos a caracterizar como desprezíveis e geradoras de desperdício de potenciais

---

[24] Ver George Sternlieb, *The Tenement Landlord* (New Brunswick, Rutgers University Press, 1966); William Grigsby et al., *Housing and Poverty* (Filadélfia, Institute for Environmental Studies, University of Pennsylvania, 1971).

recursos habitacionais. É uma situação em que se podem considerar todas as afirmações contraditórias como "verdadeiras". Consequentemente, parece impossível encontrar uma política dentro do arcabouço econômico e institucional existente capaz de retificar essas condições. Subsídios federais à moradia privada fracassam; subsídios para aluguel logo são absorvidos pelos ajustes de mercado; e a habitação pública tem pouco impacto pela quantidade insuficiente, específica demais no que diz respeito à distribuição (geralmente naquelas áreas em que os pobres já seriam forçados a morar de qualquer modo) e destinada apenas às classes mais baixas da sociedade. A renovação urbana apenas desloca o problema e em alguns casos é mais danosa que benéfica.

Engels, em um conjunto de ensaios intitulado *Sobre a questão da moradia**, publicado em 1872, previu que esse era o impasse no qual as soluções capitalistas aos problemas habitacionais inevitavelmente desembocariam. Teoricamente, sua previsão pode ser derivada de uma crítica da análise de Von Thünen, da mesma maneira que Marx criticou as formulações de Ricardo. Como a conceitualização de renda no modelo de Von Thünen (e no modelo Alonso-Muth) é essencialmente a mesma que a de Ricardo (ela apenas surge sob circunstâncias relativamente diferentes), podemos utilizar diretamente os argumentos de Marx[25] sobre ela. A renda, de acordo com Marx, era apenas uma manifestação do mais-valor sob instituições capitalistas (tais como propriedade privada), e a natureza da renda não poderia ser compreendida independentemente desse fato. Considerar a renda como algo "em si mesmo", apartado de outras facetas do modo de produção e também de instituições capitalistas, equivale a cometer um erro conceitual. É precisamente esse erro que as formulações Alonso-Muth cometem. Além disso, esse "erro" manifesta-se no próprio processo do mercado capitalista, pois ele requer a maximização dessas rendas (ou dos retornos sobre capital) em vez da realização do máximo de mais-valor social. Como a renda é meramente uma possível e parcial manifestação do mais-valor, o impulso de maximizá-la em vez do mais-valor que a enseja está fadado a criar tensões na economia capitalista. De fato, ele mobiliza forças antagônicas à realização do próprio mais-valor – daí o declínio na produção decorrente da separação de potenciais trabalhadores de seus postos de trabalho por causa de mudanças no uso do solo ocasionadas tanto por interesses comerciais que buscam maximizar o retorno sobre as propriedades fundiárias e imobiliárias sobre seu controle quanto por comunidades

---

* Friedrich Engels, *Sobra a questão da moradia* (trad. Nélio Schneider, São Paulo, Boitempo, 2015). (N. T.)

[25] Karl Marx, *Capital*, v. 3 (Londres, New Left Books/Penguin, 1978) [ed. bras.: *O capital: crítica da economia política*, Livro III: *O processo global da produção capitalista*, trad. Rubens Enderle, São Paulo, Boitempo, 2017]; idem, *Theories of Surplus Value*, part 2 (Nova York, International Publishers, 1968).

que buscam maximizar suas bases de arrecadação tributária disponíveis. Em *Sobre a questão da moradia*, Engels assinala toda a sucessão de consequências desse tipo de processo concorrencial de mercado.

A expansão das metrópoles modernas confere ao terreno situado em certas áreas, especialmente nas mais centrais, um valor artificial, que com frequência aumenta de forma colossal; os prédios construídos nelas, em vez de elevar esse valor, acabam pressionando-o para baixo, porque não correspondem mais às novas condições; eles são demolidos e outros são construídos em seu lugar. Isso acontece sobretudo com moradias de trabalhadores localizadas no centro, cujo aluguel, por mais superlotadas que estejam as casas, jamais ou só muito lentamente teria como ultrapassar um certo valor máximo. Elas são demolidas e, em seu lugar, constroem-se lojas, depósitos de mercadorias, prédios públicos.[26]

Esse processo (facilmente visto em toda cidade contemporânea) decorre da necessidade de realizar uma taxa de retorno sobre uma parcela do solo que corresponda a sua renda locacional. Ele não tem necessariamente nada a ver com facilitar a produção. O processo também é consistente com outras pressões.

A ciência natural moderna provou que o assim chamado "bairro malsão", no qual estão confinados os trabalhadores, é o foco de onde se propagam todas as enfermidades contagiosas que de tempos em tempos se abatem sobre nossas cidades. [...] A dominação capitalista não tem como permitir-se a diversão de gerar doenças epidêmicas entre a classe trabalhadora sem sofrer as consequências; estas recaem sobre aquela, e o anjo da morte se esbalda entre os capitalistas com a mesma falta de escrúpulos com que o faz entre os trabalhadores. Uma vez constatado cientificamente esse fato, os burgueses filantrópicos se inflamaram de nobre rivalidade em prol da saúde de seus trabalhadores. Sociedades foram fundadas, livros escritos, propostas esboçadas, leis debatidas e decretadas, visando a secar as fontes das epidemias sempre recorrentes. As condições de habitação dos trabalhadores foram examinadas e houve tentativas de corrigir as anomalias mais gritantes. [...] Comissões governamentais foram nomeadas para examinar as condições sanitárias da classe trabalhadora.[27]

Hoje é a questão da patologia social – drogas e criminalidade – que pesa, mas o problema não parece ser tão diferente. As soluções propostas ainda têm as mesmas características. Afirma Engels:

---

[26] Friedrich Engels, *The Housing Question* (Nova York, Lawrence and Wishart, 1935), p. 23 [ed. bras.: *Sobre a questão da moradia*, cit., p. 39-40].

[27] Ibidem, p. 43 [p. 65-6].

Na realidade, a burguesia só tem um método para resolver a questão da moradia do seu jeito – isto é, resolvê-la de tal maneira que a solução sempre volta a suscitar o problema. Esse método se chama "Haussmann". [...] Entendo por "Haussmann" a práxis generalizada de abrir brechas nos distritos dos trabalhadores, em especial nos distritos localizados no centro de nossas grandes cidades, quer tenha sido motivada por considerações de saúde pública e embelezamento, pela demanda por grandes conjuntos comerciais localizados no centro ou pela necessidade de circulação, como a instalação de ferrovias, ruas [que às vezes parecem possuir o objetivo estratégico de dificultar a luta nas barricadas] etc. O resultado em toda parte é o mesmo, não importa qual seja o motivo alegado: as vielas e os becos mais escandalosos desaparecem sob a enorme autoglorificação da burguesia em virtude de tão retumbante êxito, mas reaparecem imediatamente em outro lugar e muitas vezes na vizinhança mais próxima. [...] Os focos de epidemias, as covas e os buracos mais infames em que o modo de produção capitalista trancafia nossos trabalhadores noite após noite não são eliminados, mas apenas transferidos para outro lugar! A mesma necessidade econômica que os gerou no primeiro local também os gerará no segundo. E, enquanto existir o modo de produção capitalista, será loucura querer resolver isoladamente a questão da moradia ou qualquer outra questão social que afete o destino dos trabalhadores. A solução está antes na abolição do modo de produção capitalista, na apropriação de todos os meios de vida e trabalho pela própria classe trabalhadora.[28]

A experiência acumulada por meio da implementação de políticas urbanas em cidades estadunidenses contemporâneas indica uma série de semelhanças perturbadoras com a descrição de Engels, e é difícil evitar a conclusão de que a contradição inerente ao mecanismo capitalista de mercado contribui para isso. Portanto, há bons motivos para crer que nossa suspeita inicial esteja correta e que os mecanismos de mercado sejam os culpados por esse drama sórdido. Se pensarmos nesses termos, podemos explicar por que quase todas as políticas elaboradas para as regiões centrais das cidades produzem tanto resultados desejáveis quanto indesejáveis. Se trilhamos o caminho da "renovação urbana", apenas deslocamos a pobreza; se não o fazemos, observamos passivamente a degradação. Se evitamos práticas de *blockbusting**, também acabamos impedindo que negros tenham acesso a moradia.

---

[28] Ibidem, p. 74-7 [p. 104 e 108].

* *Blockbusting* é uma prática de especulação imobiliária baseada em racismo muito comum na primeira metade do século XX nos Estados Unidos. Ao mobilizar vizinhanças e por vezes ativamente fomentar o receio de que um grande contingente de negros se mudasse para determinado bairro, corretores e incorporadores imobiliários buscavam induzir proprietários brancos a vender suas casas a preços abaixo do valor de mercado antes que fosse "tarde demais" e os imóveis se desvalorizassem por completo. Na outra ponta, os mesmos agentes ofereciam esses imóveis a preços muito acima do valor de compra a famílias afro-americanas que se encontravam em

A frustração resultante de uma situação como essa pode facilmente levar a conclusões contraditórias. Os pobres podem acabar culpados por determinadas condições (conclusão aprovada por Banfield), e podemos instituir políticas baseadas em "negligência benigna" que ao menos não provocarão questões inevitavelmente suscitadas pelo fracasso de determinadas políticas. É, portanto, interessante notar que a política urbana parece hoje envolver uma mudança de ênfase: em vez de tentar salvar as regiões centrais das cidades (onde os programas são fadados ao fracasso), o foco está em preservar as "zonas cinzentas", onde o sistema de mercado ainda é suficientemente vigoroso a ponto de viabilizar algum grau de sucesso. Não se sabe se tal política será capaz de evitar a alienação e a disseminação da degradação. Entretanto, infelizmente ela também implica abrir mão dos valores de uso acumulados nas regiões centrais das cidades, bem como do destino e da vida dos 15-25 milhões de pessoas que estão atualmente condenadas a viver a vida toda em tais regiões. Parece ser um preço alto a pagar apenas para evitar uma consideração realista tanto da conclusão à qual Engels chegou quanto da base teórica sobre a qual repousa tal conclusão. O ponto a que quero chegar é: embora todos os analistas sérios reconheçam a gravidade do problema do gueto, são poucos os que chegam a questionar as forças que regem o próprio coração de nosso sistema econômico. Assim, discutimos tudo, menos as características básicas de uma economia capitalista de mercado. Elaboramos todo tipo de solução, exceto aquelas que eventualmente desafiariam a continuidade dessa economia. Tais discussões e soluções servem apenas para nos fazer sentir tolos, pois nos levam a descobrir algo que Engels já sabia muito bem em 1872: as soluções capitalistas não oferecem base para enfrentar condições sociais deterioradas. Elas não passam de "ar desflogizado". Podemos, por assim dizer, descobrir o oxigênio e tudo o que ele implica se submetermos os próprios fundamentos de nossa sociedade a um exame rigoroso e crítico. Essa é a tarefa que uma abordagem revolucionária da teoria precisa realizar primeiro. O que essa tarefa implica?

Permita-me dizer, antes, o que ela não implica. Ela não implica mais outra investigação empírica das condições sociais nos guetos. De fato, mapear ainda mais evidências da patente inumanidade do homem para com seu próximo é contrarrevolucionário no sentido de que permite ao progressista de coração mole dentro de nós fingir que estamos contribuindo para uma solução quando, na verdade, não estamos. Esse tipo de empirismo é irrelevante. Já há informação suficiente em relatórios congressuais, jornais, livros, artigos e afins para nos munir de toda evidência de que precisamos. Nossa tarefa não está aqui. Tampouco está naquilo que

_____

posição de vulnerabilidade e dispunham de opções bastante limitadas em um mercado habitacional e crediário discriminatório. (N. T.)

só pode ser denominado "masturbação moral", do tipo que acompanha a compilação masoquista de algum enorme dossiê sobre as injustiças às quais a população do gueto é submetida diariamente e sobre o qual lamentamos e sentimos compaixão antes de voltar ao conforto do lar. Isso também é contrarrevolucionário, pois serve apenas para expiar a culpa sem nunca nos forçar a encarar as questões fundamentais, muito menos fazer algo a respeito delas. Tampouco é uma solução lançar-se naquele turismo emocional que nos leva a viver e a trabalhar junto com os pobres "por um tempo", na esperança de que assim possamos contribuir para melhorar a sorte deles. Isso é igualmente contrarrevolucionário: de que adianta ajudarmos, em um trabalho de verão, uma comunidade a conquistar um parquinho se no outono a escola se deteriora? Esses são os caminhos que *não* devemos trilhar. Eles servem apenas para nos desviar da tarefa essencial que temos diante de nós.

Essa tarefa imediata não é nada mais nada menos que a construção autoconsciente e atenta de um novo paradigma para o pensamento geográfico social, por meio de uma crítica aguda e profunda de nossos construtos analíticos existentes. É isso o que estamos mais bem equipados para fazer. Somos acadêmicos, afinal, trabalhando com as ferramentas do ofício acadêmico. Como tais, nossa missão é mobilizar nossos poderes de reflexão para formular conceitos e categorias, teorias e argumentos, aplicando à tarefa de levar a cabo uma transformação social humanizadora. Esses conceitos e essas categorias não podem ser formulados de maneira abstrata; precisam ser cunhados de forma realista frente aos eventos e ações à medida que eles acontecem a nossa volta. As evidências empíricas, os dossiês já compilados e as experiências acumuladas na comunidade podem e devem ser utilizados aqui. No entanto, toda essa informação significa muito pouco se não a sintetizarmos em poderosos padrões de pensamento.

Nosso pensamento, contudo, não pode repousar apenas na realidade existente: ele precisa saber abraçar alternativas de maneira criativa. Não podemos nos dar ao luxo de planejar o futuro com base em uma teoria positivista, pois isso seria reforçar o *status quo*. Entretanto, assim como na formação de qualquer novo paradigma, precisamos estar preparados para incorporar e reorganizar tudo o que for útil e valioso no interior do *corpus* teórico. Podemos reestruturar a formulação da teoria existente à luz de possíveis linhas de ação futura. Podemos criticar as teorias existentes como "mera apologia" da força dominante em nossa sociedade – o sistema capitalista de mercado e todas as suas instituições concomitantes. Dessa maneira, seremos capazes de estabelecer tanto as circunstâncias sob as quais a teoria da localização pode ser usada para criar futuros melhores quanto as circunstâncias em que ela reforça modos de pensamento que perpetuam o *status quo*. O problema, em muitos dos casos, não é o método marginalista por si só nem as técnicas otimizadoras por si sós, mas o fato de que esses métodos são aplicados ao contexto errado.

O ótimo de Pareto, tal como é introduzido na teoria da localização, é um conceito contrarrevolucionário, assim como toda formulação que conclame a maximização de qualquer uma das manifestações parciais de mais-valor (tais como renda ou retorno sobre investimento de capital). Entretanto, está claro que soluções de programação são artifícios extremamente relevantes para compreender de que maneira os recursos podem ser mais bem mobilizados para a produção de mais-valor. Formulações baseadas em atingir igualdade na distribuição também são contrarrevolucionárias, a menos que sejam derivadas de alguma compreensão sobre como a produção é organizada para criar mais-valor. Ao examinar questões como essas, podemos ao menos começar a avaliar a teoria existente e, nesse processo (quem sabe?), talvez começar a definir os contornos de uma nova teoria.

Chega-se a uma revolução no pensamento científico por meio do alinhamento de conceitos e ideias, categorias e relações no interior de um sistema de pensamento tão superior, quando julgado frente às realidades que requerem explicação, que acabamos por fazer toda oposição a tal sistema parecer ridícula. Como somos, na maior parte do tempo, nossos próprios principais oponentes nesse quesito, para muitos de nós um primeiro passo nesse caminho equivalerá a nos colocar em situação de desconforto, fazer com que pareçamos ridículos a nós mesmos. Isso não é fácil, particularmente se formos tomados por alguma vaidade intelectual. Além disso, o surgimento de uma verdadeira revolução no pensamento geográfico está fadado a ser ponderado pelo comprometimento à prática revolucionária. Certamente, a aceitação geral de uma teoria revolucionária dependerá das forças e das conquistas da prática revolucionária. Haverá muitas decisões pessoais difíceis de tomar – decisões que exigem um comprometimento "real", não "meramente liberal". Muitos de nós sem dúvida titubearemos antes de assumirmos um comprometimento desses, pois é, de fato, muito confortável ser um mero liberal. No entanto, se as condições são tão graves como muitos de nós cremos, então cada vez mais passaremos a reconhecer que não há mesmo tanto a se perder com esse tipo de comprometimento e que temos quase tudo a ganhar se assumirmos esse caminho e tivermos êxito.

Quais são, então, as perspectivas para se construir uma teoria revolucionária na disciplina de geografia? Há uma série de tarefas positivas a assumir. Precisamos nos desvencilhar do emaranhado contrarrevolucionário que nos cerca. Também precisamos reconhecer a qualidade de apologia *status quo* própria do resto de nossa teoria. Precisamos reconhecer que:

1. Cada disciplina situa problemas e soluções por meio de um estudo de condições reais mediado por um arcabouço teórico que consiste de categorizações, proposições, relações sugeridas e conclusões gerais.
2. Há três tipos de teoria:

a. *Teoria do status quo* – uma teoria fundada na realidade que ela busca retratar e que representa de maneira precisa os fenômenos com os quais lida em um momento particular do tempo. Mas, por atribuir estatuto universal de verdade às proposições que encerra, é capaz de produzir políticas prescritivas que só poderão resultar na perpetuação do *status quo*.

b. *Teoria contrarrevolucionária* – uma teoria que pode ou não *parecer* fundada na realidade que busca retratar, mas que obscurece, obnubila e ofusca de maneira geral (seja intencional, seja acidentalmente) nossa capacidade de compreender aquela realidade. Essa teoria costuma ser atraente e, assim, adquire aceitação geral, pois é logicamente coerente, facilmente manipulável, esteticamente elegante ou simplesmente nova e moderna; mas ela é, de alguma forma, um tanto apartada da realidade que diz representar. Uma teoria contrarrevolucionária automaticamente frustra seja a criação, seja a implementação de políticas viáveis. É, portanto, um artifício perfeito para a não tomada de decisões, pois desvia a atenção das questões fundamentais para assuntos superficiais ou inexistentes. Ela pode também funcionar como apoio e legitimação espúria para ações contrarrevolucionárias elaboradas para estorvar transformações necessárias.

c. *Teoria revolucionária* – uma teoria firmemente ancorada na realidade que busca representar e que confere a suas proposições individuais um estatuto contingente de verdade (elas estão no processo de se tornar verdadeiras ou falsas, dependendo das circunstâncias). Essa teoria é formulada de maneira dialética e pode abarcar em seu seio conflito e contradição. Ela oferece escolhas reais para momentos futuros no processo social por meio da identificação de alternativas imanentes em uma situação existente. A implementação dessas escolhas valida a teoria e fornece as bases para a formulação de uma nova teoria. Consequentemente, essa teoria oferece a perspectiva de se criar a verdade em vez de identificá-la.

3. Proposições individuais e, de fato, estruturas teóricas inteiras não se encaixam, em si mesmas, necessariamente em alguma das categorias citadas. Elas só entram em alguma dessas categorias no processo de uso em uma situação social particular. Caso contrário, proposições e teorias permanecem formulações abstraídas, idealizadas e etéreas que possuem forma, mas não conteúdo (não passam de palavras e símbolos). Formulações contrarrevolucionárias costumam ser mantidas nesse estado desprovido de conteúdo.

4. Uma formulação teórica pode, à medida que mudam as circunstâncias e dependendo de sua aplicação, se deslocar ou ser deslocada de uma categoria a outra. Isso indica dois perigos a ser evitados:

   a. *Cooptação contrarrevolucionária* – a perversão de uma teoria que passa de um estado revolucionário para um estado contrarrevolucionário.

   b. *Estagnação contrarrevolucionária* – a estagnação de uma teoria revolucionária por meio do fracasso de reformulá-la à luz de novas circunstâncias e situações. Assim, uma teoria revolucionária pode se converter em uma teoria do *status quo*. Mas há também duas tarefas revolucionárias importantes:

      i. *Negação revolucionária* – pegar a teoria contrarrevolucionária e expô-la como ela realmente é.

      ii. *Reformulação revolucionária* – pegar formulações do *status quo* ou de teorias contrarrevolucionárias, colocá-las em movimento ou dotá-las de conteúdo real e utilizá-las para identificar escolhas reais imanentes no presente.

Essas tarefas só podem ser enfrentadas e esses perigos só podem ser evitados se for reconhecida a postura contrarrevolucionária da busca organizada por conhecimento (e em particular da divisão disciplinar) e se a realidade for confrontada diretamente.

COMENTÁRIO

Este texto circulou na reunião de Boston da Association of American Geographers [Associação de Geógrafos Americanos] em 1971. Ele surgiu de uma série de estudos detalhados sobre as condições de moradia que contribuíram para o levante urbano da população negra de Baltimore (bem como em muitas outras cidades dos Estados Unidos) na esteira do assassinato de Martin Luther King Jr., em abril de 1968. Participei da realização dessas pesquisas sobre habitação logo que cheguei à Universidade Johns Hopkins, em Baltimore, no outono de 1969. No relatório que redigimos, fiz uma experiência com a ideia, extraída de *O capital* de Marx, de analisar o caráter mercantil da provisão de moradia em termos da relação contraditória entre valor de uso e valor de troca, assinalando que a dependência de mecanismos de mercado obstava o fornecimento de habitações adequadas a populações de baixa renda. Também sublinhei como as políticas públicas não só fracassavam na resolução de problemas habitacionais, como também os deslocavam. Por motivos táticos evidentes, ao redigir o relatório optei por ocultar a origem dessas ideias e tive a feliz surpresa de saber que oficiais municipais, proprietários imobiliários e operadores financeiros consideraram minhas formulações úteis, práticas, razoáveis e intrigantes. Isso me estimulou a continuar explorando as ideias de Marx, que na época eram novidade para mim. O levante urbano de abril de 2015 em Baltimore, tendo ocorrido em seguida a uma enorme onda de execuções hipotecárias que atingiu de maneira particularmente forte as famílias chefiadas por uma única pessoa (geralmente mulheres) e a população afro-americana da cidade, ecoou os acontecimentos de 1968. Foi uma triste e sombria confirmação (assim como a aclamada série televisiva *The Wire* [A escuta], ambientada em Baltimore no período de 2002-2008) das consequências deploráveis do processo urbano para as populações marginalizadas e de baixa renda nos Estados Unidos. E é espantoso constatar a relevância do texto de Engels datado de 1872 para meu artigo, escrito um século depois, e como os sujeitos discutidos neles podem imediatamente ser reconhecidos em Istambul, São Paulo, Londres e Xangai, bem como em Manchester naquela época e Baltimore hoje.

2. A GEOGRAFIA DA ACUMULAÇÃO CAPITALISTA
Uma reconstrução da teoria marxiana

Impelida pela necessidade de mercados sempre novos, a burguesia invade todo o globo terrestre. Necessita estabelecer-se em toda parte, explorar em toda parte, criar vínculos em toda parte. [...] As velhas indústrias nacionais foram destruídas e continuam a ser destruídas diariamente. São suplantadas por novas indústrias, cuja introdução se torna uma questão vital para todas as nações civilizadas – indústrias que já não empregam matérias-primas nacionais, mas sim matérias-primas vindas das regiões mais distantes e cujos produtos se consomem não somente no próprio país, mas em todas as partes do mundo. Ao invés das antigas necessidades, satisfeitas pelos produtos nacionais, surgem novas demandas, que reclamam para sua satisfação os produtos das regiões mais longínquas e de climas os mais diversos. No lugar do antigo isolamento de regiões e nações autossuficientes, desenvolvem-se um intercâmbio universal e uma universal interdependência das nações.[1]

Durante tempo demais ignorou-se a dimensão geográfica da teoria de Marx da acumulação de capital. Isso é, em parte, culpa do próprio Marx, pois, apesar da descrição dramática das conquistas globais da burguesia presente no *Manifesto Comunista*, seus escritos sobre o tema, esboçados de maneira fortuita, possuem caráter fragmentário e não sistemático. Ao que tudo indica, sua intenção não era ter deixado essas questões em tal estado de desordem. O autor havia planejado livros sobre o Estado, sobre o mercado mundial e sobre a formação de crises, mas essas obras nunca chegaram a se materializar. Um exame cuidadoso de seus trabalhos inacabados revela, contudo, um conjunto de estruturas de pensamento sobre o

---

[1] Karl Marx e Friedrich Engels, *The Communist Manifesto* (Londres, Pluto, 2008), p. 46-7 [ed. bras.: *Manifesto Comunista*, trad. Álvaro Pina e Ivana Jinkings, São Paulo, Boitempo, 1998, p. 43].

tema, capazes de sustentar o peso de teorizações e interpretações históricas substanciais. Meu objetivo é dar forma e substância mais explícitas a essas estruturas e, assim, estabelecer as bases para uma teoria das dinâmicas espaciais da acumulação. Minha esperança é que isso nos ajude a elucidar e a interpretar a verdadeira geografia histórica do capitalismo.

Pode-se dizer que é desnecessário enfatizar a importância desse passo. Fenômenos tão diversos quanto urbanização, desenvolvimento geográfico desigual, concorrência e interdependência inter-regionais, reestruturações da divisão internacional e regional do trabalho, a territorialidade das funções do Estado e da comunidade, o imperialismo e as lutas geopolíticas que deles decorrem, tudo isso ainda está para ser elucidado e integrado ao grande *corpus* teórico que Marx nos legou. A chave é desvendar a relação entre as dinâmicas temporais da acumulação do capital e a produção de novas configurações espaciais de produção, troca e consumo.

O caminho para tal compreensão está repleto de todo tipo de obstáculo. A teoria que Marx chegou a completar geralmente trata o capitalismo como um sistema fechado. Relações espaciais externas e a organização espacial interna aparentemente não desempenham nenhum papel na formação de dinâmicas temporais. Boa parte dos marxistas seguiu Marx nesse quesito. O resultado foi o surgimento de um viés extraordinário contra qualquer teorização explícita sobre espaço e relações espaciais no interior da tradição marxista. Como, então, corrigir essa omissão e reinserir o espaço e a geografia na discussão? No que se segue, buscarei insistir que o espaço e a geografia não sejam tratados como reflexões complementares, como meros apêndices a uma teoria consolidada. O problema envolve mais que meramente mostrar como o capitalismo molda a organização espacial, como ele produz e continuamente revoluciona sua paisagem geográfica de produção, circulação e consumo. Defenderei que as relações espaciais e os fenômenos geográficos são atributos materiais fundamentais que devem estar presentes desde o início da análise e que as formas que eles assumem não são neutras em relação aos possíveis caminhos do desenvolvimento temporal. Precisam, em suma, ser construídos como "momentos ativos" e fundamentais no interior da dinâmica contraditória do capitalismo. A produção do espaço é, para usar um linguajar marxista mais convencional, uma força de produção. Há dois elementos que sustentam essa minha insistência.

Primeiro, interpreto o método de Marx não como uma busca por tijolos conceituais firmes e imutáveis a partir dos quais as conclusões seriam derivadas, mas como um processo que se movimenta de maneira dialética. A cada nova etapa de suas investigações, Marx estende, revisa e amplia as interpretações das categorias básicas a partir das quais a investigação se iniciou. Seu aparato conceitual evolui com o movimento do argumento. A investigação da dinâmica da formação de crises, da circulação de capital fixo, das operações do sistema de crédito, por exemplo, tudo isso induz a reformulações importantes de conceitos básicos como "valor de uso" e "valor". Suspender considerações sobre espaço e geografia no início, como Marx tende a fazer, não acarreta resultados necessariamente negativos sobre as compreensões finais dessas questões, contanto que reformulemos nosso aparato conceitual à medida que avançarmos.

Segundo, há evidência textual abundante de que era exatamente isso que Marx pretendia fazer. Os primeiros capítulos de *O capital* incorporam diversos conceitos espaciais (comunidade, lugar, mercado mundial etc.). A linguagem usada pelo autor frequentemente evoca uma conexão entre, por um lado, fenômenos espaciais e geográficos e, por outro, o aparato conceitual básico. Logo no início de *O capital*, por exemplo, Marx assinala que o "*cristal* monetário (*Geldkristall*) é um produto necessário do processo de troca" cuja "expansão e o aprofundamento históricos [...] desenvolvem a oposição entre valor de uso e valor que jaz latente na natureza das mercadorias"[2]. Segue-se, então, que "o valor das mercadorias se expande em materialidade do trabalho humano em geral, a forma-dinheiro se encarna em mercadorias que, por natureza, prestam-se à função social de um equivalente universal" na "mesma proporção em que a troca de mercadorias dissolve seus laços puramente locais"[3]. Esse é um tema familiar em Marx. O crescimento do comércio no mercado mundial é fundamental para a distinção entre valor de uso e valor, bem como para a distinção entre trabalho concreto e trabalho abstrato. Na medida em que a segunda distinção constitui o "centro em torno do qual gira o entendimento da economia política"*, quem poderá discordar que o estudo da integração geográfica da troca mercantil e da circulação de capital, das relações espaciais cambiantes, tem muito a dizer sobre a interpretação do próprio conceito de valor? E isso tampouco é um caso isolado. Há passagens em que Marx defende, por exemplo, que o transporte espacial é "produtor de valor", que a capacidade de superar barreiras espaciais pertence às "forças produtivas", que a divisão social e técnica do trabalho depende da aglomeração de trabalhadores e da concentração espacial de forças produtivas, que distinções na produtividade do trabalho contam com uma "base" em diferenciações naturais, que o valor da força de trabalho varia conforme circunstâncias geográficas, e por aí vai[4]. Quando são introduzidos fenômenos espaciais e

---

[2] Karl Marx, *Capital*, v. 1 (Londres, New Left Books/Penguin, 1976), p. 128 [ed. bras.: *O capital: crítica da economia política*, Livro I: *O processo de produção do capital*, trad. Rubens Enderle, São Paulo, Boitempo, 2011, p. 161].

[3] Ibidem, p. 183 [p. 163-4].

* Karl Marx, *O capital*, Livro I, cit., p. 119. (N. T.)

[4] Idem, *Capital*, v. 2 (Londres, New Left Books/Penguin, 1978), p. 225-9 [ed. bras.: *O capital: crítica da economia política*, Livro II: *O processo de circulação do capital*, trad. Rubens Enderle, São Paulo, Boitempo, 2014, p. 228-31].

geográficos, o aparato conceitual elementar geralmente está próximo. É preciso, portanto, conferir uma posição fundamental aos fenômenos espaciais na teoria como um todo.

Nossa tarefa, assim, é integrar explicitamente as relações espaciais e os fenômenos geográficos ao *corpus* principal da teoria de Marx e rastrear os efeitos dessa integração sobre as interpretações de conceitos fundamentais. O primeiro passo é sondar as pistas espalhadas nos próprios escritos de Marx para ter uma noção das direções a seguir e dos caminhos a explorar. Quanto mais fundo mergulharmos nesse tipo de pesquisa, mais próximos chegaremos de criar uma teoria para compreender a dinâmica da geografia histórica do capitalismo.

RELAÇÕES DE TRANSPORTE, INTEGRAÇÃO ESPACIAL E ANULAÇÃO DO ESPAÇO PELO TEMPO

A circulação de capital em sua forma padrão pode ser definida como um processo contínuo: usa-se dinheiro para adquirir mercadorias (força de trabalho e meios de produção), que, quando transformadas pela produção, permitem que uma nova mercadoria seja lançada no mercado em troca do dinheiro inicial investido acrescido de um lucro. A *circulação de mercadorias*, contudo, refere-se simplesmente aos padrões de troca mercantil das mercadorias. Ainda que a existência de uma troca mercantil de mercadorias prescinda da circulação de capital, esta segunda pressupõe a primeira. Para fins de análise, portanto, podemos começar isolando a troca de mercadorias como um único momento de transição na circulação de capital como um todo. Ao analisar as condições da circulação espacial de mercadorias, podemos preparar o caminho para uma compreensão mais rigorosa da circulação do capital no espaço.

Quando mediada por dinheiro, diz Marx, a circulação de mercadorias "rompe as barreiras temporais, locais e individuais da troca de produtos"[5]. Vender em um lugar e comprar em outro, retendo dinheiro entre as duas ações, torna-se um ato social normal. No conjunto, os inúmeros atos de compra e venda definem o processo de circulação tanto de dinheiro quanto de mercadorias. Esses processos acarretam dois tipos de custo[6]. Aquilo que Marx denomina "*faux frais*" da circulação são considerados custos necessários, porém não produtivos, deduções necessárias do mais-valor criado na produção. São custos de circulação como armazenamento, contabilidade, trabalho despendido e lucro subtraído do varejo, do atacado, do sistema bancário, dos serviços jurídicos e financeiros e afins. Esses custos diferem

---

[5] Idem, *Capital*, v. 1, cit., p. 209 [*O capital*, Livro I, cit., p. 187].
[6] Idem, *Capital*, v. 2, cit., cap. 6 [*O capital*, Livro II, cit., cap. 6].

do dispêndio de força de trabalho para circular mercadorias, dinheiro e informação de um lugar a outro – este, sim, produtor de valor.

Uma análise da separação entre compra e venda no espaço leva, assim, diretamente a uma consideração do papel do transporte e das comunicações na circulação de mercadorias e dinheiro e, portanto, de capital. Marx tem muito a dizer sobre esse assunto. Ele defende que a indústria que "vende" como produto "o deslocamento de lugar" é diretamente geradora de valor, pois, "considerada do ponto de vista econômico, a condição espacial, o levar o produto ao mercado, faz parte do próprio processo de produção. O produto só está efetivamente pronto quando está no mercado"[7]. Isso significa que o capital pode ser investido produtivamente para ampliar a circulação de mercadorias no espaço. No entanto, a indústria possui leis particulares de produção e realização, pois o próprio transporte é simultaneamente produzido e consumido no momento de seu uso, ao mesmo tempo que é altamente dependente de capital fixo (estradas, terminais marítimos, material rodante e afins). Embora haja potencial aqui para produção direta de mais-valor, há bons motivos para que os capitalistas não tomem a frente em sua produção, exceto sob certas circunstâncias favoráveis. É o Estado, portanto, que com frequência desempenha papel ativo nessa esfera de produção[8].

Qualquer redução no custo de transporte é importante, defende Marx, pois isso rebate sobre "a extensão do mercado, a possibilidade de troca do produto", bem como sobre os preços tanto das matérias-primas quanto dos bens finalizados[9]. Esses custos evidentemente afetam a capacidade de receber matérias-primas de origem longínqua e de despachar produtos a mercados distantes. Tais reduções de custo dependem da produção de "transportes melhores, mais baratos e mais rápidos"[10]. Vista da perspectiva da produção em geral, portanto, "a redução dos custos dessa circulação real (no espaço) faz parte do desenvolvimento das forças produtivas pelo capital"[11].

Posto no contexto da proposição geral de Marx sobre o impulso, no regime capitalista, de revolução perpétua das forças produtivas, isso implica uma inevitável tendência de melhorias constantes nos transportes e na comunicação. Marx oferece algumas pistas de como se dá a pressão para alcançá-las. "A revolução no modo de produção da indústria e da agricultura provocou também uma revolução [...] nos

[7] Ibidem, p. 226-7 [p. 133]; Karl Marx, *Grundrisse* (Harmondsworth, Penguin, 1973), p. 533-4 [ed. bras.: *Grundrisse. Manuscritos econômicos de 1857-1858: esboços da crítica da economia política*, trad. Mario Duayer e Nélio Schneider, São Paulo, Boitempo, 2015, p. 440].
[8] Idem, *Grundrisse*, cit., p. 533-4 [*Grundrisse*, cit., p. 440].
[9] Idem.
[10] Karl Marx, *Capital*, v. 2, cit., p. 134-5 [*O capital*, Livro II, cit.].
[11] Idem, *Grundrisse*, cit., p. 33-4 [*Grundrisse*, cit., p. 440-1].

meios de comunicação e transporte", de forma que "o sistema de comunicação e transporte foi gradualmente ajustado ao modo de produção da grande indústria por meio de um sistema de navios fluviais transatlânticos a vapor, ferrovias e telégrafos"[12].

Em outro texto, Marx apresenta a seguinte proposição geral:

> Quanto mais a produção se baseia no valor de troca e, em consequência, na troca, tanto mais importantes se tornam para ela as condições físicas da troca – meios de comunicação e transporte. É da natureza do capital mover-se para além de todas as barreiras espaciais. A criação das condições físicas da troca [...] devém uma necessidade para o capital em uma dimensão totalmente diferente.[13]

A consequente redução nos custos de transporte abre regiões novas e potencialmente férteis para a circulação de mercadorias e, portanto, de capital. "O produto imediato só pode ser valorizado em massa [...] em mercados distantes", e novas "esferas de valorização do trabalho acionado pelo capital" podem se abrir[14].

No entanto, o deslocamento de mercadorias por distâncias maiores, mesmo que a um custo mais baixo, tende a aumentar o tempo consumido durante a circulação. O efeito é prolongar o tempo de rotação do capital – definido como o tempo de produção somado ao tempo de circulação[15] –, a não ser que haja melhorias compensatórias na velocidade de circulação. Uma vez que quanto maior o tempo de rotação de determinado capital, menor seu rendimento anual de mais-valor, a velocidade da circulação de mercadorias é tão importante quanto o custo para a circulação do capital. Marx aborda explicitamente essa ideia. Aumentar "a velocidade da circulação do capital", tanto na esfera da produção quanto na da troca, contribui para a acumulação do capital. Do ponto de vista da circulação de mercadorias, isso significa que "a própria distância espacial resolve-se em tempo; não depende, p. ex., da distância espacial do mercado, mas da velocidade – o *quantum* de tempo em que se chega ao mercado"[16]. Há muito incentivo, portanto, para que se reduza ao mínimo o tempo de circulação de mercadorias[17]. Surge, assim, dos imperativos da acumulação de capital, a necessidade de reduzir tanto o custo quanto o tempo dos movimentos:

---

[12] Idem, *Capital*, v. 1, cit., p. 506 [*O capital*, Livro I, cit., p. 457-8].

[13] Idem, *Grundrisse*, cit., p. 524 [*Grundrisse*, cit., p. 432].

[14] Idem.

[15] Karl Marx, *Capital*, v. 2, cit., p. 327 [*O capital*, Livro II, cit., p. 343].

[16] Idem, *Grundrisse*, cit., p. 538 [*Grundrisse*, cit., p. 444].

[17] Idem, *Capital*, v. 2, cit., p. 327-8 [*O capital*, Livro II, cit., p. 343-4].

Enquanto o capital, por um lado, tem de se empenhar para derrubar toda barreira local do intercâmbio, i. e., da troca, para conquistar toda a Terra como seu mercado, por outro, empenha-se para destruir o espaço por meio do tempo [...]. Quanto mais desenvolvido o capital, [...] tanto mais ele se empenha simultaneamente para uma maior expansão espacial do mercado e para uma maior destruição do espaço pelo tempo.[18]

A frase "anulação do espaço pelo tempo" é de grande importância no pensamento de Marx. Ela indica que a circulação de capital faz do tempo a dimensão fundamental dos assuntos humanos. Em regime capitalista, afinal, é o tempo de trabalho socialmente necessário que constitui a substância do valor, é o tempo de trabalho excedente que repousa na origem do lucro e é a proporção entre tempo de trabalho excedente e tempo de rotação socialmente necessário que define a taxa de lucro e, em última instância, a taxa média de juros. Sob o capitalismo, portanto, o significado do espaço e o impulso para se criarem novas configurações espaciais de assuntos humanos só podem ser compreendidos em relação a tais exigências temporais. A frase "anulação do espaço pelo tempo" não significa que a dimensão espacial se torna irrelevante. Ela coloca, na verdade, a questão de como e por quais meios pode-se usar, organizar, criar e dominar o espaço a fim de que ele se adapte aos requisitos temporais bastante rigorosos da circulação de capital.

A consideração dessa questão conduz Marx a caminhos interessantes. Ele argumenta, por exemplo, que a continuidade do fluxo no espaço e a regularidade da entrega de mercadorias desempenham papéis importantes em relação ao tempo de rotação – a redução de estoques de reserva e de inventários de todos os tipos reduz também a quantidade de capital necessariamente imobilizado no processo de rotação como um todo. Há, assim, uma forte necessidade de organizar o sistema de transportes e comunicações a fim de garantir a regularidade da entrega, bem como a velocidade e o baixo custo[19].

E as exigências temporais da circulação de capital acarretam ainda outros ajustes importantes[20] na organização do capitalismo a fim de lidar com as barreiras espaciais que ele encontra. Por separar a produção e o consumo por um intervalo temporal relativamente longo, o comércio de longa distância impõe sérios problemas à continuidade do fluxo de capital. Aqui reside, na opinião de Marx, "uma das bases materiais" do sistema de crédito. Em outro lugar, ele desenvolve esse argumento de maneira mais extensa e utilizando uma linguagem que explicita as relações entre tempo, espaço e o sistema de crédito sob o regime capitalista:

---

[18] Idem, *Grundrisse*, cit., p. 539 [*Grundrisse*, cit., p. 445].
[19] Idem, *Capital*, v. 2, cit., p. 249-50 [*O capital*, Livro II, cit., p. 254].
[20] Ibidem, p. 357 [p. 378].

A circulação aparece como processo essencial do capital. O processo de produção não pode ser recomeçado antes da transformação da mercadoria em dinheiro. A *permanente continuidade* do processo, a passagem desimpedida e fluente do valor de uma forma à outra, ou de uma fase do processo à outra, aparece como condição fundamental para a produção fundada sobre o capital em um grau muito diferente do que em todas as formas de produção precedentes. [Mas,] ao mesmo tempo que é posta a necessidade dessa continuidade, as fases se dissociam no tempo e no espaço [...]. Em consequência [...] aparece como algo contingente se a sua condição essencial é criada ou não, a saber, a continuidade dos diversos processos que constituem seu processo total. O crédito é a superação dessa contingência pelo próprio capital. [...] Razão pela qual o crédito, em qualquer forma desenvolvida, não aparece em nenhum modo de produção anterior. Em estados anteriores também havia tomar e conceder empréstimo, e a usura é até mesmo a mais antiga das formas antediluvianas do capital. Todavia, emprestar e tomar emprestado não constitui o crédito, da mesma maneira que trabalhar não constitui o trabalho industrial ou o trabalho assalariado livre. Como relação de produção essencial e desenvolvida, o crédito só aparece historicamente na circulação fundada sobre o capital ou sobre o trabalho assalariado.[21]

O sistema de crédito permite que o dinheiro circule no espaço de maneira independente das mercadorias para as quais aquele dinheiro serve de equivalente. A circulação de crédito no mercado mundial torna-se, assim, um dos principais mecanismos da anulação do espaço pelo tempo e amplia drasticamente a capacidade de circulação de mercadorias (e, portanto, capital) ao longo do espaço. Nesse processo, os capitalistas monetários desenvolvem certo poder em relação aos industriais, enquanto as contradições inerentes ao sistema de crédito também assumem uma expressão geográfica específica[22].

A eficiência com que mercadorias podem circular pelo espaço também depende da atividade dos capitalistas comerciais. Marx contrasta aqui o papel histórico do comerciante – comprar barato para vender caro; fazer a ponte entre produtores geograficamente dispersos em baixos graus de desenvolvimento; acumular capital por meio de práticas extorsivas, roubo e violência; e formar o mercado mundial[23] – com a função do comerciante sob um modo de produção puramente capitalista. No segundo caso, defende Marx, o papel do comerciante consiste em reduzir o custo e

---

[21] Karl Marx, *Grundrisse*, cit., p. 535 [*Grundrisse*, cit., p. 441-2].

[22] Idem, *Capital*, v. 3 (Londres, New Left Books/Penguin, 1978), parte V [ed. bras.: *O capital: crítica da economia política*, Livro III: *O processo global da produção capitalista*, trad. Rubens Enderle, São Paulo, Boitempo, 2017, parte V].

[23] Ibidem, cap. 20.

acelerar a circulação de mercadorias (e, portanto, de capital), especializando-se na função comercial[24]. Ao desempenhar esse papel de maneira eficiente, ele garante a geração de lucros. Assim como ocorre com os capitalistas monetários, contudo, a posição dos comerciantes no processo de circulação de capital como um todo lhes confere certo poder em relação aos capitalistas industriais e lhes dá – com frequência – a oportunidade de expressar livremente sua predisposição por especulação, práticas extorsivas, trapaça e acumulação excessiva. Apesar disso, uma vez que o âmago da forma moderna de capitalismo é moldado pela necessidade de se produzir em uma escala cada vez maior[25], a formação do mercado mundial não pode mais ser atribuída às atividades do comerciante, mas deve ser remontada a suas origens na produção capitalista.

O afrouxamento direto das amarras espaciais por meio de revoluções que reduzem o custo e o tempo dos deslocamentos, melhorando sua continuidade e sua eficiência, pode ser complementado pela crescente eficiência da organização dos sistemas de crédito e de marketing. Estes últimos contribuem para a anulação do espaço pelo tempo, aumentando, assim, a integração espacial entre produtores geograficamente dispersos. Os capitalistas industriais, contudo, podem atingir praticamente o mesmo efeito ao organizar a produção, decidir sobre a localização e fazer escolhas tecnológicas. Vejamos como Marx lida com essa possibilidade.

A capacidade de obter mais-valor está vinculada à produtividade física do trabalho empregado. Os capitalistas podem se aproveitar aqui daquelas variações que têm origem na natureza[26]. O comércio, de maneira semelhante, pode explorar localizações superiores. Sob as leis coercitivas da concorrência, podemos, portanto, esperar que a localização da produção seja cada vez mais sensível a variações naturais e outras vantagens. Marx rejeita essa ideia sem, contudo, negar a base da atividade humana na natureza e na localização. Ele insiste, em primeiro lugar, que fertilidade, produtividade e localização são determinações *sociais* sujeitas a modificação direta por ação humana e igualmente sujeitas a reavaliação por meio de tecnologias cambiantes de produção:

> A relação capitalista, de resto, nasce num terreno econômico que é o produto de um longo processo de desenvolvimento. A produtividade preexistente do trabalho, que lhe serve de fundamento, não é uma dádiva da natureza, mas o resultado de uma história que compreende milhares de séculos.[27]

---

[24] Ibidem, cap. 16-9.
[25] Ibidem, p. 52-3.
[26] Karl Marx, *Capital*, v. 1, cit., p. 284-5 e 647-50 [*O capital*, Livro I, cit., p. 256-7 e 580-4].
[27] Ibidem, p. 647 [p. 580-1].

Pode-se desenvolver a fertilidade do solo, localizações relativas podem ser altera-das por meio de melhorias nos transportes e é possível embutir na terra novas for-ças produtivas por meio do trabalho humano[28]. Além disso, a vantagem de acesso a, digamos, uma cachoeira como fonte de energia pode ser eliminada da noite para o dia com o advento do motor a vapor. Marx está interessado principalmente em analisar como transformações desse tipo liberam a produção capitalista das amarras naturais e formam uma "segunda natureza" criada pela mão humana como palco para a ação humana. E, se surgirem circunstâncias (e Marx reconhece que isso ocorria com frequência na agricultura de sua época) em que a fertilidade natural e a localização continuam rendendo vantagens permanentes a produtores privilegia-dos, o benefício poderá ser abatido por meio da renda da terra.

A localização da produção não pode, portanto, ser interpretada como mera resposta a condições naturais, mas como o resultado de um processo social em que modificações da natureza, da vantagem locacional e do processo de trabalho se conectam. A persistência de limitações espaciais e de provimento de recursos pre-cisa, portanto, ser interpretada como efeito próprio da lógica do desenvolvimento capitalista, em vez de algo que reside na natureza externa. E isso nos traz de volta à ideia de que um dos princípios internos à lógica da organização capitalista da produção é a anulação do espaço pelo tempo e a redução de barreiras espaciais.

Por exemplo, quando capitalistas em busca de mais-valor relativo procuram mo-bilizar e se apropriar do poder de cooperação dos trabalhadores, eles o fazem pela concentração da atividade em um espaço relativamente menor[29]. A reorganização da divisão técnica do trabalho para essa mesma finalidade exige que processos que já tiveram caráter sucessivo no tempo "podem prosseguir justapostos no espaço"[30] si-multaneamente. O emprego da maquinaria e a ascensão do sistema fabril consolidam essa tendência rumo à concentração espacial do trabalho e das forças produtivas em um espaço restrito. Esse mesmo princípio transborda para a questão das conexões entre indústrias em termos da divisão social do trabalho. A aglomeração da produção em alguns grandes centros urbanos – as oficinas da produção capitalista – é uma tendência inerente ao modo de produção capitalista[31]. Em todos esses casos, vemos que a organização racional da produção no espaço é fundamental para a redução do tempo de rotação e dos custos envolvidos no processo de circulação de capital.

---

[28] Karl Marx, *Capital*, v. 3, cit., cap. 47, p. 784-7 e 814-6 [*O capital*, Livro III, cit., cap. 47, p. 707--11 e 738-41].
[29] Idem, *Capital*, v. 1, cit., p. 446 [*O capital*, Livro I, cit., p. 404].
[30] Ibidem, p. 464 [p. 419].
[31] Karl Marx, *Grundrisse*, cit., p. 587 [*Grundrisse*, cit., p. 487], e Karl Marx e Friedrich Engels, *The Communist Manifesto*, cit., p. 47-8 [*Manifesto Comunista*, cit., p. 47-8].

A tendência à aglomeração da população e das forças produtivas em grandes centros urbanos é reforçada por uma série de outros processos significativos. Inovações tecnológicas que tornam a indústria independente de uma matéria-prima ou de uma fonte de energia específica e localizada incentivam a concentração da produção em centros urbanos. Foi justamente assim com o motor a vapor, que acabou "permitindo a concentração da produção nas cidades", pois "é universal em sua aplicação tecnológica, e sua instalação depende relativamente pouco de circunstâncias locais[32]. Melhorias nos meios de transporte também apontam na direção do mercado já existente, isto é, "voltada aos grandes centros de produção e de população, aos portos exportadores etc. [...] essa facilidade específica do intercâmbio e a rotação acelerada do capital daí decorrente [...] promovem, inversamente, uma concentração acelerada do centro de produção, por um lado, e de seu mercado, por outro"[33].

A consequente "concentração, assim acelerada, de massas de homens e de capitais em pontos determinados" é ainda mais intensificada porque "todos os ramos de produção que, pela natureza de seu produto, orientam-se principalmente ao mercado local, como as cervejarias, desenvolvem-se em sua máxima dimensão em grandes centros populacionais"[34]. O que Marx efetivamente retrata são poderosas forças cumulativas promovendo a produção da urbanização sob o capitalismo. E ele nos ajuda a ver essas forças como parte integral do processo geral que busca a eliminação de barreiras espaciais e a anulação do espaço pelo tempo. "Com o desenvolvimento dos meios de transporte, não só se acelera a velocidade do deslocamento e, com isso, encurta-se temporalmente a distância espacial."[35]

Esse processo, contudo, também exige a aglomeração de trabalhadores e a concentração da população no espaço restrito dos centros urbanos. "Quanto mais rapidamente se acumula o capital numa cidade industrial ou comercial, tanto mais rápido é o afluxo do material humano explorável."[36] Esse afluxo pode surgir "pela absorção contínua de elementos vitais naturais-espontâneos do campo", que pressupõe a existência, ali, de "uma contínua superpopulação latente" que pode ser desalojada pela acumulação primitiva – cercamentos ou outros meios violentos de expropriação da terra[37]. A importação de trabalhadores irlandeses aos centros industriais e comerciais da Inglaterra recebeu especial atenção de Marx, pois não apenas forneceu

[32] Karl Marx, *Capital*, v. 1, cit., p. 499 [*O capital*, Livro I, cit., p. 451].
[33] Idem, *Capital*, v. 2, cit., p. 328-9 [*O capital*, Livro II, cit., p. 345].
[34] Idem.
[35] Ibidem, p. 327 [p. 345].
[36] Karl Marx, *Capital*, v. 1, cit., p. 815 [*O capital*, Livro I, cit., p. 735].
[37] Ibidem, p. 380 e 848 [p. 341 e 718].

um necessário influxo de trabalhadores excedentes, como acabou por dividir o movimento da classe trabalhadora[38]. Na ausência de tais migrações, a expansão da força de trabalho dependia de uma "rápida renovação das gerações de trabalhadores" e de "um aumento absoluto da população trabalhadora" por meio de transformações fundamentais e distintamente urbanas nas condições sociais de reprodução da mão de obra – casamento precoce e oportunidades de emprego para crianças, o que encorajou trabalhadores a "acumularem" filhos como sua única fonte de renda, e por aí vai. E, na ocasião de escassez de mão de obra, a mudança tecnológica tendia a produzir um exército industrial de reserva "flutuante" concentrado "nos centros da indústria moderna"[39]. Mesmo sob condições marcadas por elevados índices de desemprego tecnologicamente induzido, os capitalistas ainda podiam deixar a reprodução da mão de obra a cargo do "impulso de autoconservação e procriação dos trabalhadores"[40]. A acumulação de capital no espaço anda de mãos dadas com "a acumulação de miséria, o suplício do trabalho, a escravidão, a ignorância, a brutalização e a degradação moral", ao passo que as crianças são criadas em "condições de infâmia"[41].

Evidentemente existem limites à progressiva concentração de forças produtivas e populações trabalhadoras em um número reduzido de grandes centros urbanos, ainda que tal aglomeração possa contribuir para diminuir os tempos de rotação e os custos de circulação. Tais concentrações de miséria urbana formam terrenos férteis para a organização e a consciência de classe, ao passo que a superlotação – tanto no chão de fábrica quanto nos espaços de moradia – pode se tornar foco de descontentamento social[42]. No entanto, o capital não espera o surgimento de tais problemas para dar início à própria busca por dispersão. A tendência de criar o mercado mundial, afinal, já está "dada no próprio conceito do capital". A criação de mais-valor "em um ponto requer a criação do mais-valor em outro ponto", o que significa "produção de um círculo sempre ampliado da circulação" por meio de tendências complementares de criar novos pontos de produção e troca. A "exploração de toda a natureza para descobrir novas propriedades úteis das coisas", bem como para obter acesso a matérias-primas, implica "troca universal dos produtos de todos os climas e países estrangeiros"[43]. A tendência à aglomeração é parcialmente compensada, portanto, por uma "divisão territorial do trabalho" cada vez mais espacializada "que concentra ramos particulares de produção em distritos particulares de um país",

---

[38] Karl Marx e Friedrich Engels, *Selected Correspondence* (Moscou, Progress, 1955), p. 236-7.
[39] Karl Marx, *Capital*, v. 1, cit., p. 794-5 [*O capital*, Livro I, cit., p. 715 e 717].
[40] Ibidem, p. 718 [p. 647].
[41] Ibidem, p. 799 [p. 721].
[42] Ver Karl Marx e Friedrich Engels, *The Communist Manifesto*, cit. [*Manifesto Comunista*, cit.]
[43] Karl Marx, *Grundrisse*, cit., p. 407-10 [*Grundrisse*, cit., p. 332-3].

junto com o surgimento de uma "nova divisão internacional do trabalho" compatível com as necessidades da indústria moderna[44]. E tudo isso é incentivado por novos sistemas de transporte e crédito que facilitam o movimento de longas distâncias, reduzem barreiras espaciais e provocam a anulação do espaço pelo tempo.

A concepção em direção à qual Marx parece se dirigir é a de uma paisagem geográfica acometida por uma tensão generalizada entre forças que agem no sentido da maior aglomeração em um lugar e forças que agem no sentido da dispersão no espaço, no esforço de reduzir o tempo de rotação e obter, assim, mais-valor. Se há qualquer estrutura geral nisso tudo – e Marx não é nada explícito nesse quesito –, ela consiste em uma progressiva concentração de forças de produção (incluindo mão de obra) em determinados lugares junto com a rápida expansão geográfica de oportunidades de mercado. Com a acumulação de capital, comenta Marx, aumentam notavelmente os "fluxos no espaço"; ao passo que "o mercado expande espacialmente, a periferia em relação ao centro é circunscrita por um raio em constante expansão"[45]. Parece quase certo o surgimento de algum tipo de relação centro-periferia, talvez um eco daquela antítese original entre campo e cidade que repousa na origem da divisão social do trabalho[46].

Essa estrutura, no entanto, é perpetuamente remodelada na incansável busca por acumulação. A criação de mais-valor absoluto repousa na "produção de um círculo sempre ampliado da circulação", ao passo que a produção de mais-valor relativo implica "ampliação quantitativa do consumo existente; [...] criação de novas necessidades pela propagação das existentes em um círculo mais amplo; [...] produção de novas necessidades e descoberta e criação de novos valores de uso" por meio da "exploração completa da Terra". Marx passa em seguida a integrar o surgimento da ciência, a definição de novos desejos e necessidades sociais e a transformação da cultura global a sua imagem geral das transformações globais necessariamente moldadas no curso de um capitalismo expansionista movido pelo impulso de acumulação como um fim em si mesmo:

O capital, de acordo com essa sua tendência, move-se para além tanto das fronteiras e dos preconceitos nacionais quanto da divinização da natureza, bem como da satisfação tradicional das necessidades correntes, complacentemente circunscrita a certos limites,

[44] Idem, *Capital*, v. 1, cit., p. 474 e 579-80 [*O capital*, Livro I, cit., p. 427 e 523].
[45] Idem, *Theories of Surplus Value*, parte 3 (Nova York, International Publishers, 1972), p. 288.
[46] Idem, *Capital*, v. 1, cit., p. 474 [*O capital*, Livro I, cit., p. 427-8]; Karl Marx e Friedrich Engels, *The German Ideology* (Nova York, International Publishers, 1970), p. 69 [ed. bras.: *A ideologia alemã*, trad. Luciano Cavini Martorano, Nélio Schneider e Rubens Enderle, São Paulo, Boitempo, 2007, p. 52].

e da reprodução do modo de vida anterior. O capital é destrutivo disso tudo e revoluciona constantemente, derruba todas as barreiras que impedem o desenvolvimento das forças produtivas, a ampliação das necessidades, a diversidade da produção e a exploração e a troca das forças naturais e espirituais.[47]

Na medida em que a produção capitalista "se move em contradições que constantemente têm de ser superadas, mas que são também constantemente postas"*, também nós nos deparamos com contradições internas a essa dinâmica expansionista geral. Em particular, a busca por configurações geográficas "racionais" de produção e consumo acaba se chocando contra o impulso de revolucionar as forças produtivas nos transportes e nas comunicações. A expansão ocorre em um contexto no qual transformações nos custos, na velocidade, na continuidade e na eficiência do movimento ao longo do espaço alteram "a distância relativa entre os locais de produção e os grandes mercados". Isso implica "a decadência dos velhos centros de produção e a ascensão de novos locais". "Ao mesmo tempo, voltam a ocorrer alterações e deslocamentos em consequência das mudanças que o avanço dos meios de comunicação provocam na localização relativa dos centros de produção e dos mercados."[48] Marx parece estar perfeitamente de acordo com a ideia de que o espaço é relativo e dependente de investimentos em transportes e comunicações. A instabilidade que resulta disso é exacerbada por processos de transformação tecnológicos e organizacionais que ou liberam a produção de exigências locacionais específicas (acesso a determinadas matérias-primas ou fontes de energia, dependência de certas habilidades de trabalho) ou confirmam a tendência rumo à crescente especialização em uma divisão territorial do trabalho. As mudanças nas possibilidades físicas e sociais de migração dos trabalhadores (seja numa base temporária, seja numa permanente) também entram nesse quadro[49].

As mudanças nas configurações espaciais produzidas por esses processos tornam-se problemáticas à medida que o capitalismo passa a exigir infraestruturas fixas e imóveis, congeladas como valores de uso específicos em determinados lugares, para facilitar a produção, a troca, o transporte e o consumo. O capitalismo, afinal, "estabelece sua sede no próprio solo e os próprios pressupostos aparentemente sólidos, dados pela natureza, na propriedade fundiária, aparecem simplesmente postos

[47] Karl Marx, *Grundrisse*, cit., p. 407-10 [*Grundrisse*, cit., p. 332-4].
* Ibidem, p. 334. (N. T.)
[48] Karl Marx, *Capital*, v. 2, cit., p. 327-8 [*O capital*, Livro II, cit., p. 345].
[49] Idem, "Results of the Immediate Process of Production", *Capital*, v. 1, cit., p. 1.013-4 ["Resultados do processo imediato de produção", *O capital*, Livro I, cap. VI (inédito), trad. Eduardo Sucupira Filho, São Paulo, Livraria Editora de Ciências Humanas, 1978].

pela indústria"[50]. O valor incorporado em tais valores de uso embutidos na terra não pode ser deslocado sem ser destruído. O capital precisa, portanto, representar a si mesmo na forma de uma paisagem física criada a sua imagem e semelhança, como valores de uso compostos mediante trabalho humano e embutidos na terra a fim de facilitar a continuada acumulação de capital. A paisagem geográfica produzida pelo capital fixo e imóvel é, ao mesmo tempo, o coroamento do desenvolvimento capitalista anterior e uma prisão que inibe o progresso futuro da acumulação, justamente porque cria barreiras espaciais onde antes não havia. A própria produção dessa paisagem, tão vital à acumulação, é no fim antitética em relação à destruição de barreiras espaciais e à anulação do espaço pelo tempo.

Essa contradição cresce conforme aumenta a dependência sobre o capital fixo (maquinaria, usinas, infraestrutura de todos os tipos). O problema surge porque, "no capital fixo, o valor está contido em um determinado valor de uso"[51], ao passo que o grau de fixidez aumenta conforme a durabilidade, se as outras variáveis permanecerem iguais[52]. Marx descreve nos seguintes termos as condições que regem a circulação de capital fixo:

> O valor do capital fixo só é reproduzido na medida em que é consumido no processo de produção. Com a não utilização, ele perde seu valor de uso sem que o valor passe para o produto. Por isso, quanto maior for a escala em que o capital fixo se desenvolve [...], tanto mais a continuidade do processo de produção, ou fluxo contínuo da reprodução, devém condição externamente imposta do modo de produção baseado no capital.[53]

O emprego de capital fixo e imóvel exerce, em suma, uma forte reivindicação sobre a futura circulação de capital e sobre a futura mobilização de mão de obra. Até que o capital investido em tais ativos seja amortizado por meio do uso, o capital e a mão de obra permanecem geograficamente limitados a padrões de circulação que ajudam a realizar o valor embutido em todas as "melhorias incorporadas no solo [...], toda forma em que o produto da indústria é preso à superfície da terra"[54].

O desenvolvimento capitalista precisa negociar um caminho delicado entre preservar os valores de investimentos passados de capital embutidos na terra e destruí-los a fim de abrir novos espaços geográficos para a acumulação. Inicia-se uma luta perpétua na qual as paisagens físicas adequadas às exigências do capitalismo são

---

[50] Idem, *Grundrisse*, cit., p. 740 [*Grundrisse*, cit., p. 620].

[51] Ibidem, p. 728 [p. 608].

[52] Karl Marx, *Capital*, v. 2, cit., cap. 8 [*O capital*, Livro II, cit., cap. 8].

[53] Idem, *Grundrisse*, cit., p. 703 [*Grundrisse*, cit., p. 587].

[54] Ibidem, p. 739-40 [p. 619].

produzidas em um primeiro momento, apenas para, em um segundo momento, serem desmanchadas e destruídas, geralmente no decorrer de uma crise.

Essa contradição esconde uma ironia que aparece em sua forma mais escancarada na própria indústria de transportes. A eliminação de barreiras espaciais e a anulação do espaço pelo tempo implica um crescimento da "parte da riqueza social que, em vez de servir de meio direto de produção, é investida em meios de transporte e de comunicação e no capital fixo e circulante requerido para o funcionamento desses meios"[55]. Em outras palavras, a produção de uma configuração de espaço fixa (por exemplo, os sistemas ferroviário, rodoviário e portuário) é o único meio disponível para o capital superar o espaço. Em determinado momento, o impulso de superar o espaço precisa tornar obsoletos e redundantes os investimentos iniciais, talvez muito antes de o valor embutido neles ser realizado mediante uso.

A teoria da localização em Marx (se é que podemos adotar esse nome) não é muito mais específica que isso (embora haja muitos elementos de interesse periférico em suas análises de formação de capital fixo e renda). A virtude de suas observações fragmentárias não repousa em sua sofisticação, mas na visão que elas projetam do papel da produção e da reestruturação incansáveis das paisagens geográficas e das relações espaciais enquanto momentos ativos nas dinâmicas de acumulação de capital. As revoluções nas forças produtivas embutidas na terra, na capacidade de superar o espaço e anular o espaço com o tempo não devem ser questões complementares acrescentadas ao capítulo final de uma análise. Esses elementos são fundamentais, pois é apenas por meio deles que podemos dar corpo e significado àquelas das mais centrais categorias marxianas: o trabalho concreto e o trabalho abstrato.

Esse último ponto merece uma reflexão mais detalhada. O dispêndio de força de trabalho humana "mediada por uma atividade produtiva especial, direcionada a um fim" de produzir valores de uso em determinado momento e local é, nas palavras de Marx, uma "eterna necessidade natural de mediação do metabolismo entre homem e natureza e, portanto, da vida humana"[56]. As diferentes qualidades de trabalho concreto são postas em relação uma à outra por meio da troca e, fundamentalmente, da circulação de capital. E o processo de reunir diferentes atividades concretas de trabalho em uma relação social geral dá a esse mesmo processo de trabalho qualidades abstratas vinculadas ao valor, como tempo de trabalho socialmente necessário, o tempo de trabalho "requerido para produzir um valor de uso qualquer sob as condições normais para uma dada sociedade e com o grau social médio de destreza e intensidade do trabalho"[57]. É impossível especificar, contudo, as "condições normais"

---

[55] Karl Marx, *Capital*, v. 2, cit., p. 351 [*O capital*, Livro II, cit., p. 346].
[56] Idem, *Capital*, v. 1, cit., p. 133 [*O capital*, Livro I, cit., p. 120].
[57] Ibidem, p. 129 [p. 117].

e o "grau social médio de destreza e intensidade do trabalho" sem a referência a determinado espaço de troca e de circulação de capital. Os processos de formação do mercado mundial, de integração espacial, de divisão internacional e territorial do trabalho e de concentração geográfica da produção (mão de obra e força produtiva) são, portanto, fundamentais para compreender como um processo concreto de trabalho adquire qualidades abstratas, universais. Para o geógrafo, esse certamente deve ser um dos *insights* mais profundos de Marx. Pois ele não apenas coloca o estudo das relações espaciais e da diferenciação geográfica no centro da teoria de Marx, como também aponta o caminho para uma solução do problema que há tanto tempo assombra a imaginação geográfica: como fazer generalizações universais sobre as particularidades evidentemente singulares do espaço. A resposta reside, obviamente, não na especulação filosófica, mas em um estudo sobre como os processos de circulação de capital reúnem as qualidades únicas da ação humana em determinados lugares e tempos sob um esquema de generalidade universal. Supõe-se que era exatamente isso que Marx queria dizer com aquela impressionante concepção que vale ser repetida: "Riqueza abstrata, valor, dinheiro, portanto, trabalho abstrato, se desenvolvem na medida em que o trabalho concreto torna-se uma totalidade de diferentes modos de trabalho abraçando o mercado mundial".

COMÉRCIO EXTERIOR

Ainda que alguns dos comentários esparsos de Marx sobre comércio exterior (ele nunca chegou a completar uma obra sobre o mercado mundial) possam ser interpretados como extensões lógicas de suas opiniões sobre relações espaciais e localização, eles se concentram mais em como a história e a dinâmica da acumulação de capital foram e são expressas por meio de estruturas geográficas preexistentes – em particular, o Estado-nação – em vez de nos processos que ensejam as próprias configurações espaciais. Ao aceitar a ficção da acumulação de capital como uma questão primariamente nacional, Marx estava, evidentemente, fazendo concessões a uma longa linhagem de pensamento que partiu dos mercantilistas, passando pelos fisiocratas, até chegar a Adam Smith e à doutrina ricardiana da vantagem comparativa. A força dessa tradição na economia política levou Marx a desenvolver uma crítica a algumas de suas proposições fundamentais e a aceitar outras, ao menos em parte. E, se a imagem que ele retrata parece de certa forma conflitar com a que anteriormente delineamos, isso não faz dela menos legítima. Trata-se, por assim dizer, do mundo das interações geográficas visto de uma janela um tanto diferente. Uma compreensão plena dos entendimentos de Marx precisa repousar em uma síntese de duas perspectivas relativamente díspares, mas igualmente legítimas, sobre a geografia da acumulação capitalista.

Marx considera o desenvolvimento do comércio exterior, a formação do mercado mundial e a ascensão do capitalismo como relacionados a um processo no qual as consequências em determinado patamar tornam-se precondições para o próximo. O impulso para superar barreiras espaciais, por exemplo, prevê a absorção, a dissolução ou a transformação de todos os modos de produção não capitalistas sob a força homogeneizadora da circulação de capital. A monetização, a troca de mercadorias e, finalmente, a imposição de relações capitalistas de produção representam diversos passos desse processo.

A mera penetração da forma-dinheiro, declara ele, tem influência "dissolvente" sobre a comunidade isolada e suga "distantes regiões do mundo para o processo de troca e de metabolismo"[58]. O capital pode, então, ser acumulado diretamente a partir daquele "metabolismo de circulação" uma vez que este se estabelece. As cidades acumulam valores de uso e, portanto, valores do campo, ao passo que o capital comercial, como uma forma de organização anterior à do capital produtivo,

além de explorar a diferença entre os preços de produção de diferentes países, se apropria de uma parte predominante do mais-produto, por um lado, como intermediário entre comunidades cuja produção ainda se encontra fundamentalmente orientada para o valor de uso [...], por outro lado, pelo fato de que naqueles modos de produção mais antigos os principais possuidores do mais-produto, com os quais o comerciante negocia – o proprietário de escravos, o senhor feudal e o Estado (por exemplo, o déspota oriental) –, representam a riqueza fruitiva que o comerciante busca abocanhar [...]. Portanto, onde quer que o capital comercial exerça um poder preponderante, ele constitui um sistema de saqueio, do mesmo modo que seu desenvolvimento nos povos comerciantes, tanto dos tempos antigos como dos mais recentes, vincula-se diretamente à pilhagem violenta, à pirataria, ao roubo de escravos e ao subjugamento nas colônias; [...] a evolução do comércio e do capital comercial desenvolve por toda parte a orientação da produção para o valor de troca, aumenta seu volume, multiplica-a e cosmopolitiza-a, desenvolvendo o dinheiro em dinheiro mundial. Por isso, o comércio tem, em toda parte, uma ação mais ou menos dissolvente sobre as organizações preexistentes da produção, as quais, em todas as formas distintas, estão orientadas principalmente para o valor de uso. Em que medida ele provoca a dissolução do antigo modo de produção depende, antes de mais nada, da firmeza e da estrutura interna deste último. E onde esse processo de dissolução desembocará, isto é, que novo modo de produção ocupará o lugar do antigo, é algo que não depende do comércio, mas do caráter do próprio modo de produção antigo.[59]

---

[58] Karl Marx, *Grundrisse*, cit., p. 224-5 [*Grundrisse*, cit., p. 168].
[59] Idem, *Capital*, v. 3, cit., p. 448-9 [*O capital*, Livro III, cit., p. 376-7].

O capital comercial desempenhou um papel crucial na redistribuição de riqueza e poder do campo para a cidade ou de todo o mundo para algumas nações capitalistas dominantes. Mas isso mudou quando o capital comercial se tornou subserviente ao capital industrial e foi, assim, obrigado a respeitar as regras da justa troca. O comerciante tornou-se, então, o mero agente que fazia valer as formas mais básicas de dominação capitalista. Por exemplo:

O barateamento dos produtos feitos à máquina e os sistemas revolucionados de transporte e de comunicação são armas para a conquista de mercados estrangeiros. Ao arruinar o produto artesanal desses mercados, a indústria mecanizada os transforma compulsoriamente em campos de produção de sua matéria-prima. Assim, por exemplo, as Índias Orientais foram obrigadas a produzir algodão, lã, cânhamo, juta, anil etc. para a Grã-Bretanha. A constante "transformação em supranumerários" dos trabalhadores nos países da grande indústria estimula de modo artificial a emigração e a colonização de países estrangeiros, transformando-os em celeiros de matérias-primas para a metrópole, como ocorreu com a Austrália, convertida num centro de produção de lã. Cria-se, assim, uma nova divisão internacional do trabalho, adequada às principais sedes da indústria mecanizada, divisão que transforma uma parte do globo terrestre em campo de produção preferencialmente agrícola voltado a suprir as necessidades de outro campo, preferencialmente industrial.[60]

A precisa geografia dessa nova divisão internacional do trabalho depende, contudo, de uma série de "fatores especiais" e efeitos contraditórios que tornam particularmente tortuoso o caminho da produção capitalista rumo à dominação global. No caso das colônias, por exemplo, Marx insiste naquilo que ele vê como uma distinção-chave:

Há colônias propriamente ditas, tais como os Estados Unidos, a Austrália etc. Aqui a massa dos colonos agricultores, embora tragam consigo uma quantia maior ou menor de capital da pátria natal, não são capitalistas, tampouco dão continuidade à produção capitalista. Eles são mais ou menos camponeses que trabalham por conta própria e cujo principal objetivo, em primeiro lugar, é produzir o próprio sustento. No segundo tipo de colônia – as *plantations* –, onde desde o início há especulações comerciais e a produção é voltada para o mercado mundial, o modo de produção capitalista existe, embora apenas em um sentido formal, pois a escravização dos negros inviabiliza o trabalho assalariado livre, que é a base da produção capitalista. Mas os negócios nos quais os escravos são utilizados são conduzidos por capitalistas.[61]

---

[60] Idem, *Capital*, v. 1, cit., p. 579-80 [*O capital*, Livro I, cit., p. 523].
[61] Idem, *Theories of Surplus Value*, parte 2 (Nova York, International Publishers, 1968), p. 302-3.

Os dois tipos de colônia evoluem de maneira muito diferente em relação aos processos globais de acumulação. As colônias do segundo tipo, fundadas ativamente ou produzidas a partir de uma transformação de alguma sociedade pré-capitalista (como na Europa ocidental), oferecem perspectivas de alta lucratividade, ao menos de início, por causa dos elevados índices de exploração a que se pode chegar pela redução das necessidades ao mínimo absoluto. Essa tendência de transformar necessidades em luxos

> determina todo o padrão social das nações atrasadas [...] que são associadas a um mercado mundial baseado na produção capitalista. Não importa o tamanho do produto excedente que eles (os produtores não capitalistas) extraem do trabalho excedente de seus escravos na forma simples de algodão ou milho, eles podem aderir a esse trabalho simples indiferenciado porque o comércio externo permite que eles convertam esses produtos simples em qualquer valor de uso.[62]

A incapacidade de revolucionar as forças produtivas sob tais condições de subdesenvolvimento induzido é o que no longo prazo torna essas colônias vulneráveis.

Ao mesmo tempo, as colônias compostas por pequenos produtores independentes que comercializam seus excedentes no mercado são tipicamente marcadas por situações de escassez de mão de obra e índices salariais elevados (particularmente onde há disponibilidade abundante e barata de terra). As colônias desse tipo não são tão receptivas a formas capitalistas de exploração e podem, inclusive, resistir ativamente à penetração do modo capitalista de produção.

> Nelas, o regime capitalista choca-se por toda parte contra o obstáculo do produtor, que, como possuidor de suas próprias condições de trabalho, enriquece a si mesmo por seu trabalho, e não ao capitalista. A contradição desses dois sistemas econômicos diametralmente opostos se efetiva aqui, de maneira prática, na luta entre eles. Onde o capitalista é respaldado pelo poder da metrópole, ele procura eliminar à força o modo de produção e apropriação fundado no trabalho próprio.[63]

Inúmeros movimentos populistas e radicais que brotaram entre colonos em regiões fronteiriças nos Estados Unidos, no Canadá, na Austrália e em outros países atestam a importância desse conflito. Mas, visto que essas colônias são formadas a partir de um desmembramento da população excedente amparado por pequenas quantias de capital dos principais centros de acumulação, e uma vez que elas costumam formar mercados em expansão para a produção capitalista, elas também acabam por ser integradas

---

[62] Idem, *Theories of Surplus Value*, parte 3, cit., p. 243.
[63] Idem, *Capital*, v. 1, cit., p. 931 [*O capital*, Livro I, cit., p. 835].

a um modo de produção capitalista hegemônico. Assim, no próprio tempo de Marx, os Estados Unidos estavam passando por um processo que os levava de um sistema de produção independente, em larga medida não capitalista, à configuração de um novo centro para a acumulação de capital. "A produção capitalista avança ali a passos de gigante", observou Marx, "mesmo que o rebaixamento dos salários e a dependência do assalariado ainda estejam longe de alcançar os níveis normais na Europa"[64].

Há outros "fatores especiais" a ser levados em conta, entretanto. Marx reconhece, por exemplo, que a "produtividade do trabalho permanece vinculada a condições naturais" e que diferenças na natureza formam, portanto, um "fundamento natural da divisão social do trabalho". No entanto, ele é igualmente enfático ao afirmar que tais diferenças representam apenas possibilidades (aliás, passíveis de modificação pela ação humana), porque em última análise a produtividade do trabalho "não é uma dádiva da natureza, mas o resultado de uma história que compreende milhares de séculos"[65]. Além disso, na medida em que, sob regime capitalista, a produtividade passa a ser definida no sentido da capacidade do trabalhador de produzir mais-valor para o capitalista[66], as diferenças nacionais e regionais no valor da força de trabalho tornam-se cruciais.

> Ao compararmos salários nacionais, devemos considerar todos os momentos determinantes da variação na grandeza de valor da força de trabalho: preço e volume das necessidades vitais elementares, natural e historicamente desenvolvidas, custos da educação do trabalhador, papel do trabalho feminino e infantil, produtividade do trabalho, sua grandeza extensiva e intensiva. [...] A intensidade média do trabalho varia de país a país, sendo aqui maior, lá menor. Essas médias nacionais constituem, pois, uma escala, cuja unidade de medida é a unidade média do trabalho universal. Assim, comparado com o menos intensivo, o trabalho nacional mais intensivo produz, em tempo igual, mais valor, que se expressa em mais dinheiro.[67]

Ele reconhece que a produtividade do trabalho e o valor da força de trabalho podem variar de forma substancial, inclusive num mesmo país[68]. E a produção capitalista, longe de erradicar tais diferenças, pode muito facilmente aprofundá-las ou até mesmo criá-las. "Uma vez que a produção capitalista encontra-se desenvolvida

---

[64] Ibidem, p. 940 [p. 844].

[65] Ibidem, p. 647 [p. 580-2].

[66] Ibidem, p. 644 [p. 578].

[67] Ibidem, p. 701-2 [p. 631-2].

[68] Karl Marx, *Wages, Price, and Profit* (Pequim, Foreign Languages, 1965), p. 72-3 [ed. bras.: "Salário, preço e lucro", em José Arthur Giannotti (org.), *Manuscritos econômico-filosóficos e outros textos escolhidos*, trad. Elias Chaves, São Paulo, Abril Cultural, 1974, Coleção Os Pensadores, v. 35, p. 61-105].

num país, também se elevam aí, acima do nível internacional, a intensidade e a produtividade nacional do trabalho."[69] A penetração de relações monetárias e da simples troca de mercadorias se mostra incapaz de modificar essa condição de desenvolvimento geográfico desigual. E isso tem implicações importantes.

Os capitais investidos no comércio exterior podem produzir uma taxa de lucro mais elevada porque nesse caso, em primeiro lugar, compete-se com mercadorias produzidas por outros países, com menos facilidades de produção, de modo que o país mais avançado vende mercadorias acima de seu valor, embora mais baratas que os países concorrentes. [...] O país favorecido recebe mais trabalho em troca de menos trabalho, embora essa diferença, esse excedente, tal como no intercâmbio entre o trabalho e o capital em geral, seja embolsado por uma classe determinada.[70]

Com base nisso, podem surgir certas peculiaridades nos termos de comércio entre sociedades desenvolvidas e subdesenvolvidas, entre centros e periferias[71]. Além disso, esses diferenciais às vezes persistem. Países chegam a estabelecer monopólios sobre a produção de determinadas mercadorias, ao passo que outros fatores também impedem que se atinja qualquer "nivelamento de valores por tempo de trabalho e até mesmo o nivelamento de preços de custo por uma taxa geral de lucro"[72]. Ainda mais espantosa é a admissão de Marx de que

aqui a lei do valor sofre uma modificação essencial. A relação entre jornadas de trabalho de países diferentes pode ser semelhante à existente entre trabalho qualificado, complexo, e trabalho não qualificado, simples, no interior de um país. Nesse caso, o país mais rico explora o país mais pobre, mesmo quando o segundo ganha com a troca.[73]

Essa afirmação parece estar totalmente em desacordo com o ímpeto geral do argumento de Marx, que indicaria uma inevitável integração global da produção e da troca capitalistas sob uma única lei do valor representada pelo dinheiro universal. Afinal, "somente no mercado mundial o dinheiro funciona plenamente como a mercadoria cuja forma natural é, ao mesmo tempo, a forma imediatamente social de efetivação do trabalho humano *in abstracto*"[74].

---

[69] Idem, *Capital*, v. 1, cit., p. 702 [*O capital*, Livro I, cit., p. 632].
[70] Idem, *Capital*, v. 3, cit., p. 345 [*O capital*, Livro III, cit., p. 277].
[71] Idem, *Theories of Surplus Value*, parte 2, cit., p. 474-5.
[72] Ibidem, p. 201.
[73] Karl Marx, *Theories of Surplus Value*, parte 3, cit., p. 105-6.
[74] Idem, *Capital*, v. 1, cit., p. 241 [*O capital*, Livro I, cit., p. 215].

Ademais,

> é apenas o comércio exterior, o desenvolvimento do mercado em um mercado mundial, que permite ao dinheiro se desenvolver em dinheiro mundial e trabalho abstrato em trabalho social. Riqueza abstrata, valor, dinheiro, portanto, trabalho abstrato, se desenvolvem na medida em que o trabalho concreto torna-se uma totalidade de diferentes modos de trabalho abraçando o mercado mundial. A produção capitalista repousa no valor ou na transformação em trabalho social do trabalho embutido no produto. Mas isso somente é possível com base no comércio externo e no mercado mundial. Essa é, a um só tempo, a precondição e o resultado da produção capitalista.[75]

Será que podemos notar aqui um eco sutil daquela mesma contradição que Marx torna mais explícita em sua consideração sobre localização, a saber, a de que a eliminação dos diferenciais geográficos implica a construção de novos diferenciais? Certamente parece que as estruturas geográficas materiais específicas medeiam os aspectos abstratos do trabalho (determinação social atingida via troca no mercado mundial) e as qualidades concretas do trabalho (as particularidades do processo de trabalho conforme esse é realizado por determinadas pessoas em determinado lugar e tempo). O capitalista comercial, como vimos, "se apropria de uma parte predominante do mais-produto, por um lado, como intermediário entre comunidades cuja produção ainda se encontra fundamentalmente orientada para o valor de uso"[76].

É esse tipo de "fator especial" que faz do comércio exterior uma questão muito complexa. Essas complexidades não derivam do fracasso do desenvolvimento capitalista em superar barreiras sociais e culturais a sua hegemonia global (embora essas barreiras possam ser extremamente resistentes e, em alguns casos, determinantes). Elas surgem, ao contrário, das contradições inerentes ao próprio modo de produção capitalista. Boa parte da complexidade do comércio exterior precisa ser interpretada, portanto, como manifestações globais das contradições internas do capitalismo. E, sob todas essas manifestações, está a possibilidade bastante real de que, no fim, seja o próprio capitalismo que crie os maiores obstáculos (tanto geográficos quanto sociais) a seu desenvolvimento.

---

[75] Idem, *Theories of Surplus Value*, parte 3, cit., p. 253.
[76] Idem, *Capital*, v. 3, cit., p. 448-9 [*O capital*, Livro III, cit., p. 375].

COMENTÁRIO

A ausência de quaisquer perspectivas geográficas (exceto aquelas sobre colonialismo e imperialismo) em boa parte da teorização de esquerda e na economia política marxiana em particular era um tema quente na geografia radical no início dos anos 1970. Havia uma relação estranha, que nem mesmo Lênin deu conta de resolver, entre as teorias focadas na exploração de uma classe por outra e aquelas baseadas na exploração de pessoas em um território por pessoas de outro. Diversos geógrafos em círculos marxistas nos Estados Unidos e no Reino Unido se empenharam ativamente para remediar essa deficiência, assim como o fizeram os estudiosos em torno de Yves Lacoste e Henri Lefebvre, na França. Ficou evidente que a tradição anarquista na geografia, fundada na obra de Pyotr Kropotkin e Élisée Reclus, comportava uma abordagem muito mais sensível a questões de espaço, lugar e ambiente que a linha mais hegemônica do marxismo. Ao anarquismo, contudo, faltava a poderosa teoria econômico-política que Marx desbravou. Minha contribuição consistiu em verificar se havia algo nos textos de Marx que poderia oferecer algum auxílio útil a essa discussão. Marx se referiu com frequência a questões ligadas à produção de espaço e às dimensões espaciais das relações sociais na dinâmica do capital, mas geralmente o fazia em digressões, entre parênteses ou em passagens obscuras de seus textos. Decidi reunir esses fragmentos para ver se eles poderiam ser sintetizados em algo mais sistemático. Fiquei satisfeito com o resultado e imaginei ingenuamente que os economistas políticos marxistas mais hegemônicos apreciariam os novos achados. No entanto, eles, em larga medida, os ignoraram – em parte, suspeito, porque a maioria dos marxistas mais hegemônicos não acreditava na época que os geógrafos pudessem contribuir com qualquer coisa de relevante para o marxismo. De modo análogo, os geógrafos hegemônicos sofriam para aceitar a ideia de que o pensamento de Marx teria alguma relevância para a geografia. Essa descrença mútua diminuiu um tanto de lá para cá, mas de forma alguma deixou de existir. Isso diz muito sobre os limites impostos quando se divide o trabalho intelectual em disciplinas. Incorporei muitas das ideias e dos *insights* que vieram da elaboração deste texto aos últimos capítulos de *Os limites do capital* *, publicado pela primeira vez em 1982.

---

* David Harvey, *Os limites do capital* (trad. Magda Lopes, São Paulo, Boitempo, 2013). (N. T.)

3. O PROCESSO URBANO NO CAPITALISMO
Um arcabouço para análise

Meu objetivo é compreender o processo urbano sob o capitalismo. Limito-me às formas capitalistas de urbanização porque acato a ideia de que, no modo de produção capitalista, o "urbano" possui um significado específico que não pode ser transposto sem uma transformação radical de sentido (e de realidade) a outros contextos sociais.

Na estrutura capitalista, baseio minha interpretação do processo urbano nas teorias gêmeas da *acumulação* e da *luta de classes*. Os dois temas se complementam e precisam ser considerados diferentes lados de uma mesma moeda – diferentes janelas a partir das quais se pode mirar a totalidade da atividade capitalista. O caráter de classe da sociedade capitalista significa a dominação do trabalho pelo capital. Dito de maneira mais concreta, uma classe de capitalistas detém o comando do processo de trabalho e o organiza conforme as finalidades da produção de lucro. O trabalhador, contudo, comanda apenas sua força de trabalho, que deve ser vendida como mercadoria no mercado. Surge, então, a dominação, porque o trabalhador precisa render um lucro (mais-valor) ao capitalista em troca de um salário. Tal explicação, obviamente, é um tanto simplista, uma vez que as efetivas relações de classe (e relações entre frações de classes) no interior de um efetivo sistema de produção (incluindo produção, serviços, custos necessários de circulação, distribuição, troca etc.) são altamente complexas. A sacada marxista essencial, contudo, é que o lucro surge da dominação do trabalho pelo capital e que os capitalistas, enquanto classe, precisam expandir continuamente as bases para o lucro a fim de garantir sua reprodução. Chegamos assim à concepção de uma sociedade fundada no princípio da "acumulação como um fim em si mesmo, da produção como um fim em si mesmo". A acumulação é o meio pelo qual a classe capitalista reproduz tanto a si mesma quanto a sua dominação sobre o trabalho. Não se pode, portanto, isolar a acumulação da luta de classes.

AS CONTRADIÇÕES DO CAPITALISMO

É possível tecer toda uma teia de argumentos sobre o processo urbano a partir de uma análise das contradições do capitalismo. Permita-me apresentar as principais formas que essas contradições assumem.

Considere, primeiro, as contradições que repousam na própria classe capitalista. Na esfera da troca, cada capitalista opera em um mundo de individualismo, liberdade e igualdade e não só pode, como precisa, agir de maneira espontânea e criativa. Por meio da concorrência, contudo, as leis inerentes da produção capitalista se fazem valer como "leis coercitivas externas que exercem poder sobre cada capitalista individual". Um mundo de individualidade e liberdade aparentes oculta um mundo essencialmente marcado por conformidade e coerção. Contudo, a tradução da ação individual ao comportamento de acordo com normas de classe não é plena nem perfeita – e nunca poderá ser, porque o *processo* de troca sob preceitos capitalistas sempre presume individualidade, ao passo que a lei do valor se impõe em termos sociais. Consequentemente, os capitalistas individuais, cada um agindo conforme os próprios interesses, podem em conjunto produzir um resultado totalmente antagônico a seus interesses coletivos enquanto classe. Para dar um exemplo um tanto drástico, a concorrência pode forçar cada capitalista a estender e intensificar o processo de trabalho a ponto de prejudicar gravemente a própria capacidade da mão de obra de produzir mais-valor. Os efeitos coletivos da atividade empreendedora individual são capazes, assim, de comprometer seriamente a base social para a continuação da acumulação.

Considere, em segundo lugar, as implicações da acumulação para os trabalhadores. Sabemos, pela teoria do mais-valor, que a exploração da força de trabalho é a fonte do lucro capitalista. A forma capitalista de acumulação repousa, portanto, sobre certa violência que a classe capitalista impõe sobre o trabalho. Marx mostrou, contudo, que essa apropriação poderia se dar de forma a não infringir as regras de igualdade, individualidade e liberdade, visto que elas precisam prevalecer na esfera da troca. Os trabalhadores, assim como os capitalistas, comercializam "livremente" no mercado a mercadoria de que eles dispõem. Ao mesmo tempo, os trabalhadores concorrem uns com os outros por emprego, enquanto o processo de trabalho permanece sob o comando do capitalista. Sob condições de concorrência desenfreada, os capitalistas, queiram ou não, são forçados a aplicar cada vez mais violência sobre aqueles que empregam. Individualmente, os trabalhadores não têm poder de resistência, pois eles também se veem como concorrentes entre si. Para eles, a única solução é constituir a si mesmos enquanto classe e encontrar meios coletivos para resistir às depredações do capital. A forma capitalista de acumulação convoca, assim, a luta de classes aberta e explícita entre trabalho e capital. Essa contradição

entre as classes explica boa parte da dinâmica da história do capitalismo e é fundamental para compreender o processo de acumulação.

As duas formas de contradição se complementam. Elas expressam uma unidade
subjacente e devem ser concebidas como aspectos diferentes da mesma realidade.
Não deixa de ser útil, entretanto, para efeito de análise, separá-las. Por mais que
as duas estejam intimamente ligadas, a contradição interna à classe capitalista é
bem diversa da confrontação de classe entre capital e trabalho. No argumento que
segue, concentro-me primeiro no processo de acumulação tal como ele se daria na
ausência de qualquer resposta aberta por parte da classe trabalhadora. Em seguida,
amplio a perspectiva e passo a considerar como a organização da classe trabalhadora e sua capacidade de reação afetam o processo urbano no capitalismo.

Outras contradições também poderiam entrar na análise a fim de complementá-
-la. Por exemplo, o sistema de produção capitalista frequentemente existe em
relação de antagonismo quanto a setores não capitalistas ou pré-capitalistas que
possam existir dentro (a economia doméstica, setores de produção camponeses
e artesanais etc.) ou fora dele (sociedades pré-capitalistas, países socialistas etc.).
Também devemos notar a contradição com a "natureza" que inevitavelmente surge
da relação entre as dinâmicas de acumulação e a "base de recursos naturais", como
o capital a define. Tais questões evidentemente precisam ser levadas em conta em
qualquer análise da história da urbanização sob o capitalismo.

AS LEIS DA ACUMULAÇÃO

Começo esboçando a estrutura dos fluxos de capital em um sistema de produção e
realização de valor. Faço isso com uma série de diagramas que podem parecer um
tanto "funcionalistas" e talvez indevidamente simplificados, mas que, ainda assim,
nos ajudam a compreender a lógica básica do processo de acumulação. Também
veremos como surgem problemas quando capitalistas individuais produzem um
resultado incompatível com seus interesses de classe e consideraremos alguns caminhos para solucionar tais questões. Ou seja, arrisco-me a resumir o argumento de
Marx em *O capital* no espaço ridiculamente curto de três ou quatro páginas.

O CIRCUITO PRIMÁRIO DO CAPITAL

No Livro I de *O capital*, Marx apresenta uma análise do processo de produção
capitalista. O impulso de criar mais-valor recai sobre a prolongação da jornada de
trabalho (mais-valor absoluto) ou nos ganhos a ser auferidos com as revoluções

contínuas nas "forças produtivas", por meio de reorganizações do processo de trabalho que elevam a produtividade da força de trabalho (mais-valor relativo). O capitalista obtém mais-valor relativo por meio da organização da cooperação e da divisão do trabalho dentro do processo de trabalho ou por meio da aplicação de capital fixo (maquinaria). O motor para essas contínuas revoluções no processo de trabalho e para a elevação na produtividade é a concorrência capitalista, uma vez que cada capitalista busca um lucro excedente por meio da adoção de técnicas de produção superiores às dos concorrentes e às da média social.

As implicações disso para o trabalho são exploradas em um capítulo intitulado "A lei geral da acumulação capitalista". Nele, Marx examina as alterações na taxa de exploração e no ritmo das transformações no processo de trabalho em relação às condições de oferta de mão de obra (em particular, a formação de um exército industrial de reserva), assumindo a necessidade de manter uma taxa positiva de acumulação para que a classe capitalista garanta sua própria reprodução. A análise se desenrola em torno de um conjunto rigorosamente circunscrito de interações e desconsidera ou postula como constantes todas as outras variáveis. A Figura 3.1 retrata as relações examinadas.

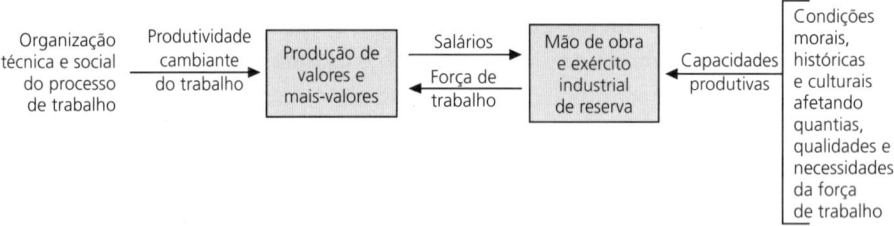

FIGURA 3.1. As relações consideradas na "lei geral da acumulação" de Marx.

O Livro II de *O capital* se encerra com um modelo de acumulação em uma escala expandida. Examinam-se os problemas de proporcionalidade envolvidos na produção conjunta de meios de produção e de consumo, postulando à constância todos os demais problemas (inclusive a transformação tecnológica, o investimento em capital fixo etc.). O objetivo aqui é mostrar o potencial de crises de desproporcionalidade contido no processo de produção. Marx, no entanto, agora amplia a estrutura das relações analisadas em detalhe (Figura 3.2). Repare, contudo, que em ambos os casos Marx assume tacitamente que todas as mercadorias são produzidas e consumidas em determinado período. A estrutura das relações examinadas na Figura 3.2 pode ser caracterizada como o *circuito primário do capital*.

Boa parte da análise da queda tendencial da taxa de lucro e suas contratendências no Livro III pressupõe, de modo semelhante, a produção e o consumo

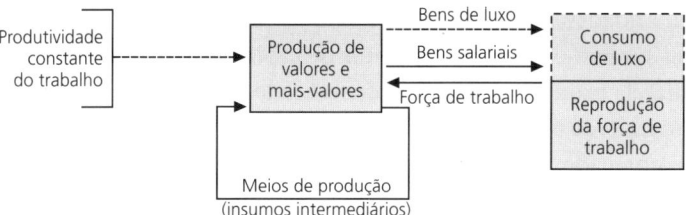

FIGURA 3.2. As relações consideradas no modelo de "reprodução em escala ampliada" de Marx.

em determinado período, ainda que haja certa evidência de que Marx pretendes-se ampliar esse escopo. Todavia, é útil considerar a primeira parte da análise do Livro III como uma síntese dos argumentos apresentados nos dois primeiros livros. Ela descreve o que ocorre no circuito primário de capital à medida que os capitalistas individuais agem de maneira contrária a seu interesse coletivo de classe. A tendência é gerar uma condição de *sobreacumulação* – produz-se capital demais em relação às oportunidades de uso desse capital. Essa tendência manifesta-se em uma variedade de formas.

1. Sobreprodução de mercadorias – excesso no mercado.
2. Taxas decrescentes de lucro em termos de precificação (o que é diferente da queda da taxa de lucro em termos de valor, que é um construto teórico).
3. Capital excedente, que pode ser manifesto como capacidade produtiva ociosa ou como capital-dinheiro carente de oportunidades para ser empregado de forma lucrativa.
4. Mão de obra excedente e/ou uma taxa crescente de exploração da força de trabalho.

É possível que duas ou mais dessas manifestações se façam presentes simultaneamente. Temos aqui um quadro preliminar para a análise das crises capitalistas.

O CIRCUITO SECUNDÁRIO DO CAPITAL

Abandono agora o pressuposto tácito de que a produção e o consumo ocorrem em determinado intervalo de tempo e passo a considerar o problema posto por mercadorias que exigem, para sua produção e seu uso, diferentes períodos de trabalho, de circulação e afins. Esse é um problema de extraordinária complexidade que Marx aborda até certo ponto no Livro II de *O capital* e nos *Grundrisse*. Aqui, limito-me a alguns comentários acerca da formação de *capital fixo* e do *fundo de consumo*. O capital fixo, defende Marx, exige uma análise especial por conta de certas peculiaridades vinculadas a seu modo de produção e de realização. Essas peculiaridades surgem porque os elementos de capital fixo podem ser produzidos no curso normal da produção capitalista de mercadorias, mas são utilizados como auxílios ao processo de produção, não como insumos diretos de matéria-prima. Além disso, são empregados ao longo de um período relativamente extenso. Podemos estabelecer uma distinção útil entre capital fixo circunscrito ao processo de produção e capital fixo que opera como arcabouço físico para a produção. Denomino este segundo de o "meio ambiente construído para a produção".

No lado do consumo, há uma estrutura paralela. O fundo de consumo é formado a partir das mercadorias que funcionam como complementos do consumo, não como insumos diretos para consumo. Alguns itens são diretamente circunscritos ao processo de consumo (bens de consumo duráveis, como fogões, máquinas de lavar etc.), ao passo que outros operam como o arcabouço físico para o consumo (casas, pavimentos etc.) – denomino este segundo de "meio ambiente construído para o consumo".

Vale notar que alguns itens no meio ambiente construído operam em conjunto tanto para a produção quanto para o consumo – a malha de transportes, por exemplo – e que itens podem passar de uma categoria a outra por meio de mudanças no uso. Além disso, o capital fixo no meio ambiente construído é imóvel no espaço no sentido de que o valor incorporado a ele não pode ser deslocado geograficamente sem ser destruído. O investimento no meio ambiente implica, portanto, a criação de toda uma paisagem física para fins de produção, circulação, troca e consumo.

Denomino circuito secundário do capital os fluxos de capital que se deslocam em função da formação de ativos fixos e do fundo de consumo. Considere, agora, o modo como tais fluxos podem se dar. Precisa, evidentemente, haver "excedente" tanto de capital quanto de trabalho em relação às necessidades atuais de produção e consumo a fim de facilitar o movimento de capital para a formação de ativos de longo prazo, em especial aqueles que constituem o meio ambiente construído. A tendência à sobreacumulação produz periodicamente essas condições no circuito primário. Uma solução factível – ainda que temporária – a esse problema de sobreacumulação seria, portanto, transpor os fluxos de capital para o circuito secundário.

Individualmente, os capitalistas em geral encontrarão dificuldade de efetivar esse tipo de transposição de fluxos por uma série de razões. As barreiras para a transposição individual de capital são particularmente elevadas no que diz respeito ao meio ambiente construído, onde investimentos costumam ser de larga escala e de longa durabilidade, muitas vezes difíceis de precificar de maneira comum e, em muitos casos, abertos a uso coletivo por todos os capitalistas individuais. Tais barreiras, de fato, podem fazer com que capitalistas individuais deixem de suprir adequadamente suas necessidades coletivas de produção. Eles tendem a sobreacumular no circuito primário e subinvestir no circuito secundário; além disso, têm considerável dificuldade de organizar um fluxo equilibrado de capital entre os circuitos primário e secundário.

Uma condição geral para garantir o fluxo de capital para o circuito secundário é, portanto, a existência de um mercado de capitais operante e, talvez, de um Estado disposto a financiar e garantir projetos de grande escala e longo prazo no que diz respeito à criação de ambientes construídos. Em tempos de sobreacumulação, só se pode realizar uma transposição de fluxos do circuito primário para o circuito secundário se as diversas manifestações de sobreacumulação forem convertidas em capital-dinheiro, podendo, assim, se deslocar de maneira livre e desimpedida a essas formas de investimento. Essa transposição de fluxos de capital não pode ser realizada sem uma oferta de dinheiro e um sistema de crédito que criem "capital fictício" antecipadamente em relação à produção e ao consumo de fato. Isso vale tanto para o fundo de consumo (daí a importância de crédito de consumo, financiamentos de moradia, dívida municipal etc.) quanto para o capital fixo. Já que a produção de dinheiro e de crédito é um processo relativamente autônomo, precisamos conceber as instituições financeiras e estatais que controlam o processo como um centro nervoso coletivo que governa e medeia as relações entre os circuitos primário e secundário de capital. A natureza e a forma dessas instituições financeiras e estatais e as políticas que elas adotam podem desempenhar papéis importantes de emperrar ou reforçar fluxos de capital ao circuito secundário de capital ou a certos aspectos específicos dele, como transporte, habitação, instalações públicas e afins. Uma alteração nessas estruturas mediadoras pode, assim, afetar tanto o volume quanto a direção dos fluxos de capital, ao limitar os fluxos em alguns canais e abrir novos canais em outros lugares.

O CIRCUITO TERCIÁRIO DO CAPITAL

A fim de completar a imagem da circulação do capital em geral, precisamos conceber um circuito terciário de capital que abarque, primeiro, o investimento em ciência e tecnologia (cuja finalidade é colocar a ciência a serviço da produção e assim contribuir com os processos que revolucionam as forças produtivas na sociedade) e, segundo, uma ampla gama de gastos sociais ligados principalmente à reprodução da mão de obra. Estes últimos podem ser divididos em investimentos dirigidos à melhoria qualitativa da mão de obra da perspectiva do capital (investimentos em educação e saúde com vistas a aumentar a participação dos trabalhadores no processo de trabalho) e investimentos em cooptação, integração e repressão da mão de obra por meio de artifícios ideológicos e militares, entre outros.

Os capitalistas têm dificuldade de apostar individualmente em investimentos desse tipo, não importa quão interessantes eles pareçam ser. Mais uma vez, os capitalistas são forçados em certa medida a se constituir como classe – geralmente por meio da interferência do Estado – e, assim, encontrar formas de canalizar investimentos para pesquisa e desenvolvimento e para o aumento quantitativo e qualitativo da mão de obra. É importante reconhecer que os capitalistas muitas vezes precisam fazer tais investimentos a fim de moldar uma base social e política adequada para a continuação da acumulação. No que diz respeito a despesas sociais, entretanto, os fluxos de investimento são afetados muito fortemente pelo estado da luta de classes. A quantidade de investimento em repressão e em controle ideológico é diretamente relacionada à ameaça de resistência organizada da classe trabalhadora contra as depredações do capital. E a necessidade de cooptar o trabalhador surge apenas quando a classe trabalhadora acumulou poder suficiente para precisar ser cooptada. Uma vez que o Estado pode tornar-se um campo ativo de luta de classes, as mediações às quais se chega de forma alguma vão corresponder às exigências da classe capitalista. O papel do Estado impõe uma cuidadosa elaboração teórica e histórica no que diz respeito à organização dos fluxos de capital em direção ao circuito terciário.

A CIRCULAÇÃO DO CAPITAL COMO UM TODO E SUAS CONTRADIÇÕES

A Figura 3.3 retrata a estrutura geral das relações que constituem a circulação do capital ao longo dos três circuitos. O diagrama parece bastante estruturalista--funcionalista por causa do método de apresentação. Não consigo imaginar forma mais clara de comunicar as diversas dimensões e os caminhos do fluxo de capital. Precisamos considerar, agora, as contradições embutidas nesses fluxos e nessas relações. Farei isso, em um primeiro momento, como se não houvesse uma luta de classes aberta entre capital e trabalho – isso nos permite notar que a contradição entre capitalistas individuais e o capital em geral é, por si só, uma grande fonte de instabilidade dentro do processo de acumulação.

Já vimos como as contradições internas à classe capitalista geram uma tendência à sobreacumulação no circuito primário de capital. E argumentei que essa tendência pode ser superada, ao menos temporariamente, por meio de uma transposição do capital aos circuitos secundário ou terciário. O capital possui, portanto, uma variedade de opções de investimento à disposição: formação de capital fixo ou do fundo de consumo, investimento em ciência e tecnologia, investimento em "capital humano" (como a literatura burguesa costuma se referir à mão de obra) ou

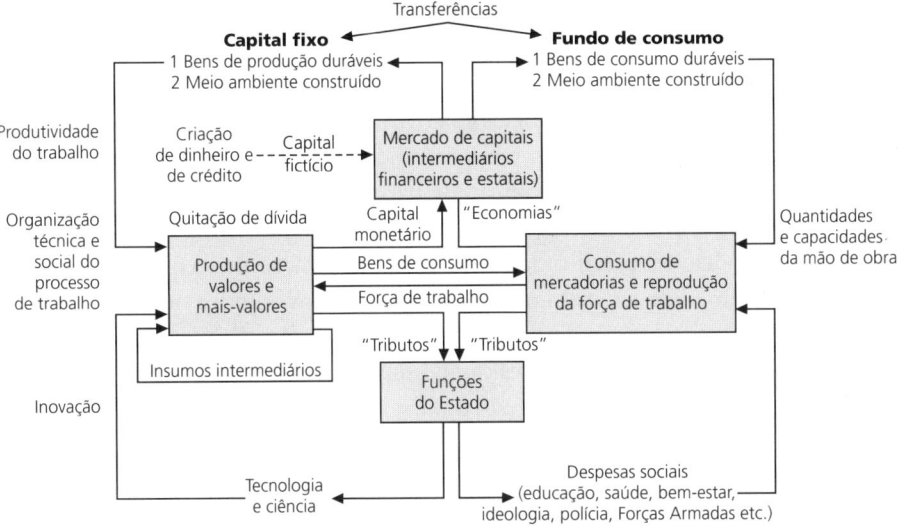

Figura 3.3. A estrutura das relações entre os circuitos primário, secundário e terciário do capital.

na pura e simples repressão. Em conjunturas históricas particulares, os capitalistas podem não ser capazes de se lançar em todas essas alternativas com igual vigor, a depender do grau de sua organização, das instituições que eles criaram e das possibilidades objetivas ditadas pelo estado da produção e pelo estado da luta de classes. Por ora, parto do pressuposto de que esses problemas não existem a fim de me concentrar em como a tendência à sobreacumulação, que até agora identifiquei apenas em relação ao circuito primário, se manifesta na estrutura da circulação de capital como um todo. Para fazer isso, preciso especificar o conceito de produtividade de investimentos, em particular daqueles dirigidos aos circuitos secundário e terciário de capital.

SOBRE A PRODUTIVIDADE DOS INVESTIMENTOS NOS CIRCUITOS SECUNDÁRIO E TERCIÁRIO

Opto pelo conceito de "produtividade" em vez do de "lucratividade" por motivos diversos. Em primeiro lugar, a taxa de lucro, tal como Marx a trata no Livro III de *O capital*, é medida em termos de valor, não de preço, e não leva em conta a distribuição do mais-valor em suas partes componentes de juro sobre capital-dinheiro, lucro sobre capital produtivo, renda da terra, lucro sobre capital comercial etc. A taxa de lucro é considerada uma média social obtida por capitalistas individuais em todos os setores, e assume-se que a concorrência efetivamente garanta sua equalização. Essa está longe de ser uma concepção adequada para se analisarem os fluxos entre os três circuitos de capital. Para começar, a formação de capital fixo no meio ambiente construído – particularmente os meios coletivos de produção na forma, digamos, de redes de transporte – não pode ser compreendida sem que se entendam a formação do mercado de capitais e a distribuição de parte do mais-valor na forma de juros. Em segundo lugar, muitas das mercadorias produzidas nos circuitos secundário e terciário não podem ser precificadas da maneira comum, ao passo que a ação coletiva via Estado não pode ser examinada de acordo com os critérios normais de lucratividade. Em terceiro lugar, a taxa de lucro em questão é perfeitamente apropriada para entender o comportamento dos capitalistas individuais ou das corporações individuais competindo entre si, mas não pode ser traduzida em um conceito adequado para compreender o comportamento dos capitalistas enquanto classe sem antes assumir alguns pressupostos fundamentais (tratar o lucro social total como igual ao mais-valor total produzido no sistema capitalista, como faz Marx, por exemplo).

O conceito de produtividade ajuda a contornar alguns dos problemas se o especificarmos com o devido cuidado. Pois o fato é que os capitalistas enquanto classe – geralmente por meio da intervenção do Estado – investem na produção das condições que eles esperam ser favoráveis à acumulação futura, à própria reprodução enquanto classe e à sua continuada dominação sobre o trabalho. Isso logo nos leva a uma definição do investimento produtivo como aquele que expande direta ou indiretamente a base para a produção de mais-valor. Os investimentos nos circuitos secundário e terciário têm o potencial de, sob certas condições, realizar isso; o problema – que tanto assombra os capitalistas quanto nos confunde – é identificar as condições e os meios que permitirão concretizar esse potencial.

O caso mais fácil a considerar é o do investimento em nova maquinaria: ele é diretamente produtivo se expandir a base para a produção de mais-valor e diretamente improdutivo se esses benefícios não se materializarem. Do mesmo modo, investimentos em ciência e tecnologia podem ou não gerar novas formas de conhecimento científico a ser utilizadas para expandir a acumulação. E o que dizer do investimento em estradas, moradia, saúde e educação, forças policiais e militares? O investimento cuidadoso, pela classe capitalista, em uma força policial para intimidar trabalhadores insubordinados e quebrar seu poder coletivo pode de fato produzir, indiretamente, mais-valor para os capitalistas (foi essa, inclusive, a origem dos Pinkertons* do século XIX nos Estados Unidos). Se, contudo, a

---

* A Pinkerton's National Detective Agency foi uma agência privada de investigação e segurança fundada nos Estados Unidos, em 1850, por Allan Pinkerton. A maior parte dos contratos da

polícia for mobilizada para proteger a burguesia no consumo extravagante de seus rendimentos, em um gritante desprezo pela pobreza e pela miséria circundante, ela não estará agindo para facilitar a acumulação. A distinção pode ser sutil, mas serve para ilustrar o dilema. De que forma a classe capitalista pode identificar, com razoável precisão, as oportunidades de investimentos produtivos diretos e indiretos nos circuitos secundário e terciário de capital? É disso que tratam muitos debates sobre políticas públicas. Os custos dos maus investimentos inevitavelmente ficam registrados e talvez até sustentem certo tipo de formação de crises (com frequência centradas em despesas e políticas públicas).

SOBRE AS FORMAS DE CRISE SOB O CAPITALISMO

Crises são as manifestações reais das contradições subjacentes ao processo capitalista de acumulação. O argumento que Marx parece propor em *O capital* é que no capitalismo sempre há o potencial de se atingir um "crescimento equilibrado", mas, por causa da estrutura das relações sociais vigentes na sociedade capitalista, esse potencial não pode jamais se concretizar. Essa estrutura leva capitalistas individuais a produzirem, na somatória, resultados antagônicos a seus próprios interesses de classe e a infligir uma violência insuportável à classe trabalhadora, que tende a reagir no campo da luta de classes aberta.

Já vimos como os capitalistas tendem a gerar estados de sobreacumulação no circuito primário de capital e consideramos os diversos resultados disso. À medida que a pressão aumenta, o processo de acumulação passa a estagnar ou se encontram novas oportunidades de investimento conforme o capital flui pelos diversos canais em direção aos circuitos secundário ou terciário. Esse movimento pode começar como pequenas gotas e se tornar um dilúvio à medida que fica evidente o potencial para se expandir a produção de mais-valor por tais meios. Não se elimina, contudo, a tendência à sobreacumulação: ela se transforma em uma tendência generalizada a sobreinvestimentos nos circuitos secundário e terciário. Esse sobreinvestimento diz respeito apenas às demandas do capital e nada tem a ver com as verdadeiras necessidades das pessoas, que inevitavelmente permanecem em condição de carência. Manifestações de crise aparecem, assim, tanto no circuito secundário quanto no terciário, mas há um retardamento substancial devido ao

---

empresa, bancada por empresários que demandavam maior controle sobre seus funcionários, girava em torno de evitar que grevistas (principalmente líderes sindicais) ocupassem as fábricas em que trabalhavam. (N. T.)

longo tempo de rotação de tais investimentos. Pode levar muitos anos até que seu fracasso ou seu sucesso se faça evidente. Em determinado momento, todavia, as manifestações de crise despontam tanto no circuito secundário quanto no circuito terciário do capital.

No que diz respeito ao capital fixo e ao fundo de consumo, a crise assume a forma de crise na valoração dos ativos. A sobreprodução crônica acarreta a desvalorização de itens de capital fixo e do fundo de consumo – processo que afeta tanto o meio ambiente construído quanto os bens duráveis de consumo e de produção. Da mesma maneira, é possível observar a formação de crises em outros pontos na estrutura dos fluxos de capital: crises em despesas sociais (saúde, educação, repressão militar), na formação do fundo de consumo (habitação) e no setor de ciência e tecnologia. Em cada um desses casos, a crise ocorre porque o potencial para investimentos produtivos em cada uma dessas esferas se encontra exaurido. Uma elevação nos influxos de capital não mais expande a base para a produção de mais-valor. Também vale notar que crises de qualquer magnitude em alguma dessas esferas são registradas como instabilidades nas estruturas financeira e estatal, ao passo que a última, por sua autonomia relativa, pode ser uma fonte independente de crises (podemos, portanto, falar em crises financeiras, monetárias e de crédito junto com crises fiscais de despesas do Estado).

As crises são as "racionalizadoras irracionais" do modo de produção capitalista. Elas são indicadoras de desequilíbrios e forçam uma racionalização (que pode ser dolorosa tanto para certos setores da classe capitalista como para os trabalhadores) do processo de produção, troca, distribuição e consumo. Elas podem também forçar uma racionalização de estruturas institucionais (em particular instituições financeiras e estatais). Do ponto de vista da estrutura total de relações que abordei, podemos distinguir entre três tipos de crise:

1. *Crises parciais*, que afetam determinado setor, região geográfica ou conjunto de instituições mediadoras. Estas podem surgir por toda sorte de motivos, mas são potencialmente capazes de ser resolvidas dentro do próprio setor, região ou conjunto de instituições. Há crises monetárias formadas autonomamente, por exemplo, que podem ser resolvidas por regulação e reformas institucionais, crises na formação do meio ambiente construído em certos lugares que podem ser resolvidas por processos de falência ou por uma revitalização da economia local etc.

2. *Crises de transposição*, que envolvem uma grande reorganização e reestruturação dos fluxos de capital e/ou uma grande reestruturação das instituições mediadoras a fim de abrir novos canais para investimentos produtivos. Há dois tipos de crises de transposição:

a. *Crises de transposição setoriais*, que implicam transpor a alocação de capital de uma esfera (por exemplo, formação de capital fixo) a outra (por exemplo, educação).

b. *Crises de transposição geográficas*, que envolvem a transposição de fluxos de capital de um lugar ou uma região a outro(a). Essa forma de crise é particularmente importante para investimentos no meio ambiente construído, pois esses não podem ser deslocados no espaço.

3. *Crises globais*, que afetam, em maior ou menor grau, todos os setores, esferas e regiões de um sistema capitalista. Veremos, portanto, desvalorizações generalizadas de capital fixo e do fundo de consumo, uma crise fiscal de despesas do Estado, uma crise de produtividade e de lucratividade, tudo isso manifestando-se ao mesmo tempo e por toda parte. É importante notar que só ocorreram duas crises globais desse tipo no século XX: a dos anos 1930 e seu rescaldo na Segunda Guerra Mundial; e a segunda, após 1973, mas que vinha sendo gestada desde 1968.

As crises podem escalar do nível parcial ao global. As crises de transposição que estão ligadas a desenvolvimentos geográficos desiguais no capitalismo e dão sustentação a eles são particularmente interessantes de serem estudadas.

COMENTÁRIO

Esta foi minha primeira tentativa de construir uma base teórica – utilizando as categorias de Marx – para interpretar a urbanização por meio de seus vínculos com a acumulação de capital. Aproximei a análise da geografia da acumulação capitalista das especificidades do nível urbano. Embora a teoria possa parecer demasiadamente simplificada e ainda carente de maior elaboração e desenvolvimento (em especial no que diz respeito aos papéis do Estado e do crédito), penso que, ainda assim, ela fornece uma base robusta para refletir sobre o papel que os investimentos de longo prazo de capital fixo no meio ambiente construído desempenham na reprodução do capital. Ela também suscita investigações sobre como a tendência à sobreacumulação se transfere de um circuito de capital a outro – e com quais efeitos. O perigo evidente é uma crise de sobreacumulação no meio ambiente construído. O arcabouço teórico explica como a China compensou um declínio substancial em seu comércio de exportação após 2008, na esteira do colapso da demanda de consumo nos Estados Unidos, recorrendo a uma estratégia encabeçada pelo Estado de forçar a aplicação de capital e trabalho excedentes em enormes projetos de urbanização e de infraestrutura física.

Isso permitiu à China sustentar taxas relativamente elevadas de crescimento após 2009, enquanto o resto do mundo patinava na lama. Algo bastante semelhante pode ser dito dos Estados Unidos depois de 1945, quando o país recorreu à sua maneira favorita de evitar as crises: "construir casas e enchê-las de coisas" (isto é, suburbanização). Em 2007-2008, essa solução esgotou suas possibilidades nos Estados Unidos, deflagrando uma crise financeira internacional. No momento em que escrevo, em 2015, surgem cada vez mais evidências de que há sobreinvestimento no meio ambiente construído na China: será interessante ver os desdobramentos disso à medida que as autoridades se empenham para evitar que a sobreacumulação no circuito secundário ameace a saúde não apenas da economia chinesa, como a do mundo inteiro.

A análise dos circuitos de capital desenvolvida neste capítulo vai ao encontro do modo orgânico, ecossistêmico e evolutivo como Marx pensava a produção e a reprodução do capital por meio do crescimento. Lefebvre menciona a ideia do circuito secundário em *A revolução urbana**. A única outra análise desse tipo, embora de uma perspectiva bem diferente, é a do geógrafo brasileiro Milton Santos, com quem tive algumas discussões produtivas na década de 1970.

Pelo bem da concisão, optei por omitir a parte final do artigo. Ela apresentava dados históricos sobre luta de classes e investimentos no circuito secundário de capital que ilustravam bem o que estava sendo explorado em termos teóricos.

---

* Henri Lefebvre, *A revolução urbana* (2. ed., trad. Margarida Andrade, Pedro Henrique Denski e Sergio Martins, Belo Horizonte, Editora UFMG, 2019). (N. T.)

4. Monumento e mito*
A construção da basílica de Sacré-Coeur

Estrategicamente construída no alto de uma colina conhecida como *butte* Montmartre, a basílica de Sacré-Coeur ocupa uma posição dominante sobre Paris. Seus cinco domos de mármore branco e o campanário que se ergue junto a eles podem ser vistos de todos os bairros da cidade. Da rede densa e cavernosa de ruas que compõe a velha Paris, pode-se vê-la de relance ocasionalmente. A basílica se destaca, espetacular e grandiosa, para as jovens mães que passeiam com os filhos nos Jardins de Luxemburgo, os turistas que caminham penosamente até o alto da Notre-Dame ou confortavelmente sobem pelas escadas rolantes do Centre Pompidou, os transeuntes que cruzam o Sena de metrô em Grenelle ou inundam a Gare du Nord ou os imigrantes argelinos que nas tardes de domingo sobem até o alto da rocha no Parc des Buttes-Chaumont. Ela também pode ser claramente vista pelos idosos que jogam *boule* na Place du Colonel Fabien, no limite dos bairros operários tradicionais de Belleville e La Villette – locais que desempenham um importante papel em nossa história.

Nos frios dias de inverno, quando o vento açoita as folhas caídas entre as velhas lápides do cemitério do Père-Lachaise, a basílica pode ser vista dos degraus da tumba de Adolphe Thiers, primeiro presidente da Terceira República da França. Embora hoje esteja quase escondida atrás do moderno complexo de escritórios de La Défense, ela pode ser vista a mais de vinte quilômetros de distância, do Pavilhão Henry IV em St. Germain-en-Laye, onde Adolphe Thiers morreu. Entretanto, por uma ironia topográfica, ela não pode ser vista do famoso Mur des Fédérés, também

* Este texto foi publicado pelo autor no livro *Paris, Capital of Modernity* (Nova York, Routledge, 2006); esta versão foi editada de *Paris, capital da modernidade* (trad. Magda Lopes e Artur Renzo, São Paulo, Boitempo, 2015). (N. E.)

FIGURA 4.1. A basílica de Sacré-Coeur.

no cemitério do Père-Lachaise, onde, em 27 de maio de 1871, após um combate brutal em meio aos túmulos, alguns dos últimos soldados reminiscentes da Comuna foram alinhados e sumariamente fuzilados. Não se pode ver a Sacré-Coeur desse muro coberto de hera e agora sombreado por uma velha castanheira. Esse local de peregrinação de socialistas, trabalhadores e seus líderes não pode ser visto do local de peregrinação dos fiéis católicos na encosta da colina, onde se situa o lúgubre túmulo de Adolphe Thiers.

Poucos diriam que a basílica de Sacré-Coeur é bela ou elegante, mas a maioria concordaria que ela é impactante e singular, que seu estilo característico e único adquire uma espécie de grandiosidade soberba que exige respeito da cidade a seus pés. Nos dias ensolarados, ela reluz a distância, e mesmo nos dias mais sombrios seus domos parecem captar as menores partículas de luz e irradiá-las em um brilho de mármore branco. Iluminada por holofotes à noite, ela parece suspensa no espaço, sepulcral e etérea. Assim, a Sacré-Coeur projeta uma imagem de grandeza sagrada, de lembrança perpétua. Mas lembrança de quê?

O visitante atraído à basílica em busca da resposta a essa pergunta deve primeiro subir a íngreme ladeira de Montmartre. Aqueles que fizerem pausas para recuperar o fôlego verão diante de si um maravilhoso panorama de telhados, chaminés, domos, torres e monumentos – um panorama da velha cidade que não mudou muito desde aquela cinzenta e enevoada manhã de outubro de 1872, quando o arcebispo de Paris subiu essa íngreme escarpa. Quando chegou ao topo, o sol milagrosamente dissipou tanto a névoa quanto as nuvens para lhe revelar a esplêndida vista. O arcebispo ficou maravilhado por um instante e, depois, exclamou: "É aqui, é aqui que estão os mártires, é aqui que o Sagrado Coração deve reinar para convocar a todos!"[1]. Quem são, então, os mártires homenageados na grandeza dessa basílica?

O visitante que entrar nesse lugar santificado muito provavelmente ficará impressionado com a imensa pintura de Jesus que reveste o domo da abside. Retratado com os braços abertos, Cristo tem no peito uma imagem do Sagrado Coração. Abaixo dela, duas palavras se destacam diretamente do lema latino: "Gallia Poenitens". E, abaixo dessa severa advertência de que "a França se arrepende", há uma grande urna dourada com a imagem do Sagrado Coração de Jesus ardendo de paixão, coberto de sangue e cercado de espinhos. Iluminada dia e noite, é aonde os peregrinos vão rezar.

Em frente à entrada da basílica, há uma estátua em tamanho natural de Santa Margarida Maria Alacoque e as palavras de uma carta escrita por ela – data, 1689; local, Paray-le-Monial –, que nos dizem mais sobre o culto do Sagrado Coração:

---

[1]   Emile Jonquet, *Montmartre autrefois et aujourd'hui* (Paris, Dumoulin, 1892), p. 54.

> O Pai eterno, à espera de reparação pela amargura e angústia
> que o adorável coração de seu divino filho sofreu entre as humilhações e os ultrajes
> de sua paixão, deseja um edifício onde a imagem desse divino coração possa ser
> venerada e homenageada.

A prece ao Sagrado Coração de Jesus, que, segundo as Escrituras, foi revelada quando um centurião enfiou uma lança no flanco de Cristo enquanto este sofria na cruz, não era desconhecida antes do século XVII. Mas Margarida Maria, assaltada por visões, transformou a adoração ao Sagrado Coração em um culto específico na Igreja católica. Embora a vida dela tenha sido repleta de provações e sofrimento e sua postura fosse severa e rigorosa, a imagem que o culto projetou de Cristo era calorosa e afetuosa, cheia de contrição e permeada de suave misticismo[2].

Margarida Maria e seus discípulos se puseram a propagar o culto com grande fervor. Por exemplo, ela escreveu uma carta para Luís XIV na qual dizia ter recebido uma mensagem de Cristo solicitando ao rei que se arrependesse, salvasse a França dedicando-se ao Sagrado Coração, colocasse essa imagem sobre seu pendão e construísse uma capela para glorificá-la. As palavras entalhadas em pedra dentro da basílica foram extraídas dessa carta de 1689.

O culto difundiu-se lentamente. Não estava de fato sintonizado com o racionalismo francês do século XVIII, que exerceu forte influência sobre a crença dos católicos e estava em oposição direta à imagem dura, rigorosa e autodisciplinada de Jesus projetada pelos jansenistas. No entanto, no fim do século XVIII, ele já havia conquistado alguns adeptos importantes e potencialmente influentes. Em sua vida pessoal, Luís XVI e sua família tornaram-se devotos do Sagrado Coração. Preso durante a Revolução Francesa, ele jurou que no prazo de três meses após sua libertação iria publicamente se dedicar ao Sagrado Coração e, assim, salvar a França (de quê, exatamente, ele não disse, nem precisava dizer). Também jurou construir uma capela para a adoração do Sagrado Coração. No entanto, o modo como sua libertação ocorreu não lhe permitiu cumprir tal juramento. Maria Antonieta tampouco teve mais sorte. A rainha dedicou suas últimas preces ao Sagrado Coração antes de comparecer a seu encontro com a guilhotina.

Esses episódios são de interesse porque pressagiam uma associação, importante para nossa história, entre o culto do Sagrado Coração e o monarquismo reacionário do *ancien régime*, que levou os adeptos do culto a se mostrarem totalmente contrários aos princípios da Revolução Francesa. Por sua vez, os que acreditavam nos princípios de liberdade, igualdade e fraternidade, de todo modo propensos a assumir

---

2   Idem; Adrien Dansette, *Histoire religieuse de la France contemporaine* (Paris, Flammarion, 1965).

posturas e práticas radicalmente anticlericais, dificilmente se encantavam com esse culto. A França revolucionária não era um lugar seguro para propagá-lo. Até os ossos e outras relíquias de Margarida Maria, agora exibidos em Paray-le-Monial, tiveram de ser cuidadosamente escondidos durante esses anos.

A restauração da monarquia, em 1815, mudou tudo isso. Os monarcas Bourbon procuraram, sob o olhar atento das potências europeias, recuperar o que pudessem da antiga ordem social. O tema do arrependimento pelos excessos da era revolucionária continuava forte. Luís XVIII não cumpriu o juramento feito pelo irmão morto ao Sagrado Coração, mas não deixou de construir, com o próprio dinheiro, a capela da Expiação no lugar onde o irmão e a família foram enterrados com tão pouca cerimônia – *Gallia Poenitens*.

Entretanto, fundou-se uma sociedade para propagar o culto do Sagrado Coração, e, em 1819, a solicitação de canonização de Margarida Maria foi transmitida a Roma. O vínculo entre o monarquismo conservador e o culto do Sagrado Coração consolidou-se, e este se disseminou entre os católicos conservadores. No entanto, ainda era visto com alguma desconfiança pela ala liberal e progressista do catolicismo francês. Agora, contudo, outro inimigo estava devastando a terra, perturbando a ordem social: a França sofria a pressão e as tensões da industrialização capitalista. Aos trancos e barrancos, sob a Monarquia de Julho, e depois a todo vapor, nos primeiros anos do Segundo Império de Napoleão III, a França transformou de forma radical as estruturas institucionais, a ordem social e alguns setores da economia[3].

Do ponto de vista dos católicos conservadores, essa mudança ameaçava muito do sagrado na vida francesa, pois trazia consigo o materialismo crasso e cruel, a cultura burguesa ostentosa e moralmente decadente e o aumento das tensões de classe. O culto do Sagrado Coração agora reunia sob sua bandeira não só os devotos atraídos por temperamento ou circunstância à imagem de um Cristo suave e clemente ou os que sonhavam com a restauração da ordem política do passado recente. Também recorriam a ele todos aqueles que se sentiam ameaçados pelos valores materialistas da nova ordem social, em que o dinheiro havia se tornado o Santo Graal, em que o papado do capital financeiro punha a autoridade do papa em xeque e a riqueza ameaçava suplantar Deus como o principal objeto de adoração.

Na década de 1860, os católicos franceses acrescentaram algumas queixas mais específicas a essas condições gerais. Napoleão III havia finalmente se colocado (após considerável vacilação) a favor da unificação italiana, comprometendo-se política e militarmente com a libertação dos Estados italianos centrais do poder temporal do

---

[3] Roger Price, *The Economic Modernisation of France* (Londres, Croom Helm, 1975); Fernand Braudel e Ernest Labrousse (orgs.), *Histoire économique et Sociale de la France*, v. 3 (Paris, Presses Universitaires de France, 1976).

papa. Este último não ficou nada satisfeito com essa política e, sob pressão militar, retirou-se no Vaticano, recusando-se a sair de lá até seu poder temporal ser restaurado. Dessa posição privilegiada, o papa lançou cáusticas condenações à política francesa e à decadência moral que, segundo ele, se alastrava pela França. Dessa maneira, ele esperava mobilizar os católicos franceses na luta ativa pela sua causa. O momento era propício. Margarida Maria foi beatificada por Pio IX em 1864, e o culto do Sagrado Coração tornou-se um brado de convocação para todas as formas de oposição conservadora. Começava a era das grandes peregrinações a Paray-le-Monial, no sul da França. Os peregrinos, muitos levados a seu destino pelas novas ferrovias que os barões das grandes finanças haviam ajudado a construir, iam até lá expressar arrependimento pelas transgressões públicas e privadas. Arrependiam-se pelo materialismo, pela opulência decadente da França, pelas restrições impostas ao poder temporal do papa e pelo fim dos valores tradicionais de uma ordem social antiga e venerável. *Gallia Poenitens.*

Logo ao entrar pela porta principal da basílica de Sacré-Coeur, o visitante pode ler a seguinte inscrição:

> Em 16 de junho do ano de nosso Senhor de 1875, no reinado de sua santidade
> o papa Pio IX, em cumprimento ao juramento formulado durante a guerra de
> 1870-1871 por Alexandre Legentil e Hubert Rohault de Fleury e ratificado por
> sua graça monsenhor Guibert, arcebispo de Paris; em cumprimento à votação
> de 23 de julho de 1873 na Assembleia Nacional, segundo o projeto do arquiteto
> Abadie; a pedra fundamental desta basílica, erguida em honra do Sagrado Coração
> de Jesus, foi solenemente lançada por sua eminência o cardeal Guibert [...].

Vamos destrinchar essa breve história para descobrir o que está por trás dela. Enquanto os batalhões de Bismarck arrebatavam vitórias seguidas sobre a França no verão de 1870, a sensação de iminente fatalidade pairava sobre o país. Muitos interpretavam as derrotas como uma vingança justa da vontade divina sobre uma França errante e moralmente decadente. Foi nessa atmosfera que a imperatriz Eugênia foi instada a sair, com a família e a corte, todos vestidos de luto, do Palácio das Tulherias e caminhar até a Notre-Dame para oferecer uma dedicação pública ao Sagrado Coração. Embora a imperatriz tivesse recebido bem a sugestão, mais uma vez, era tarde demais. Em 2 de setembro, Napoleão III foi derrotado e capturado em Sedan; em 4 de setembro, a República foi proclamada nos degraus do Hôtel de Ville, e formou-se o Governo de Defesa Nacional. Nesse mesmo dia, a imperatriz Eugênia fugiu de Paris, tendo prudentemente, e a pedido do imperador, já feito as malas e enviado seus pertences mais valiosos para a Inglaterra.

A derrota em Sedan pôs fim ao Império, mas não à guerra. Os exércitos prussianos chegaram e, em 20 de setembro, já haviam cercado Paris, pondo-a sob um cerco que duraria até 28 de janeiro do ano seguinte. Como muitos outros respeitáveis cidadãos burgueses, Alexandre Legentil fugiu de Paris enquanto os exércitos prussianos se aproximavam da cidade, refugiando-se nas províncias. À medida que definhava em Poitiers e sofria pelo destino da capital, jurou no início de dezembro que, "se Deus salvasse Paris e a França e libertasse o pontífice, ele contribuiria com os recursos que pudesse para a construção em Paris de um santuário dedicado ao Sagrado Coração". Legentil procurou outros adeptos para o juramento e logo conseguiu o entusiasmado apoio de Hubert Rohault de Fleury[4].

Os termos de Legentil, entretanto, não lhe garantiram uma recepção muito calorosa, pois, como ele logo descobriu, as províncias "estavam na época tomadas por sentimentos de ódio contra Paris". Tal situação não era incomum, e será proveitoso divagar por um momento para analisar sua base.

Sob o *ancien régime*, o aparato estatal francês havia adquirido um caráter fortemente centralizado, que se consolidou na Revolução Francesa e no Império. Essa centralização formou a base da organização política francesa e deu a Paris um papel peculiarmente importante em relação ao resto do país. A predominância cultural, administrativa e econômica da capital estava assegurada. Todavia, os eventos de 1789 também mostraram que os parisienses tinham o poder de fazer e derrubar governos. Eles se revelaram verdadeiros mestres na utilização desse poder e, por conseguinte, consideravam a si mesmos seres privilegiados que tinham o direito e o dever de impingir tudo o que considerassem "progressista" a uma França supostamente atrasada, conservadora e predominantemente rural. A burguesia parisiense, fosse qual fosse sua convicção política, tendia a desprezar a estreiteza da vida provincial (ainda que, com frequência, dependesse dos aluguéis que ali arrecadava para viver de forma confortável na capital) e achava o camponês repugnante e incompreensível[5].

Da outra extremidade do telescópio, Paris era em geral vista como um centro de poder, dominação e oportunidades. Era ao mesmo tempo invejada e odiada. Ao antagonismo gerado pela excessiva centralização de poder e autoridade em Paris somavam-se todos os vagos antagonismos de pequenas aldeias e regiões rurais em relação a uma cidade grande que era tida como um centro de privilégio, sucesso material, decadência moral, vícios e inquietação social. O que a França tinha de

---

[4] Hubert Rohault de Fleury, *Historique de la Basilique du Sacré-Coeur* (Paris, F. Levé, 1903-1909). Contada em quatro volumes, essa história da construção da Sacré-Coeur é uma importante fonte de informações. Foi impressa e divulgada apenas no meio privado, e existem pouquíssimas cópias dela. A biblioteca da basílica tem todos os quatro volumes, e outros podem ser encontrados na Bibliothèque Nationale. Os dois volumes de *Le Sacré-Coeur de Montmartre* (Paris, Éditions Ouvrières, 1992), de Jacques Benoist, fazem uma compilação de documentos e comentários.

[5] Theodore Zeldin, *The Political System of Napoleon III* (Londres, Macmillan, 1958) e *France, 1848--1945*, v. 1: *Ambition, Love and Politics* (Oxford, Oxford University Press, 1973).

especial era a maneira como as tensões emanadas da "contradição urbano-rural" estavam intensamente concentradas na relação entre Paris e o restante do país.

Durante o Segundo Império, essas tensões aumentaram de forma considerável. Paris passou por uma grande explosão econômica à medida que as ferrovias a tornavam o centro nodal de um processo de integração espacial nacional. Além disso, a cidade assumiu um novo relacionamento com a economia global emergente. Sua participação nas exportações francesas, que estavam em expansão, aumentou de forma surpreendente, e sua população cresceu muito rápido, em grande parte devido à imigração maciça de trabalhadores rurais[6]. Quando Paris se tornou o centro das operações financeiras, especulativas e comerciais, a concentração de riqueza e poder aumentou muito depressa. Os contrastes entre a riqueza e o dinamismo parisienses e, com poucas exceções (como Marselha, Lyon, Bordeaux e Mulhouse), a letargia e o atraso provinciais tornaram-se cada vez mais marcantes. Além disso, os contrastes entre riqueza e pobreza no interior da capital se tornaram ainda mais espantosos, e a segregação geográfica entre os bairros burgueses ricos do oeste e os bairros operários do norte, do leste e do sul os deixava ainda mais flagrantes. Belleville tornou-se um território estrangeiro no qual os cidadãos burgueses do oeste raramente ousavam se aventurar. A população local, que mais que dobrou entre 1853 e 1870, era retratada na imprensa burguesa nos termos mais infames e atemorizantes[7]. À medida que o crescimento econômico foi desacelerando na década de 1860 e a autoridade do Império começou a fraquejar, Paris se tornou um caldeirão de inquietação social, vulnerável a qualquer tipo de agitadores.

E o pior de tudo, como já vimos, é que Haussmann havia adornado Paris com espaçosos bulevares, parques, jardins e toda sorte de arquitetura monumental; e o fez a um custo imenso e mediante os mais suspeitos meios financeiros, façanha que dificilmente agradava à frugal mente provinciana. A imagem de opulência pública que Haussmann criou combinou-se ao consumo conspícuo dos burgueses, muitos dos quais haviam enriquecido por meio da especulação sobre os benefícios das melhorias feitas pelo prefeito com verbas estatais[8].

Não é de admirar, então, que os católicos provinciais e rurais não estivessem nem um pouco interessados em tirar dinheiro do próprio bolso para adornar Paris com mais outro monumento, independentemente de quão elevado fosse seu propósito. Além disso, surgiam objeções ainda mais específicas ao projeto de Legentil.

---

[6] Jeanne Gaillard, *Paris, La Ville, 1852-1870: L'Urbanisme Parisien à l'Heure d'Haussmann: Des Provinciaux aux Parisiens: La Vocation ou Les Vocations Parisiennes* (Paris, H. Champion, 1977).

[7] Clement Lepidis e Emmanuel Jacomin, *Belleville* (Paris, H. Veyrier, 1975).

[8] David Pinkney, *Napoleon III and the Rebuilding of Paris* (Princeton, Princeton University Press, 1958).

Os parisienses, e sua costumeira presunção, tinham proclamado uma república quando a opinião provincial e rural ainda era profundamente permeada pelo monarquismo. Ademais, os que haviam permanecido na capital para enfrentar as adversidades do cerco se mostraram extremamente intransigentes e belicosos, declarando que defenderiam a luta até suas últimas consequências, enquanto o posicionamento provincial mostrava forte disposição para terminar o conflito com a Prússia. E os rumores e indícios de uma nova política materialista na classe trabalhadora parisiense, incrementados por várias manifestações de fervor revolucionário, davam a impressão de que a cidade, na ausência de seus mais respeitáveis cidadãos burgueses, havia sido tomada por uma filosofia radical e até mesmo socialista. Como os únicos meios de comunicação entre a sitiada Paris e os territórios não ocupados eram pombos ou balões, surgiram inúmeras oportunidades para mal-entendidos, que os opositores rurais do republicanismo e os opositores urbanos do monarquismo não deixaram de explorar.

Por isso, Legentil avaliou que seria mais diplomático não fazer nenhuma menção específica a Paris em seu juramento. No entanto, perto do fim de fevereiro de 1871, o papa endossou o projeto, e a partir daí o movimento ganhou alguma força. Assim, em 19 de março surgiu um panfleto que pontuava de forma relativamente extensa os argumentos para o juramento[9]. O espírito da obra tinha de ser nacional, declaravam os autores, porque o povo francês devia fazer reparações nacionais por crimes que eram nacionais. Eles também confirmavam a intenção de construir o monumento em Paris. Diante da objeção de que a cidade não precisava de mais ornamentações, replicaram: "Se Paris fosse reduzida a cinzas, ainda assim desejaríamos reconhecer nossos crimes nacionais e proclamar a justiça de Deus em suas ruínas".

O momento em que o panfleto foi redigido e a forma como foi escrito provaram ser fortuitamente proféticos. Em 18 de março, os parisienses deram seus primeiros passos irrevogáveis para o estabelecimento de um autogoverno sob o comando da Comuna. Os pecados reais ou imaginados dos *communards* em seguida chocariam e ultrajariam os burgueses e, de modo ainda mais vociferante, a opinião provincial. E, como grande parte de Paris havia sido de fato reduzida a cinzas durante uma guerra civil de incrível brutalidade, a ideia de construir uma basílica de expiação sobre elas se tornou cada vez mais atrativa. Rohault de Fleury observou com evidente satisfação que, "nos meses que se seguiram, a imagem de Paris reduzida a cinzas causou uma forte impressão"[10]. Repassemos um pouco essa história.

As origens da Comuna de Paris estão em uma série de eventos que se entrelaçaram de maneiras complexas. Justamente devido a sua importância política no país, havia muito tempo Paris não tinha direito a nenhuma forma representativa de governo

9   Hubert Rohault de Fleury, *Historique de la Basilique du Sacré-Coeur*, cit., v. 1, p. 10-3.
10   Idem.

FIGURA 4.2. Os incêndios que devastaram Paris durante os últimos dias da Comuna deixaram um enorme rastro de destruição. Entre as muitas fotos disponíveis (a maioria delas anônima), encontramos uma da rue Royale, na qual o fogo ainda ardia. Muitos dos principais prédios públicos, como o Hôtel de Ville, o Ministério das Finanças e o Palácio das Tulherias, ficaram em ruínas. O palácio foi finalmente derrubado pela administração republicana que assumiu o poder na década de 1880, em parte devido ao custo para reconstruí-lo, mas também porque era um símbolo odiado do poder real e napoleônico.

municipal e vinha sendo diretamente administrada pelo governo nacional. Durante grande parte do século XIX, uma capital predominantemente republicana perdia a paciência com governos monarquistas (quer "legitimistas" Bourbon, quer "orleanistas") ou bonapartistas autoritários. A demanda por uma forma democrática de governo municipal, com frequência chamada por todos os atores envolvidos de "comuna", era uma reivindicação antiga e que conquistara um amplo apoio por toda a cidade.

O Governo de Defesa Nacional, estabelecido em 4 de setembro de 1870, não era radical nem revolucionário, mas republicano[11]. Também acabou se revelando tímido e inepto. Ele convivia com algumas dificuldades, é claro, mas essas dificilmente eram suficientes para desculpar seu fraco desempenho. Por exemplo, ele não inspirava respeito nos monarquistas e estava sempre com medo dos reacionários da direita. Quando o Exército do Leste rendeu-se aos prussianos em Metz, em 27 de outubro, sob o comando do general Bazaine, este deixou a impressão de ter tomado essa atitude porque, como monarquista, não podia lutar em defesa de um governo republicano. Alguns de seus oficiais contrários à rendição entenderam que Bazaine colocou suas preferências políticas acima da honra da França. Essa era uma questão que atormentaria a política francesa durante vários anos. Louis Rossel, que mais tarde comandou as forças armadas da Comuna por algum tempo (sendo, por isso, arbitrariamente condenado à morte), foi um dos oficiais que ficaram terrivelmente chocados com a evidente falta de patriotismo de Bazaine[12].

No entanto, as tensões entre diferentes grupos da classe dominante não chegavam aos pés dos antagonismos reais ou imaginados entre a burguesia tradicional e notavelmente obstinada e a classe trabalhadora que começava a se restabelecer e se afirmar. Durante a década de 1860, a burguesia, com ou sem razão, ficou extremamente alarmada com o surgimento de organizações e clubes políticos da classe trabalhadora, as atividades do ramo parisiense da Associação Internacional dos Trabalhadores (AIT), a efervescência do pensamento na classe trabalhadora e o ressurgimento de filosofias anarquistas e socialistas. E a classe trabalhadora – ainda que nem de longe estivesse tão organizada ou unificada quanto seus oponentes temiam – certamente exibia diversos sinais de que uma consciência de classe emergia.

O Governo de Defesa Nacional não conseguiria deter a onda de vitórias prussianas ou romper o cerco de Paris sem o amplo apoio da classe trabalhadora. E os líderes de esquerda estavam mais que dispostos a concedê-lo, apesar de sua oposição inicial à guerra do imperador. Blanqui prometeu ao governo "apoio enérgico e absoluto", e até os líderes da Internacional, após terem respeitosamente rogado aos

[11] Henri Guillemin, *Cette curieuse guerre de 70: Thiers, Trochu, Bazaine* (Paris, Gallimard, 1956, Les Origines de la Commune, v. 1).
[12] Edith Thomas, *The Women Incendiaries* (Nova York, George Braziller, 1966).

trabalhadores alemães que não participassem de uma luta fratricida, mergulharam na organização da defesa de Paris. Belleville, centro da agitação da classe trabalhadora, uniu-se de forma espetacular à causa nacional, tudo em nome da República[13].

Os burgueses viram nisso uma armadilha. Segundo escreveu à época um comentarista a partir de suas próprias fileiras, eles se viam encurralados entre os prussianos e aqueles que chamavam de "vermelhos". "Não sei", prosseguiu, "qual desses dois males mais os aterrorizava; eles odiavam o estrangeiro, mas temiam muito mais o pessoal de Belleville"[14]. Independentemente de quanto quisessem derrotar os estrangeiros, eles não se permitiriam participar disso se os batalhões da classe trabalhadora estivessem na vanguarda. A burguesia optou por se render aos alemães, deixando à esquerda o papel de força dominante na frente patriótica; e aquela não seria a última vez que isso ocorreria na história da França. Em 1871, o medo do "inimigo interno" prevaleceria sobre o orgulho nacional.

O fracasso dos franceses em romper o cerco de Paris foi primeiro interpretado como fruto da superioridade prussiana e da inépcia militar francesa. À medida que as incursões traziam a promessa de vitória só para depois se transformarem em desastres, porém, os patriotas honestos começaram a se perguntar se os poderes vigentes não estavam fazendo manobras que beiravam o abuso de confiança e a alta traição. O governo era cada vez mais encarado como um "Governo de Defecção Nacional" – expressão que Marx posteriormente usaria com grande impacto em sua apaixonada defesa da Comuna[15] – e também relutava em atender à demanda parisiense por uma democracia municipal. Como muitos dos burgueses respeitáveis haviam fugido, a realização de eleições poderia colocar o poder municipal nas mãos da esquerda. Dada a desconfiança dos monarquistas de direita, o Governo de Defesa Nacional avaliava que não teria condições de conceder o que havia muito se exigia. E assim continuou adiando infinitamente.

Já em 31 de outubro, essas várias linhas de discussão se uniram para gerar um movimento insurrecional em Paris. Logo após a desonrosa rendição de Bazaine, surgiram boatos de que o governo negociava os termos de um armistício com os prussianos. A população parisiense tomou as ruas e, com o temido povo de Belleville descendo em massa, aprisionou vários membros do governo e só concordou em soltá-los mediante garantias verbais de que o Estado promoveria eleições municipais e não capitularia.

---

[13] Prosper-Olivier Lissagaray, *Histoire de la Commune* (Paris, Maspero, 1976).

[14] Jean Bruhat, Jean Dautry e Émile Tersen, *La Commune de 1871* (Paris, Éditions Sociales, 1971), p. 75.

[15] Karl Marx e Vladímir Lênin, *The Civil War in France: the Paris Commune* (Nova York, International Publishers, 1968) [ed. bras.: *A guerra civil na França*, trad. Rubens Enderle, São Paulo, Boitempo, 2011, p. 35]; Marcel Cerf, *Edouard Moreau: l'âme du Comité Central de la Commune* (Paris, Les Lettres Nouvelles, 1971).

Esse episódio certamente acirraria os ânimos da direita e seria a causa imediata dos "sentimentos de ódio por Paris" que Legentil encontraria em dezembro. O governo permaneceu na guerra; porém, com o desenrolar dos fatos, ele travaria muito mais batalhas contra os trabalhadores de Belleville do que fizera contra os prussianos.

Assim, o cerco de Paris se estendia, e a situação de instabilidade social somou-se aos incertos efeitos da crescente deterioração das condições na cidade[16]. O governo se mostrou inepto e insensível às necessidades da população e, com isso, atiçou a fogueira dos descontentes. As pessoas se alimentavam de gatos ou cães, e as mais privilegiadas partilhavam pedaços de Pollux, o jovem elefante do zoológico (a libra da tromba custava quarenta francos). O preço dos ratos – o "sabor é uma mistura de porco e perdiz" – subiu de sessenta cêntimos para quatro francos cada um. O governo não havia tomado a precaução elementar de racionar o pão até janeiro, quando já era tarde demais. O fluxo de suprimentos definhou, e a adulteração do pão com farinha de ossos virou um problema crônico, que se tornava ainda menos palatável por serem ossos humanos desencavados das catacumbas justamente para esse fim. Enquanto as pessoas comuns consumiam seus ancestrais sem saber, o luxo da vida nos cafés continuava, suprido por açambarcadores a preços exorbitantes. Os ricos que permaneceram na cidade continuavam a desfrutar dos prazeres preconizados por seus costumes, embora pagassem caro por eles. O governo, demonstrando insensível descaso pelos menos privilegiados, nada fazia para conter o consumo conspícuo ou o esbanjamento dos ricos.

No fim de dezembro, a oposição radical ao Governo de Defesa Nacional aumentava, o que levou à publicação do célebre *Affiche rouge* de 7 de janeiro. Assinado pelo Comitê Central dos Vinte *arrondissements* parisienses, ele acusava o governo de conduzir o país para a beira do abismo por indecisão, inércia e omissão; sugeria que o governo não sabia como administrar nem combater; e insistia que a perpetuação desse regime só poderia culminar na rendição aos prussianos. O cartaz anunciava um programa para requisição geral de recursos, racionamento e ataque maciço. E terminava com o célebre apelo: "Abram caminho para o povo! Abram caminho para a Comuna!"[17].

Afixado por toda Paris, o apelo surtiu efeito. A resposta dos militares foi decisiva, e eles organizaram uma última incursão em massa, cuja inépcia militar e carnificina foram impressionantes. "Todos entenderam", escreveu Lissagaray, "que haviam sido

---

[16] Louis Lazare, *La France et Paris* (Paris, Bureau de la Bibliothèque Municipale, 1872); Edmond de Goncourt, *Paris Under Siege, 1870-1871*, Goncourt Journals (org. George Becker, Ithaca, Cornell University Press, 1969).

[17] Jean Bruhat, Jean Dautry e Émile Tersen, *La Commune de 1871*, cit.; Stewart Edwards, *The Paris Commune* (Chicago, Quadrangle, 1971).

FIGURA **4.3**. O cartunista Cham uniu-se ao envelhecido Daumier para tentar extrair algum humor dos meses desoladores do cerco de Paris, em 1870. Aqui, vemos parisienses fazendo fila para conseguir sua parcela noturna de carne de rato; Cham também aconselha os leitores que tomem cuidado ao comer camundongos, pois o gato pode ir à sua caça.

enviados a fim de ser sacrificados"[18]. Para os que acompanharam de perto a ação, as evidências de abuso de confiança e alta traição passaram a ser esmagadoras. Isso estimulou muitos patriotas honestos da burguesia, que punham o amor à pátria acima dos interesses de classe, a aliar-se aos radicais dissidentes e à classe trabalhadora.

Os parisienses aceitaram o inevitável armistício no fim de janeiro com soturna passividade. Foram providenciadas eleições nacionais para uma assembleia constituinte, que iria negociar e ratificar o acordo de paz. Este especificava que o Exército francês deporia suas armas, mas permitia à Guarda Nacional de Paris, que não poderia ser facilmente desarmada, permanecer uma força de combate. Sob o olhar atento das tropas prussianas, os suprimentos começaram a chegar à cidade faminta. Boa parte da burguesia remanescente fugiu para seus retiros rurais, enquanto o influxo de soldados empobrecidos, não remunerados e desmoralizados para dentro da cidade aumentava as tensões políticas e sociais. Nas eleições de fevereiro, a capital elegeu sua cota de republicanos radicais (Louis Blanc, Hugo, Gambetta e

---

[18] Prosper-Olivier Lissagaray, *Histoire de la Commune*, cit., p. 75.

Figura 4.4. Thiers havia sido um tema frequente para Daumier desde a década de 1840. Seu repentino reaparecimento no cenário político, em 1870, proporcionou outra oportunidade para críticas. Na figura à esquerda (publicada em 24 de fevereiro de 1871), Thiers é visto orquestrando a recém-eleita Assembleia Nacional em Bordeaux (mas "não se consegue ver o *prompter*") e, na imagem à direita (publicada em 21 de abril, após a Comuna ter sido declarada), o vemos açoitar freneticamente seu cavalo, arreado à carroça do Estado, para seguir em direção a Versalhes. No entanto, Paris, retratada como a figura escultural da Liberdade, é puxada por seu cavalo na direção contrária, e sua cabeça está virada para Thiers, demonstrando desaprovação. A ruptura do Estado é prognosticada de forma preocupante.

até mesmo Garibaldi), mas a França rural e provincial votou solidamente pela paz. Como a esquerda era contrária à rendição, os republicanos do Governo de Defesa Nacional haviam sido seriamente prejudicados pela forma como orquestraram a guerra e os bonapartistas haviam caído em descrédito, o voto da paz foi para os monarquistas. A Paris republicana ficou consternada ao se dar conta de que a Assembleia Nacional estava nas mãos de uma maioria monarquista.

Thiers, que a essa altura já tinha 73 anos, foi eleito presidente em parte devido a sua longa experiência na política e em parte porque os monarquistas não queriam ser responsáveis pela assinatura do que certamente seria um ignóbil acordo de paz. Ele assinou um acordo de paz preliminar em 26 de fevereiro (desconfortavelmente perto do aniversário da Revolução de Fevereiro de 1848), no qual cedia a Alsácia e a Lorena à Alemanha e, para piorar, concordava com a ocupação simbólica de Paris pelas tropas prussianas no dia 1º de março – o que, aos olhos dos parisienses, poderia facilmente ter provocado um banho de sangue, pois muitos na capital ameaçavam iniciar uma luta armada. Não fosse pelo poder de organização da esquerda (que entendia que os prussianos iriam destruí-los, fazendo, portanto, o trabalho de Thiers por ele) e por um misterioso novo grupo chamado Comitê Central da Guarda Nacional, a debacle teria sido inevitável. Mergulhado em um silêncio sepulcral, o povo observou os prussianos desfilarem pela Champs-Élysées, com os principais monumentos da cidade envoltos em musselina preta. Não era fácil perdoar a humilhação, e Thiers tinha sua parcela de culpa nisso. Ele também concordara em pagar uma vultosa indenização de guerra. Nesse ponto, foi patriota o suficiente para resistir à sugestão de Bismarck de que os banqueiros prussianos cobrissem o montante com um empréstimo. Thiers reservou tal privilégio aos franceses e transformou esse ano de agitações em um dos mais lucrativos para os cavalheiros das altas finanças do país[19]. Estes o informaram de que, para conseguir a quantia almejada, ele antes precisaria dar um jeito "naqueles baderneiros de Paris", o que sabia fazer muito bem. Como ministro do Interior de Luís Filipe I, em 1834, havia sido responsável pela brutal repressão a um dos primeiros movimentos genuínos da classe trabalhadora na história da França. Sempre desdenhoso da "multidão vil", Thiers havia muito tinha um plano para combatê-la – e o propusera a Luís Filipe I, em 1848. Era, então, chegado o momento de pô-lo em prática[20]. E foi por meio do conservadorismo do campo que ele buscou esmagar o radicalismo da cidade.

Na manhã de 18 de março, a população de Paris descobriu, ao acordar, que os soldados remanescentes do Exército francês haviam sido enviados à capital para remover os canhões da cidade; esse era, obviamente, o primeiro passo para o desarmamento de um populacho que, desde 4 de setembro, havia se juntado em massa à Guarda Nacional (Figura 4.5). O populacho da classe trabalhadora de Paris começou espontaneamente a reivindicar os canhões como seus (afinal, não haviam sido forjados a partir dos metais que eles tinham coletado durante o cerco?). Na colina de Montmartre, exaustos soldados franceses guardavam a poderosa bateria de canhões ali reunida, voltada para uma multidão cada vez mais inquieta e furiosa. O general Claude Lecomte ordenou às tropas que disparassem. Ordenou uma, duas, três vezes. Os soldados não tiveram coragem de fazê-lo; ergueram a coronha dos rifles e confraternizaram alegremente com o povo. A multidão enfurecida aprisionou o general Lecomte e deparou com o general Clément Thomas, lembrado e odiado por seu papel nos terríveis assassinatos das Jornadas de Junho de 1848.

---

[19] Henri Guillemin, *Cette Curieuse Guerre de 70*, cit.; Jean Bruhat, Jean Dautry e Émile Tersen, *La Commune de 1871*, cit., p. 104-5; Robert Dreyfus, *Monsieur Thiers contre l'Empire: la guerre, la Commune* (Paris, Grasset, 1928), p. 266.

[20] John Allison, *Monsieur Thiers* (Nova York, Norton, 1932); Henri Guillemin, *Cette Curieuse Guerre de 70*, cit.

FIGURA 4.5. A maioria dos canhões de Montmartre, mostrados nesta fotografia notável, foi fabricada nas oficinas parisienses durante o cerco e fundida a partir de materiais doados pelo povo. Eles foram o impressionante estopim do rompimento entre Paris e Versalhes.

Entre discussões acaloradas e confusão, os dois foram levados para o jardim do número 6 da rue des Rosiers, colocados contra o muro e fuzilados.

Esse episódio é de fundamental importância. Os conservadores agora tinham seus mártires, e Thiers podia estigmatizar a população insubordinada de Paris como homicida e assassina. O alto da colina de Montmartre havia muito era local de martírio de santos cristãos; agora, os católicos conservadores podiam acrescentar os nomes de Claude Lecomte e Clément Thomas a essa lista. Nos meses e nos anos que se seguiriam, enquanto a luta para a construção da basílica de Sacré-Coeur estava em curso, frequentes apelos seriam feitos sobre a necessidade de homenagear esses "mártires do passado que morreram para defender e salvar a sociedade cristã"[21]. A frase foi realmente usada na legislação oficial aprovada pela Assembleia Nacional, em 1873, em apoio à construção da basílica. Naquele 16º dia de junho de 1875, quando a pedra fundamental foi assentada, Rohault de Fleury regozijou-se de que a basílica seria construída em um lugar que, "já tendo sido sagrado, fora escolhido por Satã, ao que tudo indicava, e tinha sido

---

[21] Hubert Rohault de Fleury, *Historique de la Basilique du Sacré-Coeur*, cit., v. 1, p. 88.

palco do primeiro ato daquela terrível saturnália que causou tantas ruínas e deu
à Igreja dois mártires tão gloriosos". "Sim", continuou ele, "foi aqui, onde será
erguida a basílica da Sacré-Coeur, que a Comuna começou; foi aqui que os ge-
nerais Clément Thomas e Lecomte foram assassinados". Ele se regozijou com a
"multidão de bons cristãos que agora estavam de pé adorando um Deus que sabe
muito bem como desnortear os perversos, desencorajar seus planos e colocar um
berço onde eles achavam ter cavado um túmulo". Ele contrastava esses fiéis com
uma "colina, orlada com demônios intoxicados, habitada por uma população
aparentemente hostil a todas as ideias religiosas e estimulada, acima de tudo, pelo
ódio à Igreja"[22]. *Gallia Poenitens*.

Thiers reagiu aos eventos de 18 de março ordenando a retirada completa de
dentro da capital de todo o contingente militar e dos funcionários. Da distância
segura de Versalhes, ele preparou metodicamente a invasão e a rendição de Paris.
Bismarck não mostrou nenhuma relutância em permitir a reconstituição de um
Exército francês forte o suficiente para a tarefa de suprimir os radicais parisienses e liberou prisioneiros e materiais com esse propósito. Por precaução, contudo,
manteve inúmeras tropas prussianas de prontidão em torno da cidade. Elas seriam
testemunhas silenciosas do que estava por vir.

Entregues à própria sorte, e um pouco surpresos com o rumo dos acontecimentos, os parisienses, sob a liderança do Comitê Central da Guarda Nacional,
não só assumiram todo o aparato administrativo abandonado e o puseram em
funcionamento com notável velocidade e eficiência (até os teatros reabriram), como também programaram eleições para 26 de março. A Comuna foi declarada um
fato político em 28 de março*. Foi um dia de alegre celebração para os cidadãos
comuns de Paris, um dia de consternação para a burguesia.

---

[22] Ibidem, p. 264.

* Os relatos da Comuna são numerosos e variados. Fiz uso extensivo de Jean Bruhat, Jean Dautry e
Émile Tersen, *La Commune de 1871*, cit.; *Histoire de la Commune*, cit., de Prosper-Olivier Lissagaray, que foi um participante; Jacques Rougerie, *Procès des communards*, Paris, Julliard, 1965; Frank
Jellinek, *The Paris Commune of 1871* (Londres, Victor Gollancz, 1937); e Stewart Edwards, *The Paris
Commune*, cit. O livro *Paris: ses organes, ses fonctions et sa vie dans la seconde moitié du XIXème siècle*,
cit., de Maxime Du Camp, proporciona um relato extremamente tendencioso de uma perspectiva
de direita, e *Les écrivains contre la Commune*, cit., de Paul Lidsky, reúne escritos do período hostis
à Comuna. As consequências do evento e suas fotografias têm atraído interesse nos últimos anos;
La Commune: Paris 1871 (Paris, Nathan, 2000), de Bernard Noël, apresenta uma maravilhosa coleção de fotos, assim como *La Commune photographiée*, organizado por Quentin Bajac e pelo Musée
d'Orsay (Paris, Réunion des Musées Nationaux, 2000). O mito das *pétroleuses* foi investigado a
fundo por Edith Thomas em *The Women Incendiaries*, cit.; e *Procès des communards*, cit., de Jacques
Rougerie, examina em detalhes os registros de todos os julgamentos das suspeitas para descobrir
quais delas haviam de fato participado do movimento e quais eram suas motivações. (N. E. O.)

Figura **4.6.** Barricada dos *communards* na rue d'Allemagne, em março de 1871.

A política da Comuna, entretanto, era pouco coerente. Embora um número substancial de trabalhadores tenha assumido postos como representantes eleitos do povo pela primeira vez na história francesa, a Comuna era ainda dominada por elementos radicais da burguesia. Composta por diversas correntes políticas que iam de republicanos moderados a jacobinos, proudhonistas, socialistas da Internacional e revolucionários blanquistas, a Comuna tinha uma boa parcela de partidarismo e muitas discussões controvertidas em relação a que caminho radical ou socialista seguir. Ela era crivada de nostalgia pelo que poderia ter sido diferente no passado, embora em alguns aspectos apontasse para um futuro modernista mais igualitário, no qual princípios de associação e de administração e produção socialmente organizadas poderiam ser ativamente explorados[23].

No entanto, grande parte disso revelou-se irrelevante, pois quaisquer pretensões à modernidade que os *communards* pudessem ter tido estavam prestes a ser esmagadas por uma onda monumental de conservadorismo reacionário. Thiers atacou no

---

[23] Karl Marx e Vladímir Lênin, *The Civil War in France*, cit. [ed. bras.: *A guerra civil na França*, cit.].

começo de abril, e teve início o segundo cerco de Paris. A França rural e provincial estava sendo acionada para destruir a Paris da classe trabalhadora.

O que aconteceu em seguida foi desastroso para a Comuna. Quando as forças de Versalhes finalmente romperam a defesa externa de Paris – que Thiers havia construído na década de 1840 –, elas logo atravessaram as zonas burguesas do oeste da cidade e invadiram lenta e brutalmente os grandes bulevares que Haussmann havia construído nos bairros operários. Em toda parte havia barricadas, mas os militares estavam preparados para derrubá-las com canhões e destruir com bombas incendiárias os prédios que abrigavam as forças inimigas. Assim começou uma das mais odiosas carnificinas da história da França, que é em geral permeada de episódios sangrentos. As forças de Versalhes não deram trégua. Às mortes nos combates de rua – que não eram, segundo a maioria dos relatos, muito extensos – somou-se um número incrível de execuções arbitrárias sem julgamento. Moilin foi executado por suas visões utopistas socialistas; um deputado republicano e crítico da Comuna, Millière, foi executado (após ser obrigado a se ajoelhar nos degraus do Panteão e pedir perdão por seus pecados, ele, em vez disso, gritou *"Vive la Commune!"* pela primeira vez na vida) porque um capitão do Exército não gostava de seus artigos no jornal. O louvado e ainda venerado muro no cemitério do Père-Lachaise, os Jardins de Luxemburgo e os quartéis em Lobau ecoavam sem cessar a fuzilaria à medida que os executores cumpriam seu dever. Entre 20 mil e 30 mil *communards* morreram dessa forma. *Gallia Poenitens* – com força total.

Dessa triste história, um episódio merece nossa atenção. Na manhã de 28 de maio, um exausto Eugène Varlin – encadernador; organizador de sindicato e de cooperativa de alimentos durante o Segundo Império; membro da Guarda Nacional; inteligente e respeitado socialista, comprometido e escrupulosamente honesto; membro da Comuna e soldado valente – foi reconhecido e preso. Ele foi levado até a mesma casa na rue des Rosiers em que Lecomte e Clément haviam morrido. E seu destino foi pior. Sentenciado à morte, foi forçado a caminhar pela encosta de Montmartre – durante dez minutos ou por horas, segundo diferentes opiniões – enquanto era espancado e humilhado por uma multidão alucinada. Depois, foi finalmente colocado contra um muro (seu rosto já desfigurado, com um olho fora da órbita) e fuzilado. Ele tinha apenas 32 anos de idade. Tiveram de atirar duas vezes para matá-lo. Entre os fuzilamentos, ele gritou, evidentemente sem arrependimento: *"Vive la Commune!"*. Seu biógrafo chamou esse episódio de "o calvário de Eugène Varlin". A esquerda também pode ter seus mártires. E foi nesse local que se construiu a basílica de Sacré-Coeur[24].

---

[24] Maurice Foulon, *Eugène Varlin: Relieure er Membre de la Commune* (Clermont Ferrand, Mont--Louis, 1934).

FIGURA 4.7. Cerca de trezentos dos últimos *communards* capturados no fim da "semana sangrenta" de maio de 1871 foram arbitrariamente fuzilados no Mur des Fédérés no cemitério do Père-Lachaise, o que o transformou em um local de peregrinação nas décadas seguintes. Guache de Alfred Darjou.

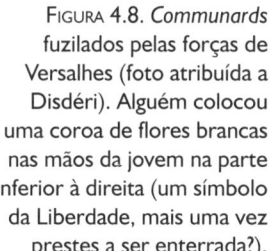

FIGURA 4.8. *Communards* fuzilados pelas forças de Versalhes (foto atribuída a Disdéri). Alguém colocou uma coroa de flores brancas nas mãos da jovem na parte inferior à direita (um símbolo da Liberdade, mais uma vez prestes a ser enterrada?).

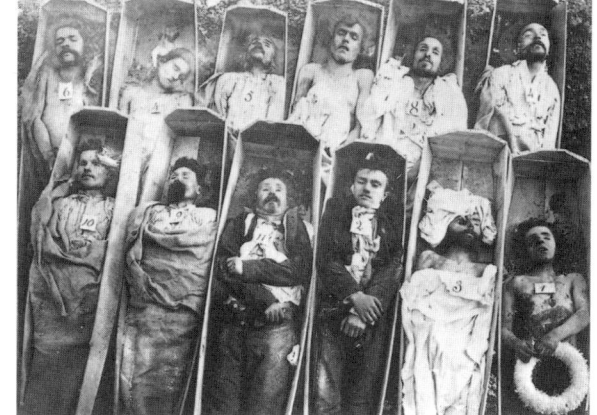

A "semana sangrenta", como foi chamada, também envolveu grandes destruições de propriedades. Os *communards* certamente não morriam de amores pelos privilégios da propriedade privada e nada tinham contra a destruição de símbolos odiados. A coluna de Vendôme – adorada por Napoleão III – foi derrubada em uma grande cerimônia em 16 de maio, para simbolizar o fim do autoritarismo.

FIGURA **4.9.** A derrubada da coluna de Vendôme, aqui representada por Méaulle e Viers, gerou muito interesse. Isso mostra como prédios e monumentos eram símbolos profundamente políticos para os parisienses.

O pintor Courbet foi mais tarde responsabilizado por esse ato e condenado a pagar do próprio bolso a reconstrução do monumento. Os *communards* também decretaram, mas nunca levaram a cabo, a destruição da capela da Expiação, por meio da qual Luís XVIII havia buscado impingir aos parisienses a culpa pela execução de seu irmão. E, uma vez que Thiers havia mostrado quem realmente era, os *communards* se deleitaram em desmantelar sua residência em Paris, pedra por pedra, em um gesto simbólico que, segundo Goncourt[25], surtiu um "excelente mau efeito".

O incêndio generalizado de Paris, contudo, foi uma questão inteiramente diferente. Aos prédios incendiados durante os bombardeios somaram-se aqueles deliberadamente incendiados, por razões estratégicas, pelos *communards* em fuga. Daí surgiu o mito dos "incendiários" da Comuna, que de forma imprudente se vingavam, segundo consta, queimando tudo que podiam. O falso mito das odiosas *pétroleuses* foi divulgado pela imprensa de Versalhes, e mulheres suspeitas foram arbitrária e sumariamente fuziladas[26]. Um diarista burguês, Audéoud, registrou complacentemente como denunciou uma mulher bem-vestida na rue Blanche como uma *pétroleuse* porque ela estava carregando duas garrafas (nunca saberemos cheias de quê). Quando a mulher repeliu um soldado trôpego e um tanto bêbado, este lhe deu um tiro nas costas[27].

Independentemente de qual fosse a verdade da história, o mito dos incendiários era forte. No mesmo ano, o papa descreveu os *communards* como "demônios

---

[25] Edmond de Goncourt, *Paris under Siege, 1870-71, From the Goncourt Journals*, cit.

[26] Edith Thomas, *The Women Incendiaries*, cit.

[27] Audéoud está citado em Frank Jellinek, *The Paris Commune of 1871*, cit., p. 339. A seleção das anotações do diário de Goncourt durante o período da Comuna feita por George Becker em *Paris Under Siege*, cit., p. 28, apresenta essa citação como sendo de Goncourt.

ascendidos do inferno, trazendo o fogo de lá para as ruas de Paris". As cinzas da cidade tornaram-se símbolo dos crimes da Comuna contra a Igreja e fertilizariam o solo do qual brotaria a energia para construir a Sacré-Coeur. Não é de admirar que Hubert Rohault de Fleury tenha se orgulhado da feliz escolha de palavras: "Se Paris fosse reduzida a cinzas...". Essa frase pôde surtir efeito com força redobrada, observou ele, "quando os incendiários da Comuna vieram aterrorizar o mundo"[28].

O rescaldo da Comuna não foi nada agradável. Cadáveres forravam as ruas, e o odor tornou-se insuportável. Para dar apenas um exemplo, os trezentos e tantos corpos despejados sem cerimônia no lago do belíssimo novo parque de Haussmann em Buttes-Chaumont (antes um local de enforcamento de criminosos de pequenos delitos, mais tarde um depósito de lixo municipal) tiveram de ser retirados dali quando, vários dias depois, vieram à superfície terrivelmente inchados; foram incinerados em uma pira mortuária que durou vários dias. Audéoud[29] ficou encantado ao ver todos aqueles corpos "sujos, podres e crivados de balas" e encarou "o mau cheiro dos cadáveres" como "um odor de paz. Se as narinas extrassensíveis se revoltam, a alma se regozija". "Nós também", prosseguiu, "nos tornamos cruéis e impiedosos e achamos um prazer banhar e lavar nossas mãos em seu sangue". Contudo, o sangrento massacre começou a revirar o estômago de muitos burgueses, até que todos, exceto os mais sádicos, gritaram: "Chega!". O famoso autor de diários Edmond de Goncourt tentava se convencer de que tudo isso era justo ao escrever:

> É bom que não tenha havido conciliação nem barganha. A solução foi brutal. Veio da pura força. A solução permitiu que as pessoas abrissem mão de meios-termos covardes [...] o massacre foi um extermínio; com a morte da parte combativa da população, tal expurgo adia a próxima revolução por toda uma geração. Se os poderes vigentes ousarem o máximo que puderem neste momento, a velha sociedade terá vinte anos de sossego à frente.[30]

Essa era exatamente a opinião de Thiers. Contudo, quando Goncourt mais tarde passou por Belleville e viu os "rostos de silêncio medonho", inevitavelmente pensou que ali estava um "distrito vencido, mas não subjugado". Não haveria outra maneira de purgar a ameaça de revolução?

A experiência de 1870-1871, em conjunto com o confronto entre Napoleão III e o decadente "materialismo festivo" do Segundo Império, mergulhou os católicos em uma fase de ampla busca interior. A maioria deles aceitou a ideia de que a França havia pecado, e isso deu origem a manifestações de expiação e a um movimento de piedade

---

28 Hubert Rohault de Fleury, *Historique de la Basilique du Sacré-Coeur*, cit., v. 1, p. 13.
29 Citado em Frank Jellinek, *The Paris Commune of 1871*, cit.
30 Edmond de Goncourt, *Paris Under Siege*, cit., p. 312.

que foi ao mesmo tempo místico e espetacular[31]. Os católicos intransigentes e ultra-montanos inquestionavelmente apoiavam o retorno da lei e da ordem e uma solução política fundamentada no respeito à autoridade. E os monarquistas, em geral católicos intransigentes, representavam a promessa desse retorno. Os católicos liberais achavam tudo isso inquietante, mas não estavam em condições de mobilizar suas forças, pois até o papa os havia rejeitado, considerando-os o "verdadeiro flagelo" da França. Pouco podia ser feito para deter a consolidação do vínculo entre o monarquismo e o catolicismo intransigente. E era essa poderosa aliança que garantiria a construção da Sacré-Coeur.

O problema imediato dos progenitores da promessa era, no entanto, operacionalizar um desejo pio, o que exigia respaldo oficial. Legentil e Rohault de Fleury buscaram, então, o apoio do recém-nomeado arcebispo de Paris. Não havia sido fácil convencer monsenhor Guibert, conterrâneo de Thiers de Tours, a aceitar o cargo. Os três arcebispos anteriores haviam tido mortes violentas: o primeiro durante a insur-reição de 1848, o segundo pelas mãos de um assassino em 1863 e o terceiro durante a Comuna. Em resposta ao massacre prometido por Versalhes, os *communards* haviam de antemão decidido fazer reféns. Entre estes, o arcebispo era de grande importância, pois os *communards* desejavam trocá-lo por Blanqui. Thiers recusou essa negociação, tendo aparentemente resolvido que um arcebispo morto e martirizado (que em todo caso era um católico liberal) era mais valioso que se estivesse vivo e fosse trocado pelo dinâmico e agressivo Blanqui. Durante "a semana sangrenta", alguns segmentos dos *communards* perpetraram todos os atos de vingança que puderam. Em 24 de maio, enquanto as forças de Versalhes entravam em Paris da forma mais sangrenta e brutal possível, executando qualquer suspeito de participação ativa na Comuna, o arcebispo foi fuzilado. Nessa derradeira semana, 74 reféns foram fuzilados, dos quais 24 eram padres. O anticlericalismo radical estava tão vivo durante a Comuna quanto em 1789. No entanto, após o extermínio maciço que deixara mais de 10 mil *communards* mortos, quase 40 mil presos e inúmeros outros em fuga, Thiers pôde escrever ao monsenhor Guibert em 14 de julho em tom tranquilizador: "Os 'vermelhos', totalmente derrotados, não retomarão suas atividades amanhã; ninguém se envolve duas vezes em um intervalo de cinquenta anos em uma luta tão imensa como essa que eles acabaram de perder"[32]. Aliviado, o monsenhor Guibert foi para Paris.

O novo arcebispo ficou muito impressionado com o movimento para a cons-trução de um monumento em homenagem ao Sagrado Coração. Em 18 de janei-ro de 1872, ele aceitou formalmente a responsabilidade pelo empreendimento. Assim, escreveu a Legentil e a Rohault de Fleury:

---

[31] Adrien Dansette, *Histoire religieuse de la France contemporaine*, cit., p. 340-5.
[32] Henri Guillemin, *L'avènement de M. Thiers, et Réflexions sur la Commune*, cit., p. 295-6; Hubert Rohault de Fleury, *Historique de la Basilique du Sacré-Coeur*, cit., v. 2, p. 365.

FIGURA 4.10. Esta imagem do alto da colina de Montmartre, na qual Paris arde em chamas nos últimos dias da Comuna, capta algo do que Rohault de Fleury tinha em mente quando comentou sobre como a promessa de construir a Sacré-Coeur, mesmo que "Paris fosse reduzida a cinzas", havia sido fortuitamente apropriada.

Vocês analisaram os males do nosso país a partir de suas verdadeiras perspectivas [...]. A conspiração contra Deus e Cristo prevalece em uma multidão de corações e, como punição pela apostasia quase universal, a sociedade foi submetida a todos os horrores da guerra contra um estrangeiro vitorioso, e da guerra ainda mais horrível entre os filhos do mesmo país. Tendo nos tornado, por nossa prevaricação, rebeldes contra o céu, caímos durante nossas dificuldades no abismo da anarquia. A terra da França apresenta a aterrorizante imagem de um lugar onde nenhuma ordem prevalece, enquanto o futuro oferece ainda mais terrores [...]. Este templo, erigido como um ato público de contrição e reparação [...], vai se erguer entre nós como um protesto contra outros monumentos e obras de arte erigidas para a glorificação do vício e da impiedade.[33]

Em julho de 1872, o ultraconservador papa Pio IX, que ainda esperava o fim de seu confinamento no Vaticano, endossou formalmente a promessa. Uma imensa

---

[33] Hubert Rohault de Fleury, *Historique de la Basilique du Sacré-Coeur*, cit., v. 1, p. 27.

FIGURA 4.11. De início, apenas os republicanos social-democratas sentiam remorso e repulsa pelo que havia ocorrido na Comuna. Manet (acima) ficou profundamente comovido com os acontecimentos e elaborou várias representações que lamentavam as mortes nas barricadas. Em um dos últimos desenhos de Daumier, ele comentou com tristeza e comoção sobre "quando os trabalhadores lutam entre si".

campanha de propaganda se seguiu, e o movimento ganhou força. No fim do ano, mais de 1 milhão de francos já haviam sido prometidos; só faltava a promessa ser traduzida em sua representação material, física.

O primeiro passo era escolher o lugar. Legentil queria usar as fundações do inacabado teatro de ópera, que ele considerava "um monumento escandaloso de extravagância, indecência e mau gosto"[34]. O comedido projeto inicial daquele prédio, de autoria de Charles Rohault de Fleury (sem parentesco com Hubert), havia sido abandonado em 1860 por insistência do conde Walewski ("que tinha a distinção dúbia de ser filho ilegítimo de Napoleão e marido da então favorita de Napoleão III"[35]). O projeto que o substituiu (que existe hoje), de autoria de Garnier, certamente tinha, aos olhos de Legentil, as qualidades de um "monumento ao vício e à impiedade", e nada poderia ser mais apropriado que apagar a memória do Império construindo a basílica naquele local. Fazê-lo significaria, é claro, derrubar a fachada que havia sido concluída em 1867. Legentil provavelmente não percebeu que os *communards* haviam, nesse mesmo espírito, derrubado a coluna de Vendôme.

Contudo, no fim de outubro de 1872, o arcebispo já havia tomado as rédeas do assunto e acabou escolhendo o alto de Montmartre, pois a dominação simbólica de Paris só poderia ser assegurada dali. Como parte daquele local era propriedade pública, seria necessário o consentimento ou o apoio ativo do governo para que ele fosse adquirido – mas o governo tinha planos de construir ali uma fortaleza militar. O arcebispo observou, entretanto, que esta poderia ser muito impopular, enquanto uma fortificação do tipo que ele propunha seria menos ofensiva e mais certeira. Thiers e seus ministros, aparentemente convencidos de que a proteção ideológica era preferível à militar, encorajaram o arcebispo a levar o assunto adiante formalmente. Isso foi feito em uma carta datada de 5 de março de 1873[36], em que o arcebispo solicitava ao governo a aprovação de uma lei especial declarando que a construção da basílica era uma obra de utilidade pública, o que permitiria o uso das leis de expropriação para a obtenção do local.

Embora essa lei contrariasse uma antiga tendência favorável à separação entre Igreja e Estado, o posicionamento dos católicos conservadores em relação ao projeto era muito forte. Thiers ficou hesitante, mas sua indecisão logo não teria mais importância. Os monarquistas haviam decidido que o momento deles chegara. Em 24 de maio de 1873, derrubaram Thiers e o substituíram pelo monarquista arquiconservador marechal MacMahon, que apenas dois anos antes havia liderado as forças armadas de Versalhes na repressão sangrenta da Comuna. A França estava, mais uma vez, mergulhada na agitação política; uma restauração monarquista parecia iminente.

---

[34] Emile Jonquet, *Montmartre autrefois et aujourd'hui*, cit., p. 85-7.
[35] David Pinkney, *Napoleon III and the Rebuilding of Paris*, cit., p. 85-7; ver também Penelope Woolf, "Symbol of the Second Empire: Cultural Politics and the Paris Opera House", em Denis Cosgrove e Stephen Daniels (orgs.), *The Iconography of Landscape* (Cambridge, Cambridge University Press, 1988).
[36] Hubert Rohault de Fleury, *Historique de la Basilique du Sacré-Coeur*, cit., p. 75.

O governo de MacMahon logo ratificou a lei, que então se tornou parte de seu programa para estabelecer o domínio da ordem moral em que os ricos e privilegiados – aqueles que, portanto, tinham interesse especial na preservação da sociedade –, sob a liderança do rei e em aliança com as autoridades da Igreja, teriam o direito e o dever de proteger a França dos perigos sociais aos quais ela havia sido recentemente exposta, impedindo, assim, que o país caísse no abismo da anarquia. Grandes manifestações foram mobilizadas pela Igreja como parte de uma campanha para restabelecer o senso de ordem moral. A maior delas ocorreu em 29 de junho de 1873, em Paray-le-Monial. Trinta mil peregrinos, incluindo cinquenta membros da Assembleia Nacional, deslocaram-se até lá para se dedicar publicamente ao Sagrado Coração[37].

Foi nessa atmosfera que o comitê formado para fazer um relatório sobre a lei apresentou seus resultados em 11 de julho à Assembleia Nacional; um quarto dos membros do comitê apoiava o juramento. O comitê concluiu que a proposta de construir uma basílica de expiação era inquestionavelmente uma obra de utilidade pública. Além disso, era justo e apropriado construir tal monumento no alto de Montmartre para que todos o vissem, pois tinha sido ali que o sangue dos mártires – inclusive os de outros tempos – escorrera. Era necessário "apagar, por meio desta obra de expiação, os crimes que haviam coroado nossos sofrimentos", e a França, "que já havia sofrido tanto", deveria "evocar a proteção e a graça d'Aquele que dá, segundo Sua vontade, a derrota ou a vitória"[38].

Parte do debate que se seguiu em 22 e 23 de julho girou em torno de questões técnico-legais e das implicações da legislação para as relações Estado-Igreja. Os católicos intransigentes propunham, irresponsavelmente, ir ainda mais longe. Queriam que a Assembleia se comprometesse formalmente com um empreendimento em nível nacional que "não seria apenas um protesto contra o fato de a Comuna ter pegado em armas, mas um sinal de conciliação e concórdia". Essa emenda foi rejeitada, mas a lei foi aprovada por uma ampla maioria de 244 votos. A única voz dissidente no debate veio de um deputado republicano radical de Paris:

Quando pensam em erguer nas alturas imponentes de Paris – a fonte do livre pensar e da revolução – um monumento católico, o que passa pela cabeça de vocês? Fazer dele o triunfo da Igreja sobre a revolução. Sim, é isto que querem extinguir – o que chamam de pestilência da revolução. O que desejam revigorar é a fé católica, pois vocês estão em guerra com o espírito dos tempos modernos [...]. Bem, eu que conheço a opinião da população de Paris, eu que estou manchado pela pestilência revolucionária como ela, eu lhes digo que a população ficará mais escandalizada do que edificada com a ostentação

[37] Adrien Dansette, *Histoire religieuse de la France contemporaine*, cit., p. 340-5.
[38] Hubert Rohault de Fleury, *Historique de la Basilique du Sacré-Coeur*, cit., v. 1, p. 88.

da sua fé [...]. Longe de nos edificar, vocês nos empurram na direção do livre pensar, na direção da revolução. Quando as pessoas virem essas manifestações dos partidários da monarquia, dos inimigos da revolução, dirão a si mesmas que o catolicismo e o monarquismo estão unidos e, ao rejeitarem um, também rejeitarão o outro.[39]

Munido da lei que concedia poderes de expropriação, o comitê formado para buscar a concretização do projeto adquiriu o local no alto de *butte* Montmartre. Eles arrecadaram as contribuições prometidas e começaram a solicitar mais, para que a construção pudesse ser tão grandiosa quanto o pensamento que estava por trás dela. Criou-se um concurso para escolher o melhor projeto para a basílica. A obra tinha de ser imponente, coerente com a tradição católica, mas bem diferente dos "monumentos dedicados ao vício e à impiedade" construídos durante o Segundo Império. Dos 78 projetos propostos e exibidos ao público, escolheu-se o do arquiteto Paul Abadie[40]. A decisão foi controversa. Acusações de demasiada influência interna rapidamente vieram à tona, e os católicos conservadores ficaram incomodados com o suposto "orientalismo" do projeto. Por que ele não poderia ser mais autenticamente francês, perguntavam (o que na época significava ser fiel às tradições góticas do século XIII, mesmo que tão racionalizadas por Viollet-le--Duc)? Mas a grandiosidade dos domos de Abadie, a pureza do mármore branco e a simplicidade desadornada de seus detalhes impressionaram o comitê – o que, afinal, estaria mais distante da extravagância daquele horrível teatro de ópera?

Na primavera de 1875, tudo estava pronto para o assentamento da pedra fundamental. Mas, aparentemente, a Paris radical e republicana ainda não estava arrependida o bastante. O arcebispo queixou-se de que a obra da Sacré-Coeur era tratada como uma provocação, uma tentativa de sepultar os princípios de 1789. Também disse que, embora não desejasse reacendê-los, caso de fato estivessem mortos e enterrados, esse tipo de visão estava dando origem a uma deplorável polêmica da qual ele se via obrigado a participar. Emitiu uma circular em que expressava seu assombro com a hostilidade dos "inimigos da religião" em relação ao projeto. Ele achava intolerável que as pessoas ousassem dar uma interpretação política a pensamentos derivados apenas de fé e piedade. A política, assegurou ele aos leitores, "esteve longe, muito longe das nossas inspirações; ao contrário, o trabalho tem sido inspirado pela profunda convicção de que a política é incapaz de lidar com os males do país. As causas desses males são morais e religiosas, e as soluções devem ser da mesma ordem".

---

[39] Idem.
[40] Paul Abadie, *Paul Abadie: Architecte, 1812-1884* (Paris, Ministère de la Culture, de la Communication, des Grands Travaux et du Bicentenaire/Éditions de la Réunion des Musées Nationaux, 1988), p. 222-4.

Além disso, prosseguiu ele, a obra não poderia ser interpretada como política, pois o objetivo da política é dividir, "enquanto nosso trabalho tem por objetivo a união de todos. A pacificação social é o ponto-final da obra que queremos realizar"[41].

O governo, agora claramente na defensiva, ficou bastante preocupado com a perspectiva de uma grande cerimônia de inauguração, que poderia ser palco de um feio confronto. Ele pedia cautela. O comitê tinha de encontrar uma maneira de assentar a pedra fundamental sem ser muito provocativo. O papa os socorreu declarando um dia de dedicação ao Sagrado Coração para todos os católicos. Com essa proteção, uma cerimônia muito discreta para assentar a pedra fundamental da obra transcorreu sem incidentes. A construção agora entrava em andamento. *Gallia Poenitens* estava tomando forma material e simbólica.

Os quarenta anos entre o assentamento da pedra fundamental e a consagração final da basílica, em 1919, foram em geral tumultuados. Surgiram dificuldades técnicas para erguer uma estrutura tão grande no topo de uma colina que, devido a anos de mineração de gipsita, se tornara instável. O custo da estrutura aumentou de forma impressionante, e à medida que o entusiasmo pelo culto do Sagrado Coração perdia certa força, também surgiam dificuldades financeiras. Abadie morreu em 1884, e seus sucessores fizeram adições e subtrações ao projeto inicial (a mais notável adição foi o considerável aumento da altura do domo central). E a controvérsia no plano político continuava. O comitê encarregado do projeto havia, de antemão, deliberado vários estratagemas para encorajar o fluxo das contribuições. Indivíduos e famílias podiam custear uma pedra, e o visitante da Sacré-Coeur pode ver vários nomes inscritos nas pedras. Diferentes regiões e organizações foram estimuladas a subscrever para a construção de capelas específicas. Membros da Assembleia Nacional, do Exército, do clero etc., todos uniram esforços nesse sentido. Cada capela tem seu próprio significado.

Por exemplo, entre as capelas na cripta está aquela dedicada a *Jésus Enseignant* [Jesus pregador], que recorda, como declarou Rohault de Fleury, "que um dos principais pecados da França foi a tola invenção do ensino sem Deus"[42]. Os perdedores da batalha feroz pela preservação do poder da Igreja sobre a educação após 1871 faziam suas doações a essa capela. Muito próxima a ela, no fundo da cripta, perto de onde costumava ser a rue des Rosiers, está a capela dedicada a *Jésus-Ouvrier* [Jesus trabalhador]. O fato de trabalhadores católicos terem contribuído para a construção de sua própria capela era motivo de grande júbilo. Isso mostrava, escreveu Legentil, o desejo de "protestar contra a descrença apavorante na qual grande parte da classe trabalhadora está caindo", assim como sua determinação de resistir à "associação ímpia e verdadeiramente infernal que, em quase toda a Europa, faz dela sua escrava

---

[41] Hubert Rohault de Fleury, *Historique de la Basilique du Sacré-Coeur*, cit., v. 1, p. 244.
[42] Ibidem, p. 269.

FIGURA 4.12. A Estátua da Liberdade na oficina, em Paris, antes de ser embarcada para Nova York.

e vítima"[43]. A referência à Associação Internacional dos Trabalhadores é inegável e compreensível, pois naquela época era costumeiro nos círculos burgueses considerar a Comuna, muito erroneamente, derivada da nefasta influência daquela associação "infernal". Entretanto, por um estranho capricho do destino, que tão frequentemente traz irônicas reviravoltas à história, a capela dedicada a *Jésus-Ouvrier* está bem próxima do ponto onde se passou o "Calvário de Eugène Varlin". É dessa forma que a basílica, erguida no alto para homenagear o sangue de dois mártires recentes da direita, involuntariamente homenageia em suas profundezas subterrâneas um mártir da esquerda.

A interpretação de Legentil de tudo isso foi de fato um tanto equivocada. Nos derradeiros momentos da Comuna, um jovem católico chamado Albert de Munn testemunhou, consternado, a chacina dos *communards*. Chocado, ele começou a refletir sobre o que "a sociedade legalmente constituída havia feito a essas pessoas" e concluiu que seus males em grande medida provinham da indiferença das classes ricas. Na primavera de 1872, ele foi até o coração da odiada Belleville e montou o

---

[43] Ibidem, p. 165.

primeiro de seus *cercles-ouvriers* [círculos de trabalhadores][44]. Isso assinalou os primórdios de um novo tipo de catolicismo na França: um catolicismo que buscava, mediante a ação social, atender às necessidades materiais e espirituais dos trabalhadores. Foi por meio de organizações como essa, muito distantes do catolicismo intransigente e ultramontano que dominava o núcleo do movimento em prol da Sacré-Coeur, que uma pequena corrente de contribuições começou a fluir para a construção de uma basílica no alto da colina de Montmartre.

As dificuldades políticas, entretanto, aumentavam. A França, que finalmente tinha uma Constituição republicana (a demora fora causada em grande parte pela intransigência dos monarquistas), estava agora envolta em um processo de modernização estimulado por comunicações mais fáceis, educação em massa e desenvolvimento industrial. O país passou a aceitar a forma moderada de republicanismo e estava amargamente desiludido com o monarquismo atrasado que dominara a Assembleia Nacional eleita em 1871. Em Paris, o povo "não subjugado" de Belleville, assim como seus vizinhos em Montmartre e La Villette, começou a se impor muito mais rapidamente do que Thiers havia previsto. À medida que a demanda pela anistia dos *communards* exilados se tornava mais forte nesses bairros, crescia também o ódio à basílica que se erguia diante deles (Figura 4.13). A agitação contra o projeto aumentava.

Em 3 de agosto de 1880, a questão chegou ao conselho da cidade na forma de uma proposta: uma "colossal Estátua da Liberdade será colocada no topo de Montmartre, em frente à igreja de Sacré-Coeur, nas terras pertencentes à cidade de Paris". Nessa época, os republicanos franceses viam os Estados Unidos como uma sociedade-modelo, que funcionava perfeitamente bem sem monarquismo e outros aparatos feudais. Como parte de uma campanha para reforçar a importância desse exemplo, assim como para simbolizar sua ligação profunda com os princípios de liberdade, republicanismo e democracia, eles estavam, na época, levantando fundos para doar a Estátua da Liberdade, que agora se encontra no porto de Nova York. Por que não, diziam os autores da proposta, apagar a visão da odiada Sacré-Coeur com um monumento de ordem similar[45]?

Ainda que se alegasse o contrário, diziam eles, a basílica simbolizava a intolerância e o fanatismo da direita – era um insulto à civilização, antagônica aos princípios dos tempos modernos, uma evocação do passado e um estigma sobre a França como um todo. Os parisienses, aparentemente decididos a demonstrar sua ligação impenitente aos princípios de 1789, estavam determinados a apagar o

---

[44] Adrien Dansette, *Histoire religieuse de la France contemporaine*, cit., p. 356-8; Clément Lepidis e Emmanuel Jacomin, *Belleville*, cit., p. 271-2.

[45] Ville de Paris, *Procès-verbaux* (Paris, Conseil Municipal, 3 ago., 7 out. e 2 dez. 1880).

que achavam ser uma expressão do "fanatismo católico" por meio da construção de um tipo de monumento que era exatamente o que o arcebispo caracterizara como "glorificação do vício e da impiedade". Em 7 de outubro, o conselho da cidade havia mudado sua tática. Chamando a basílica de "incessante provocação à guerra civil", os membros decidiram mediante votação, cujo resultado foi de 61 votos a favor e 3 contra, solicitar ao governo a "revogação da lei de utilidade pública de 1873" e a utilização da terra, que voltaria a ser propriedade do Estado, para a construção de uma obra de importância verdadeiramente nacional. O conselho passou a proposta ao governo, esquivando-se cuidadosamente do problema relativo à indenização dos que haviam contribuído para a construção da basílica – que mal havia passado das fundações. No verão de 1882, a solicitação foi levada à Câmara dos Deputados.

O arcebispo Guibert teve, mais uma vez, de defender a obra publicamente. Ele rebateu os já conhecidos argumentos contra a basílica com respostas igualmente banais. Insistia que o trabalho não fora inspirado pela política, mas pelo patriotismo e pelo cristianismo. Aos que objetavam o caráter expiatório da obra, ele simplesmente replicou que ninguém podia se dar ao luxo de considerar o país infalível. Em relação a quanto o culto do Sagrado Coração era apropriado, achava que somente a Igreja tinha o direito de julgar. Aos que viam a basílica como uma incitação à guerra civil, ele respondeu:

> Por acaso as guerras civis e os motins são fruto dos nossos templos cristãos? Por acaso os que frequentam nossas igrejas são propensos a excitações e revoltas contra a lei? Por acaso encontramos essas pessoas no meio dos tumultos e da violência que, de tempos em tempos, atormentam as ruas das nossas cidades?

O arcebispo também ressaltou que, embora Napoleão houvesse vislumbrado a construção de um templo de paz em Montmartre, "somos nós que finalmente estamos construindo o verdadeiro templo da paz"[46].

Ele passou, em seguida, a analisar os efeitos negativos que o abortamento da construção traria. Tal medida feriria profundamente a posição cristã e teria um efeito desagregador. Certamente seria um mau precedente, disse ele (ignorando o precedente estabelecido pela própria lei de 1873), se projetos religiosos desse tipo estivessem sujeitos aos caprichos políticos do governo vigente. E ainda havia o complexo problema da compensação – não apenas relativa aos contribuintes, mas também ao trabalho já feito. Por fim, o arcebispo recorreu ao fato de que a obra

---

[46] Hubert Rohault de Fleury, *Historique de la Basilique du Sacré-Coeur*, cit., v. 2, p. 71-3.

empregava seiscentas famílias – privar "essa parte de Paris de uma fonte tão significativa de trabalho seria realmente desumano".

Os argumentos, no entanto, não foram convincentes o bastante para os representantes parisienses na Câmara dos Deputados, que em 1882 era dominada por republicanos reformistas como Gambetta (de Belleville) e Clemenceau (de Montmartre). O debate foi acalorado e apaixonado. O governo se declarou terminantemente contrário à lei de 1873, mas ao mesmo tempo se opunha a revogá-la, pois isso envolveria o pagamento de mais de 12 milhões de francos em indenizações à Igreja. Em uma manobra para neutralizar a evidente revolta da esquerda, o ministro chegou a observar que, com a revogação da lei, o arcebispo estaria livre da obrigação de completar o que se revelava um empreendimento muito árduo; além disso, a Igreja receberia milhões de francos para fazer obras de propaganda que poderiam ser "infinitamente mais eficazes que o projeto objetado pelos idealizadores da presente moção".

Entretanto, os republicanos radicais não pretendiam encarar a Sacré-Coeur como um elefante branco nem estavam dispostos a pagar indenizações. Estavam determinados a destruir o que consideravam uma manifestação odiosa de clericalismo pio, substituindo-a por um monumento à liberdade de pensamento. Para eles, os monarquistas e seus intransigentes aliados católicos eram os grandes culpados pela guerra civil.

Na Câmara, Clemenceau pediu a palavra para apresentar uma posição radical. Declarou que a lei de 1873 era um insulto, fruto de uma Assembleia Nacional que buscara impor o culto do Sagrado Coração à França porque "lutamos e continuamos a lutar pelos direitos humanos, por termos feito a Revolução Francesa". A lei era resultado de uma reação clerical, "uma tentativa de estigmatizar a França revolucionária, de nos condenar a pedir perdão à Igreja por nossa luta ininterrupta para prevalecer sobre ela e estabelecer os princípios de liberdade, igualdade e fraternidade. Nós devemos", prosseguiu, "responder a um ato político com um ato político". Não o fazer seria deixar a França sob a intolerável invocação do Sagrado Coração[47].

Com tal oratória inflamada, Clemenceau alimentou as chamas do sentimento anticlerical. A Câmara dos Deputados votou pela revogação da lei de 1873 por 261 votos a 199. Parecia que a basílica, cujas paredes mal haviam sido levantadas sobre suas fundações, iria desmoronar.

A obra, porém, foi salva por um tecnicismo: a nova lei havia sido aprovada tarde demais para o cumprimento de todas as exigências formais para sua promulgação. O governo, genuinamente temeroso dos custos e dos riscos envolvidos, fez um trabalho silencioso para evitar a volta da moção à Câmara dos Deputados, que, na

---

[47] Ibidem, p. 71-6.

sessão seguinte, passou a considerar questões de peso e urgência muito maiores. Os republicanos haviam conseguido uma vitória parlamentar simbólica, porém pírrica. Aliviado, o arcebispo deu continuidade à obra.

Por alguma razão, no entanto, o assunto resistia. Em fevereiro de 1897, a moção foi reapresentada[48]. A essa altura, o republicanismo anticlerical havia progredido bastante, assim como o movimento da classe trabalhadora na forma de um partido socialista vigoroso e em crescimento. Ao mesmo tempo, a construção no alto da colina também havia progredido. O interior da basílica havia sido inaugurado e aberto para culto em 1891, e o grande domo estava quase pronto (a cruz sobre ele foi formalmente abençoada em 1899). Embora a basílica ainda fosse considerada uma "provocação à guerra civil", a perspectiva de desfazer uma obra tão grandiosa parecia então bastante intimidadora. E, dessa vez, ninguém menos que Albert de Munn a defendeu em nome de um catolicismo que, à época, havia enxergado a virtude de separar seu destino do de uma causa monarquista evanescente. A Igreja estava começando a aprender uma lição, e o culto ao Sagrado Coração passou a adquirir um novo significado em resposta às mudanças em curso na situação social. Em 1899, um papa mais reformista dedicou o culto ao ideal de harmonia entre as raças, justiça social e conciliação*.

Os deputados socialistas, porém, não se deixaram levar pelo que achavam ser manobras de cooptação. Eles insistiram na reivindicação da derrubada do odiado símbolo, embora a obra estivesse quase concluída e sua queda envolvesse a indenização de 8 milhões de subscritores ao custo considerável de 30 milhões de francos. A maioria na Câmara dos Deputados apavorou-se com tal perspectiva, e a moção foi rejeitada por 322 a 196 – última vez que a obra seria ameaçada mediante ação oficial.

Com a conclusão do domo em 1899, a atenção voltou-se para a construção do campanário, finalmente concluído em 1912. Estava tudo pronto na primavera de 1914, e a consagração oficial foi marcada para 17 de outubro. A guerra com a Alemanha, no entanto, interferiu nos acontecimentos, e a basílica só foi consagrada no fim daquele conflito sangrento. Vitoriosa, a França – liderada pela brilhante oratória de Clemenceau – celebrou alegremente a consagração de um monumento concebido no decorrer de uma guerra perdida contra a Alemanha uma geração antes. *Gallia Poenitens* finalmente trouxe recompensas.

Ecos tênues dessa história atormentadora ainda podem ser ouvidos. Em fevereiro de 1971, por exemplo, manifestantes perseguidos pela polícia se refugiaram na basílica. Firmemente entrincheirados ali, convocaram seus camaradas radicais a se unir a eles na ocupação de uma igreja "construída sobre os corpos de *communards*

---

48 Paul Lesourd, *Montmartre* (Paris, France-Empire, 1973), p. 224-5.
* Idem. (N. E. O.)

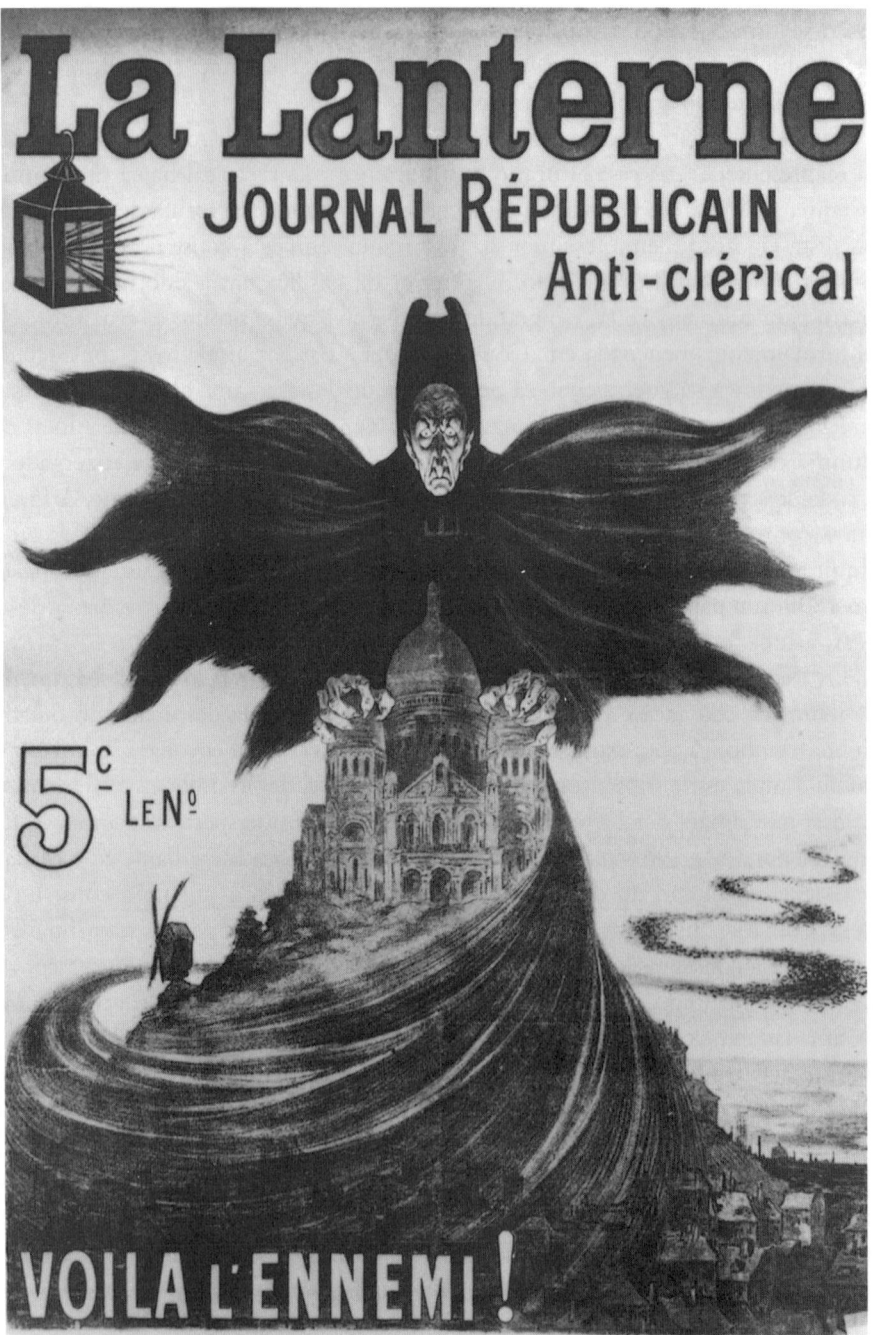

FIGURA 4.13. Em torno de 1896, um *affiche* [cartaz] para o jornal *La Lanterne* mostra a Sacré-Coeur como um vampiro.

para apagar a memória da bandeira vermelha que durante tanto tempo pairou sobre Paris". O mito dos incendiários logo arrebentou suas antigas amarras, e um pároco evidentemente apavorado chamou a polícia para impedir a conflagração. Os "vermelhos" foram expulsos da igreja em meio a cenas de grande brutalidade. Em homenagem aos que perderam a vida na Comuna, o artista de intervenção Pignon--Ernest cobriu os degraus abaixo da basílica com mortalhas contendo imagens dos *communards* mortos no mês de maio. Assim foi celebrado o centenário da Comuna de Paris naquele local. E, como uma coda para esse episódio, uma bomba explodiu na basílica em 1976, danificando consideravelmente um dos domos. Diz-se que nesse dia um visitante do cemitério do Père-Lachaise teria visto uma solitária rosa vermelha no túmulo de Auguste Blanqui.

Rohault de Fleury queria desesperadamente "colocar um berço onde [outros] haviam pensado em cavar um túmulo". No entanto, o visitante que olha para a estrutura da Sacré-Coeur, semelhante a um mausoléu, pode muito bem ponderar sobre o que está enterrado ali. O espírito de 1789? Os pecados da França? A aliança entre o catolicismo intransigente e o monarquismo reacionário? O sangue de mártires como Claude Lecomte e Clément Thomas? Ou o de Eugène Varlin e dos cerca de 20 mil *communards* cruelmente assassinados com ele?

A construção esconde seus segredos em um silêncio sepulcral. Só os vivos, cientes dessa história, que entendem os princípios dos que lutaram a favor da ornamentação daquele lugar, e também dos que lutaram contra ela, podem realmente desenterrar os mistérios ali sepultados e, assim, resgatar essa rica experiência do fúnebre silêncio da tumba, transformando-a no início ruidoso do berço.

COMENTÁRIO

Compreender a urbanização exige mais que uma análise dos fluxos de capital ou das correntes migratórias. Cidadania, pertencimento, alienação, solidariedades, classe e outras formas de política coletiva desempenham papéis cruciais tanto na produção de espaços de intimidade e relações sociais quanto na de espaços ocupados por funções públicas. O processo urbano diz respeito em igual medida a movimentos, encontros, conflitos e confrontos políticos. Boa parte do que ocorre em uma cidade é simbólico. Na época em que escrevi este ensaio sobre a Sacré-Coeur, eu estava lendo muito Dickens (que odiava ter de ler na juventude!), e o que me impressionou enormemente foi a forma brilhante como ele conseguia transmitir a sensação, o cheiro e o movimento da vida na cidade. Pareceu-me vital injetar algo semelhante em meus próprios escritos sobre as cidades, como complemento à teoria do capital. Em 1976-1997 recebi uma bolsa da Fundação Guggenheim para ir a Paris supostamente estudar teoria marxista. Durante minha estadia na cidade, eu me perguntava sobre as origens daquela construção no topo da colina de Montmartre e tentava imaginar por que me sentia tão desconfortável dentro dela. Decidi ver se descobria quais fantasmas estavam enterrados lá. Quanto mais descobria, mais fascinado ficava. Isso me levou não apenas a escrever este ensaio, como a aliar meus estudos teóricos em Paris a uma análise do que ocorreu durante o remodelamento da cidade realizado por Haussmann no Segundo Império. A primeira versão deste capítulo foi publicada em 1979. Foi uma alegria escrevê-lo. Foi algo que me manteve vivo e interessado quando a vida se encontrava sombria e a política morta.

A obra também provou ser um maravilhoso arcabouço para estabelecer um diálogo entre, por um lado, história e teoria, e, por outro, Marx e geografia histórica. Desembarquei em Paris com uma concepção de como a economia política de Marx deveria ser lida e parti com uma leitura totalmente diferente. A experiência da Comuna exerceu enorme influência sobre o pensamento de Marx a respeito de como devemos conceber alternativas. Ela certamente influenciou (e continua influenciando) o meu. Há muito a aprender com uma imersão na história da Comuna; sua permanente importância pode ser vista no recente livro de Kristin Ross *Communal Luxury: The Political Imaginary of the Paris Commune* [Luxo comunal: o imaginário político da Comuna de Paris]*.

O livro *Paris, capital da modernidade***, do qual uma versão revisada deste ensaio constitui parte seminal, foi publicado em 2003. Ele e *Os limites do capital**** abarcam o cerne da minha obra.

---

* Kristin Ross, *Communal Luxury: The Political Imaginary of the Paris Commune* (Londres/Nova York, Verso Books, 2015). (N. E.)
** David Harvey, *Paris, capital da modernidade*, cit. (N. E.)
*** Idem, *Os limites do capital* (trad. Magda Lopes, São Paulo, Boitempo, 2014). (N. E.)

5. Compressão espaçotemporal e a condição pós-moderna

Como os usos e os significados de espaço e tempo se transformaram com a transição do fordismo à acumulação flexível? Quero sugerir que temos vivenciado, nas últimas duas décadas, uma fase intensa de compressão espaçotemporal que vem provocando um impacto desorientador e disruptivo sobre as práticas político-econômicas, sobre o equilíbrio do poder de classe e sobre a vida cultural e social. Embora as analogias históricas sejam sempre perigosas, creio não ser por acaso a sensibilidade pós-moderna simpatizar com alguns dos confusos movimentos políticos, culturais e filosóficos ocorridos no início do século XX (em Viena, por exemplo), quando a sensação de compressão espaçotemporal também era peculiarmente forte. Além disso, noto um renascimento do interesse em teoria geopolítica desde cerca de 1970, pela estética do lugar, assim como uma disposição renovada (até mesmo na teoria social) de reabrir o problema da espacialidade a uma reconsideração geral[1].

A transição à acumulação flexível foi em parte realizada por meio da rápida implementação de novas formas organizacionais e novas tecnologias na produção. Ainda que as últimas possam ter se originado na busca por superioridade militar, sua aplicação esteve mais relacionada a contornar a rigidez do fordismo e acelerar o tempo de rotação do capital como uma solução aos problemas do fordismo--keynesianismo que culminaram em uma crise aberta em 1973. Alcançou-se a aceleração na produção por meio de transformações organizacionais de desintegração vertical – subcontratação, terceirização etc. – que reverteram a tendência fordista à

---

[1] Ver, por exemplo, Derek Gregory e John Urry (orgs.), *Social Relations and Spatial Structures* (Londres, Palgrave Macmillan, 1985); Edward J. Soja, *Postmodern Geographies: The Reassertion of Space in Critical Social Theory* (Londres, Verso, 1988) [ed. bras.: *Geografias pós-modernas – A reafirmação do espaço na teoria social crítica*, trad. Vera Ribeiro, Rio de Janeiro, Zahar, 1993].

integração vertical e produziram uma cadeia crescentemente indireta de produção, mesmo diante do aumento da centralização financeira. Outras transformações organizacionais – como o sistema *"just-in-time"*, que reduz inventários de estoque –, quando combinadas às novas tecnologias de controle eletrônico, produção em pequenos lotes etc., contribuíram para diminuir o tempo de rotação do capital em diversos setores de produção (eletrônicos, máquinas-ferramenta, automóveis, construção, vestuário etc.). Para os trabalhadores, tudo isso acarretou uma intensificação (aceleração) nos processos de trabalho e uma aceleração nos processos de desqualificação e requalificação exigidos para suprir os novos requisitos de trabalho.

A aceleração do tempo de rotação na produção implica acelerações correlatas na troca e no consumo. Sistemas aperfeiçoados de comunicação e de fluxo informacional, somados a racionalizações nas técnicas de distribuição (empacotamento, controle de inventário, conteinerização, *feedback* de mercado etc.), possibilitaram a circulação mais rápida de mercadorias através do sistema de mercado. Sistemas bancários eletrônicos e dinheiro de plástico foram algumas das inovações que aceleraram o fluxo inverso de dinheiro. Do mesmo modo, aceleraram os mercados e serviços financeiros (com a ajuda do comércio computadorizado), de forma que, como diz o ditado, 24 horas seria "tempo demais" nos mercados globais de ações.

Entre os inúmeros desenvolvimentos na esfera do consumo, dois se destacam por sua particular importância. A mobilização da moda em mercados de massa (em oposição a mercados de elite) tornou-se um caminho para acelerar o ritmo do consumo não apenas nos setores de vestuário, ornamentos e decoração, mas também em toda uma gama de estilos de vida e atividades recreativas (lazer e esportes, música pop, *videogames*, jogos infantis e afins). Uma segunda tendência foi uma passagem do consumo de bens para o de serviços – não apenas serviços pessoais, de negócios, educacionais e de saúde, mas também entretenimento, espetáculos e eventos. O "tempo útil" de tais serviços (uma visita a um museu, assistir a um show de rock ou a um filme, frequentar palestras ou uma academia de ginástica), embora difícil de estimar, é muito mais curto que o de um automóvel ou de uma máquina de lavar. Dado que há limites à acumulação e ao tempo de rotação de bens físicos (mesmo levando em conta a famosa coleção de 6 mil pares de sapatos de Imelda Marcos), faz sentido que os capitalistas se voltem à provisão de serviços altamente efêmeros no consumo. Essa busca pode estar na raiz da rápida penetração do capitalismo (assinalada por Mandel e Jameson)[2] em muitos setores da produção cultural a partir de meados da década de 1960.

---

[2] Ernest Mandel, *Late Capitalism* (Londres, New Left Books, 1975) [ed. bras.: *O capitalismo tardio*, trad. Carlos Eduardo Silveira Matos, Regis de Castro Andrade e Dinah de Abreu Azevedo, Rio de Janeiro, Abril Cultural, 1982, Coleção Os Economistas]; Fredric Jameson, "Postmodernism, or The Cultural Logic of Late Capitalism", *New Left Review*, I (146), jul.-ago. 1984.

Das inúmeras consequências dessa aceleração generalizada nos tempos de rotação do capital, concentro-me naquelas que incidem particularmente sobre formas pós-modernas de pensar, sentir e agir.

A primeira consequência importante foi acentuar a volatilidade e a efemeridade das modas, dos produtos, das técnicas de produção, dos processos de trabalho, das ideias e ideologias, dos valores e das práticas estabelecidas. A sensação de que "tudo que é sólido desmancha no ar" talvez nunca tenha sido tão difundida quanto agora (o que provavelmente explica o volume de escritos sobre esse tema nos últimos anos). O efeito disso no mercado de trabalho e nas habilidades laborais tem sido considerável. Meu interesse aqui é me debruçar sobre os efeitos mais gerais desse processo na sociedade como um todo.

Na esfera da produção de mercadorias, o efeito primário tem sido enfatizar os valores e as virtudes da instantaneidade (refeições e outras satisfações rápidas e imediatas) e da descartabilidade (copos, pratos, talheres, embalagens, guardanapos, roupas etc.). As dinâmicas de uma sociedade do "descarte", termo usado por escritores como Alvin Toffler[3], começaram a se tornar evidentes durante a década de 1960. Elas implicam mais que o simples descarte de bens produzidos (criando, assim, um monumental problema de como lidar com o lixo), mas também a possibilidade de se descartarem valores, estilos de vida, relações estáveis e vínculos a coisas, edificações, lugares, pessoas e modos de ser e de agir que nos foram passados. Foram esses os elementos imediatos e tangíveis que provocaram um choque entre o "ímpeto aceleracionista na sociedade mais ampla" e "a experiência cotidiana comum do indivíduo"[4]. Por meio de tais mecanismos (que se provaram altamente eficazes do ponto de vista da aceleração do tempo de rotação dos bens no consumo), os indivíduos foram forçados a lidar com a descartabilidade, a novidade e a perspectiva de obsolescência instantânea.

"Comparada à vida em uma sociedade que se transforma mais lentamente, hoje mais situações fluem através do canal em qualquer intervalo de tempo dado – e isso implica transformações profundas na psicologia humana." Essa transitoriedade, Toffler em seguida sugere, cria "uma temporariedade na estrutura de sistemas públicos e pessoais de valor", o que por sua vez fornece um contexto para o "desmantelamento do consenso" e a diversificação dos valores no interior de uma sociedade em processo de fragmentação. O bombardeio de estímulos, para ficar no âmbito das mercadorias, cria problemas de sobrecarga sensorial que fazem as questões da vida urbana modernista na virada do século dissecadas por Simmel parecerem

---

[3] Alvin Toffler, *Future Shock* (Nova York, Random House, 1970) [ed. bras.: *Choque do futuro*, trad. Marco Aurélio de Moura Matos, Rio de Janeiro, Artenova, 1973].

[4] Ibidem, p. 40.

insignificantes. Entretanto, precisamente por causa das qualidades relativas da trans-formação, as respostas psicológicas se enquadram em linhas gerais dentro do reper-tório identificado por Simmel: a blindagem dos estímulos sensoriais; a negação e o cultivo da atitude *blasé*; a especialização míope; a reversão a imagens de um passa-do perdido (daí a importância de recordações, museus e ruínas); e a simplificação excessiva (seja na apresentação do eu, seja na interpretação dos acontecimentos). Nesse quesito, é instrutivo ver como Toffler[5], em um momento muito posterior de compressão espaçotemporal, ecoa o pensamento de Simmel, cujas ideias foram elaboradas setenta anos antes em uma conjuntura semelhante de trauma.

A volatilidade, obviamente, dificulta bastante qualquer tipo de planejamento de longo prazo. Na verdade, aprender a lidar corretamente com ela é hoje tão im-portante quanto acelerar o tempo de rotação do capital. Isso significa ser altamente adaptável e ágil para responder às transformações de mercado, ou saber conduzir a própria volatilidade. A primeira estratégia aponta para um planejamento mais de curto que de longo prazo e para a arte de aproveitar ganhos imediatos sempre que surgir a oportunidade – característica notória da gestão estadunidense recente. O tempo médio de mandato dos diretores executivos das empresas caiu para cinco anos, e empresas nominalmente envolvidas em produção com frequência buscam ganhos de curto prazo por meio de fusões, aquisições ou operações em mercados financeiros e de moedas. A tensão em torno do desempenho na gestão em um am-biente como esse é considerável e gera todo tipo de efeito colateral, como a chamada "gripe *yuppie*" (condição de estresse psicológico que paralisa o desempenho de pes-soas talentosas e produz sintomas duradouros parecidos com os da gripe) ou o estilo de vida frenético dos operadores financeiros, marcado pelo vício em trabalho, por longas jornadas laborais e pela adrenalina do poder, o que os faz excelentes candida-tos ao tipo de mentalidade esquizofrênica descrita por Jameson.

Dominar ou intervir ativamente na produção da volatilidade, por outro lado, implica manipulação das preferências e das opiniões, seja tornando-se um guru da moda, seja saturando o mercado com imagens de tal forma a moldar a volatilidade para fins particulares. Em ambos os casos, isso equivale à construção de novos sis-temas de signos e conjuntos de imagens, o que é por si um importante aspecto da condição pós-moderna – aspecto que precisa ser considerado a partir de diversos ângulos. Para começar, as imagens midiáticas e a publicidade passaram a desem-penhar um papel muito mais integrativo nas práticas culturais e agora assumem uma importância muito maior nas dinâmicas de crescimento do capitalismo. Além disso, a publicidade não gira mais em torno da ideia de informar ou promover no

---

[5] Ibidem, p. 326-9.

sentido corriqueiro, mas é cada vez mais voltada à manipulação de desejos e preferências através de imagens que podem não ter qualquer relação com o produto anunciado. Se tirássemos da propaganda moderna referências diretas aos temas dinheiro, sexo e poder, sobraria muito pouco. Ademais, de certa forma as próprias imagens tornaram-se mercadorias. Esse fenômeno levou Baudrillard[6] a defender que a análise da produção de mercadorias feita por Marx estaria ultrapassada, uma vez que o capitalismo se encontra agora predominantemente voltado à produção de signos, imagens e sistemas de signos em vez de a mercadorias propriamente ditas. A transição que ele aponta é importante, mas não há de fato grandes dificuldades em estender a teoria da produção de mercadorias de Marx de modo a dar conta dela. É verdade que os sistemas de produção e marketing de imagens (assim como mercados para terra, bens públicos ou força de trabalho) exibem algumas características especiais a ser consideradas. O tempo de rotação do consumo de certas imagens pode ser efetivamente muito curto – próximo do ideal de um "piscar de olhos" que Marx via como ótimo do ponto de vista da circulação de capital. Além disso, muitas imagens podem ser comercializadas em massa instantaneamente no espaço. Dadas as pressões para acelerar o tempo de rotação (e superar barreiras espaciais), a transformação das imagens em mercadorias do tipo mais efêmero aparece como bênção do ponto de vista da acumulação de capital, particularmente quando outros caminhos para aliviar a sobreacumulação parecem bloqueados. A efemeridade e a comunicabilidade instantânea no espaço tornam-se, assim, virtudes a ser exploradas e apropriadas pelos capitalistas para seus próprios fins.

As imagens, no entanto, precisam desempenhar outras funções. Empresas, governos, líderes políticos e intelectuais: todos eles valorizam uma imagem estável (embora dinâmica) como parte de sua aura de autoridade e poder. A midiatização da política é agora onipresente. Isso torna-se, efetivamente, a forma fugidia, superficial e ilusória pela qual uma sociedade individualista de elementos transitórios manifesta sua nostalgia por valores comuns. A produção e a comercialização de tais imagens de permanência e poder exigem considerável sofisticação, pois é preciso reter a continuidade e a estabilidade da imagem ao mesmo tempo que se reforçam a adaptabilidade, a flexibilidade e o dinamismo de quem ou do que é retratado. Ademais, a imagem passa a ser um elemento crucial na concorrência, não apenas pelo reconhecimento do nome e da marca, mas também pelas diversas associações de "respeitabilidade", "qualidade", "prestígio", "confiabilidade" e "inovação". A concorrência no comércio de construção de imagens torna-se, assim, um aspecto vital da concorrência entre empresas. O sucesso é tão lucrativo que o investimento

---

6   Jean Baudrillard, *For a Critique of the Political Economy of the Sign* (St. Louis, Telos, 1981) [ed. port.: *Para uma crítica da economia política do signo*, Lisboa, Edições 70, 1973].

na construção de imagens (patrocínio às artes, a exposições, a produções televisivas e a novos edifícios, além de marketing direto) passa a ser tão importante quanto o investimento em novas fábricas e maquinaria. A imagem serve para estabelecer uma identidade no mercado. Isso também vale para mercados de trabalho. A aquisição de uma imagem (por meio da compra de um sistema de signos, como roupas de grife e o carro certo) torna-se um elemento singularmente importante na apresentação de si em mercados de trabalho e, por extensão, torna-se parte da busca por identidade individual, autorrealização e significado. Há fartos exemplos tragicômicos desse tipo de busca. Uma empresa da Califórnia fabrica imitações de telefones para carro aparentemente idênticos aos verdadeiros, e eles vendem como água para multidões desesperadas por adquirir esse símbolo de importância. Consultorias pessoais de imagem tornaram-se um grande negócio na cidade de Nova York, conforme noticiou o *International Herald Tribune*, visto que cerca de 1 milhão de pessoas por ano na região metropolitana se inscrevem em cursos de empresas chamadas Image Assemblers, Image Builders, Image Crafters e Image Creators. "Hoje, as pessoas formam opiniões sobre você em cerca de um décimo de um segundo", diz um consultor de imagem. "*Fake it 'till you make it*" [Finja até chegar lá] é o slogan de outro.

Símbolos de riqueza, *status*, fama e poder, bem como de classe, desempenham um papel importante desde os primórdios da sociedade burguesa, mas talvez nunca de forma tão ampla quanto agora. A crescente abundância material gerada durante o *boom* fordista do pós-guerra colocou a questão de como transformar as rendas ascendentes em uma demanda efetiva que satisfizesse as crescentes aspirações de jovens, mulheres e da classe trabalhadora. Dada a capacidade de se produzirem imagens como mercadorias como ou quando desejado, é possível que a acumulação prossiga – ao menos em parte – na base da pura produção de imagens e do marketing. O caráter efêmero de tais imagens pode, assim, ser interpretado parcialmente como uma luta dos grupos oprimidos de qualquer tipo para afirmar a própria identidade (em termos de cultura de rua, estilos musicais, tendências e modas) e como a pressa para conseguir converter essas inovações em vantagens comerciais (Carnaby Street, em Londres, no fim da década de 1960 se provou uma excelente pioneira nesse sentido). O objetivo é dar a impressão de que vivemos em um mundo de imagens efêmeras criadas. Os impactos psicológicos da sobrecarga sensorial, dos tipos que Simmel e Toffler identificam, manifestam-se, portanto, com efeito redobrado.

Os materiais para se produzirem e reproduzirem tais imagens, quando elas já não se encontram à disposição, têm sido eles próprios foco de inovação – quanto melhor for a replicação da imagem, maior será o mercado de massa para a criação de imagens. Isso por si só constitui uma questão importante, que nos leva a considerar mais explicitamente o papel do "simulacro" no pós-modernismo. Entende-se por "simulacro" uma situação em que a replicação atinge um estado tão próximo da perfeição que se torna praticamente impossível identificar a diferença entre o original e a cópia. A produção de imagens como simulacros é relativamente fácil, dadas as técnicas modernas. Uma vez que a identidade passa a ser cada vez mais dependente de imagens, as replicações seriais e recursivas de identidades (individuais, corporativas, institucionais e políticas) tornam-se possibilidades e problemas bastante reais. Podemos certamente constatar isso em operação na esfera política, visto que os criadores de imagem e a mídia assumem um papel mais poderoso na elaboração de identidades políticas. Todavia, há muitos outros domínios tangíveis em que o simulacro desempenha papel de destaque. Com materiais de construção modernos, é possível replicar de maneira tão precisa edifícios antigos que se colocam em dúvida sua autenticidade e suas origens. A fabricação de antiguidades e outros objetos de arte torna-se completamente possível, fazendo da falsificação de alto nível um problema sério no meio dos colecionadores de arte. Não temos, portanto, apenas a capacidade de empilhar imagens do passado ou de outros lugares de maneira eclética e simultânea sobre a tela da televisão, mas a de transformar essas imagens em um simulacro material na forma de meio ambientes construídos, eventos, espetáculos e afins, que se tornam em muitos sentidos indistinguíveis dos originais. Quanto ao que ocorre com as formas culturais quando as imitações se tornam reais e o real assume muitas das qualidades de uma imitação, essa é uma questão que retomaremos adiante.

A organização e as condições de trabalho vigentes no interior daquilo a que poderíamos nos referir, de forma geral, como "indústria da produção de imagens" também são bastante especiais. Uma indústria desse tipo precisa, afinal, se apoiar nos poderes de inovação dos produtores diretos. Estes últimos têm uma existência insegura, amenizada por recompensas muito altas para os bem-sucedidos e ao menos um aparente controle sobre seu próprio processo de trabalho e seus poderes criativos. O crescimento da produção cultural de fato tem sido fenomenal. Taylor[7] contrasta a condição do mercado de arte em Nova York em 1945, quando havia um punhado de galerias e não mais de duas dezenas de artistas exibindo regularmente, e os 2 mil e tantos artistas praticantes em torno de Paris em meados do século XIX, com os 150 mil artistas na região de Nova York que reivindicam *status* de profissionais, expostos em cerca de 680 galerias, produzindo mais de 15 milhões de obras de arte em uma década (em comparação com as 200 mil na Paris do fim do século XIX). E essa é apenas a ponta de um *iceberg* de produção cultural que abarca artistas locais e designers gráficos, músicos de rua e de bares e fotógrafos, bem como as escolas mais bem estabelecidas e reconhecidas de arte, música, teatro

---

[7] Brandon Taylor, *Modernism, Post-Modernism, Realism: A Critical Perspective for Art* (Winchester School of Art Press, 1987), p. 77.

e afins. Isso tudo, no entanto, não chega aos pés, quantitativamente, daquilo a que Daniel Bell denomina "massa cultural".

> Não os criadores da cultura, mas seus transmissores: aqueles que trabalham na educação superior, no mundo editorial, nas revistas, nas emissoras de mídia, no teatro e em museus, que processam e influenciam a recepção de produtos culturais sérios. Ela é em si mesma grande o suficiente para ser um mercado para cultura, venda de livros, impressos e gravações de música séria. Também é o grupo que, na condição de escritores, editores de revistas, cineastas, músicos e por aí vai, produz materiais populares para o público mais amplo de cultura de massas.[8]

Toda essa indústria se especializa na aceleração do tempo de rotação por meio da produção e da comercialização de imagens. Trata-se uma indústria em que se constroem e se destroem reputações da noite para o dia, onde os grandes interesses econômicos falam para valer e onde há um fermento de intensa criatividade, muitas vezes individualizada, sendo despejado sobre o vasto caldo da cultura de massas serializada e recursiva. Ela é a organizadora das tendências culturais e sempre foi fundamental para a experiência da modernidade. Converte-se em meio social capaz de produzir a sensação de horizontes de tempo colapsantes da qual, por sua vez, ela mesma se alimenta.

A popularidade de uma obra como *Choque do futuro*, de Alvin Toffler, reside precisamente em sua profética apreciação da velocidade com que o futuro veio a ser descontado no presente. Disso também provém um colapso das distinções culturais entre ficção "científica" e ficção "comum" (nas obras de, por exemplo, Thomas Pynchon e Doris Lessing), assim como uma fusão do cinema de distração com o cinema de universos futurísticos. Podemos ligar a dimensão esquizofrênica da pós-modernidade enfatizada por Jameson às acelerações nos tempos de rotação na produção, na troca e no consumo, que geram, por assim dizer, uma perda de sentido do futuro a não ser que e à medida que o futuro possa ser descontado no presente. De modo semelhante, a volatilidade e a efemeridade também dificultam a manutenção de qualquer senso firme de continuidade. Comprime-se a experiência passada em algum presente avassalador. Italo Calvino relata o efeito disso no próprio ofício de romancista da seguinte maneira:

> Romances longos escritos hoje são talvez uma contradição: a dimensão do tempo estilhaçou-se, não podemos viver ou pensar exceto por meio de fragmentos de tempo,

---

[8]   Daniel Bell, *The Cultural Contradictions of Capitalism* (Nova York, Basic Books, 1978), p. 20.

cada um dos quais trilha sua própria trajetória e imediatamente desaparece. Só é possível redescobrir a continuidade de tempo nos romances daquele período em que o tempo já não parecia parado e ainda não parecia ter explodido, um período que não durou mais de cem anos.[9]

Baudrillard, sem medo de exagerar, considera os Estados Unidos uma sociedade muito entregue à velocidade, ao movimento, às imagens cinemáticas e às soluções tecnológicas, a ponto de ter gerado uma crise de lógica explicativa. O país representa, ele sugere, "o triunfo do efeito sobre a causa, da instantaneidade sobre o tempo enquanto profundidade, o triunfo da superfície e da pura objetivização sobre a profundidade do desejo"[10]. Esse, evidentemente, é o tipo de ambiente em que a desconstrução pode florescer. Se é impossível dizer qualquer coisa de caráter sólido e permanente em meio a esse mundo efêmero e fragmentado, então por que não mergulhar logo nos jogos de linguagem? Tudo, da escrita de romances e do filosofar, passando pela experiência de trabalhar ou construir um lar, precisa enfrentar o desafio de acelerar o tempo de rotação e do rápido descarte de valores tradicionais e historicamente adquiridos. O contrato temporário generalizado, como assinala Lyotard, torna-se, assim, a marca da vida pós-moderna.

Como tantas vezes ocorre, no entanto, o mergulho no turbilhão da efemeridade provocou uma explosão de sentimentos e tendências opostos. Para começar, surge todo tipo de dispositivo técnico para barrar choques futuros. Empresas recorrem à subcontratação ou a práticas flexíveis de contratação para descontar os potenciais custos de desemprego de futuras mudanças de mercado. Mercados futuros de absolutamente tudo, de milho e carne de porco a moedas e dívidas governamentais, combinados com a "securitização" de todo tipo de dívida temporária e flutuante, ilustram técnicas para se descontar o futuro no presente. Fundos de cobertura (*insurance hedges*) de todo tipo contra volatilidade tornam-se muito mais disponíveis.

Surgem também questões mais profundas de significado e interpretação. Quanto maior for a efemeridade, mais premente será a necessidade de descobrir ou fabricar um tipo de verdade eterna que possa nela repousar. O revivalismo religioso que ganhou força desde o fim da década de 1960 e a busca por autenticidade e autoridade na política (com todos seus apetrechos de nacionalismo e localismo e de admiração por indivíduos carismáticos e "proteanos" com sua "vontade de poder" nietzschiana) ilustram bem esse processo. O retorno do interesse por instituições

---

9   Italo Calvino, *If on a Winter's Night a Traveller* (Nova York, Harcourt Brace Jovanovich, 1981), p. 8 [ed. bras.: *Se um viajante numa noite de inverno*, trad. Nilson Moulin, São Paulo, Companhia das Letras, 1999].

10   Jean Baudrillard, *L'Amérique* (Paris, Grasset, 1986).

básicas (como família e comunidade) e a busca por raízes históricas são sinais de um anseio por vínculos mais seguros e valores mais duradouros em um mundo em contínua transformação. Rochberg-Halton, em uma pesquisa por amostragem feita com moradores de North Chicago em 1977, descobriu, por exemplo, que os objetos realmente valorizados no lar não eram os "troféus pecuniários" de uma cultura materialista que agiam como "índices confiáveis da classe socioeconômica, da idade, do gênero etc. de alguém", mas os artefatos que incorporavam "vínculos com entes queridos e parentes, com atividades e experiências valiosas, e memórias de eventos e pessoas importantes"[11]. Fotografias, objetos particulares (como um piano, um relógio, uma cadeira) e acontecimentos (tocar uma gravação de uma música, cantar uma canção) tornam-se o foco de uma memória contemplativa e, portanto, geradores de um sentido de si que repousa fora da sobrecarga sensorial da cultura consumista e da moda. O lar torna-se um museu privado e refúgio contra as devastações da compressão espaçotemporal. Além disso, no mesmo momento em que o pós-modernismo decreta a morte do autor e o surgimento da arte antiaurática no domínio público, o mercado de arte torna-se mais consciente que nunca a respeito do poder monopólico da assinatura do artista e de questões de autenticidade e falsificação (pouco importa que Rauschenberg seja mera montagem de reproduções). É, talvez, apropriado que o edifício pós-modernista, tão sólido quanto o granito rosa do edifício AT&T de Philip Johnson, seja financiado via dívida, construído na base de capital fictício e concebido arquitetonicamente, ao menos em seu invólucro exterior, mais no espírito da ficção que no da função.

Os ajustes espaciais não foram menos traumáticos. Os sistemas de comunicação via satélite implementados desde o início da década de 1970 tornaram o custo unitário e o tempo de comunicação invariantes no que diz respeito à distância. Via satélite, o custo para se comunicar a uma distância de 500 milhas é o mesmo para se comunicar a uma distância de 5 mil milhas. Da mesma maneira, despencaram dramaticamente as taxas de frete aéreo de mercadorias, ao passo que a conteinerização reduziu o custo do transporte marítimo e rodoviário em larga escala. Hoje é possível para uma grande empresa multinacional, como a Texas Instruments, operar fábricas com poder de decisão simultâneo no que diz respeito a custos financeiros, comerciais e de insumos, controle de qualidade e condições do processo de trabalho em mais de cinquenta diferentes localidades pelo globo[12]. A posse em massa de aparelhos televisivos associada à comunicação via satélite faz com que seja possível experimentar um turbilhão de imagens de diferentes espaços quase

---

[11] Eugene Rochberg-Halton, *Meaning and Modernity: Social Theory in the Pragmatic Attitude* (Chicago, University of Chicago Press, 1986), p. 173.

[12] Peter Dicken, *Global Shift: Industrial Change in a Turbulent World* (Londres, Sage, 1986), p. 110-3.

simultaneamente, comprimindo os espaços do mundo em uma série de imagens em uma tela de televisão. O mundo inteiro pode assistir às Olimpíadas, à Copa do Mundo, à queda de um ditador, a uma reunião de cúpula política, a uma tragédia mortal... ao passo que o turismo de massa e os filmes feitos em locações espetaculares disponibilizam para muitas pessoas uma variedade de experiências simuladas ou vicárias daquilo que o mundo comporta. A imagem de lugares e espaços torna-se tão aberta à produção e ao uso efêmero quanto qualquer outra.

Temos, em suma, testemunhado outra onda feroz daquele processo de anulação do espaço pelo tempo que sempre repousou no centro da dinâmica do capitalismo. Marshall McLuhan descreveu como pensava que a "aldeia global" havia se tornado uma realidade comunicacional em meados da década de 1960:

> Após 3 mil anos de explosão, por meio de tecnologias fragmentárias e mecânicas, o mundo ocidental está em vias de implosão. Durante as eras mecânicas, havíamos estendido nossos corpos no espaço. Hoje, após mais de um século de tecnologia eletrônica, estendemos nosso próprio sistema nervoso central em um abraço global, abolindo, no que diz respeito ao nosso planeta, tanto o espaço quanto o tempo.

Nos anos recentes, toda uma série de escritos se debruçou sobre essa ideia, buscando explorar, como fez por exemplo Virilio, em sua *Estética da desaparição*[13], as consequências culturais da suposta desaparição do tempo e do espaço enquanto dimensões materializadas e tangíveis da vida social.

Contudo, a queda das barreiras espaciais não significa que a importância do espaço esteja diminuindo. Não é a primeira vez na história do capitalismo que encontramos evidências apontando para o contrário. O acirramento da concorrência sob condições de crise levou capitalistas a prestarem muito mais atenção a vantagens locacionais relativas, precisamente porque a redução das barreiras espaciais dá aos capitalistas o poder de obter bons resultados com a exploração de diferenças espaciais mínimas: pequenas diferenças naquilo que o espaço contém em termos de oferta de mão de obra, recursos, infraestrutura e afins passam, então, a ter maior importância. E o controle superior sobre o espaço passa a ser uma arma ainda mais poderosa na luta de classes: ele se torna um dos meios de fazer valer a aceleração e a redefinição de habilidades sobre trabalhadores insubordinados. Utilizam-se a mobilidade geográfica e a descentralização contra um poder sindical que tradicionalmente se concentra nas fábricas de produção em massa. A fuga de capitais, a desindustrialização de algumas regiões e a industrialização de outras e a destruição

---

[13] Paul Virilio, *L'esthétique de la disparition* (Paris, Galilée, 1980) [ed. bras.: *Estética da desaparição*, trad. Vera Ribeiro, Rio de Janeiro, Contraponto, 2015].

de comunidades tradicionais da classe trabalhadora como bases de poder na luta de classes convertem-se em *leitmotifs* de transformação espacial sob condições mais flexíveis de acumulação[14].

À medida que diminuem as barreiras espaciais, nós nos tornamos mais sensíveis àquilo que os espaços do mundo contêm. A acumulação flexível costuma explorar uma ampla gama de circunstâncias geográficas aparentemente contingentes e as reconstitui enquanto elementos internos estruturados de sua própria lógica totalizante. Por exemplo, diferenciações geográficas nas modalidades e nas intensidades do controle do trabalhado, ao lado de variações tanto na qualidade quanto na quantidade da mão de obra, assumem importância muito maior em estratégias locacionais corporativas. Brotam novos conjuntos industriais, às vezes praticamente do nada (como as diversas baixadas e vales do silício), mas com maior frequência a partir de alguma combinação preexistente de habilidades e recursos. A "Terceira Itália" (Emília-Romanha) se baseia numa combinação peculiar de empreendedorismo cooperativo, trabalho artesanal e administrações comunistas locais ansiosas para gerar empregos e insere suas roupas com incrível sucesso em uma economia mundial altamente competitiva. Flandres atrai capital externo com base em uma oferta de mão de obra dispersa, flexível e razoavelmente qualificada, marcada por profunda hostilidade ao sindicalismo e ao socialismo. Los Angeles importa os bem-sucedidos sistemas patriarcais de trabalho do Sudeste Asiático via imigração em massa, ao passo que a Califórnia e o sul do País de Gales importam o famoso sistema paternalista de controle da mão de obra dos japoneses e dos taiwaneses. A história em cada caso é diferente, dando a impressão de que a singularidade desta ou daquela circunstância geográfica importa mais que nunca. Ironicamente, no entanto, isso só acontece por conta do colapso das barreiras espaciais.

Embora o controle da mão de obra sempre seja um elemento central, sob condições de acumulação mais flexível muitos outros aspectos da organização geográfica foram alçados a um novo patamar. A necessidade de precisão na informação e na agilidade na comunicação reforçou o papel das chamadas "cidades globais" no sistema financeiro e corporativo (centros equipados com teleportos, aeroportos, conexões fixas de comunicação, bem como uma vasta gama de serviços financeiros, legais, empresariais e de infraestrutura). A redução das barreiras espaciais resulta na reafirmação e no realinhamento da hierarquia no interior daquilo que agora constitui um sistema urbano global. Passa a ser cada vez mais importante a disponibilidade local

[14] Ron Martin e Bob Rowthorn (orgs.), *The Geography of Deindustrialisation* (Londres, Palgrave Macmillan, 1986); Barry Bluestone e Bennett Harrison, *The Deindustrialisation of America* (Nova York, Basic Books, 1982); Bennett Harrison e Barry Bluestone, *The Great U-Turn: Capital Restructuring and the Polarisation of America* (Nova York, Basic Books, 1988).

de recursos materiais com características especiais, ou até mesmo a custos marginalmente mais baixos; ganham relevância também as variações locais nas preferências dos consumidores, hoje mais facilmente exploradas sob condições de produção em pequenos lotes e *design* flexível. A isso se somam diferenças locais em termos de competência empresarial, capital de risco, *know-how* técnico e científico e atitudes sociais, ao passo que as redes locais de influência e poder e as estratégias de acumulação das elites dominantes locais (em oposição a políticas de Estado-nação) se veem também profundamente envolvidas no regime de acumulação flexível.

Isso, por sua vez, revela outra dimensão no que se refere ao papel variável da espacialidade na sociedade contemporânea. Se os capitalistas se tornam cada vez mais sensíveis às qualidades espacialmente diferenciadas das quais a geografia do mundo é composta, então é possível que os povos e poderes que comandam esses espaços os modifiquem para torná-los mais atraentes ao capital altamente móvel. Elites dominantes locais podem, por exemplo, implementar estratégias de controle local e capacitação técnica da mão de obra, de provisão para infraestrutura, de política tributária, de regulação estatal, e por aí vai, a fim de atrair o desenvolvimento para dentro de seu espaço particular. As qualidades do lugar são passíveis, portanto, de ser enfatizadas em meio às crescentes abstrações do espaço. A produção ativa de lugares com características especiais torna-se um importante trunfo na concorrência entre cidades, regiões e nações. Formas corporativistas de governança podem crescer em tais espaços, assumindo papéis empresariais na produção de ambientes e outras qualidades favoráveis aos negócios. E é nesse contexto que se pode situar melhor o anseio das cidades de forjar uma imagem única e criar uma atmosfera de lugar e de tradição que sirva de isca tanto para o capital quanto para pessoas "do perfil correto" (isto é, ricas e influentes). O acirramento da concorrência entre lugares deveria levar à produção de espaços mais diversificados em meio à crescente homogeneidade da troca internacional. Ao passo que essa concorrência abre as portas das cidades a sistemas de acumulação, entretanto, aquilo que Boyer[15] denomina uma monotonia "recursiva" e "seriada" produz, "a partir de padrões ou moldes já conhecidos, lugares quase idênticos de cidade para cidade em termos de ambientação: o South Street Seaport de Nova York, o Quincy Market de Boston, o Harborplace de Baltimore".

Chegamos, assim, ao paradoxo central: quanto menor for a importância das barreiras espaciais, maior será a sensibilidade do capital à variação de lugar dentro do espaço e maior será o incentivo para que locais se diferenciem de forma a atrair capital. Como resultado surgem a fragmentação, a insegurança e o desenvolvimento

---

[15] M. Christine Boyer, "The Return of Aesthetics to City Planning", *Society*, 25(4), 1988, p. 49-56.

desigual efêmero no interior de uma economia espacial global unificada de fluxos de capital. A tensão histórica entre centralização e descentralização no capitalismo hoje se desenrola de novas maneiras. A extraordinária descentralização e a proliferação da produção industrial acabam emplacando produtos da Benetton ou da Laura Ashley em quase todo shopping center do mundo capitalista avançado. Com efeito, a nova onda de compressão espaçotemporal oferece tanto riscos quanto possibilidades – de sobrevivência a determinados lugares ou de soluções ao problema da sobreacumulação.

A geografia da desvalorização por meio de desindustrialização, crescente desemprego local, arrocho fiscal, anulação de ativos locais e afins compõe, de fato, um quadro lamentável. No entanto, podemos ao menos vislumbrar sua lógica quando se busca uma solução ao problema da sobreacumulação por meio da adoção de sistemas mais flexíveis e mais móveis de acumulação. Há também, contudo, motivos *a priori* para suspeitar (além de certas evidências materiais para sustentar essa ideia) de que regiões de máximos índices de movimentação e fragmentação são as que parecem mais bem preparadas para sobreviver aos traumas da desvalorização no longo prazo. Na confusa disputa por sobrevivência local em um mundo no qual as oportunidades para crescimento positivo são cada vez mais restritas, é preferível sofrer um pouco de desvalorização agora que arriscar uma desvalorização em massa depois. Não é possível reindustrializar e reestruturar sem primeiro desindustrializar e desvalorizar.

Nenhuma dessas transformações na experiência do espaço e do tempo faria sentido ou causaria impacto sem uma mudança radical na forma como o valor é representado enquanto dinheiro. Embora dominante há muito tempo, o dinheiro nunca foi uma representação de valor clara ou desprovida de ambiguidades, e por vezes ele se manifesta de forma tão desordenada que se torna uma séria fonte de instabilidade e incerteza. Nos termos do acordo do pós-guerra, a questão do dinheiro mundial instaurou-se sob uma base relativamente estável. O dólar estadunidense tornou-se o intermediário do comércio mundial, tecnicamente lastreado em uma conversibilidade fixa em ouro, respaldada política e economicamente pelo poder avassalador do aparato produtivo dos Estados Unidos. O espaço do sistema produtivo estadunidense converteu-se, efetivamente, no fiador do valor internacional. No entanto, um dos sinais da crise do sistema fordista-keynesiano foi o colapso do acordo de Bretton Woods, de conversibilidade de dólares estadunidenses em ouro, e a passagem a um sistema global de taxas flutuantes de troca. Esse colapso ocorreu em parte por causa das dimensionalidades cambiantes de espaço e tempo produzidas pelo processo de acumulação de capital. O crescente endividamento (em especial nos Estados Unidos) e o acirramento da concorrência internacional proveniente dos espaços reconstruídos da economia mundial sob condições de crescente acumulação contribuíram muito para minar o poder da economia estadunidense de operar como fiadora exclusiva do dinheiro mundial.

Os efeitos disso são incontáveis. Questões sobre como o valor deve agora ser representado, qual forma o dinheiro deve assumir e o significado que pode se conferir às diversas formas de dinheiro disponíveis sempre voltam à tona. Desde 1973 o dinheiro vem sendo "desmaterializado", no sentido de que deixou de ter uma ligação formal ou tangível com metais preciosos (embora estes continuem sendo considerados uma potencial forma de dinheiro, entre muitas outras) ou mesmo com qualquer outra mercadoria tangível. O dinheiro tampouco depende exclusivamente da atividade produtiva em determinado espaço. O mundo passou a depender, pela primeira vez na história, de formas imateriais de dinheiro – isto é, dinheiro de registro avaliado quantitativamente em números de alguma moeda (dólares, ienes, marcos alemães, libras esterlinas etc.). As taxas de câmbio entre as diferentes moedas do mundo também têm sido extremamente voláteis: é possível fazer ou perder fortunas simplesmente retendo a moeda certa nos momentos certos. A moeda que escolho ou não reter está diretamente ligada ao lugar em que deposito minha confiança. Isso pode ter alguma relação com o poder e a posição econômica competitiva de diferentes sistemas nacionais. Esse poder, dada a flexibilidade da acumulação ao longo do espaço, é ele próprio uma magnitude em rápida transformação. Os espaços que fundamentam a determinação do valor passam, assim, a ser tão instáveis quanto o próprio valor, problema agravado pela forma como os deslocamentos especulativos contornam o poder e o desempenho econômicos reais e, em seguida, desencadeiam expectativas autorrealizáveis. A desvinculação do sistema financeiro da produção ativa e de qualquer base monetária material coloca em questão a confiabilidade do mecanismo básico por meio do qual o valor deveria ser representado.

Tais dificuldades se fizeram mais evidentes no processo de desvalorização do dinheiro, a medida do valor, via inflação. As taxas constantes de inflação da era fordista-keynesiana (geralmente na faixa de 3% e raramente maiores que 5%) cederam a partir de 1969 e logo dispararam em todos os principais países capitalistas durante a década de 1970, a ponto de alcançarem taxas de dois dígitos. Para piorar, a inflação tornou-se altamente instável, tanto entre países quanto dentro deles, deixando todos em dúvida a respeito de qual seria, no futuro próximo, o verdadeiro valor (o poder de compra) de determinada moeda.

O dinheiro, consequentemente, tornou-se inútil como meio de armazenar valor por qualquer duração de tempo (a taxa de juros real, medida como a taxa monetária de juros descontada a taxa de inflação, esteve negativa por vários anos da década de 1970, desapropriando poupadores do valor que buscavam guardar). Era preciso encontrar meios alternativos para se armazenar valor efetivamente, e assim teve início uma vasta inflação em certos preços de ativos: colecionáveis, objetos de arte, antiguidades, casas e afins. Adquirir um Degas ou um Van Gogh em 1973 certamente desbancaria quase qualquer outro tipo de investimento em termos de ganho de capital. De fato, pode-se dizer que o crescimento do mercado de arte (com sua preocupação com a assinatura do artista) e a forte comercialização da produção cultural desde cerca de 1970 têm muito a ver com a busca por meios alternativos de armazenamento de valor sob condições em que as formas monetárias comuns se mostram deficientes. Embora tenha sido em certa medida controlada nos países capitalistas avançados durante a década de 1980, a inflação de mercadorias e dos preços em geral de forma alguma deixou de ser um problema. Ela é galopante em países como México, Argentina, Brasil e Israel (todos com taxas percentuais recentes nas casas das centenas), e a perspectiva de uma onda inflacionária generalizada espreita os países capitalistas avançados – sobre eles, é possível afirmar que a inflação do preço dos ativos (habitação, obras de arte, antiguidades etc.) começou no ponto em que a inflação de mercadorias e do mercado de trabalho parou no início dos anos 1980.

O colapso do dinheiro enquanto meio seguro de representação de valor gerou por si só uma crise de representação no capitalismo avançado. Esta também foi reforçada pelos problemas da compressão espaçotemporal, ao mesmo tempo que lhes acrescentou seu peso considerável. A velocidade com que os mercados de câmbio flutuam pelos espaços do mundo, o poder extraordinário do fluxo de capital-dinheiro naquilo que agora constitui um mercado financeiro e de ações global e a volatilidade do poder de compra do dinheiro definem, por assim dizer, um ponto alto daquela intersecção extremamente problemática entre dinheiro, tempo e espaço enquanto elementos entrelaçados de poder social na economia política da pós-modernidade.

Ademais, não é difícil ver como tudo isso pode produzir uma crise mais geral de representação. O sistema central de valor, ao qual o capitalismo sempre recorreu para validar e calibrar suas ações, encontra-se desmaterializado e inconstante, os horizontes temporais estão desmoronando, e é difícil determinar exatamente em qual espaço nos encontramos quando se trata de avaliar causas e efeitos, significados ou valores. A intrigante exposição sobre "O imaterial" montada no Centre Pompidou em 1985 (e para a qual ninguém menos que Lyotard contribuiu como consultor) talvez tenha espelhado à sua maneira não apenas essa dissolução das representações materiais do valor sob condições de acumulação mais flexível, mas também a confusão sobre o que significa dizer, com Paul Virilio, que o tempo e o espaço desapareceram enquanto dimensões significativas do pensamento e da ação humanos.

Há, eu diria, formas mais tangíveis e materiais que essa para avaliar a importância do espaço e do tempo para a condição pós-moderna. Pode-se considerar, por exemplo, como a experiência cambiante de espaço, tempo e dinheiro formou uma base material singular para o surgimento de sistemas distintos de interpretação e representação, além de ter aberto um caminho por meio do qual a estetização da política possa mais uma vez se reafirmar. Se compreendermos a cultura como aquele complexo de signos e significados (incluindo a linguagem) que se entrelaçam em códigos de transmissão de valores e significados sociais, podemos ao menos dar início à tarefa de desvelar suas complexidades sob as condições presentes por meio do reconhecimento de que o dinheiro e as mercadorias constituem, eles próprios, os principais portadores de códigos culturais. Como o dinheiro e as mercadorias são totalmente vinculados à circulação de capital, segue-se que as formas culturais são firmemente enraizadas no processo diário de circulação de capital. É, portanto, com a experiência cotidiana do dinheiro e da mercadoria que devemos começar, ainda que mercadorias especiais ou até mesmo sistemas inteiros de signos possam ser extraídos do amontoado comum e convertidos na base da "alta" cultura ou daquela formação especializada de imagens de que já tratamos aqui.

A anulação do espaço pelo tempo transformou radicalmente o conjunto de mercadorias que entra na reprodução diária. Inúmeros sistemas locais de alimentação foram reorganizados mediante a incorporação deles ao comércio global de mercadorias. Queijos franceses, por exemplo, que em 1970 eram praticamente impossíveis de encontrar (salvo em algumas poucas lojas *gourmet* em cidades grandes), agora são comercializados de forma ampla por todos os Estados Unidos. E se esse parecer um exemplo um tanto elitizado, o caso do consumo de cerveja indica que a internacionalização de um produto – que a teoria locacional tradicional sempre ensinou que deveria ser altamente orientada para o mercado – está hoje completa. Em 1970, Baltimore era essencialmente uma cidade de uma única cerveja (de fabricação local), mas foram ficando mais baratas primeiro as cervejas regionais, de lugares como Milwaukee e Denver, e depois as canadenses e mexicanas, seguidas pelas europeias, as australianas, as chinesas, as polonesas etc. Comidas até então exóticas tornaram-se comuns, ao passo que especialidades locais (no caso de Baltimore, caranguejos-azuis e ostras), antes relativamente baratas, tiveram saltos nos preços à medida que passaram a ser integradas ao comércio de longa distância.

O mercado sempre foi um "empório de estilos" (para citar Raban), mas o mercado de comida, para ficar em um exemplo, agora parece muito diferente do que era vinte anos atrás. Feijões do Quênia, aipos e abacates da Califórnia, batatas do Norte da África, maçãs canadenses e uvas chilenas, todos esses produtos podem ser encontrados lado a lado em um supermercado inglês. Essa variedade também enseja uma proliferação de estilos culinários, mesmo entre os relativamente pobres. Tais estilos sempre migraram de acordo com os fluxos migratórios de diferentes grupos antes de se difundirem lentamente pelas culturas urbanas. As novas ondas de imigrantes

142/ Os sentidos do mundo

(como os vietnamitas, os coreanos, os filipinos, os centro-americanos etc. que se somaram às migrações mais antigas de japoneses, chineses, mexicanos e todos os grupos étnicos europeus que também descobriram que suas tradições culinárias podiam ser reavivadas por diversão e lucro) fazem de uma típica cidade estadunidense como Nova York, Los Angeles ou São Francisco (onde o último censo revelou que a maioria da população era composta de minorias) tanto um empório de estilos culinários quanto um empório de mercadorias do mundo todo. E aqui também houve uma aceleração, porque os estilos culinários se moveram mais rápido que os fluxos imigratórios. Não foi necessária uma grande imigração francesa aos Estados Unidos para que o croissant se espalhasse rapidamente pelo território americano, desafiando o tradicional donut; tampouco foi preciso que um número massivo de norte-americanos imigrasse para a Europa para levar hambúrgueres *fast-food* a quase todas as cidades de médio porte europeias. Comida chinesa para viagem, pizzarias italianas (geridas por uma cadeia estadunidense), banquinhas de faláfel do Oriente Médio, restaurantes japoneses de sushi... A lista é agora interminável no mundo ocidental.

Hoje, um só lugar consegue reunir a culinária do mundo todo, quase exatamente da mesma forma que a complexidade geográfica do mundo é reduzida, todas as noites, a uma série de imagens em uma tela estática de televisão. Esse mesmo fenômeno é explorado em palácios de entretenimento como Epcott e Disney World; torna-se possível, como formulou o comercial estadunidense, "experimentar o Velho Mundo por um dia sem realmente ir até ele". A implicação geral é que, pela experiência de tudo, desde comida, hábitos culinários, música, televisão, entretenimento e cinema, hoje é possível experimentar a geografia do mundo vicariamente como um simulacro. O entrelaçamento de simulacros na vida cotidiana reúne diferentes mundos (de mercadorias) em um mesmo espaço e tempo – mas de forma a ocultar quase perfeitamente qualquer traço de origem dos processos de trabalho que os produziram ou das relações sociais implicadas em sua produção.

Os simulacros podem, por sua vez, tornar-se a realidade. Em *L'Amérique*, Baudrillard vai ainda mais longe – um tanto exageradamente, em minha opinião –, a ponto de sugerir que a realidade dos Estados Unidos é hoje construída como uma enorme tela: "O cinema está por toda parte, principalmente na cidade, filme e cenário incessante e maravilhoso"[16]. Lugares retratados de determinada maneira, particularmente se tiverem a capacidade de atrair turistas, podem começar a "se vestir" conforme prescrevem as imagens de fantasia. Castelos medievais oferecem fins de semana temáticos (com comidas e vestimentas da época medieval – mas não, é claro, os sistemas primitivos de aquecimento). A participação vicária nesses diversos

---

[16] Jean Baudrillard, *L'Amérique*, cit.

mundos tem efeitos reais nas formas de organização desses mundos. Jencks propõe que o arquiteto deva ser um participante ativo nisso:

> Qualquer urbanita de classe média em qualquer grande cidade, de Teerã a Tóquio, está fadado a ter um "banco de imagens" bem completo, de fato saturado, que é continuamente reabastecido por viagens e revistas. Seu *musée imaginaire* pode espelhar o *pot-pourri* dos produtores, mas não deixa de ser natural a seu modo de vida. Barrando algum tipo de redução totalitária à heterogeneidade da produção e do consumo, parece desejável que arquitetos aprendam a usar essa inevitável heterogeneidade de linguagens. Além do mais, é um tanto prazeroso. Se há a possibilidade de viver em diferentes eras e culturas, por que se restringir ao presente, ao local? O ecletismo é a evolução natural de uma cultura com escolha.[17]

Algo bastante semelhante pode ser dito de estilos musicais populares. Ao comentar sobre o domínio recente da colagem e do ecletismo, Chambers passa a mostrar como gêneros musicais da subcultura ou de contestação, como o reggae e as músicas afro-americanas e afro-hispânicas, ocuparam um lugar "no museu de estruturas simbólicas fixas", de modo a formar uma colagem flexível do "já visto, do já vestido, do já tocado, do já escutado"[18]. Um forte sentido do "Outro" é substituído, ele sugere, por um sentido fraco de "os outros": a coexistência solta de culturas de rua divergentes nos espaços fragmentados da cidade contemporânea reforça os aspectos contingentes e acidentais dessa "alteridade" na vida cotidiana. A mesma sensibilidade está presente na ficção pós-moderna. Ela se preocupa, diz McHale, com "ontologias", com um potencial, bem como com uma efetiva pluralidade de universos, formando uma "paisagem anárquica" e eclética "de mundos no plural". Personagens siderados e distraídos perambulam por esses mundos desprovidos de uma noção clara de localização, perguntando-se: "Em que mundo estou e quais de minhas personalidades devo utilizar?". Nossa paisagem ontológica pós-moderna, sugere McHale, "não possui precedentes na história humana – ao menos no que tange a seu grau de pluralismo"[19]. Espaços de mundos muito diferentes parecem recair uns sobre os outros, de forma bastante semelhante à maneira como as mercadorias do mundo são dispostas no supermercado e toda sorte de subculturas se justapõem na cidade contemporânea. A espacialidade disruptiva triunfa sobre a coerência de perspectiva e narrativa na ficção

---

[17] Charles Jencks, *The Language of Post-Modern Architecture* (Londres, Academy Editions, 1984), p. 127.
[18] Iain Chambers, "Maps for the Metropolis: A Possible Guide to the Present", *Cultural Studies*, n. 1, 1987, p. 1-22.
[19] Brian McHale, *Postmodernist Fiction* (Londres, Routledge, 1987).

pós-moderna, exatamente da mesma forma como as cervejas importadas coexistem com as de produção local, como o emprego local desmonta sob o peso da concorrência estrangeira e como os espaços mais divergentes do mundo são reunidos todas as noites na forma de uma colagem de imagens na tela de televisão.

Isso tudo parece produzir dois efeitos sociológicos distintos no pensamento e na ação cotidianos. O primeiro sugere que se desfrutem todas as diversas possibilidades, na linha da recomendação de Jencks, e que se cultive toda uma série de simulacros como redutos de escape, fantasia e distração.

> À nossa volta – nos cartazes publicitários, nas prateleiras de livros, nas capas de discos, nas telas de televisão – apresentam-se essas fantasias de escape em miniatura. Ao que parece, é assim que estamos fadados a viver: como personalidades divididas em que a vida privada é perturbada pela promessa de rotas de escape a outra realidade.[20]

Desse ponto de vista, penso que devemos aceitar o argumento de McHale de que a ficção pós-moderna está mimetizando algo, na mesma linha de meu argumento de que a ênfase sobre a efemeridade, a colagem, a fragmentação e a dispersão no pensamento filosófico e social mimetiza as condições da acumulação flexível. E tampouco deve ser surpreendente perceber como tudo isso se encaixa no surgimento, a partir de 1970, de uma política fragmentária de grupos de interesse divergentes especiais e regionais.

No entanto, é precisamente nesse ponto que encontramos a reação oposta que pode ser resumida da melhor forma como a busca por uma identidade pessoal ou coletiva, a busca por vínculos seguros em um mundo em transformação. Nessa colagem de imagens espaciais sobrepostas que implodem sobre nós, a identidade de lugar torna-se uma questão importante, pois todo mundo ocupa um lugar de individuação (um corpo, uma sala, um lar, uma comunidade formadora, uma nação), e a forma como nos individuamos molda a identidade. Além disso, se ninguém "sabe seu lugar" nesse mundo de colagem em transformação, como será possível compor ou sustentar uma ordem social segura?

Há dois elementos nessa questão que merecem consideração detalhada. Primeiro, a capacidade que a maioria dos movimentos sociais tem de dominar o lugar melhor que o espaço lança luz sobre a potencial conexão entre lugar e identidade social. Isso se manifesta na ação política. O caráter defensivo do socialismo municipal, a insistência na comunidade da classe trabalhadora e a localização da luta contra o capital tornam-se traços centrais da luta de classes dentro de um padrão

---

[20] Stanley Cohen e Laurie Taylor, *Escape Attempts: The Theory and Practice of Resistance to Everyday Life* (Harmondsworth, Penguin, 1978), citado em Brian McHale, *Postmodernist Fiction*, cit., p. 38.

geral de desenvolvimento geográfico desigual. Os dilemas que daí surgem para movimentos socialistas ou da classe trabalhadora em face de um capitalismo universalizante são compartilhados por outros grupos de resistência – minorias raciais, povos colonizados, mulheres etc. – que têm uma capacidade de organização relativamente forte no lugar, mas que carecem de força quando se trata de se organizar na dimensão espacial. Ao se aterem, geralmente por necessidade, a uma identidade vinculada a determinado lugar, contudo, tais movimentos se tornam parte da própria fragmentação de que um capitalismo móvel e a acumulação flexível podem se alimentar. "Resistências regionais", a luta por autonomia local e a organização ancorada no lugar podem ser excelentes bases para a ação política, mas não podem sozinhas assumir o fardo da transformação histórica radical. "Pense globalmente, aja localmente" era o *slogan* revolucionário dos anos 1960. Cumpre repeti-lo.

A afirmação de qualquer identidade ancorada em lugar precisa repousar em algum ponto no poder motivacional da tradição. É difícil, contudo, manter qualquer sentido de continuidade histórica em face de todo o fluxo e efemeridade da acumulação flexível. A ironia é que, agora, muitas vezes preserva-se a tradição por meio de sua transformação em mercadoria e de sua comercialização enquanto tal. A busca por raízes acaba, no pior dos casos, produzida e comercializada como imagem, simulacro ou pastiche (comunidades temáticas construídas para emular algum passado folclórico, o tecido das comunidades tradicionais da classe trabalhadora dominado por um processo de gentrificação urbana). A fotografia, o documento, a perspectiva e a reprodução convertem-se em história precisamente por serem tão presentes. O problema, é claro, é que nenhum deles está imune à adulteração ou à pura e simples falsificação conforme os interesses do presente. No melhor dos casos, a tradição histórica é reorganizada como uma cultura de museu, não necessariamente de alta arte modernista, mas de história local, de produção local, de como as coisas eram antigamente feitas, vendidas, consumidas e integradas em uma vida cotidiana há muito perdida e frequentemente romantizada (vida esta da qual é possível expurgar todo e qualquer vestígio de relações sociais opressivas). Pela apresentação de um passado parcialmente ilusório, torna-se possível conferir sentido a algo de identidade local e talvez fazê-lo de maneira lucrativa.

A segunda reação à internacionalização do modernismo repousa na busca por construir o lugar e seus significados qualitativamente. A hegemonia capitalista sobre o espaço devolve a estética do lugar ao centro da pauta. E isso, como vimos, casa bem até demais com a ideia de diferenciações espaciais como "iscas" para um capital peripatético que valoriza – e muito – a opção da mobilidade. Este lugar não é melhor que aquele, não apenas por causa das operações de capital, mas também para viver, consumir bem e se sentir seguro em um mundo em transformação? A construção de tais lugares, a criação de alguma imagem estética localizada, permite a elaboração de algum senso limitado e limitador de identidade em meio a uma colagem de espacialidades em processo de implosão.

A tensão presente nessas oposições é bastante clara, mas é difícil apreciar suas ramificações intelectuais e políticas. Repare, por exemplo, em como Foucault aborda a questão a partir de sua própria perspectiva.

> O espaço é fundamental em qualquer forma de vida comunal; o espaço é fundamental em qualquer exercício de poder [...]. Lembro-me de ter sido convidado, em 1966, por um grupo de arquitetos, para realizar um estudo sobre espaço, de algo que eu na época denominava "heterotopias", aqueles espaços singulares encontrados em determinados espaços sociais cujas funções são diferentes ou mesmo opostas às dos outros. Os arquitetos trabalharam nisso, e no fim do estudo alguém se levantou – um psicólogo sartriano – e disparou contra mim dizendo que o espaço é reacionário e capitalista, mas que a história e o devir são revolucionários. Esse tipo de discurso absurdo não era incomum na época. Hoje, qualquer um cairia na gargalhada diante de uma afirmação dessas, mas naquela época não era assim.[21]

A proposição que o crítico sartriano oferece, embora grosseira e antagônica, está longe de ser tão risível como Foucault afirma. Por outro lado, o sentimento pós-modernista definitivamente tende à posição de Foucault. Ao passo que o modernismo considerava os espaços da cidade, por exemplo, como "um epifenômeno de funções sociais", o pós-modernismo tende a desvincular o espaço urbano de qualquer função e a vê-lo como um sistema formal autônomo incorporando "estratégias retóricas e artísticas independentes de qualquer determinismo histórico simples"[22]. É precisamente essa desvinculação que permite a Foucault recorrer de maneira tão extensa a metáforas espaciais em seus estudos sobre poder. A imagética espacial, liberada de suas raízes em qualquer determinação social, torna-se um meio para retratar as forças da determinação social. Basta um passo curto, no entanto, para passar das metáforas de Foucault para a reafirmação de uma ideologia política que concebe o lugar e o ser, com todas as suas qualidades estéticas correlatas, como uma base adequada para a ação social. A geopolítica e a armadilha heideggeriana* também não estão muito distantes aqui. Jameson, por sua vez, enxerga:

---

[21] Michel Foucault, *The Foucault Reader*, (org. Paul Rabinow, Harmondsworth, Penguin, 1984), p. 253.

[22] Alan Colquhoun, "On Modern and Postmodern Space", em *Modernity and the Classical Tradition: Architectural Essays, 1980-87* (Cambridge, MIT Press, 1991) [ed. bras.: *Modernidade e tradição clássica – Ensaios sobre arquitetura*, trad. Christiane Brito, São Paulo, Cosac Naify, 2004].

* O autor alude aqui a uma leitura do projeto filosófico de Heidegger como resposta reacionária ao processo de compressão espaçotemporal da modernidade e a sua relação problemática com o

As peculiaridades espaciais do pós-modernismo como sintomas e expressões de um dilema novo e historicamente original, dilema este que envolve nossa inserção enquanto sujeitos individuais em um conjunto multidimensional de realidades radicalmente descontínuas, cujas estruturas vão dos espaços ainda remanescentes da vida privada burguesa ao inimaginável descentramento do próprio capitalismo global. Nem mesmo a relatividade einsteiniana, tampouco os diversos mundos subjetivos dos modernistas mais antigos, são capazes de conferir qualquer figuração adequada a esse processo, que na experiência vivida se faz sentir pela assim chamada morte do sujeito, ou, mais precisamente, o descentramento e a dispersão fragmentada e esquizofrênica deste último [...]. E, embora você possa não ter se dado conta, estou falando sobre política prática aqui: desde a crise do internacionalismo socialista, e das enormes dificuldades estratégicas e táticas de se coordenar ações políticas locais e de base ou de bairro, com ações políticas nacionais ou internacionais, todos esses dilemas políticos urgentes são imediatamente funções do novo e imensamente complexo espaço internacional que tenho em mente.[23]

Jameson exagera um pouco quanto à singularidade e à novidade dessa experiência. Por mais estressante que a condição atual sem dúvida seja, ela se assemelha qualitativamente à que levou ao Renascimento e a diversas reconceitualizações modernistas do espaço e do tempo. Ainda assim, os dilemas que Jameson retrata são precisos e capturam a deriva da sensibilidade pós-moderna no que tange ao significado do espaço na vida política e cultural contemporânea. Se, contudo, perdemos a fé modernista no devir, como argumentou o crítico sartriano de Foucault, haveria outra saída que não a política reacionária de uma espacialidade esteticizada? Estaríamos tristemente fadados a acabar no caminho trilhado por Sitte em sua guinada à mitologia wagneriana como sustentação para sua afirmação da primazia do lugar e da comunidade em um mundo de espaços em transformação? Pior, se a produção estética hoje converteu-se tão rigorosamente em mercadoria, tornando-se, assim, subsumida no interior de uma economia política da produção cultural,

---

programa nazista e o processo de estetização da política. O tema é desenvolvido de maneira mais detida na parte III de *Condição pós-moderna*, em que Harvey relaciona a busca por permanência própria da filosofia heideggeriana do Ser a um sentido geopolítico profundamente nacionalista enraizado no lugar e no destino. O filósofo teria baseado parte de sua "adesão aos princípios (se não às práticas) do nazismo em sua rejeição a uma racionalidade maquínica universalizante enquanto mitologia adequada para a vida moderna [...] e propunha, em vez disso, um contra-mito de enraizamento no lugar e tradições vinculadas ao meio ambiente como único fundamento seguro para ação política e social em um mundo manifestamente atribulado." (trad. Adail Ubirajara Sobral e Maria Stela Gonçalves, São Paulo, Loyola, 1922, p. 35). (N. T.)

[23] Fredric Jameson, "Cognitive Mapping", em Cary Nelson e Lawrence Grossberg (orgs.), *Marxism and the Interpretation of Culture* (Urbana, University of Illinois Press, 1988), p. 351.

que possibilidade resta de evitarmos que aquele círculo se feche numa estetização produzida e, portanto, facilmente sujeita à manipulação, de uma política globalmente mediatizada?

Isso deveria nos alertar para os perigos gerados pela velocidade da compressão espaçotemporal nos anos recentes. A transição do fordismo à acumulação flexível, tal como ela se deu, deveria implicar uma transição em nossos mapas mentais, nossas atitudes políticas e nossas instituições políticas. As transformações no pensamento político, no entanto, não ocorrem de forma tão fácil e estão sujeitas às pressões contraditórias que derivam da integração e da diferenciação espaciais. Há um risco onipresente de que nossos mapas mentais não correspondam às realidades atuais. À grave retração do poder dos Estados-nação individuais no que tange a políticas fiscais e monetárias, por exemplo, não correspondeu qualquer mudança paralela rumo a uma internacionalização da política. De fato, há sinais abundantes de que o localismo e o nacionalismo tenham se tornado mais fortes precisamente por causa da busca pela segurança que o lugar sempre oferece em meio a todas as transformações atreladas à acumulação flexível. O ressurgimento da geopolítica e da fé na política carismática (a Guerra das Malvinas de Thatcher, a invasão de Granada por Reagan) se acomoda bem até demais em um mundo cada vez mais nutrido, política e intelectualmente, por um vasto fluxo de imagens efêmeras.

A compressão espaçotemporal sempre cobra seu preço em nossa capacidade de dar conta das realidades que se desdobram à volta. Sob estresse, por exemplo, fica cada vez mais difícil reagir de maneira precisa aos acontecimentos. Confundir um Airbus iraniano, na rota de determinado corredor aéreo comercial, com um caça-bombardeiro aproximando-se na mira de um navio de guerra estadunidense – incidente que provocou muitas mortes de civis – é um exemplo da forma como, em situações de estresse e compressão espaçotemporal, a realidade acaba sendo criada em vez de interpretada. A semelhança com o relato de Kern da deflagração da Primeira Guerra Mundial é instrutiva. Se "negociadores experientes não aguentaram a pressão de tensas confrontações e noites em claro, agonizando sobre as prováveis consequências desastrosas de seus juízos precipitados e suas ações apressadas", quão mais difícil não deve ser agora o processo de tomada de decisões? A diferença, desta vez, é que não há tempo nem para agonizar. E os problemas não estão restritos à tomada de decisão nas esferas política e militar: um juízo precipitado aqui, uma palavra mal refletida ali ou uma reação instintiva acolá nos efervescentes mercados financeiros do mundo talvez sejam o deslize a revelar toda a trama da formação de capital fictício e de interdependência.

As condições da compressão espaçotemporal pós-moderna exageram em muitos quesitos os dilemas que de tempos em tempos recaíram sobre os procedimentos capitalistas de modernização no passado (1848 e a fase imediatamente anterior à

Primeira Guerra Mundial saltam à mente). Ao passo que as respostas econômicas, culturais e políticas podem não ser exatamente novas, o escopo daquelas respostas difere em certos aspectos importantes daqueles que ocorreram antes. A intensidade da compressão espaçotemporal no capitalismo ocidental desde a década de 1960, com todas as suas características congruentes de excessiva efemeridade e fragmentação nas esferas política, privada e social, parece de fato indicar um contexto empírico que torna a condição pós-moderna um tanto especial. No entanto, ao colocar essa condição em seu contexto histórico, como parte de uma história de ondas sucessivas de compressão espaçotemporal geradas a partir das pressões da acumulação de capital com sua busca perpétua por anular o espaço pelo tempo e reduzir o tempo de rotação, podemos ao menos levar a condição pós-moderna à gama de condições passíveis de análise e interpretação materialista histórica.

COMENTÁRIO

Fiquei surpreso com a recepção inicial e a continuada popularidade do livro *Condição pós-moderna**. Eu o escrevi de maneira relativamente rápida e livre, valendo-me de materiais e *insights* que havia reunido ao longo de estudos políticos, econômicos e urbanos anteriores. Eu tinha familiaridade, por exemplo, com as transformações culturais que ocorreram na Paris do Segundo Império e havia lido bastante sobre história urbana. Também me senti à vontade para incorporar as observações de romancistas e pintores, e, na condição de urbanista, toda a questão da arquitetura e do papel do planejamento urbano nunca deixou de estar bastante presente em meu pensamento. Então, quando a onda, a moda ou que quer que seja, da pós-modernidade dominou a academia nos anos 1980, senti-me apto a oferecer uma resposta crítica, particularmente porque ela parecia provocar em tantas pessoas um estado de confusão, ao passo que aqueles comprometidos e animados com o assunto pareciam ter ideias muito diversas sobre ele. Tudo isso coincidiu com minha passagem da Universidade Johns Hopkins, em Baltimore (onde eu estagnava em um modo "crise de meia-idade"), a Oxford, para assumir uma cadeira de geografia batizada em homenagem ao reacionário apologista do imperialismo Halford Mackinder. Parecia um bom momento para experimentar algo novo.

Havia, na mistura de ideias pós-modernas, algumas com as quais eu definitivamente não concordava. Irritava-me a frequente rejeição do pensamento marxista e não me atraía em nada o dogma de que qualquer indício de metateoria (com Marx

---

*   David Harvey, *Condição pós-moderna*, cit. (N. T.)

no centro dos holofotes) deveria ser expurgado da cabeça de todos. A descoberta atrasada de que a dimensão espacial nas relações sociais configurava um atributo importante de nosso mundo era usada para desmantelar e minar metateorias. Isso me foi particularmente enervante, pois meu próprio trabalho buscava integrar a produção do espaço à economia política de Marx. É óbvio, no entanto, que em torno de 1975 ocorreram enormes mudanças no funcionamento do capital. Muitas pessoas interpretaram essas transformações equivocadamente como emancipatórias, enquanto a acumulação flexível, a desindustrialização, o crescente poder das finanças internacionais, a globalização e as fortes correntes daquilo que denominei "compressão espaçotemporal" estavam sendo mobilizados a fim de destruir o poder das instituições e culturas da classe trabalhadora. Na época, eu só conseguia enxergar metade desse processo; a história completa fui contar mais tarde em *O neoliberalismo: história e implicações**, publicado em 2005. De qualquer maneira, como a repercussão do livro evidenciou, a metade que tratei claramente tocou em um ponto-chave. *Condição pós-moderna* identificou as novas ideias e mostrou como o capital estava envolvido em sua produção.

---

* David Harvey, *O neoliberalismo – história e implicações* (trad. Adail Ubirajara Sobral e Maria Stela Gonçalves, São Paulo, Loyola, 2008).

6. Do gerencialismo ao empreendedorismo
A transformação na gestão urbana no capitalismo tardio

Uma peça-chave de minhas investigações acadêmicas nestas últimas duas décadas tem sido desvendar o papel da urbanização na transformação social, em particular sob as condições das relações sociais e da acumulação capitalistas. Esse projeto tem exigido uma investigação mais profunda a respeito do modo como o capitalismo produz uma geografia histórica distintiva. Uma vez delineada conforme critérios propriamente capitalistas, a paisagem física e social da urbanização coloca, por sua vez, limites aos caminhos do desenvolvimento capitalista. Isso implica que, embora os processos urbanos em regime capitalista sejam moldados pela lógica da circulação e da acumulação de capital, eles modelam, por sua vez, as condições e as circunstâncias da acumulação de capital em pontos posteriores no tempo e no espaço. Dito de outro modo, os capitalistas, como todas as outras pessoas, podem se empenhar na criação de sua própria geografia histórica, mas – também como todas as outras pessoas – não o fazem sob circunstâncias históricas e geográficas de sua escolha individual, mesmo quando desempenham um papel coletivo importante ou até determinante na moldagem dessas circunstâncias. Essa relação de mão dupla entre reciprocidade e dominação (em que os capitalistas, assim como os trabalhadores, encontram-se dominados e limitados pelas próprias criações) pode ser mais bem apreendida teoricamente em termos dialéticos. É desse ponto de vista que busco *insights* mais poderosos sobre aquele processo de construção de cidades que é, ao mesmo tempo, produto e condição de processos sociais de transformação em curso na fase mais recente do desenvolvimento capitalista.

A investigação do papel da urbanização nas dinâmicas sociais não é, evidentemente, nova. De tempos em tempos, a questão floresce como foco de grandes debates, em especial no que diz respeito a circunstâncias histórico-geográficas em que, por um motivo ou outro, o papel da urbanização e das cidades parece mais notório. A formação de cidades desde o alvorecer da civilização vem sendo discutida há muito tempo, assim como o papel da cidade na Grécia e na Roma antigas. A importância das cidades na transição do feudalismo ao capitalismo é um campo de reiterada controvérsia, que rendeu, ao longo dos anos, uma literatura notável e reveladora. Um vasto leque de evidências pode igualmente ser evocado para se analisar a importância da urbanização para o desenvolvimento industrial, cultural e político do século XIX, bem como para a subsequente disseminação das relações sociais capitalistas aos países menos desenvolvidos (que hoje comportam algumas das cidades com as maiores taxas de crescimento do mundo).

Frequentemente, contudo, o estudo da urbanização é separado do estudo da transformação social e do desenvolvimento econômico, como se a urbanização pudesse, de alguma forma, ser considerada um processo secundário ou um produto colateral passivo de transformações sociais mais relevantes e fundamentais. Por vezes, sugere-se que as sucessivas revoluções na tecnologia, nas relações espaciais, nas relações sociais, nos hábitos de consumo, nos estilos de vida e afins que tanto caracterizaram a história capitalista podem ser compreendidas sem qualquer investigação profunda das raízes e da natureza dos processos urbanos. Ainda que esse juízo seja normalmente feito de maneira tácita, mais por omissão que por ação, o viés antiurbano nos estudos de transformações macroeconômicas e macrossociais é persistente demais para ser ignorado. Por isso, parece válido se perguntar qual papel o processo urbano pode desempenhar na reestruturação um tanto radical em curso nas distribuições geográficas da atividade humana e nas dinâmicas político-econômicas do desenvolvimento geográfico desigual em tempos mais recentes.

A PASSAGEM AO EMPREENDEDORISMO NA GESTÃO URBANA

Um colóquio realizado em Orléans em 1985 reuniu acadêmicos, empresários e formuladores de políticas públicas de oito grandes cidades de sete países capitalistas avançados[1]. A tarefa era explorar as linhas de ação disponíveis aos governos urbanos em face da erosão generalizada da base econômica e fiscal de muitas das grandes cidades no mundo capitalista avançado. O evento apontou um forte consenso: os governos urbanos precisavam se mostrar mais inovadores e empreendedores, mais dispostos a explorar diferentes caminhos para aliviar seus problemas e assegurar, assim, um futuro melhor para seus habitantes. O único ponto de desacordo dizia respeito à melhor forma de realizar isso. Será que os governos urbanos deveriam

---

[1] Jean Bouinot (org.), *L'action economique des grands villes en France et à l'etranger* (Paris, Centre de Formation des Personnels Communaux, 1987).

desempenhar papel de apoio ou direto na criação de novos empreendimentos – e, se sim, de qual tipo? Será que deveriam se empenhar na preservação ou mesmo assumir o controle de fontes de emprego ameaçadas – e, se sim, quais? Ou será que deveriam simplesmente se limitar à provisão de infraestruturas, localizações, "iscas" tributárias e atrações culturais e sociais, fortalecendo as velhas formas de atividade econômica e atraindo outras novas?

Cito esse caso porque ele é sintomático de uma reorientação de atitudes de gestão urbana que ocorreu nas últimas duas décadas nos países capitalistas avançados. Em outras palavras, a abordagem "gerencial" tão característica dos anos 1960 cada vez mais deu lugar a formas de ação "empreendedorísticas" e de iniciativa nos anos 1970 e 1980. Em tempos recentes, parece haver surgido um consenso, em todo o mundo capitalista avançado, de que cidades que assumem uma postura empreendedora diante do desenvolvimento econômico produzem resultados positivos – consenso que parece transcender fronteiras nacionais e até mesmo diferentes partidos políticos e ideologias.

Tanto Boddy quanto Cochrane concordam, por exemplo, que desde o início da década de 1970 as autoridades locais da Inglaterra "passaram a se envolver cada vez mais em atividades de desenvolvimento econômico diretamente ligadas à produção e ao investimento"[2], ao passo que Rees e Lambert mostram como

> o crescimento de iniciativas locais de gestão no campo econômico foi positivamente estimulado por sucessivas administrações centrais durante a década de 1970 a fim de complementar tentativas centrais de governo para melhorar a eficiência, os poderes competitivos e a rentabilidade da indústria inglesa.[3]

David Blunkett, que foi líder do conselho do Partido Trabalhista em Sheffield por muitos anos, recentemente endossou certo tipo de empreendedorismo urbano:

> Desde o início da década de 1970, à medida que o pleno emprego deixava de ser uma das principais prioridades do governo, os conselhos locais começavam a assumir esse desafio. Havia apoio a pequenas firmas; elos mais estreitos entre os setores público e privado; promoção de áreas locais para atrair novos negócios. Eles estavam adaptando o papel econômico tradicional do governo local inglês que oferecia incentivos na forma

---

[2] Martin Boddy, "Local Economic and Employment Strategies", em Martin Boddy e Colin Fudge, *Local Socialism* (Londres, Macmillan, 1984); Allan Cochrane (org.), *Developing Local Economic Strategies* (Milton Keynes, Open University Press, 1987).

[3] Gareth Rees e John Lambert, *Cities in Crisis: The Political Economy of Post-War Development in Britain* (Londres, Hodder Arnold, 1985), p. 179.

de subvenções, empréstimos gratuitos e infraestruturas subsidiadas pelo poder público, sem exigir contrapartida de envolvimento recíproco com a comunidade, a fim de atrair interesses industriais e comerciais que buscavam locais adequados para investimento e comércio [...]. O governo local hoje, assim como no passado, tem condições de imprimir sua própria marca de empreendedorismo e empreendimento diante da enorme transformação econômica e social que a tecnologia e a reestruturação industrial trazem.[4]

Nos Estados Unidos, onde a promoção (*boosterism*)* e o empreendedorismo municipais há muito constituem características relevantes dos sistemas urbanos[5], a redução no fluxo de repasses federais e rendimentos tributários locais após 1972 (ano em que o presidente Nixon declarou que a crise urbana havia chegado ao fim, assinalando que o governo federal não possuía mais os recursos fiscais para contribuir com sua solução) levou a uma recuperação do *boosterism*, a tal ponto que Robert Goodman chegou a caracterizar tanto os governos estaduais quanto locais como "os últimos empreendedores"[6]. Há hoje uma extensa literatura sobre como o novo empreendedorismo urbano ganhou os holofotes na formulação de políticas urbanas e estratégias de crescimento urbano nos Estados Unidos[7].

A transição para o empreendedorismo de forma alguma está completa. Muitos governos locais na Inglaterra deixaram de responder às novas pressões e possibilidades, ao menos até recentemente, ao passo que cidades como Nova Orleans, nos Estados Unidos, continuam sob a tutela do governo federal e dependem fundamentalmente de repasses para sobreviver. E a história dos efeitos dessa transição – embora ela ainda precise ser adequadamente registrada – é bastante heterogênea, marcada tanto por fracassos quanto por sucessos e uma controvérsia considerável em torno do que deve configurar um "sucesso" (retornarei a essa questão adiante). Por trás de toda essa diversidade, entretanto, a transição do gerencialismo urbano a algum tipo de empreendedorismo permanece um tema

---

4   David Blunkett e Keith Jackson, *Democracy in Crisis: The Town Halls Respond* (Londres, Hogarth Press, 1987), p. 108-42.

*   O termo *boosterism* designa a prática de promover, "fazer bombar", uma cidade ou região, geralmente com o objetivo de alavancar sua imagem e atrair determinados investimentos. (N. T.)

5   Ver Stephen L. Elkin, *City and Regime in the American Republic* (Chicago, University of Chicago Press, 1987).

6   Robert Goodman, *The Last Entrepreneurs: America's Regional Wars for Jobs and Dollars* (Boston, South End, 1979).

7   Ver Dennis Judd e Randy Ready, "Entrepreneurial Cities and the New Policies of Economic Development", em George Peterson e Carol Lewis (orgs.), *Reagan and the Cities* (Washington, DC, Rowman and Littlefield, 1986); Paul E. Peterson, *City Limits* (Chicago, University of Chicago Press, 1981); Helga Leitner, "Cities in Pursuit of Economic Growth: The Local State as Entrepreneur" (Minneapolis, Departamento de Geografia da Universidade de Minnesota, 1989).

recorrente desde o início dos anos 1970 e merece ter tanto seus motivos quanto seus efeitos analisados em detalhe.

Há um consenso geral de que a transição tem algo a ver com as dificuldades que recaíram sobre as economias capitalistas desde a recessão de 1973. A desindustrialização, o desemprego generalizado e aparentemente "estrutural", a austeridade fiscal tanto em nível nacional quanto local, somados a uma crescente onda neoconservadora e a um apelo muito mais forte (ainda que, no geral, mais na teoria que na prática) à racionalidade de mercado e à privatização, fornecem um panorama para se compreender por que tantos governos urbanos, frequentemente de tendências políticas bastante diferentes e armados com poderes jurídicos e políticos muito diversos, assumiram uma direção semelhante. A ênfase em ação local para combater esses males também parece estar relacionada aos poderes em declínio do Estado-nação para controlar fluxos multinacionais de dinheiro, de modo que o investimento cada vez mais assume a forma de uma negociação entre capital financeiro internacional e poderes locais fazendo o melhor possível para maximizar o apelo da região local e, assim, atrair o desenvolvimento capitalista. Pelo mesmo motivo, a ascensão do empreendedorismo urbano pode ter desempenhado um papel importante na transição geral da dinâmica do capitalismo de um regime fordista-keynesiano de acumulação de capital a um regime de "acumulação flexível" de capital[8]. Conforme procurarei defender, a transformação da gestão urbana nessas duas últimas décadas possui raízes e implicações macroeconômicas substanciais. E se Jane Jacobs[9] tiver alguma razão em dizer que a cidade é a unidade relevante para compreender como se cria a riqueza das nações, então a passagem do gerencialismo urbano ao empreendedorismo urbano poderia ter implicações de amplo alcance para as perspectivas futuras de crescimento.

Se, por exemplo, o empreendedorismo urbano (no sentido mais amplo) estiver submetido a uma estrutura de concorrência interurbana de soma zero por recursos, empregos e capital, então até mesmo os socialistas municipais mais resolutos

---

[8] Para aprofundamento e maior reflexão crítica sobre esse conceito controverso, ver Meric Gertler, "The Limits to Flexibility: Comments on the Post-Fordist Vision of Production and its Geography", *Transactions of the Institute of British Geographers, New Series*, n. 13, 1988, p. 419-32; David Harvey, *The Condition of Postmodernity* (Oxford, Basil Blackwell, 1989) [ed. bras.: *Condição pós-moderna*, trad. Adail Ubirajara Sobral e Maria Stela Gonçalves, São Paulo, Loyola, 1992]; Andrew Sayer, "Post-Fordism in Question", *International Journal of Urban and Regional Research*, n. 13, 1989, p. 666-95; Erica Schoenberger, "From Fordism to Flexible Accumulation: Technology, Competitive Strategies and Location", *Society and Space*, n. 6, 1988, p. 245-62; Allen J. Scott, *New Industrial Spaces: Flexible Production Organization and Regional Development in North America and Western Europe* (Londres, Pion, 1988); Erik Swyngedouw, "The Socio-Spatial Implications of Innovations in Industrial Organisation", *Working Paper n. 20*, Johns Hopkins European Centre for Regional Planning and Research, Lille, 1986.

[9] Jane Jacobs, *Cities and the Wealth of Nations* (Nova York, Random House, 1984).

e vanguardistas se verão, no fim, jogando o jogo capitalista e desempenhando o papel de agentes disciplinadores dos processos a que estão tentando resistir. É exatamente esse o problema que vem assolando os conselhos do Partido Trabalhista na Inglaterra[10]. Eles tiveram, por um lado, de desenvolver projetos capazes de "produzir resultados diretamente relacionados às necessidades do povo trabalhador, de formas que partem das habilidades dos trabalhadores em vez de submetê-los a processos de desqualificação"[11], reconhecendo, por outro lado, que boa parte daquele esforço seria em vão se a região urbana não garantisse vantagens competitivas relativas. Dadas as circunstâncias corretas, entretanto, o empreendedorismo urbano e até mesmo a concorrência interurbana podem abrir o caminho para um padrão de desenvolvimento que não seja de soma zero. Esse tipo de atividade certamente desempenhou um papel-chave no desenvolvimento capitalista no passado; resta saber se isso poderia levar a transições progressistas e socialistas no futuro.

QUESTÕES CONCEITUAIS

Em uma investigação como essa, há dificuldades conceituais que merecem uma elucidação inicial. Para começar, a reificação de cidades, quando combinada a uma linguagem que concebe o processo urbano como aspecto ativo, em vez de passivo, do desenvolvimento econômico-político, representa um grave perigo. Ela dá a impressão de que as "cidades" podem ser agentes ativos quando são meramente coisas. A urbanização deveria, em vez disso, ser concebida como processo social espacialmente fundamentado em que uma ampla gama de diferentes atores com objetivos e agendas um tanto diversos interagem por meio de uma configuração particular de práticas espaciais entrelaçadas. Em uma sociedade de classes como o capitalismo, essas práticas espaciais adquirem um conteúdo de classe definido, o que não significa dizer que todas as práticas espaciais podem ser assim interpretadas. Como muitos pesquisadores mostraram, práticas espaciais podem adquirir, e de fato adquirem, conteúdos de gênero, de raça e burocrático-administrativos (para listar apenas um subconjunto de possibilidades). Sob o capitalismo, porém, permanecem hegemônicas a ampla gama de práticas de classe conectadas à circulação de capital, a reprodução da força de trabalho e as relações de classe, mais a necessidade de controlar a força de trabalho.

---

[10] Ver o excelente relato de Gareth Rees e John Lambert, *Cities in Crisis*, cit.
[11] Robin Murray, "Pension Funds and Local Authority Investments", *Capital and Class*, n. 230, 1983 p. 89-103.

A dificuldade é encontrar uma forma de proceder capaz de lidar especificamente com a relação entre *processo* e *objeto* sem que com isso ela se torne vítima de uma reificação desnecessária. O conjunto espacialmente fundamentado de processos sociais que denomino urbanização produz inúmeros artefatos: uma forma construída, espaços produzidos e sistemas de recursos de qualidades particulares organizados em uma configuração espacial distintiva. A ação social subsequente precisa levar em conta esses artefatos, já que tantos processos sociais (como deslocamentos casa-trabalho) acabam sendo fisicamente canalizados por eles. A urbanização também configura certos arranjos institucionais, formas legais, sistemas políticos e administrativos, hierarquias de poder e afins. Esses elementos conferem a uma "cidade" qualidades objetificadas que podem dominar práticas diárias e limitar tomadas de ações subsequentes. E, finalmente, a consciência dos habitantes urbanos é afetada pelo ambiente de experiência a partir do qual surgem percepções, leituras simbólicas e aspirações. Em todos esses aspectos há uma eterna tensão entre forma e processo, entre objeto e sujeito, entre atividade e coisa. Tão tolo quanto negar o papel e o poder das objetificações, a capacidade que as coisas que criamos têm de se voltar contra nós sob tantas formas de dominação, é atribuir a tais coisas a capacidade de ação social.

Dado o dinamismo a que o capitalismo está propenso, tem-se que essas "coisas" estão sempre em transformação, que as atividades a toda hora escapam dos limites das formas fixas, que as qualidades objetificadas do urbano são cronicamente instáveis. Essa condição capitalista é tão universal que a concepção do urbano e do que é "a cidade" torna-se igualmente instável, não por qualquer debilidade conceitual de definição, mas precisamente porque o conceito precisa em si refletir relações cambiantes entre forma e processo, entre atividade e coisa, entre sujeitos e objetos. Quando falamos, portanto, de uma transição do gerencialismo urbano ao empreendedorismo urbano nessas últimas duas décadas, precisamos ter em mente o efeito reflexivo dessa passagem, atentando para os impactos sobre as instituições urbanas, bem como sobre os meio ambientes construídos.

Infelizmente, a esfera das práticas sociais mudou muito nos últimos anos, tornando ainda mais problemática qualquer definição firme do urbano como esfera distintamente espacial. Se por um lado testemunhamos a maior fragmentação do espaço social urbano em bairros, comunidades e uma infinidade de "sociedades de esquina"*, por outro lado a existência de transportes rápidos e formas de trabalho

---

* A expressão em inglês *"street corner society"* alude ao título do clássico de etnografia urbana escrito pelo sociólogo e economista William Foote Whyte, *Street Corner Society: The Social Structure of an Italian Slum*, publicado originalmente em 1943. A obra ganhou edição brasileira em 2005, como *Sociedade de esquina: a estrutura social de uma área urbana pobre e degradada* (trad. Maria Lúcia de Oliveira, Rio de Janeiro, Zahar, 2005). (N. T.)

remoto desfaz qualquer conceito da cidade como unidade física delimitada ou mesmo esfera administrativa coerentemente organizada. A "megalópole" dos anos 1960 vem sofrendo ainda mais fragmentação e dispersão, particularmente nos Estados Unidos, à medida que a desconcentração urbana ganha embalo para produzir a forma da "cidade esparramada". A fundamentação espacial, contudo, persiste de alguma maneira, com significados e efeitos específicos. A produção de novos padrões e estruturas ecológicos no interior da forma cidade esparramada impacta a organização da produção, da troca e do consumo, assim como o modo como se estabelecem relações sociais, se exerce o poder (financeiro e político) e se atinge a integração espacial da ação social. E acrescento que a apresentação da problemática urbana em termos ecológicos como esses de forma alguma presume explicações ecológicas. Ela simplesmente insiste que padrões ecológicos são importantes para a organização e a ação sociais. A transição ao empreendedorismo na gestão urbana precisa ser examinada, assim, sob uma variedade de escalas espaciais: bairro local e comunidade, cidade central e subúrbio, região metropolitana, região, Estado--nação, e assim por diante.

É igualmente importante especificar quem está sendo empreendedor e com o quê. Quero insistir aqui que "gestão" urbana significa muito mais que "governo" urbano. É uma pena que boa parte da literatura (particularmente na Inglaterra) concentre-se tanto no segundo, quando o verdadeiro poder de reorganizar a vida urbana tão frequentemente repousa em outro lugar, ou ao menos em uma coalizão mais ampla de forças nas quais o governo e a administração urbanos desempenham papel apenas facilitador e coordenador. O poder de organizar o espaço deriva de todo um complexo de forças mobilizado por diversos agentes sociais. Trata-se de um processo conflituoso, tanto mais nos espaços ecológicos de densidade social altamente variada. Em uma região metropolitana como um todo, é preciso atentar para a formação de políticas de coalizão de alianças de classe, como a base para qualquer tipo de eventual empreendedorismo urbano. Obviamente a prática de *boosterism* municipal é muitas vezes prerrogativa da câmara de comércio local, de algum conluio entre operadores financeiros, industriais e comerciantes locais, ou de alguma "mesa-redonda" entre líderes de negócios e incorporadores imobiliários e fundiários. Estes últimos frequentemente se unem para formar o poder condutor da política de "máquina de crescimento"[12]. Instituições educacionais e religiosas, diferentes braços do governo (variando da ala militar a estabelecimentos administrativos ou de pesquisa), organizações trabalhistas locais (em particular os ramos de construção e edificação), bem como partidos políticos, movimentos

---

[12] Harvey Molotch, "The City as a Growth Machine: The Political Economy of Place", *American Journal of Sociology*, n. 82, 1976, p. 309-32.

sociais e os aparatos estatais locais (múltiplos e bastante heterogêneos), também podem fazer o jogo do *boosterism* municipal local, embora frequentemente com objetivos um tanto diferentes.

A formação de coalizões e alianças constitui tarefa tão delicada e complexa que fica aberta uma via para que uma pessoa de visão, tenacidade e habilidade (como um prefeito carismático, um administrador municipal sagaz ou um líder empresarial abastado) imprima sua marca sobre a natureza e a direção do empreendedorismo urbano, talvez para moldá-lo até mesmo para fins políticos particulares. Em Baltimore, por exemplo, tal papel foi assumido pela figura pública do prefeito Schaefer, enquanto em cidades como Halifax ou Gateshead, na Inglaterra, foram empreendedores privados que tomaram a frente. Em outras instâncias, foi uma combinação mais complexa de personalidades e instituições que teceu um projeto particular.

Não levanto esses problemas por eles serem intransponíveis ou intratáveis – eles são resolvidos diariamente de acordo com as práticas da urbanização capitalista –, mas porque precisamos pensar em sua resolução prática com especial cuidado e seriedade. Arriscarei, contudo, apresentar três afirmações amplas que eu sei que são válidas para uma cidade como Baltimore (o estudo de caso que sustenta boa parte do argumento que exponho aqui) e que talvez possam ser aplicadas de maneira mais geral.

Em primeiro lugar, a peça-chave do novo empreendedorismo é a noção de uma "parceria público-privada" em que o *boosterism* local tradicional se integra ao uso de poderes governamentais locais para atrair fontes externas de financiamento, novos investimentos diretos ou novas fontes de emprego. O colóquio de Orléans[13] estava repleto de referências à importância desse tipo de parceria público-privada, e, no fim, facilitar sua formação (ou, no fim, para contornar a resistência local por meio do estabelecimento de corporações de desenvolvimento urbano) foi precisamente o objetivo das reformas governamentais locais na Inglaterra na década de 1970. Nos Estados Unidos, a tradição de parcerias público-privadas bancadas federalmente e implementadas localmente minguou durante a década de 1960, à medida que os governos penavam para recuperar o controle social sobre populações inquietas por meio da redistribuição real de renda (melhorias em habitação, educação e saúde voltadas para os mais pobres) no rescaldo dos protestos urbanos. Entra em declínio o papel do Estado local enquanto facilitador dos interesses estratégicos do desenvolvimento capitalista (em oposição ao de estabilizador da sociedade capitalista). Na Inglaterra, notou-se a mesma rejeição quanto ao desenvolvimento capitalista:

---

[13] Jean Bouinot (org.), *L'action economique des grands villes en France et à l'etranger*, cit.

O início da década de 1970 foi um período de resistência à transformação: grupos de protesto rodoviário, ações comunitárias contra remoções de cortiços, opositores à política de renovação urbana das áreas centrais da cidade. Sacrificaram-se interesses estratégicos e empresariais por causa de pressões locais da comunidade. Como se pode imaginar, contudo, estamos entrando em um período diferente, em que o papel empresarial passa a tornar-se dominante.[14]

Em Baltimore, é possível datar exatamente o ponto de transição. Um referendo que passou por pouco em 1978, depois de uma campanha política vigorosa e disputada, sancionou o uso de terreno municipal para o desenvolvimento privado que veio a ser o espetacular e bem-sucedido Harborplace. Daí em diante, a política de parcerias público-privadas tinha um mandato popular, bem como uma presença oculta eficaz em quase tudo que dizia respeito à gestão urbana[15].

Em segundo lugar, a atividade dessa parceria público-privada é empresarial precisamente porque tanto seu projeto quanto sua execução têm caráter especulativo, estando ela, assim, sujeita a todas as dificuldades e todos os perigos vinculados ao desenvolvimento racionalmente planejado e coordenado. Em muitos casos, isso significa que o setor público assume o risco e o setor privado aufere os benefícios, embora haja exemplos do contrário (tenho em mente, por exemplo, o risco privado assumido no desenvolvimento do Metrocentre de Gateshead), o que torna perigosa qualquer generalização absoluta nesse sentido. Todavia, suspeito ser essa característica de absorção de riscos pelo setor público local (em vez de nacional ou federal) o que distingue a atual fase de empreendedorismo urbano das fases anteriores de *boosterism* municipal em que o capital privado parecia, no geral, muito menos avesso a riscos.

Em terceiro lugar, esse empreendedorismo tem um foco muito maior na economia política do lugar que na do território. Por esta última entendo que seja pensada sobretudo para melhorar as condições de vida ou de trabalho em determinada jurisdição. Por outro lado, a construção do lugar (um novo centro

---

[14] H. Davies, "The Relevance of Development Control", *Town Planning Review*, n. 51, 1980, p. 7-24.

[15] Ver Bernard Berkowitz, "Economic Development Really Works", em Richard Bingham e John Blair (eds.), *Urban Economic Development*, Beverly Hills, Sage, 1984; Mark Levine, "Downtown Redevelopment as an Urban Growth Strategy: A Critical Appraisal of the Baltimore Renaissance", *Journal of Urban Affairs*, n. 9(2), 1987, p. 103-23; Katherine Lyall, "A Bicycle Built for Two: Public-Private Partnership in Baltimore", em Scott Fosler e Renee Berger (orgs.), *Public-Private Partnership in American Cities* (Lexington, Lexington Books, 1982); e Robert Stoker, "Baltimore: The Self-Evaluating City", em Clarence Stone e Heywood Sanders (orgs.), *The Politics of Urban Development* (Lawrence, University Press of Kansas, 1986).

cívico, um parque industrial) ou a melhoria das condições de um lugar (intervenção, por exemplo, em mercados de trabalho locais por meio de esquemas de recapacitação ou pressão de arrocho sobre os salários locais) podem produzir impactos menores ou maiores que o território específico no qual tais projetos se localizam. A melhora da imagem de cidades como Baltimore, Liverpool, Glasgow ou Halifax, por meio da construção de centros culturais, varejistas, de entretenimento e de escritórios, pode ter efeitos aparentemente benéficos sobre toda a região metropolitana. Tais projetos podem adquirir significado na escala metropolitana da ação público-privada e permitir a formação de coalizões que se sobreponham à rivalidade cidade-subúrbio comum nas regiões metropolitanas durante a fase gerencialista. Por outro lado, um desenvolvimento semelhante na cidade de Nova York – o South Street Seaport – constrói um novo lugar que possui apenas impactos locais, carecendo de qualquer influência em nível metropolitano e gerando uma coalizão que consiste basicamente de incorporadores imobiliários e operadores financeiros locais.

A construção de tais lugares pode, é claro, ser vista como meio para beneficiar a população de determinada jurisdição, e de fato esse é um dos principais argumentos do discurso público para justificar esse tipo de prática. Em boa parte dos casos, no entanto, todos os benefícios acabam sendo indiretos e com escopo potencialmente maior ou menor que a jurisdição na qual as iniciativas ocorrem. Projetos desse tipo, vinculados a lugares específicos, acabam por atrair tal atenção pública e política a ponto de desviar o foco e até mesmo recursos dos problemas mais amplos que afetam a região ou o território como um todo.

Em vez de visar à melhoria das condições de determinado território como objetivo político e econômico imediato (embora de forma alguma exclusivo), o novo empreendedorismo urbano repousa, portanto, em parcerias público-privadas centradas no investimento e no desenvolvimento econômico com a construção especulativa do lugar.

ESTRATÉGIAS ALTERNATIVAS DE GESTÃO URBANA

Há quatro opções básicas para o empreendedorismo urbano. Embora a combinação das quatro forneça a pista para compreender as recentes transformações no desenvolvimento desigual dos sistemas urbanos no mundo capitalista avançado, cada uma delas merece ser considerada em separado.

Em primeiro lugar, a concorrência na divisão internacional do trabalho equivale a gerar exploração de determinadas vantagens para a produção de bens e serviços. Algumas vantagens derivam da base de recursos (o petróleo que permitiu o *boom* do Texas na década de 1970, por exemplo) ou da localização (por exemplo, no caso das cidades californianas, o acesso privilegiado ao vigor do comércio do Círculo do Pacífico). Outras, entretanto, são criadas por meio de investimentos públicos e privados nos tipos de infraestruturas físicas e sociais que fortalecem a base econômica da região metropolitana como exportadora de bens e serviços. Intervenções diretas para estimular a aplicação de novas tecnologias, a criação de novos produtos ou a provisão de capital de risco para novos empreendimentos (que podem inclusive ter posse e administração cooperativas) também têm sua importância, ao passo que custos locais podem ser reduzidos por subsídios (renúncias fiscais, crédito barato, aquisição de terrenos). Atualmente, é muito difícil que qualquer desenvolvimento de larga escala ocorra sem que o governo local (ou uma coalizão mais ampla de forças que constitui a gestão local) ofereça, como incentivo, um pacote substancial de auxílios. A competitividade internacional também depende da qualidade, da quantidade e do custo da oferta local de mão de obra. Os custos locais podem ser controlados de maneira mais fácil quando o âmbito local substitui o nacional nas negociações coletivas e quando governos e outras grandes instituições locais, como hospitais ou universidades, tomam a frente na redução de salários reais e benefícios (foi típica, nesse sentido, a luta por salário justo e benefícios nos setores público e institucional em Baltimore, na década de 1970).

Mão de obra de qualidade, ainda que cara, pode ser um poderoso ímã para atrair novos desenvolvimentos econômicos; assim, investir na criação de forças de trabalho altamente capacitadas, propícias para os novos processos de trabalho e suas exigências administrativas, mostra-se um esforço muito bem recompensado. Há, por fim, o problema das economias de aglomeração nas regiões metropolitanas. Frequentemente, a produção de bens e serviços não depende de decisões isoladas tomadas por determinadas unidades econômicas (como a instalação da filial de uma grande multinacional na cidade, algo que geralmente acaba gerando efeitos secundários locais muito restritos), mas da forma como economias podem ser geradas pelo agrupamento de diversas atividades em um espaço restrito de interação, de modo a facilitar sistemas de produção altamente eficientes e interativos[16]. Desse ponto de vista, grandes regiões metropolitanas como Nova York, Los Angeles, Londres e Chicago ostentam vantagens especiais que os custos de congestionamento de forma alguma chegaram a superar. Porém, como ilustram o caso de Bolonha[17] e a nova onda de desenvolvimento industrial em Emília-Romanha, a atenção cuidadosa

---

[16] Ver Allen J. Scott, *New Industrial Spaces*, cit.

[17] Ver Stephen Gundle, "Urban Dreams and Metropolitan Nightmares: Models and Crises of Communist Local Government in Italy", em Bogdan Szajkowski (org.), *Marxist Local Governments in Western Europe and Japan* (Londres, Francis Pinter,1986) p. 66-95.

à mistura industrial e comercial respaldada por uma forte ação local do Estado (nesse caso, encabeçada por um governo comunista) pode promover um poderoso crescimento de novos distritos e configurações industriais baseados em economias de aglomeração e organização eficiente.

Em segundo lugar, a região urbana também pode tentar melhorar sua posição competitiva quanto à divisão espacial do consumo. Isso implica mais que simplesmente atrair dinheiro para uma região urbana por meio de turismo ou de entretenimento para aposentados. O estilo consumista da urbanização pós-1950 promoveu uma base cada vez maior para participação no consumo de massas. Ainda que a recessão, o desemprego e o alto custo do crédito tenham reduzido essa possibilidade para importantes camadas da população, há um alto poder de consumo (em boa parte alimentado por crédito). A concorrência nesse sentido torna-se cada vez mais frenética à medida que consumidores que efetivamente contam com poder de compra podem ser muito mais seletivos. Paradoxalmente, os investimentos para atrair o dinheiro do consumidor aceleraram como resposta à recessão generalizada, com foco crescente na qualidade de vida. A gentrificação, a inovação cultural, a renovação física do ambiente urbano (incluindo a guinada a estilos pós-modernistas de arquitetura e projeto urbano) e as atrações de consumo (arenas esportivas, centros de convenções, shopping centers, marinas, locais exóticos de gastronomia) e de entretenimento (espetáculos urbanos organizados numa base temporária ou permanente) tornaram-se facetas proeminentes das estratégias de regeneração urbana. A cidade precisa se apresentar, sobretudo, como um lugar inovador, estimulante, criativo e seguro para se viver ou para se visitar, para se divertir e para consumir. Baltimore, com sua lamentável reputação de "o buraco da Costa Leste" no início dos anos 1970, por exemplo, expandiu seus postos de emprego no ramo turístico de menos de mil para mais de 15 mil em quase duas décadas de renovação urbana maciça. Mais recentemente, treze cidades industriais inglesas deterioradas (incluindo Leeds, Bradford, Manchester, Liverpool, New-castle e Stoke-on-Trent) realizaram um esforço promocional conjunto para tentar atrair mais turistas que visitam a Inglaterra. O jornal *The Guardian* descreve da seguinte maneira essa empreitada bem-sucedida:

> Além de gerar renda e criar postos de trabalho em áreas aparentemente marcadas por desemprego terminal, o turismo também tem tido um efeito secundário importante por causa das melhorias mais amplas que produziu no ambiente. Melhorias urbanas cosméticas e instalações concebidas para atrair mais turistas também elevam a qualidade de vida para os residentes, inclusive estimulando novas indústrias. Embora os trunfos específicos das cidades sejam evidentemente variados, cada uma delas é capaz de nos lembrar do que exatamente fez delas grandes cidades. Elas compartilham, em outras

palavras, um ingrediente passível de ser apropriado em termos de marketing chamado herança industrial e/ou marítima.[18]

Festivais e eventos culturais tornam-se igualmente foco de investimentos: "As artes criam um clima de otimismo – a cultura do 'arregaçar as mangas' essencial para o desenvolvimento da cultura do empreendimento", diz a introdução de um recente relatório do Arts Council of Great Britain [Conselho de Artes da Grã-Bretanha], acrescentando que atividades culturais e as artes podem ajudar a quebrar a espiral decrescente de estagnação econômica nas regiões centrais das cidades e ajudar as pessoas a "acreditarem em si mesmas e em suas comunidades"[19].

O espetáculo e a exibição tornam-se símbolos da comunidade dinâmica, tanto em cidades governadas por comunistas, como Roma e Bolonha, quanto em Baltimore, Glasgow e Liverpool. Desse modo, uma região urbana pode conquistar um senso de união e sobrevivência enquanto *locus* de solidariedade comunitária ao explorar o consumo em um mar de recessão.

Em terceiro lugar, o empreendedorismo também tem sido fortemente caracterizado por uma luta ferrenha em torno da aquisição de funções-chave de controle e comando nas altas finanças, no governo ou na coleta e no processamento de informações (incluindo a mídia). Funções desse tipo requerem infraestruturas particulares e frequentemente onerosas. Em uma rede mundial de comunicação, a eficiência e a centralidade são vitais em setores nos quais tomadores de decisão interagem pessoalmente. Isso significa investimentos pesados em transportes e comunicações (aeroportos e teleportos, por exemplo) e o fornecimento de prédios comerciais equipados com as conexões internas e externas necessárias para minimizar custos e tempos de transação. Reunir essa gama de serviços de apoio – particularmente aqueles capazes de coletar e processar informações rapidamente ou permitir uma rápida consulta com "especialistas" – requer, por sua vez, outros tipos de investimento, pois a demanda por qualificações exigidas para tais atividades acaba supervalorizando as regiões metropolitanas com certos tipos de serviços de educação (universidades de direito e de administração, setores de produção de alta tecnologia, centros de mídia e afins). A concorrência interurbana nessa esfera é muito onerosa e particularmente alta, porque essa é uma área em que economias de aglomeração acabam sendo decisivas e torna-se bastante difícil quebrar o monopólio de centros estabelecidos, como Nova York, Chicago, Londres e Los Angeles. No entanto, como as funções de comando cresceram muito nas últimas duas décadas

---

18   *The Guardian*, 9 maio 1987.
19   Franco Bianchini, "The Arts and the Inner Cities", em Ben Pimlott e Susanne MacGregor (orgs.), *Tackling the Inner Cities* (Oxford, Clarendon Press, 1991).

(o emprego gerado nesse setor dobrou na Inglaterra em menos de uma década), a busca por elas tem gerado cada vez mais apelo enquanto "caminho dourado" para a sobrevivência urbana. Como resultado disso, tem-se a impressão de que a cidade do futuro será puramente composta por funções de comando e de controle, uma cidade informacional e pós-industrial em que a exportação de serviços (financeiros, informacionais, produtores de conhecimento) torna-se a base econômica para a sobrevivência urbana.

Em quarto lugar, a vantagem competitiva no que tange às redistribuições de excedentes por meio de governos centrais (ou estaduais, no caso dos Estados Unidos) ainda tem tremenda importância, uma vez que a ideia de que os governos centrais não redistribuem tanto quanto antes não passa de mito. Os canais mudaram, de tal modo que tanto na Inglaterra (pegue o exemplo de Bristol) quanto nos Estados Unidos (veja o caso de Long Beach-San Diego) são contratos militares e de Defesa os principais responsáveis pela prosperidade urbana, em parte por causa do volume de dinheiro envolvido, mas também pelo tipo de emprego e dos efeitos secundários produzidos sobre as chamadas indústrias high-tech[20]. E, mesmo que se tenha tentado interromper o fluxo de apoio do governo central a certas regiões urbanas, há muitos setores da economia (saúde e educação, por exemplo) e até mesmo economias metropolitanas inteiras (veja o estudo de Smith e Keller sobre Nova Orleans)[21] em que cortes como esses seriam impossíveis. Houve, portanto, oportunidades de sobra para que alianças de setores da classe dominante urbana explorassem mecanismos redistributivos como meio de sobrevivência urbana.

Essas quatro estratégias não são mutuamente excludentes, e a desigualdade na prosperidade das regiões metropolitanas esteve sujeita à natureza das coalizões que se formaram, à mistura das estratégias empresariais e à velocidade com que elas foram aplicadas, aos recursos particulares (naturais, humanos, locacionais) com que a região metropolitana pode trabalhar e à força da concorrência. Contudo, o crescimento desigual também pode ser derivado da sinergia que faz com que a implementação de um tipo de estratégia estimule, por sua vez, as outras. Por exemplo, o crescimento da megalópole Los Angeles-San Diego-Long Beach-Orange County parece ter sido alimentado pela interação entre fortes repasses governamentais às indústrias de Defesa e pelo rápido aumento de funções de comando e controle,

---

[20] Ann Markusen, "Defense Spending: A Successful Industrial Policy", *International Journal of Urban and Regional Research*, n. 10, 1986, p. 105-22.

[21] Michael Smith e Marlene Keller, "Managed Growth and the Politics of Uneven Geographical Development in New Orleans", em Susan Fainstein et al. (orgs.), *Regime Strategies, Communal Resistance, and Economic Forces* (Nova York, Longman, 1983).

que, por sua vez, estimularam ainda mais as atividades orientadas ao consumo a ponto de ter ocorrido um considerável renascimento de certos tipos de indústria. Ao mesmo tempo, há pouca evidência de que o forte crescimento das atividades orientadas ao consumo em Baltimore tenha de fato contribuído para o crescimento de outras funções, salvo, talvez, a proliferação relativamente amena de serviços financeiros e bancários. E também há evidência de que a rede de cidades e regiões urbanas, digamos, no Cinturão do Sol (*Sun Belt*) nos Estados Unidos* ou no sul da Inglaterra gerou uma sinergia coletiva mais forte que no caso de suas correspondentes ao norte. Noyelle e Stanback também sugerem que a posição e a função no interior da hierarquia urbana são fatores que desempenharam um papel importante na configuração das fortunas e dos infortúnios urbanos durante a transição do gerencialismo ao empreendedorismo na gestão urbana[22].

O empreendedorismo urbano implica, contudo, algum nível de concorrência interurbana. Chegamos aqui a uma força que impõe claras limitações ao poder que projetos específicos teriam de efetivamente produzir transformações no destino de certas cidades. De fato, à medida que a concorrência interurbana se acirra, ela quase certamente passa a operar como "poder coercitivo externo" sobre cidades individuais, sujeitando-as mais à disciplina e à lógica do desenvolvimento capitalista. Essa concorrência pode inclusive forçar a reprodução repetitiva e serializada de certos padrões de desenvolvimento (como a reprodução em série de "*world trading centers*" [centros empresariais globais] ou novos centros culturais e de entretenimento, ou de projetos de revitalização de áreas portuárias com shopping centers pós-modernos e afins). São diversas as evidências de que há, de fato, essa reprodução em série de formas semelhantes de renovação urbana, e as razões por trás disso são dignas de nota.

Com a diminuição nos custos de transporte e a consequente redução nas barreiras espaciais ao movimento de bens, pessoas, dinheiro e informação, elevou-se a importância das qualidades do lugar e houve um fortalecimento considerável do vigor da concorrência interurbana em torno do desenvolvimento capitalista

---

* Cunhado originalmente pelo analista político republicano Kevin Phillips em 1969, o termo "*Sun Belt*" refere-se à faixa sulina dos Estados Unidos, em referência ao clima e à paisagem desértica e litorânea da região. A palavra entrou no vocabulário ao longo da década seguinte à medida que a região despontava no contexto do deslocamento do polo econômico e político do país, que passava a esvaziar a região noroeste/centro-oeste, até então tradicionalmente conhecida como *Factory Belt* [Cinturão Fabril], *Manufacturing Belt* [Cinturão Manufatureiro] ou *Steel Belt* [Cinturão do Aço] – e que a partir da década de 1980, quando se consolida o processo de desindustrialização, começa a ser denominada pejorativamente *Rust Belt* [Cinturão da Ferrugem]. (N. T.)

[22] Thierry Noyelle e Thomas Stanback, *The Economic Transformation of American Cities* (Totowa, Rowman and Allanheld, 1984).

(investimento, empregos, turismo e afins). Consideremos essa questão, primeiro, do ponto de vista do capital multinacional altamente móvel. Com a redução das barreiras espaciais, a distância em relação ao mercado ou às matérias-primas passou a ter menos relevância nas decisões locacionais. Desaparecem os elementos monopólicos da concorrência espacial, tão essenciais às operações da teoria locacional löschiana. Itens pesados de baixo valor (como cerveja e água mineral) que antes eram produzidos localmente são agora comercializados a distâncias tão extensas que conceitos como o "alcance de um bem" deixam de fazer tanto sentido. Por outro lado, a capacidade de o capital exercer maior liberdade de escolha em termos de localização sublinha a importância das condições particulares de produção vigentes em cada lugar. Pequenas diferenças na oferta de mão de obra (quantidades e qualidades), na base de infraestrutura e recursos e nas políticas de regulação e tributação governamentais assumem importância muito maior que quando os custos elevados de transporte efetivamente produziram monopólios "naturais" para a produção local nos mercados locais. Do mesmo modo, o capital multinacional pode agora organizar suas respostas a variações altamente localizadas nas preferências de mercado por meio da produção em pequenos lotes e da produção especializada projetada para satisfazer nichos locais de mercado. Em um mundo de concorrência acirrada – como o que prevaleceu desde que o *boom* do pós-guerra desmoronou completamente em 1973 –, pressões coercitivas forçam o capital multinacional a ser muito mais seletivo e sensível a pequenas variações entre lugares no que diz respeito a possibilidades tanto de produção quanto de consumo.

Consideremos, neste segundo momento, as questões do ponto de vista dos lugares sujeitos a melhorar ou perder sua vitalidade econômica se não oferecerem a esses empreendimentos as condições exigidas para que se desloquem à cidade ou permaneçam nela. A redução das barreiras espaciais acirrou muito mais a concorrência entre localidades, estados e regiões urbanas por capital de desenvolvimento. A gestão urbana tornou-se, assim, muito mais voltada a garantir um "bom ambiente para os negócios" e elaborar atrativos de capital à cidade. Um resultado parcial desse processo, é evidente, tem sido o aumento do empreendedorismo. Todavia, aqui vemos esse aumento sob outra ótica, precisamente porque a busca por atrair capital de investimento restringe a inovação a um caminho muito estreito, construído em torno de um pacote favorável ao desenvolvimento capitalista e tudo o que isso implica. A tarefa da gestão urbana é, em resumo, atrair para dentro de seu espaço fluxos altamente móveis e flexíveis de produção, financiamento e consumo. As qualidades especulativas dos investimentos urbanos derivam simplesmente da incapacidade de prever, com exatidão, em um mundo de considerável instabilidade e volatilidade econômicas, qual pacote será bem-sucedido e qual não será.

É fácil vislumbrar, portanto, todo tipo de espirais ascendentes e descendentes de desenvolvimento e declínio urbanos sob condições de forte empreendedorismo urbano e acirrada concorrência entre cidades. As respostas inovadoras e competitivas produzidas por muitas alianças das classes dominantes urbanas acabaram resultando em mais incerteza e, no fim das contas, tornaram o sistema urbano mais vulnerável às oscilações da transformação rápida.

AS IMPLICAÇÕES MACROECONÔMICAS DA CONCORRÊNCIA ENTRE CIDADES

Vale a pena se debruçar sobre as implicações tanto macroeconômicas quanto locais do empreendedorismo urbano e do acirramento da concorrência entre cidades. É particularmente útil relacionar esses fenômenos com algumas das transformações e tendências mais gerais que vêm sendo observadas na forma como as economias capitalistas têm funcionado desde que a primeira grande recessão do pós-guerra, em 1973, deflagrou uma variedade de ajustes aparentemente profundos nos caminhos do desenvolvimento capitalista.

Para começar, a concorrência entre cidades e o empreendedorismo urbano abriram os espaços urbanos dos países capitalistas avançados a todo tipo de novo padrão de desenvolvimento, mesmo quando o efeito líquido mostrou ser a reprodução em série de parques de ciência, gentrificação, centros comerciais, culturais e de entretenimento, shopping centers de grande porte com traços pós-modernos e afins. A ênfase na produção de um clima regional favorável para os negócios sublinhou a importância da localidade como espaço regulador de provisão de infraestrutura, relações de trabalho, controles ambientais e até mesmo política tributária relativa ao capital internacional[23]. A absorção do risco por parte do setor público, e em particular a ênfase dada ao envolvimento do setor público na provisão infraestrutural, significou que o custo da mudança locacional diminuiu do ponto de vista do capital multinacional, fazendo deste último muito mais, não menos, geograficamente móvel. Com efeito, o novo empreendedorismo urbano reforça mais que atenua a flexibilidade geográfica com que as firmas multinacionais podem abordar suas estratégias locacionais. À medida que a localidade se converte no espaço regulador das relações de trabalho, ela também contribui para uma maior flexibilização das estratégias de gestão em mercados de trabalho geograficamente segmentados. A negociação coletiva local, em vez de nacional, há muito constitui

---

23 Ver Erik Swyngedouw, "The Heart of the Place: The Resurrection of Locality in an Age of Hyperspace", *Geografiska Annaler*, n. 71, 1989.

uma característica das relações de trabalho nos Estados Unidos, mas é evidente a tendência a acordos locais em muitos países capitalistas avançados ao longo das últimas duas décadas.

Em suma, não há nada que indique que o empreendedorismo urbano seja antitético em relação à tese da existência de alguma transição macroeconômica na forma e no estilo do desenvolvimento capitalista desde o início da década de 1970. Na verdade, há fortes argumentos que sustentam[24] que a transformação na política urbana e a guinada ao empreendedorismo desempenharam papel facilitador na transição de sistemas de produção fordistas bastante rígidos em termos de localização e amparados por uma política keynesiana de Estado de bem-estar social a sistemas marcados por formas flexíveis de acumulação muito mais geograficamente abertas e calcadas no mercado. Além disso, é possível defender que a passagem de um modernismo urbano no *design*, nas formas culturais e nos estilos de vida ao pós-modernismo também está vinculada à ascensão do empreendedorismo urbano. A seguir, ilustrarei tais conexões, procurando explicar por que elas surgem.

Consideremos, em primeiro lugar, as consequências distributivas gerais do empreendedorismo urbano. Boa parte das alardeadas "parcerias público-privadas" nos Estados Unidos, por exemplo, equivalem a conceder subsídios para que consumidores abastados, corporações e poderosas funções de comando permaneçam na região à custa do consumo coletivo local da classe trabalhadora e dos pobres. O aumento geral dos problemas de empobrecimento e desempoderamento, incluindo a produção de uma "subclasse" distintiva, foi identificado de maneira irrefutável em muitas das grandes cidades estadunidenses. Levine[25], por exemplo, fornece detalhes abundantes sobre a cidade de Baltimore, num contexto marcado por alegações grandiosas a respeito dos supostos benefícios gerados pelas parcerias público-privadas. Na mesma linha, Boddy[26] relata que o que ele denomina abordagens "hegemônicas" (em oposição a socialistas) ao desenvolvimento local na Inglaterra foram "conduzidas pelos interesses dos proprietários, orientadas para os negócios e para mercado, além de serem competitivas, tendo o desenvolvimento econômico, não a geração de empregos, como foco principal, e com uma ênfase em pequenas empresas". Como o principal objetivo tem sido "estimular ou atrair a iniciativa privada por meio da criação das precondições para investimentos rentáveis", o governo local "acabou efetivamente sustentando a iniciativa privada e assumindo

---

[24] Ver o capítulo 8 de David Harvey, *The Condition of Postmodernity*, cit. [*Condição pós-moderna*, cit.].

[25] Mark Levine, "Downtown Redevelopment as an Urban Growth Strategy: A Critical Appraisal of the Baltimore Renaissance", cit.

[26] Martin Boddy, "Local Economic and Employment Strategies", cit.

parte do fardo dos custos de produção". Dado que hoje o capital tende a ser mais – não menos – móvel, segue-se que subsídios locais voltados ao capital têm grande probabilidade de aumentar, ao passo que a provisão local para os desassistidos deve diminuir, gerando maior polarização na distribuição de renda real.

Os tipos de postos de trabalho criados em muitos casos militam também contra qualquer transformação progressista na distribuição de renda, uma vez que a ênfase nos pequenos negócios e na terceirização pode virar estímulo direto ao "setor informal" como base para a sobrevivência urbana. O crescimento das atividades informais de produção em muitas cidades, particularmente nos Estados Unidos[27], tem sido característica marcante nas últimas duas décadas e é cada vez mais visto ou como um mal necessário ou como um setor dinâmico de crescimento capaz de reintroduzir algum nível de atividade manufatureira aos centros urbanos em declínio. Da mesma forma, os tipos de atividade de serviço e de função administrativa que acabam se consolidando nas regiões urbanas tendem a ser ou empregos mal remunerados (em geral desempenhados exclusivamente por mulheres) ou posições que pagam muito bem no topo do espectro administrativo. O empreendedorismo urbano contribui, portanto, com o aumento nas disparidades de renda e de riqueza, bem como com o agravamento do empobrecimento urbano que se tem notado até mesmo nas cidades com fortes índices de desenvolvimento, como Nova York. É precisamente esse resultado que os conselhos do Partido Trabalhista na Inglaterra, assim como algumas das administrações urbanas mais progressistas nos Estados Unidos, vêm se esforçando para evitar. Nada garante, contudo, que mesmo o mais progressista dos governos urbanos consiga evitar esse tipo de desfecho estando inserido na lógica do desenvolvimento espacial capitalista, segundo a qual a concorrência parece operar não como mão invisível benéfica, mas como uma lei externa coercitiva que força o denominador comum mais baixo de responsabilidade social e bem-estar social em um sistema urbano organizado de modo competitivo.

Muitas das inovações e muitos dos investimentos designados a tornar determinadas cidades mais atraentes, como centros de cultura e consumo, foram rapidamente reproduzidos em outros lugares, tornando efêmera qualquer vantagem competitiva em um sistema de cidades. São necessários tantos centros de convenções, estádios, "Disneylândias", zonas portuárias revitalizadas e shopping centers espetaculares bem-sucedidos? O sucesso muitas vezes tem prazo curto ou acaba sendo discutível por conta do surgimento de inovações paralelas ou alternativas em outros lugares. Dadas as leis coercitivas da concorrência, as coalizões locais não têm muita opção de sobrevivência a não ser se manter à frente do jogo, produzindo

---

[27] Saskia Sassen-Koob, *Global Cities* (Princeton, Princeton University Press, 1988).

saltos de inovação nos estilos de vida, nas formas culturais, na mistura de produtos e serviços e até mesmo nas formas institucionais e políticas. O resultado é um turbilhão estimulante – embora frequentemente destrutivo – de inovações de cunho urbano nos âmbitos da cultura, da política, da produção e do consumo. É nesse ponto que podemos identificar uma conexão vital, ainda que subjacente, entre a ascensão do empreendedorismo urbano e as tendências pós-modernas ao *design* de fragmentos urbanos no lugar do planejamento abrangente; à efemeridade e ao ecletismo da moda e do estilo em vez da busca por valores duradouros; à imitação e à ficção no lugar da invenção e da função; e, por fim, ao meio sobre a mensagem e à imagem sobre a substância.

Nos Estados Unidos, onde o empreendedorismo urbano se mostra particularmente abundante, o resultado tem sido a instabilidade no sistema urbano. Houston, Dallas e Denver, que na década de 1970 haviam despontado como cidades de crescimento vertiginoso, de repente se converteram após 1980 em atoleiros de investimento excedente de capital, levando uma série de instituições financeiras à beira do colapso, quando não à falência. O Vale do Silício, outrora maravilha *high-tech* de novos produtos e novos empregos, repentinamente perdeu seu brilho, mas Nova York, à beira da bancarrota em 1975, ressurgiu na década de 1980 com imensa vitalidade de serviços financeiros e funções de comando, apenas para ver seu futuro ameaçado mais uma vez com a onda de demissões e fusões que racionalizaram o setor de serviços financeiros no rescaldo da crise do mercado de ações de outubro de 1987. São Francisco, a queridinha do comércio do Círculo do Pacífico, se vê de uma hora para outra com um enorme excesso de escritórios ociosos no início dos anos 1980, reerguendo-se, porém, quase de imediato. Nova Orleans, que já enfrentava condições difíceis como dependente de repasses do governo federal, promove uma desastrosa Feira Mundial que acaba por afundar ainda mais a cidade, ao passo que Vancouver, já pujante, sedia uma Exposição Mundial notavelmente bem-sucedida. Desde o início da década de 1970, têm sido marcantes as transformações nas fortunas e nos infortúnios urbanos, e o fortalecimento do empreendedorismo urbano e da concorrência interurbana teve muito a ver com isso.

Contudo, houve ainda outro efeito, um tanto mais sutil, a ser considerado. O empreendedorismo urbano estimula o desenvolvimento de atividades e empreitadas que possuem a capacidade *localizada* mais forte de ampliar valores imobiliários, a base tributária, a circulação de rendimentos e (mais frequentemente como uma consequência esperada da lista precedente) a criação de empregos. Como a crescente mobilidade geográfica e a acelerada transformação das tecnologias tornaram questionáveis muitas formas de produção de bens, o que passa a configurar a base mais estável para a atividade empreendedora urbana é a produção de serviços que são 1) altamente localizados e 2) caracterizados por tempos de rotação rápidos, senão instantâneos. A ênfase ao turismo, a produção e o consumo de espetáculos e a promoção de eventos efêmeros em determinado local tornam-se, assim, os antídotos perfeitos para tratar economias urbanas enfermas. Investimentos urbanos desse tipo podem render soluções rápidas, ainda que momentâneas, a problemas urbanos – no entanto, costumam ter alto teor especulativo. O preparo para se candidatar a sede das Olimpíadas, por exemplo, constitui um exercício oneroso que pode ou não render frutos. Muitas cidades nos Estados Unidos (Buffalo, por exemplo) investiram em instalações esportivas na esperança de emplacar um time de beisebol da primeira divisão, e, na mesma linha, Baltimore tem planos para um novo estádio com o objetivo de recuperar um time de futebol que migrou para um estádio superior em Indianápolis anos atrás (essa é a versão estadunidense contemporânea daquela antiga prática, em Papua-Nova Guiné, de se construir uma pista de pouso na esperança de com ela atrair uma aeronave à Terra). Projetos especulativos desse tipo fazem parte de um problema macroeconômico mais geral. Dito de maneira mais simples, shopping centers, estádios e outras facetas de alto consumo financiadas via crédito constituem projetos de alto risco que podem facilmente sofrer reveses e assim exacerbarem – como o caso da "saturação de shopping centers nos Estados Unidos" ilustra de maneira mais que dramática[28] – os problemas de sobreacumulação e de sobreinvestimento a que o capitalismo como um todo está tão facilmente propenso.

A instabilidade que permeia o sistema financeiro dos Estados Unidos (exigindo algo na ordem de 100 bilhões de dólares em recursos públicos para estabilizar a indústria – em larga medida falida – de poupança e empréstimo) deve-se parcialmente a maus empréstimos feitos a setores de energia, agricultura e desenvolvimento imobiliário urbano. Muitos dos *festival market places** que pareciam ser uma "lâmpada de Aladim para cidades em condições difíceis" apenas uma década atrás, conforme uma reportagem publicada no jornal *The Baltimore Sun*[29], passaram a enfrentar dificuldades. Projetos em Richmond (Virgínia), Flint (Michigan) e Toledo (Ohio) geridos pela Enterprise Development Corporation, da Rouse, estão perdendo milhões de dólares, e até mesmo o South Street Seaport, em Nova York, e o

---

[28] Howard Green, "Retailing in the New Economic Era", em George Sternlieb e James Hughes (orgs.), *America's New Market Geography* (New Brunswick, Rutgers University Press, 1988).

* *Festival market place* é um modelo de empreendimento que foi muito utilizado nas estratégias de revitalização urbana nas décadas de 1970 e 1980 nos Estados Unidos. Implementado inicialmente pela incorporadora Rouse, em parceria com o escritório de arquitetura Benjamin Thompson and Associates, trata-se de um espaço de consumo semelhante a um shopping center aberto, integrado ao espaço público, que reúne idealmente lojas locais em vez de franquias de grandes redes, incorporando o comércio a áreas comuns, internas ou externas. Alguns exemplos célebres são o South Street Seaport, em Nova York, o Harborplace, em Baltimore, e o Navy Pier, em Chicago. (N. T.)

[29] *Baltimore Sun*, 20 ago. 1987.

Riverwalk, em Nova Orleans, se depararam com severas dificuldades financeiras. É seguro dizer que a concorrência interurbana devastadora em todas essas dimensões produzirá um atoleiro de endividamento.

Mesmo diante de um desempenho econômico fraco, no entanto, os investimentos nesse último tipo de projeto parecem suscitar uma atração ao mesmo tempo social e política. Para começar, vender a cidade como localização favorável para atividades depende em larga medida da criação de uma imagética urbana atraente. Líderes municipais podem encarar o desenvolvimento espetacular como um "cartão de visitas*" para atrair outras formas de desenvolvimento. Parte do que temos visto nessas últimas duas décadas é a tentativa de construir para as cidades uma imagética física e social adequada a esses propósitos competitivos. A produção de uma imagem urbana desse tipo também traz consequências políticas e sociais internas. Ela ajuda, por exemplo, a compensar o senso de alienação e anomia que Simmel identificou há muito tempo como características tão problemáticas da vida na cidade moderna. E faz isso particularmente quando um terreno urbano é aberto à exibição, à moda e à "apresentação de si" em um ambiente espetacular e lúdico. Se todo mundo – de *punks* e *rappers* a *yuppies* e a alta burguesia – participa da produção de uma imagem urbana ao contribuir para forjar o espaço social, então todos podem ao menos se sentir pertencentes àquele lugar. A produção orquestrada de uma imagem urbana também pode, se bem-sucedida, ajudar a criar um senso de solidariedade social, de orgulho cívico e de lealdade ao lugar; a imagem urbana pode, ainda, fornecer refúgio mental em um mundo tratado pelo capital como cada vez mais desprovido de lugar. O empreendedorismo urbano (em oposição ao gerencialismo burocrático desprovido de rosto) aqui se funde a uma busca por identidade local e, como tal, abre uma gama de mecanismos para controle social. "Pão e circo" era a famosa fórmula romana que agora está sujeita a ser reinventada e revivida, ao passo que a tecnologia da localidade, do lugar e da comunidade torna-se central à retórica política da gestão urbana, que se concentra na ideia de união contra um mundo hostil e ameaçador de comércio internacional e concorrência acirrada.

A reconstrução radical da imagem de Baltimore por meio do novo desenvolvimento portuário e beira-mar é um bom exemplo de caso concreto. O redesenvolvimento garantiu-lhe um novo lugar no mapa, o título de "cidade do renascimento" e uma capa da revista *Time*, na qual sua imagem de decadência e pobreza foi desfeita. Baltimore apareceu, na publicação, como cidade dinâmica

---

* A expressão em inglês utilizada entre aspas no original aqui é "*loss leader*". Proveniente do jargão comercial, o termo designa um produto que é vendido com margem de lucro desprezível, possivelmente até abaixo do preço de custo, com o objetivo estratégico de atrair consumidores e estimular a venda de outras mercadorias. (N. T.)

e arrojada, pronta para acomodar capital estrangeiro e estimular a entrada de capital e das pessoas "certas". Pouco importava que a realidade fosse de crescente empobrecimento e deterioração urbana como um todo, que uma investigação local rigorosa baseada em entrevistas com líderes comunitários, cívicos e empresariais tivesse identificado "podridão por baixo da purpurina"[30], que um relatório político de 1984 tivesse descrito a cidade como uma das mais "dilapidadas" dos Estados Unidos e que um estudo rigoroso dessa renascença feito por Levine[31] mostrasse quão parciais e limitados eram os benefícios e como a cidade no geral estava acelerando, não revertendo, seu declínio. A imagem de prosperidade oculta tudo isso, mascara as dificuldades subjacentes e projeta uma imagética de sucesso que se difunde internacionalmente – a ponto de o jornal inglês *The Sunday Times* noticiar, sem um pingo de desconfiança crítica, que

> Apesar do galopante desemprego, Baltimore reverteu audaciosamente sua zona portuária abandonada em um *playground*. Turistas são sinônimo de compras, alimentação e transporte, e isso, por sua vez, significou construção, distribuição, produção – levando a mais empregos, mais moradores, mais atividade. A decadência da velha Baltimore foi ficando mais lenta, sustou e em seguida retrocedeu. A área portuária está hoje entre as principais escolhas turísticas dos Estados Unidos, e o desemprego urbano está baixando rapidamente.[32]

Também é evidente, contudo, que colocar Baltimore no mapa dessa forma, conferindo à cidade um senso mais forte de lugar e de identidade local, teve um efeito politicamente exitoso na consolidação do poder de influência da parceria público-privada que realizou o projeto. Foi algo que atraiu desenvolvimento para Baltimore (embora seja difícil dizer se os ganhos foram maiores que as perdas, dada a absorção do risco pelo setor público) e deu à população integralmente um senso de identidade vinculada ao lugar. O circo tem sucesso mesmo se o pão está em falta. Está completo o triunfo da imagem sobre a substância.

A GUINADA EMPRESARIAL NA GESTÃO URBANA

Nos anos recentes, tem se debatido muito a "autonomia relativa" do Estado local em relação às dinâmicas de acumulação de capital. A guinada ao empreendedorismo na gestão urbana parece indicar uma considerável autonomia para a ação local.

---

[30] Peter Szanton, *Baltimore 2000* (Baltimore, Morris Goldsecker Foundation, 1986).
[31] Mark Levine, "Downtown Redevelopment as an Urban Growth Strategy", cit.
[32] *Sunday Times*, 29 nov. 1987.

A noção do empreendedorismo urbano, como a apresentei aqui, de forma alguma presume que o Estado local ou a aliança mais ampla de classe que constitui a gestão urbana esteja automaticamente (ou mesmo em "última instância") atrelada a interesses puramente capitalistas nem que suas decisões sejam prefiguradas diretamente em termos que refletem as exigências da acumulação de capital. Na superfície, ao menos, isso parece tornar minha explicação inconsistente com aquela versão marxista da teoria do Estado local proposta por, digamos, Cockburn[33] e fortemente contrariada por uma gama de outros autores não marxistas ou neomarxistas, como Mollenkopf, Logan e Moltoch, Gurr e King, e Michael P. Smith[34]. Uma consideração da concorrência interurbana, contudo, nos indica uma forma pela qual se poderia reconciliar um empreendedorismo urbano aparentemente autônomo com as exigências, ainda que contraditórias, da contínua acumulação de capital, garantindo, ao mesmo tempo, a reprodução das relações sociais capitalistas em escalas cada vez maiores e em níveis cada vez mais profundos.

Marx aventou a poderosa proposição de que a concorrência é inevitavelmente a "portadora" das relações sociais capitalistas em qualquer sociedade em que a circulação de capital opera como força hegemônica. As leis coercitivas da concorrência forçam agentes individuais ou coletivos (firmas capitalistas, instituições financeiras, Estados, cidades) a assumir determinadas configurações de atividades que são elas próprias constitutivas da dinâmica capitalista. No entanto, essa "coação" ocorre após a ação, não antes dela. O desenvolvimento capitalista é sempre especulativo – de fato, toda a história do capitalismo pode ser lida como uma série de impulsos especulativos minúsculos e às vezes grandiosos empilhados histórica e geograficamente uns sobre os outros. Não há, por exemplo, nenhuma prefiguração exata de como as empresas irão se adaptar e se comportar em face da concorrência de mercado. Cada uma delas buscará o próprio caminho de sobrevivência sem qualquer entendimento prévio do que pode ou não dar certo. É só depois do ocorrido que a "mão invisível" (para citar a expressão de Adam Smith) do mercado se faz valer "*a posteriori* como necessidade natural [...] que controla o arbítrio desregrado dos produtos"[35].

---

[33] Cynthia Cockburn, *The Local State, Management of Cities and People* (Londres, Pluto, 1977).

[34] John Hull Mollenkopf, *The Contested City* (Princeton, Princeton University Press, 1983); John R. Logan e Harvey Molotch, *Urban Fortunes: The Political Economy of Place* (Berkeley, University of California Press, 1987); Ted Robert Gurr e Desmond King, *The State and the City* (Chicago, University of Chicago Press, 1987); Michael P. Smith, *City, State and Market* (Oxford, Basil Blackwell, 1988).

[35] Karl Marx, *Capital*, vol. 1 (Londres, New Left Books/Penguin, 1976), p. 476 [ed. bras.: *O capital: crítica da economia política*, Livro I: *O processo de produção do capital*, trad. Rubens Enderle, São Paulo, Boitempo, 2011, p. 430].

A gestão urbana é igualmente, senão até mais, desregrada e caprichosa. E há também motivos para esperar que tal "capricho desregrado" será regulado depois do fato pela concorrência interurbana. A concorrência por investimentos e empregos, particularmente sob condições de desemprego generalizado, reestruturação industrial e em uma fase de rápidas mudanças rumo a padrões mais flexíveis e geograficamente móveis de acumulação de capital, supõe-se, gerará todo tipo de agitação para melhor capturar e estimular o desenvolvimento sob condições locais particulares. Cada coalizão buscará sua versão distinta daquilo que Jessop denomina "estratégias de acumulação e projetos hegemônicos"[36]. Do ponto de vista da acumulação de capital a longo prazo, é essencial que sejam explorados diferentes caminhos e pacotes de empreitadas políticas, sociais e empresariais. Só dessa forma é possível que um sistema social dinâmico e revolucionário como o capitalismo descubra novas formas e modos de regulação social e política adequados às novas modalidades e caminhos de acumulação de capital. Se isso equivale ao que se costuma denominar "autonomia relativa" do Estado local, então não há nada que a princípio distinga o empreendedorismo urbano da "autonomia relativa" que todas as firmas, as instituições e os empreendimentos capitalistas possuem para explorar diferentes caminhos de acumulação de capital. Compreendida dessa forma, a autonomia relativa é perfeitamente compatível com a teoria geral da acumulação de capital à qual subscrevo[37] – e, de fato, também é constitutiva dela. A dificuldade teórica surge, no entanto, como é o caso em muitas questões desse tipo, porque a teoria marxiana, assim como a não marxiana, trata o argumento da autonomia relativa como se ela pudesse ser considerada fora do poder controlador das relações espaciais e como se a concorrência entre cidades e a espacial fossem inexistentes ou irrelevantes.

À luz desse argumento, pareceria que é a postura gerencialista sob condições de concorrência interurbana fraca que produziria uma gestão urbana menos consistente com as regras da acumulação de capital. Para considerar esse argumento, contudo, é preciso recorrer a uma análise estendida das relações entre o Estado de bem-estar social, o keynesianismo nacional (no qual a ação do Estado local estava embutida) e a acumulação de capital durante as décadas de 1950 e 1960. Não cabe aqui ensaiar uma análise dessas, mas é importante reconhecer que foi nos termos do Estado de bem-estar social e do compromisso keynesiano que surgiu boa parte do argumento em torno da autonomia relativa do Estado local. Reconhecer isso

---

[36] Bob Jessop, "Accumulation Strategies, State Forms and Hegemonic Projects", *Kapitalistate*, n. 10/11, 1983, p. 89-112.

[37] David Harvey, *The Limits to Capital* (Oxford, Basil Blackwell, 1982) [ed. bras.: *Os limites do capital*, trad. Magda Lopes, São Paulo, Boitempo, 2013].

como interlúdio particular, contudo, ajuda a compreender por que o *boosterism* municipal e o empreendedorismo urbano são tradições tão velhas e batidas na geografia histórica do capitalismo (a começar, é claro, pela Liga Hanseática e as cidades-Estado italianas). A recuperação e o reforço dessa tradição, assim como o restabelecimento da concorrência entre cidades nessas últimas duas décadas, indicam que a gestão urbana se alinhou mais, não menos, às cruas exigências da acumulação de capital. Essa transformação exigiu uma reconstrução radical das relações do Estado central ao local e a desvinculação das atividades do Estado local do Estado de bem-estar social e do compromisso keynesiano (ambos sob fortes ataques nessas últimas duas décadas). E, desnecessário dizer, nos últimos anos tem havido fortes evidências de discórdia nesse quesito em muitos dos países capitalistas avançados.

É dessa perspectiva que se torna possível construir uma abrodagem crítica a respeito da versão contemporânea do empreendedorismo urbano. Para começar, a investigação deveria concentrar-se no contraste entre o vigor superficial de muitos dos projetos de regeneração de economias urbanas debilitadas e as tendências subjacentes à condição urbana. Ela deveria reconhecer que, por trás da máscara de muitos projetos bem-sucedidos, residem graves problemas sociais e econômicos e que em muitas cidades esses problemas se manifestam geograficamente na forma de uma cidade dupla, em que as regiões centrais deterioradas passam por processos de regeneração e as regiões periféricas configuram um crescente mar de empobrecimento. Uma abordagem crítica também deveria centrar-se em algumas das perigosas consequências macroeconômicas, muitas das quais parecem inevitáveis dada a coerção exercida pela concorrência entre cidades. Esta última inclui impactos regressivos sobre a distribuição de renda, volatilidade da rede urbana e efemeridade dos benefícios acarretados por muitos projetos. Concentrar-se no espetáculo e na imagem em vez de na substância dos problemas econômicos e sociais também pode se provar uma opção deletéria no longo prazo, mesmo que seja possível, com isso, obter benefícios políticos de forma demasiadamente fácil.

Há, entretanto, um aspecto positivo que merece nossa atenção. A ideia da cidade como uma corporação coletiva na qual pode operar a tomada democrática de decisões possui uma longa história no panteão das doutrinas e práticas progressistas (sendo a Comuna de Paris o caso paradigmático na história socialista). Houve algumas tentativas recentes de reviver tanto na teoria[38] quanto na prática[39] uma visão corporativista dessas. Embora seja possível, portanto, caracterizar certos tipos de empreendedorismo urbano como puramente capitalistas em termos de método, intenção e resultado,

---

[38] Ver Gerald E. Frug, "The City as a Legal Concept", *Harvard Law Review*, n. 93(6), 1980, p. 1.059-153.
[39] Ver David Blunkett e Keith Jackson, *Democracy in Crisis: The Town Halls Respond*, cit.

é também útil reconhecer que muitos dos problemas da ação corporativista coletiva não se originam com algum tipo de *boosterism* municipal, ou mesmo em virtude de quem, em particular, domina a aliança de classes urbana, ou quais dos projetos que eles elaboram. Pois é a generalidade da concorrência interurbana em um quadro geral de desenvolvimento geográfico capitalista desigual que parece limitar as opções de tal forma que projetos "ruins" afastam os "bons", e coalizões bem-intencionadas de forças de classe se veem forçadas ao "realismo" e ao "pragmatismo", a ponto de terem de jogar conforme as regras da acumulação capitalista em vez de priorizar o atendimento a necessidades locais ou o aumento do bem-estar social. No entanto, nem aqui está claro que a mera concorrência interurbana configura a contradição primária. Ela deveria ser encarada, antes, como uma condição que age como "portadora" (para utilizar expressão de Marx) das relações sociais mais gerais de qualquer modo de produção no qual essa concorrência está embutida.

O socialismo em uma só cidade não é, evidentemente, um projeto viável mesmo sob as melhores circunstâncias; entretanto, as cidades constituem importantes bases de poder a partir das quais se pode trabalhar. O problema consiste em desenhar uma estratégia geopolítica de ligações interurbanas que mitigue a concorrência interurbana e transponha os horizontes políticos para além da localidade e em direção a um enfrentamento mais generalizável do desenvolvimento desigual capitalista. Movimentos de classe trabalhadora, por exemplo, provaram ao longo da história ser bastante capazes de comandar a política do lugar, mas sempre foram vulneráveis à disciplina das relações espaciais e ao controle mais poderoso sobre o espaço (em termos tanto militares quanto econômicos) exercido por uma burguesia cada vez mais internacionalizada. Sob tais condições, a trajetória de ascensão do empreendedorismo urbano nesses últimos anos serve para sustentar e aprofundar as relações capitalistas de desenvolvimento geográfico desigual e, portanto, afeta o caminho geral do desenvolvimento capitalista de maneiras intrigantes. Uma perspectiva crítica sobre o empreendedorismo urbano, contudo, indica não apenas seus impactos negativos, mas seu potencial de se transformar em um corporativismo urbano progressista, armado de um agudo senso geopolítico de construção de alianças e elos ao longo do espaço de forma a mitigar – ou mesmo desafiar – a dominação da geografia histórica da vida social pela acumulação capitalista.

COMENTÁRIO

Este é, de longe, meu artigo mais citado (curiosamente, tanto meu livro quanto meu artigo mais citados apareceram no mesmo ano da queda do Muro de Berlim). Como minhas referências devem deixar claro, isso não se deu porque eu estava escrevendo sobre um assunto inusitado. Qualquer pessoa que trabalhasse no campo dos estudos urbanos nos anos 1980 estaria familiarizada com as tendências na gestão urbana que emergiam no rescaldo da desindustrialização e da reestruturação econômica em curso sob Thatcher e Reagan. As maciças perdas de postos de trabalho no setor manufatureiro nas cidades industriais mais antigas da Europa e da América do Norte geravam impactos dramáticos e destrutivos em estruturas sociais e em solidariedades comunitárias. Boa parte da oposição ao neoliberalismo – e não poucas esperanças de um futuro alternativo – estava concentrada nas cidades (é emblemático desse momento o Conselho da Grande Londres sob Ken Livingstone em sua fase bastante marxista). Não havia, então, nada politicamente inusitado em meu artigo. Era útil, obviamente, ter uma afirmação sintética amarrando tudo, mas penso que o que fez o texto tão especial foi sua ênfase nas raízes e nas consequências macroeconômicas e gerais da tendência rumo ao empreendedorismo urbano e, por exemplo, sua contribuição à proliferação da desigualdade social. O artigo mostrava como ações locais, quando combinadas e coordenadas por meio do poder da concorrência espacial, constituíam um processo global de imensa importância ao qual seria muito difícil resistir apenas com mobilizações locais. Ele destacava, sem hesitação, como aquilo que Marx denominava "leis coercitivas da concorrência" operava por meio da descentralização e da concorrência interurbana. E, por fim, enfatizava o papel sedutor da tomada autônoma de decisões sob condições de liberdade e iniciativa que acabou por produzir os resultados coercitivos e desprovidos de liberdade com os quais hoje temos de viver.

Em 1978-1979, Michel Foucault, em um curso ministrado no Collège de France sobre *O nascimento da biopolítica*, enunciou outra forma de pensar as consequências dessa transição. Ele postulou uma guinada rumo a uma forma neoliberal de governamentalidade em que a racionalidade econômica passa da esfera econômica relativamente estreita do mercado à esfera da autorregulação, e todos nós nos tornamos empreendedores de nós mesmos e responsáveis por nossa formação de "capital humano". As ideias dele não desempenharam papel algum na construção da transição que descrevo, mas fornecem, isso sim, uma interessante interpretação das consequências políticas potenciais e altamente negativas da transformação nas subjetividades políticas. Quando escrevi este texto, não utilizei o termo neoliberalismo, optando por "acumulação flexível", que também havia balizado meu pensamento em *Condição pós-moderna*. Em 2005, em *O neoliberalismo: história e implicações**, reescrevi a história das transformações econômico-políticas por trás da ascensão do empreendedorismo urbano sob o neoliberalismo. É mais fácil

---

* David Harvey, *O neoliberalismo: história e implicações* (trad. Magda Lopes e Artur Renzo, São Paulo, Loyola, 2008). (N. T.)

interpretar retrospectivamente o que já ocorreu que compreender o que está ocorrendo no momento. Eu frequentemente me pergunto como vamos pensar a respeito de nossas confusões do presente quando nos debruçarmos sobre elas em alguns anos. É aqui que as intuições de um marxista (liberto do dogmatismo) podem se mostrar úteis.

7. A NATUREZA DO MEIO AMBIENTE
A dialética das transformações sociais e ambientais

Lembro-me de ter lido, em 1970, mais ou menos perto do Dia da Terra, uma edição especial do periódico empresarial *Fortune* dedicada ao meio ambiente. Ela celebrava o surgimento da questão ambiental como "questão não classista", e o então presidente Richard Nixon, em um editorial escrito a convite da revista, opinava que as gerações vindouras nos julgariam inteiramente pela qualidade do meio ambiente que herdariam. No próprio Dia da Terra, assisti a um comício no *campus* da Universidade Johns Hopkins, em Baltimore, e ouvi vários discursos apaixonados, principalmente por parte de radicais brancos de classe média, atacando a falta de preocupação com a qualidade do ar que respiramos, da água que bebemos e da comida que ingerimos e lamentando como a postura materialista e consumista frente ao mundo estava produzindo todo tipo de esgotamento de recursos e degradação ambiental. No dia seguinte, fui ao Left Bank Jazz Society, ambiente popular entre famílias afro-americanas de Baltimore. Os músicos salpicavam suas canções com comentários interativos a respeito da deterioração do meio ambiente. Falavam da falta de empregos, da baixa qualidade da moradia, da discriminação racial e da degradação das cidades – o ponto alto, que levou o público à loucura, foi quando disseram que o principal problema ambiental deles era o presidente Richard Nixon.

O que me intrigou na época (e continua me intrigando) é que "questão ambiental" necessariamente significa coisas diferentes para pessoas diferentes e que, no conjunto, ela abarca um pouco de tudo. Líderes empresariais se preocupam com o ambiente político e legal; os políticos, com o ambiente econômico; os citadinos, com o ambiente social; sem dúvida, os criminosos, com o ambiente de aplicação da lei; e os poluidores, com o ambiente regulatório. O fato de uma única expressão ser usada de formas tão variadas atesta sua incoerência fundamental enquanto conceito unitário. No entanto, assim como ocorre com a palavra "natureza", cuja ideia "contém, embora isso frequentemente passe despercebido, uma quantidade extraordinária de história humana [...] tanto complexa quanto sempre em transformação, à medida que outras ideias e experiências mudam"[1], os usos dados a uma expressão como meio ambiente se mostram instrutivos. O aspecto "despercebido" disso implica, no entanto, dificuldades particulares porque é sempre difícil identificar os *pressupostos* incompletamente explícitos, ou os *hábitos mentais* mais ou menos *inconscientes*, operando no pensamento de um indivíduo ou de uma geração", mas que definem "as tendências intelectuais dominantes de uma era". Lovejoy continua:

> É em larga medida por conta de suas ambiguidades que as meras palavras são capazes de ação independente enquanto forças na história. Um termo, uma frase, uma fórmula, que ganha uso corrente ou aceitação por conta de um dos seus significados, ou por conta dos pensamentos que evoca, é congenial às crenças prevalentes, os padrões de valor. As preferências de uma certa era podem ajudar a alterar crenças, padrões de valor e gostos, porque outros significados ou implicações sugeridas, não claramente distinguidas por aqueles que as empregam, gradualmente se tornam elementos dominantes de significação. A palavra "natureza", é praticamente desnecessário dizer, configura o exemplo mais extraordinário disso.[2]

A arena contemporânea de disputa em torno de termos como "natureza" e "meio ambiente" é mais que mera questão de semântica, mas uma das principais trincheiras de conflito político, ainda que na esfera da ideologia, onde "nos tornamos conscientes de questões políticas e travamos lutas em torno delas". A luta surge precisamente porque expressões como "natureza" e "meio ambiente" transmitem uma comunalidade e uma universalidade de preocupações que, precisamente por sua ambiguidade, estão abertas a uma enorme diversidade de interpretações. "Meio ambiente" é tudo aquilo que cerca ou, para ser mais preciso, tudo aquilo que existe nos arredores de determinado ser que seja *relevante* para o estado daquele ser em dado momento. Claramente, o caráter "situado" de um ser, com suas condições e suas necessidades internas, desempenha um papel tão importante quanto as próprias condições circundantes na definição de meio ambiente, além de que o critério de relevância também pode variar bastante. Entretanto, cada um de nós está

---

[1] Raymond Williams, *Problems in Materialism and Culture* (Londres, Verso, 1980), p. 67.
[2] Arthur Oncken Lovejoy, *The Great Chain of Being: A Study of the History of an Idea* (Cambridge, MA, Harvard University Press, 1964), p. 7-14 [ed. bras.: *A grande cadeia do ser: um estudo da história de uma ideia*, trad. Aldo Fernando Barbieri, São Paulo, Palíndromo, 2005].

situado em um "meio ambiente", e todos nós temos, portanto, alguma noção do que é uma questão ambiental.

Nos últimos anos, no entanto, surgiu certa convenção rudimentar que circunscreve as questões ambientais a um subconjunto particular de possíveis significados, focando primariamente a relação entre atividade humana e a) a condição de "saúde" do biossistema ou ecossistema que sustenta essa atividade, b) qualidades específicas daquele ecossistema, como ar, água, solo e paisagem, e c) as quantidades e as qualidades da base de recursos naturais para a atividade humana, incluindo tanto recursos esgotáveis quanto recursos passíveis de ser reproduzidos. Todavia, até mesmo interpretações levemente biocêntricas desafiaram, e com razão, a divisão implícita entre "natureza" e "cultura" contida nessa convenção. A consequente divisão entre "ambientalistas" que adotam uma postura externa e frequentemente gerencial frente ao meio ambiente e "ecologistas" que enxergam as atividades humanas como enraizadas na natureza tem se tornado politicamente contenciosa[3]. De todo modo, há uma crescente aceitação pública da ideia de que boa parte do que denominamos "natural", ao menos no que diz respeito à ecologia superficial do globo e de sua atmosfera, foi significativamente modificado pela ação humana[4]. A distinção entre os ambientes construídos das cidades e os ambientes modificados pela ação humana em regiões rurais e até mesmo remotas parece então arbitrária exceto enquanto manifestação particular de uma distinção ideológica de longa data entre o campo e a cidade[5]. No entanto, é por nossa conta e risco que ignoramos o poder ideológico dessa distinção, visto que ela está por trás de um viés antiurbano onipresente em boa parte da retórica ecológica.

No que segue, buscarei estabelecer uma posição teórica a partir da qual tentar entender as questões ambientais no sentido um tanto circunscrito que hoje conferimos ao termo.

---

[3]   Ver Andrew Dobson, *Green Political Thought* (Londres, Unwin Hyman, 1990).

[4]   George Perkins Marsh, *Man and Nature: Or, Physical Geography as Modified by Human Action* (Cambridge, MA, Harvard University Press, 1965); William L. Thomas Jr., *Man's Role in Changing the Face of the Earth* (2 vols.) (Chicago, University of Chicago Press, 1956); Andrew Goudie, *The Human Impact on the Natural Environment* (Oxford, Basil Blackwell, 1986).

[5]   Raymond Williams, *The Country and the City* (Londres, Chatto and Windus, 1973) [ed. bras.: *O campo e a cidade: na história e na literatura*, trad. Paulo Henriques Britto, São Paulo, Companhia das Letras, 2011].

A QUESTÃO

Começo com duas citações.

Abusamos da terra porque a enxergamos como uma mercadoria que nos pertence. Quando enxergamos a terra como uma comunidade à qual pertencemos, podemos começar a usá-la com amor e respeito.[6]

Onde o próprio dinheiro não é a comunidade, tem de dissolver a comunidade. [...] O pressuposto elementar da sociedade burguesa é que o trabalho produz imediatamente valor de troca, por conseguinte, dinheiro; e então, igualmente, que o dinheiro compra imediatamente o trabalho e, por isso, o trabalhador tão somente na medida em que ele próprio aliena sua atividade na troca. [...] Com isso, o dinheiro é, ao mesmo tempo, imediatamente a comunidade real, uma vez que é a substância universal da existência para todos e o produto coletivo de todos.[7]

Da perspectiva de Marx, a ética da terra que Leopold tem em mente parece uma empreitada fadada ao fracasso em uma sociedade burguesa na qual prevalece a comunidade do dinheiro. A ética da terra do estadunidense implicaria necessariamente a construção de um modelo alternativo de produção e consumo ao modelo capitalista. Curiosamente, no entanto, a clareza e a irrefutabilidade do argumento não conduziram a qualquer aproximação imediata entre a política ecológica/ ambientalista e a socialista; ambas permaneceram em larga medida antagônicas entre si, e um exame mais atento das duas citações revela o porquê disso. Leopold desenha uma esfera de ação e reflexão fora das limitações estreitas da economia; seu modo de pensar é muito mais biocêntrico. A política da classe trabalhadora, com foco no revolucionamento dos processos econômico-políticos, passa, então, a ser vista como a perpetuação em vez da resolução do problema, da forma que Leopold a define. Assim, muitas vezes se argumenta que, no melhor dos casos, a política socialista atinge uma política ambiental (instrumental e gerencial), mas nunca uma política ecológica. No pior do casos, o socialismo se rebaixa à promoção dos assim chamados projetos "prometeicos" em que a "dominação" da natureza é considerada tanto possível quanto desejável.

---

[6] Aldo Leopold, *A Sand County Almanac: And Sketches Here and There* (Nova York, Oxford University Press, 1968).

[7] Karl Marx, *Grundrisse* (Harmondsworth, Penguin, 1973), p. 224-6 [ed. bras.: *Grundrisse. Manuscritos econômicos de 1857-1858: esboços da crítica da economia política*, trad. Mario Duayer e Nélio Schneider, São Paulo, Boitempo, 2015, p. 168-9].

Minha preocupação neste ensaio é verificar se há maneiras de traçar pontes entre os dois polos desse antagonismo e transformá-lo em uma tensão criativa, não destrutiva. Há – ou deveria haver – lugar para uma perspectiva distintamente "ecológica" na política socialista progressista? Se sim, que lugar seria esse? Começo pela questão a respeito de como seria possível atribuir valor social à "natureza".

VALORES MONETÁRIOS

Podemos atribuir valores monetários à "natureza"? Se sim, como e por quê? Há três argumentos favoráveis a proceder dessa maneira:

1. O dinheiro é o meio pelo qual todos, na prática cotidiana, conferimos valor a aspectos importantes e muito disseminados de nosso meio ambiente. Toda vez que adquirimos uma mercadoria, participamos de uma cadeia de transações de dinheiro e mercadorias por meio da qual valores monetários são atribuídos (ou, o que é igualmente importante, não são atribuídos a bens gratuitos de preço zero) a recursos naturais ou características ambientais significativas utilizadas na produção e no consumo. Todos nós estamos (independentemente de termos ou não uma consciência ecológica) implicados na atribuição de valorações monetárias à natureza em virtude de nossas práticas cotidianas.

2. O dinheiro é o único índice de valor bem compreendido e universal de que atualmente dispomos. Todos nos valemos dele e temos uma compreensão prática e intelectual de seu significado. Ele serve para comunicar nossas vontades, nossas necessidades e nossos desejos, bem como escolhas, preferências e valores, incluindo os que dizem respeito especificamente à natureza. Para que seja possível comparar diferentes projetos ecológicos (da construção de barragens a medidas de conservação da vida selvagem da biodiversidade), é preciso que haja um padrão de medida (implícito ou explícito) a partir do qual avaliar se um seria mais justificável que outro. Até agora, não surgiu alternativa satisfatória ou universalmente em conformidade com o dinheiro. O dinheiro, como observou Marx, é um nivelador e um cínico que reduz um maravilhoso mundo ecossistêmico multidimensional de valores de uso, desejos e necessidades humanas e significados subjetivos a um denominador comum que todos possam entender.

3. O dinheiro, em nossa sociedade, é a linguagem básica (embora de forma alguma a única) de poder social; falar em termos de dinheiro é sempre falar em uma linguagem que os detentores de poder financeiro apreciam e

compreendem. Buscar ação em questões ambientais frequentemente exige não apenas que articulemos o problema em termos universais (dinheiro) que todos possam entender, mas que também falemos em uma voz que seja persuasiva para quem está no poder. O discurso da "modernização ecológica" consiste justamente na busca de apresentar as questões ambientais como negócios rentáveis. A economia ambiental também é uma ferramenta útil e pragmática para colocar em pauta questões dessa ordem. Cito aqui a batalha de E. P. Odum para garantir proteção às zonas úmidas em seu estado, a Geórgia: suas reivindicações só deixaram de ser ignoradas quando ele estabeleceu certas quantias monetárias, plausíveis, mas relativamente arbitrárias, para definir o valor que as zonas úmidas representavam para a economia do estado[8]. Foi isso que persuadiu os legisladores a formular, relativamente cedo, uma extensa legislação de proteção às zonas úmidas. Há casos semelhantes a esse (como a repentina guinada de Margaret Thatcher a certo matiz de política verde em 1988) que evidenciam como a capacidade de articular questões ambientais em termos puramente monetários traz consigo um poder de influência política.

Como exatamente viabilizar isso é algo que apresenta dificuldades. David William Pearce, Anil Markandya e Edward Burr Barbier[9], por exemplo, operacionalizam a visão amplamente aceita do Relatório Brundtland[10*], segundo a qual desenvolvimento "sustentável" significa que as ações do presente não devem comprometer a capacidade das gerações futuras de satisfazer suas necessidades, argumentando que o montante do valor tanto dos ativos produzidos por mão humana (por exemplo, estradas, plantações e fábricas) quanto daqueles fornecidos pela "natureza" (por exemplo, minerais, bacias hídricas) precisa permanecer constante de geração para geração. No entanto, como quantificar esse estoque? Ele não pode ser mensurado em termos físicos não comparáveis (isto é, em valores de uso

---

8 Ver James G. Gosselink, Eugene P. Odum e Richard M. Pope, *The Value of the Tidal Marsh* (Baton Rouge, Center for Wetland Resources, Louisiana State University, 1974).

9 David William Pearce, Anil Markandya e Edward Burr Barbier, *Blueprint for a Green Economy* (Londres, Earthscan, 1989).

10 Relatório Brundtland, *Our Common Future*, Comissão Mundial sobre Meio Ambiente e Desenvolvimento (Oxford, Oxford University Press, 1987).

* Publicado em 1987, o documento intitulado *Nosso Futuro Comum* [Our Common Future] foi o relatório final elaborado pela Comissão Mundial sobre o Meio Ambiente e o Desenvolvimento (WCED) convocada pela ONU em 1983. Tanto o relatório quanto a comissão ficaram conhecidos pelo nome Brundtland devido a Gro Harlem Brundtland, a política norueguesa apontada pela ONU para encabeçar a empreitada. (N. T.)

efetivos ou em potencial), muito menos em termos de suas qualidades inerentes, de forma que os valores monetários (valores de troca) fornecem o único denominador comum (universal).

São inúmeras as dificuldades que tal procedimento implica.

1. No que, por exemplo, consiste o dinheiro? Em si mesmo algo morto ou inerte, é por meio de um processo social que ele adquire as qualidades de medida de valor. Os processos sociais da troca que ensejam o dinheiro, concluiu Marx, mostram que o dinheiro é uma representação de tempo de trabalho socialmente necessário e que o preço é "o nome monetário do valor". Contudo, os processos são contraditórios, e o dinheiro é, portanto, sempre uma representação pouco confiável e incerta do valor enquanto trabalho social. Desvalorizações da moeda, taxas extraordinárias de inflação em certos períodos e lugares, surtos especulativos, todos esses fenômenos ilustram como o próprio dinheiro pode ser gravemente instável enquanto representação do valor. O dinheiro, dizemos, "só vale aquilo que ele compra", e falamos ainda no "valor do dinheiro", o que significa que conferimos ao que quer que seja designado como dinheiro certas qualidades sociais inerentes a todas as outras coisas que são trocadas. O dinheiro, ademais, manifesta-se de diversas formas – ouro e prata, símbolos, fichas, moedas, papel (deveríamos usar dólares, libras, libras esterlinas, ienes, cruzeiros, marcos?). Além disso, houve instâncias em que moedas formais foram tão desacreditadas a ponto de chocolates, cigarros ou outras formas de bens tangíveis se tornarem espécies de moeda. Avaliar o valor da "natureza" ou do "fluxo de bens e serviços ambientais" nesses termos impõe problemas agudos que são apenas parcialmente compensados por métodos sofisticados de cálculo de "preços constantes", "deflatores de preços" e nobres tentativas de calcular taxas constantes de troca em um mundo marcado por uma impressionante volatilidade cambial.

2. É difícil atribuir a qualquer ativo um valor que não seja arbitrário independentemente dos preços de mercado alcançados de fato pelo fluxo de bens e serviços que eles fornecem. Isso condena a valoração econômica a uma tautologia em que os preços alcançados tornam-se os únicos indicadores de que dispomos do valor monetário dos ativos cujo valor independente buscamos determinar. Mudanças rápidas nos preços de mercado implicam mudanças igualmente rápidas nos valores dos ativos. A desvalorização massiva de capital fixo no meio ambiente construído ocorrida nos últimos anos (fábricas, armazéns e estruturas afins vazias), para não falar dos efeitos do *crash* no mercado imobiliário, ilustram a intensa volatilidade da valoração de ativos dependendo do comportamento e das condições do mercado. Esse

princípio se aplica também à valoração de ativos "naturais" nas economias de mercado (considere o valor de um poço petrolífero no Texas durante o período de escassez de petróleo de 1973 a 1975 *versus* seu valor no período de saturação das *commodities*, em 1980). A tentativa de transferir um estoque constante de ativos de capital (tanto os construídos por mão humana quanto os de ocorrência natural) medidos nesses termos monetários parece, assim, uma empreitada incerta, senão contraproducente.

3. Os preços monetários se afixam a coisas particulares e pressupõem a existência de entidades intercambiáveis no que diz respeito a quais direitos de propriedade privada podem ser estabelecidos ou inferidos. Isso significa que concebemos entidades como se elas pudessem ser retiradas de qualquer ecossistema a que pertencem. Supomos, por exemplo, poder atribuir valor ao peixe independentemente da água em que ele nada. Segundo essa lógica, poderia se chegar ao valor monetário de um ecossistema inteiro pela simples somatória de suas partes, concebidas de maneira atomística em relação ao todo. Essa maneira de realizar valorações monetárias tende a cair por terra, contudo, quando vemos o meio ambiente como algo construído organicamente, ecossistemicamente ou dialeticamente[11], em vez de como uma máquina cartesiana composta de partes intercambiáveis. De fato, a busca por valorações monetárias nos compromete com uma ontologia rigorosamente cartesiana-newtoniana-lockiana – e, em certos aspectos, "antiecológica" – a respeito de como o mundo natural é constituído (ver a seguir).

4. As valorações monetárias pressupõem certa estrutura temporal e espacial. A estrutura temporal é definida pelo procedimento de desconto, em que o valor presente é calculado em termos de um fluxo descontado de benefícios futuros. Não há regras firmes a respeito desse procedimento, e a literatura ambiental é repleta tanto de críticas quanto de defesas de diferentes práticas de desconto em relação a qualidades ambientais. A volatilidade nas taxas de juro efetivas e a arbitrariedade das taxas de juro atribuídas, por exemplo, a projetos públicos fazem com que a valoração seja particularmente difícil. Essa valoração, ademais, só faz sentido se os ativos forem intercambiáveis, de forma que descontar o valor futuro, digamos, do estado dos fluxos de energia no oceano ou na atmosfera é algo totalmente implausível. As noções múltiplas e frequentemente não lineares de tempo vinculadas a diferentes processos ecológicos também apresentam profundos problemas. Embora, por exemplo, se possa descobrir algo a respeito das preferências temporais humanas (ou ao

---

[11] Richard B. Norgaard, "Environmental Economics: An Evolutionary Critique and a Plea for Pluralism", *Journal of Environmental Economics and Management*, n. 12, 1985, p. 382-94.

menos fazer afirmações razoáveis a respeito delas), as múltiplas temporalidades que operam nos ecossistemas são muitas vezes de um tipo fundamentalmente diferente. McEvoy[12] cita o caso do ciclo reprodutivo (não linear) das populações de sardinha nas águas da Califórnia – as sardinhas se adaptaram à "volatilidade ecológica" ao, como indivíduos, "viverem o bastante para permitir que cada geração se reproduza em ao menos um ano bom". A população caiu de repente quando a pescaria "privou o estoque de seu amortecedor natural". É claro que práticas e medidas políticas sensatas no que diz respeito ao risco e à incerteza poderiam ter evitado um resultado desses, mas permanece o ponto de que a temporalidade definida por tais comportamentos ecológicos é antagônica à concepção linear, progressiva e muito newtoniana de tempo que costumamos usar no cálculo econômico. Todavia, ainda que haja certo tipo de valoração passível de se atingir, não deixam de existir profundas questões morais, pois, embora possa até ser, como assinala Goodin, "economicamente eficiente para nós surrupiar o futuro", pode também ser "errado que nós o façamos" porque isso "redundaria no tratamento injusto às gerações futuras"[13]. Por esse e por outros motivos, a "teoria verde do valor" (como Goodin a denomina) é profundamente antagônica a práticas de desconto. "A tendência é que, na somatória final, a preocupação em relação ao futuro chegue a zero", escreve Arne Næss, fundador do conceito de ecologia profunda[14]. O efeito de uma taxa de desconto dessas inviabilizaria qualquer investimento em projetos futuros.

5. Os arranjos de propriedade podem ser de diversos tipos. Eles assumem formas muito diferentes sob condições de, digamos, forte legislação protetora de zonas úmidas ou forte regulação de uso do solo. É tarefa dos formuladores de políticas ambientais contemporâneas elaborar um arcabouço regulatório para convencer detentores de direitos de propriedade privada a usá-los de maneira ambientalmente favorável – talvez até mesmo a atentar para horizontes temporais além daqueles ditados pela taxa de desconto do mercado. Por mais desafiador que pareça, esse problema teórico, legal e político ainda presume que o meio ambiente seja dotado de uma estrutura suficientemente clara para que se construa algum argumento de custo-benefício referente à

---

[12] Arthur McEvoy, "Towards an Interactive Theory of Nature and Culture: Ecology, Production and Cognition in the California Fishing Industry", em Donald Worster (org.), *The Ends of the Earth* (Cambridge, Cambridge University Press, 1988), p. 222.

[13] Robert E. Goodin, *Green Political Theory* (Cambridge, Polity Press, 1992), p. 67.

[14] Arne Næss, *Ecology, Community and Lifestyle* (Cambridge, Cambridge University Press, 1989), p. 127.

relação entre bens ambientais e direitos individuais de propriedade. O recurso às valorações monetárias nos condena, em suma, a uma visão de mundo em que o ecossistema é visto como "externalidade" a ser internalizada na ação humana somente pela imposição de estrutura de preço ou de regime regulatório escolhidos arbitrariamente.

6. É difícil não concluir, à luz desses problemas, que há algo nas valorações monetárias que as torna inerentemente antiecológicas, confinando o campo de pensamento e de ação à gestão ambiental instrumental. Embora o intuito da economia ambiental (tanto na teoria quanto na prática) seja escapar de uma lógica estreita demais de valorações e buscar maneiras de atribuir valores monetários a ativos que do contrário permaneceriam não precificados, ela não pode fugir dos limites de seus próprios pressupostos institucionais e ontológicos (que podem muito bem ser equivocados) a respeito de como o mundo é organizado e valorado.

7. O dinheiro, por fim, está longe de ser um meio apropriado para representar a força ou a complexidade de vontades, desejos, paixões e valores humanos. "Vemos na natureza do próprio dinheiro algo da essência da prostituição", diz Simmel[15] – afirmação com a qual Marx[16] concorda. Freud foi ainda mais longe, ressaltando nossa tendência de descrever o dinheiro como algo sujo e anti-higiênico ("vil metal" e "podre de rico" são expressões comuns). "É possível que o contraste entre a substância mais preciosa conhecida pelos homens e a mais desprovida de valor [...] tenha levado à identificação específica do ouro com as fezes", escreveu, chocando leitores vitorianos ao tratar o dinheiro como excremento transmutado e as relações burguesas de troca como rituais anais sublimados. O dinheiro, escreveu seu amigo Ferenczi, "não passa de imundície desidratada e desprovida de odor à qual foi conferida brilho"[17]. Não precisamos ir tão longe quanto Freud e Ferenczi para reconhecer que há algo moral ou eticamente questionável (ou simplesmente repudiável) em valorar a vida humana descontando os rendimentos vitalícios de uma pessoa e valorar em termos monetários a "natureza" (definindo assim, por exemplo, o destino do urso--cinzento e da coruja-pintada enquanto espécies autorizadas a continuar pisando no planeta Terra).

---

[15] Georg Simmel, *The Philosophy of Money* (Londres, Routledge and Kegan Paul, 1978), p. 377.

[16] Karl Marx, *Grundrisse*, cit.

[17] Ernest Borneman, *The Psychoanalysis of Money* (Londres, Urizen, 1976), p. 86.

O capitalismo é, desse ponto de vista, marcado por uma falha moral central: o dinheiro suplanta todas as outras formas de imaginário (religião, autoridade religiosa tradicional e afins) e coloca em seu lugar algo que não tem imagem distinta, pois é desprovido de cor e de odor e é indiferente em relação ao trabalho social que deveria representar (e, quando chega a projetar uma imagem, conota sujeira, imundície, excremento e prostituição). O efeito é criar um vácuo moral no coração da sociedade capitalista – uma autoimagem incolor do valor que tem peso zero sobre a identidade social, em oposição à individual. Ele é incapaz de fornecer uma imagem de vínculo social ou de comunidade no sentido usual do termo (apesar de efetivamente ser a comunidade real no sentido que Marx deu à expressão) e não dá conta, como sistema central de valor, de articular até mesmo as mais mundanas esperanças e aspirações humanas. O dinheiro é o que nós aspiramos para fins de reprodução cotidiana e, nesse sentido, ele de fato torna-se a comunidade, mas uma comunidade desprovida de paixão moral ou significados humanos. O sentimento que Leopold buscou articular é, desse ponto de vista, correto.

Aqui, o crítico das valorações monetárias – que, no entanto, preocupa-se profundamente com a degradação ambiental – encontra-se diante de um dilema: evitar a linguagem da prática econômica e do poder político diários e falar no vácuo ou articular valores profundamente arraigados e não monetizáveis em uma linguagem (isto é, a do dinheiro) considerada inapropriada ou fundamentalmente alienada. Não me parece haver solução imediata ao paradoxo. Zola vai direito ao cerne da questão em *L'Argent* [O dinheiro], quando faz Madame Caroline dizer que

> o dinheiro era a pilha de esterco que nutria o crescimento da humanidade do amanhã. Sem a especulação não poderia haver realizações vibrantes e frutíferas, da mesma forma que sem a luxúria não poderia haver crianças. Foi esse excesso de paixão, toda essa vida lamentavelmente desperdiçada e perdida, que garantiu a continuação da vida [...]. O dinheiro, o envenenador e destruidor, estava se tornando a sementeira de todas as formas de crescimento social. Ele era o estrume que sustentava as grandes obras públicas cuja execução estava unindo os povos do globo e pacificando a Terra [...]. Tudo que era bom provinha daquilo que era mau.*

Ainda que a moral última do romance de Zola seja a de que a aceitação dessa tese leva à farsa especulativa e à tragédia pessoal, ninguém menos que o sociólogo Max Weber advertiu severamente, e com razão, que seria um erro egrégio pensar que só o bem poderia decorrer do bem e que só o mal poderia decorrer do mal. O dinheiro

---

* Émile Zola, *L'Argent* (Paris, Pléiade, 1967). (N. T.)

pode até ser profundamente inadequado, desprovido de alma e ser "a raiz de todo o mal", mas disso não se segue necessariamente que todos os males sociais – e, por extensão, ecológicos – decorrem das coordenações de mercado nas quais operam a propriedade privada, o individualismo e as valorações monetárias. Por outro lado, também temos evidências suficientes no que diz respeito às consequências desenfreadas do que Kapp denominou, em trabalho homônimo, "os custos sociais da empresa privada"[18] para saber que é igualmente ilusório acreditar na tese de Adam Smith de que o bem automaticamente decorre dos males necessários da mão invisível das dinâmicas do mercado. Marx argumentava que, se abandonado à própria sorte, o progresso capitalista "é um progresso na arte de saquear não só o trabalhador, mas também o solo", ao passo que a tecnologia capitalista se desenvolve apenas "na medida em que solapa os mananciais de toda a riqueza: a terra e o trabalhador*.

A conclusão é, assim, bem mais ambígua do que muitos gostariam de admitir. Em primeiro lugar, sempre que participarmos de trocas de mercadorias mediadas por dinheiro (e essa proposição vale de modo igualmente firme para qualquer possível sociedade socialista futura), será impossível, na prática, evitar valorações monetárias. Em segundo lugar, valorações de ativos ambientais em termos monetários, embora altamente problemáticos e seriamente falhos, não constituem um mal absoluto. Não há, no entanto, como saber quão positivas são as valorações arbitrárias da "natureza" (uma vez que escolhemos ir além da simples ideia de um fluxo de bens e serviços desprovido de preços), a não ser que tenhamos uma noção alternativa de valor a partir da qual poderíamos julgar a adequação ou o valor moral das valorações monetárias. Tampouco podemos evitar a profunda conexão entre uma visão newtoniana e cartesiana da biosfera (visão esta que muitos hoje criticariam como inapropriada para enfrentar problemas ecológicos) e a própria base do pensamento econômico e das práticas capitalistas. É importante ressaltar que a visão newtoniana-cartesiana não é, em si, errada, da mesma forma que não o é o modelo smithiano correlato de individualismo atomístico, comportamentos mercadológicos e direitos de propriedade. De qualquer modo, ambos possuem um alcance teórico severamente limitado, e hoje sabemos bem que há muitas esferas de decisão e ação, como a teoria quântica e as questões ambientais, que não podem ser enquadradas nesse formato. A mecânica newtoniana e a economia smithiana podem ser adequadas para erguer pontes, mas são totalmente inadequadas quando se trata de determinar o impacto ecossistêmico de tais empreitadas.

---

[18] Karl William Kapp, *The Social Costs of Private Enterprise* (Nova York, Schocken, 1950).

* Karl Marx, *Theories of Surplus Value,* parte 1 (Nova York, International Publishers, 1967), p. 474-5 [ed. bras.: *O capital: crítica da economia política,* Livro I: *o processo de produção do capital,* trad. Rubens Enderle, São Paulo, Boitempo, 2011, p. 573-4]. (N. T.)

OS VALORES SÃO INERENTES À NATUREZA?

Na vida burguesa, há uma longa história de resistência ao dinheiro como forma de exprimir valores e de busca por alternativas a ele nessa função. A religião, a comunidade, a família e a nação apresentaram-se como opções, mas o conjunto de alternativas que eu gostaria de considerar aqui comporta aquelas que, de uma forma ou de outra, entendem que os valores residiriam na própria natureza – pois tanto o romantismo quanto o ambientalismo e o ecologismo apresentam fortes elementos desse tipo de ética embutidos neles. E a ideia tampouco é alheia ao marxismo (ao menos em algumas de suas vertentes). Quando Marx defende, em *Sobre a questão judaica*, que o dinheiro "despojou o mundo inteiro, tanto o mundo humano quanto a natureza, de seu valor singular e próprio" e que "a visão que se obtém da natureza sob a dominação da propriedade privada e do dinheiro é o desprezo real, a degradação prática da natureza", ele chega muito perto de endossar a visão de que o dinheiro destruiu valores naturais intrínsecos anteriores e possivelmente passíveis de ser recuperados[19].

Considerar que os valores residem na natureza tem a vantagem de proporcionar uma sensação imediata de segurança e permanência ontológicas. O mundo natural é um candidato rico, variado e permanente para ser alçado ao patamar dos valores universais e permanentes para informar a ação humana e dar sentido ao que, de outro modo, seriam vidas efêmeras e fragmentadas[20]. "É inconcebível para mim", escreve Leopold, "que exista uma relação ética com a terra sem amor, respeito e admiração por ela e sem uma elevada consideração de seu valor. Por valor, é claro, refiro-me a algo muito mais amplo que o simples valor econômico; tenho em mente o valor no sentido filosófico", de forma que "algo é correto quando tende a preservar a integridade, a estabilidade e a beleza da comunidade biótica. É errado quando tende na direção contrária"[21]. No entanto, como podemos saber e o que significa dizer que "integridade, estabilidade e beleza" são qualidades inerentes à natureza?

Isso nos leva a uma questão crucial: se os valores residem na natureza, como podemos saber quais valores são esses? Os caminhos para se chegar a esse entendimento são muitos e variados. Intuição, misticismo, contemplação, revelação religiosa, metafísica e introspecção ofereceram, e continuam a oferecer, vias para se chegar a tais compreensões. Ao menos na superfície, essas abordagens contrastam

---

19 Karl Marx, "On the Jewish Question", em David McClellan (org.), *Karl Marx: Early Texts* (Oxford, Basil Blackwell, 1971) [ed. bras.: *Sobre a questão judaica*, trad. Nélio Schneider, São Paulo, Boitempo, 2010, p. 58].
20 Ver Robert E. Goodin, *Green Political Theory*, cit., p. 40.
21 Aldo Leopold, *A Sand County Almanac*, cit., p. 223-4.

radicalmente com a investigação científica. Conforme argumentarei, no entanto, todas necessariamente compartilham um elemento comum. Todas as versões de valores revelados na natureza dependem de capacidades humanas particulares e de *mediações* antropocêntricas específicas (por vezes, até das intervenções carismáticas de indivíduos visionários). Ao se valerem de termos de alta carga emotiva, como amor, cuidado, carinho, responsabilidade, integridade, beleza e afins, eles acabam por representar tais valores "naturais" em termos distintamente humanizados, produzindo, assim, discursos distintamente humanos sobre valores intrínsecos. Para alguns, além de desejável, essa "humanização" dos valores da natureza é enobrecedora e reflete as peculiaridades de nossa própria posição na "grande cadeia do ser"[22].

"A humanidade é a natureza tomando consciência de si." Esse foi o lema que o geógrafo anarquista Jacques Élisée Reclus adotou, indicando claramente que o sujeito consciente tem um papel criativo a desempenhar ao menos na tradução, em termos humanizados, dos valores que seriam inerentes à natureza. Porém, se, conforme assinala Ingold[23], "o mundo físico da natureza não pode ser apreendido enquanto tal, muito menos confrontado e apropriado, a não ser por uma consciência em alguma medida emancipada dele", como podemos ter certeza de que os seres humanos são agentes apropriados para representar todos os valores que residem na natureza?

A capacidade de descobrir valores intrínsecos depende, assim, da habilidade dos sujeitos humanos dotados de consciência e de capacidades reflexivas e práticas de se tornar mediadores neutros do que esses valores poderiam vir a ser. Isso muitas vezes leva, como nas doutrinas religiosas, à regulação rigorosa das práticas humanas (por exemplo, o ascetismo ou a ioga), de forma a garantir o caráter aberto da consciência humana em relação ao mundo natural. Esse problema das mediações antropocêntricas está igualmente presente no interior da investigação científica. E aqui também o cientista é geralmente posto no papel de um sujeito ciente que age como mediador neutro, de acordo com as mais rigorosas diretrizes de determinados métodos e práticas (que talvez deixariam muitos budistas envergonhados), buscando revelar, compreender e representar com precisão os processos operantes na natureza. Se os valores são inerentes à natureza, a ciência, em virtude de seus procedimentos objetivos, deveria fornecer um caminho relativamente neutro para se descobrir quais valores seriam esses. Até que ponto esse caminho pode ser efetivamente considerado neutro é assunto de considerável debate. Podemos nos debruçar sobre dois exemplos para tentar esclarecer um pouco a dificuldade em jogo.

---

[22] Arthur Oncken Lovejoy, *The Great Chain of Being*, cit.

[23] Tim Ingold, *The Appropriation of Nature: Essays on Human Ecology and Social Relations* (Manchester, Manchester University Press, 1986), p. 104.

1. A FÁBULA DO ESPERMATOZOIDE E DO ÓVULO

Ao longo dos anos, uma série de trabalhos feministas revelou um uso bastante disseminado de metáforas de gênero na investigação científica. O efeito é geralmente o de inscrever nas representações científicas do mundo natural ideias sociais sobre relações de gênero, dando a impressão de que certas construções sociais são "naturais". Carolyn Merchant[24] assinala, por exemplo, a imagética generificada por meio da qual Francis Bacon abordava a natureza (essencialmente como um corpo feminino a ser explorado e um espírito feminino a ser dominado e domado por meio da astúcia ou da força) em seus argumentos fundadores a respeito do método experimental (uma imagem que ajuda a compreender muito do que acontece em *A megera domada**, de Shakespeare). Esses não são, contudo, exemplos isolados ou singulares. Donna Haraway, em seu perspicaz ensaio sobre o "patriarcado de pelúcia" no Museu de História Natural de Nova York, observa como a

decadência – a ameaça da cidade, da civilização, da máquina – foi posta em suspensão na política da eugenia e na arte da taxidermia. O museu cumpriu seu propósito científico de conservação, preservação e produção da permanência em meio a um mundo urbano que, mesmo na virada deste século, parecia à beira do caos e do colapso.**

O museu opôs a esse mundo de conturbada sociabilidade uma tecnologia visual de exposições elaboradas, em parte, como forma de comunicar ao mundo externo uma sensação do verdadeiro organicismo da ordem natural (fundada na hierarquia, no patriarcado, na classe e na família), que deveria ser a fundação da estabilidade para qualquer ordem social. Ao fazê-lo, a instituição usou e continua usando explicitamente a primatologia como meio de produzir ou promover determinadas relações de raça, classe e gênero.

É particularmente instrutivo o exemplo que Emily Martin[25] fornece a respeito da fábula do óvulo e do espermatozoide retratada na ampla literatura médica e biológica sobre fertilidade humana. Para começar, o ciclo reprodutivo feminino (particularmente a menstruação) é descrito como um processo marcado pelo

[24] Carolyn Merchant, *The Death of Nature: Women, Ecology and the Scientific Revolution* (Nova York, Harper and Row, 1980).
* Comédia de William Shakespeare escrita no fim do século XVI e traduzida para o português por Millôr Fernandes como *A megera domada*. (N. T.)
** Donna Haraway, "Teddy Bear Patriarchy: Taxidermy in the Garden of Eden, New York City, 1908-1936", em *Primate Visions: Gender, Race and Nature in the World of Modern Nova York* (Nova York, Routledge, 1989), p. 26-58. (N. T.)
[25] Emily Martin, "The Egg and the Sperm: How Science Has Constructed a Romance Based on Stereotypical Male-Female Roles", *Signs*, n. 16, 1991, p. 485-501.

desperdício, em comparação à imensa capacidade produtiva dos homens de gerar espermatozoides. Para além disso, narra-se o processo de fertilização como um óvulo feminino passivo que é rastreado, capturado e reivindicado como prêmio por um espermatozoide ativo, dinâmico e pujante ao fim de uma jornada difícil e árdua. O espermatozoide fica parecendo, estranhamente, um explorador em busca de ouro ou um empreendedor competitivo no mercado (ver a imagem paralela de Zola, citada anteriormente, da especulação financeira como a luxúria de desperdício necessária para produzir qualquer coisa). Ocorre, contudo, que tal metáfora usada nos estudos científicos a respeito da fertilidade humana era fundamentalmente enganosa; revelou-se que o espermatozoide não é de forma alguma tão determinado, enérgico e corajoso como se supunha (na verdade, ele provou ser bastante apático e desprovido de objetivos quando deixado por conta própria) e que o óvulo efetivamente desempenha um papel ativo no processo de fertilização. Ainda assim, demorou para que os pesquisadores deixassem de lado esse viés generificado; quando o fizeram, transformaram o óvulo no equivalente da *femme fatale* agressiva que atrai, enlaça e vitimiza o elemento masculino (o espermatozoide) em uma elaborada teia de aranha, como uma "mãe devoradora e sugadora". Martin sugere que os novos dados "não levaram os cientistas a eliminar estereótipos de gênero de suas descrições do óvulo e do espermatozoide. Em vez disso, os cientistas simplesmente começaram a descrever o óvulo e o espermatozoide em termos diferentes, mas nem por isso menos prejudiciais"[26]. Como se vê, é praticamente impossível tirar quaisquer conclusões no que diz respeito aos valores inerentes à natureza apelando a investigações e pesquisas desse tipo.

2. As metáforas de Darwin

Considere, como um segundo exemplo, as complexas metáforas presentes em *A origem das espécies*, de Darwin, ora se reforçando, ora se contrariando*. Há, em primeiro lugar, a metáfora das práticas de reprodução de gado (sobre as quais Darwin estava muito bem informado, por causa de sua infância no campo). Aqui, como assinala Robert Young[27], os procedimentos da seleção artificial que eram bem compreendidos na reprodução de gado eram transpostos para um ambiente natural, o que imediatamente tornava difícil responder quem seria o agente consciente por

---

[26] Ibidem, p. 498.

* Na edição brasileira, *A origem das espécies por meio de seleção natural ou A preservação das raças favorecidas na luta pela vida*, com tradução e apresentação de Pedro Paulo Garrido Pimenta (São Paulo, Ubu, 2019). (N. T.)

[27] Robert Young, *Darwin's Metaphor: Nature's Place in Victorian Culture* (Cambridge, Cambridge University Press, 1985).

trás da seleção natural. Há, em segundo lugar, a metáfora malthusiana que Darwin explicitamente admitia ser fundamental à sua teoria. Os valores empreendedoristas da concorrência, da sobrevivência do mais apto na luta por existência, apareciam então como valores "naturais" na obra de Darwin, aos quais o darwinismo social poderia mais tarde apelar e aos quais o "senso comum" contemporâneo continua a recorrer. Em um exame detalhado de como as ideias de Darwin foram recebidas na Rússia, Daniel Todes[28] mostra, contudo, que os russos rejeitaram de maneira quase universal a metáfora malthusiana e minimizaram a importância da luta e da concorrência entre espécies enquanto mecanismo evolutivo:

> Esse estilo nacional unificador decorria das condições básicas da vida nacional da Rússia – da própria natureza da sua estrutura de classe, de suas tradições políticas, de sua terra e de seu clima. A economia política da Rússia carecia de uma burguesia dinâmica pró-*laissez-faire* e era dominada por senhores de terras e camponeses. As principais tendências políticas, o monarquismo e um populismo de orientação socialista, compartilhavam um *éthos* social cooperativo e um desprezo pelo individualismo competitivo amplamente associado a Malthus e à Grã-Bretanha. Além disso, a Rússia comportava um território extenso, esparsamente povoado, e um clima cambiante e muitas vezes severo. É difícil imaginar um ambiente menos compatível com a noção de Malthus de que os organismos eram constantemente pressionados a entrar em conflito mútuo por causa de espaço e recursos limitados [...]. Essa combinação de influências antimalthusianas e não malthusianas privou a metáfora de Darwin de um respaldo no senso comum e de seu apelo explicativo.[29]

Embora fosse um grande admirador de Darwin, esse aspecto de seu trabalho não passou despercebido a Marx. "É notável", ele escreveu a Engels, "como Darwin reconhece entre bestas e plantas sua sociedade inglesa com suas divisões do trabalho, sua concorrência, a abertura de novos mercados, invenções e a 'luta malthusiana por existência'"[30].

Se Darwin (e Wallace) não tivessem sido tão impactados, como tantos outros ingleses daquela era, pela extraordinária fecundidade dos ambientes tropicais e não tivessem orientado o pensamento deles às regiões subárticas, e se tivessem sido socialmente armados com imagens daquilo que agora denominamos "economia moral do campesinato", eles poderiam muito bem ter minimizado a importância,

---

[28] Daniel P. Todes, *Darwin without Malthus: The Struggle for Existence in Russian Evolutionary Thought* (Oxford, Oxford University Press, 1989).

[29] Ibidem, p. 168.

[30] Karl Marx e Friedrich Engels, *Selected Correspondence* (Moscou, Progress, 1955), p. 128.

como fizeram os evolucionistas russos de todas as tendências políticas, dos mecanismos da concorrência. Eles poderiam ter enfatizado, em vez disso, a cooperação e
o apoio mútuo. A aura do darwinismo social era tão poderosa naquela época que,
quando o príncipe Kropotkin desembarcou em Londres, saído da Rússia e munido de suas teorias do apoio mútuo como força potente tanto na evolução natural
quanto na evolução social, ele foi simplesmente desqualificado (apesar de suas impressionantes credenciais científicas) como um anarquista excêntrico.

No entanto, há outra metáfora interessante em ação no trabalho de Darwin e
que é, em certa medida, antagônica à da concorrência e da luta pela sobrevivência.
Ela se refere à diversificação das espécies em nichos. A metáfora-guia aqui parece
ter sido a proliferação de divisões de trabalho e o caráter crescentemente indireto e
setorial da produção que ocorria no sistema fabril – que Darwin também conhecia
bastante, dado que sua esposa, Emma, era filha do industrial Josiah Wedgwood II.
Em todas essas instâncias, o jogo entre metáforas socialmente ancoradas e investigação científica é tal que chega a ser extremamente difícil extrair das descobertas
científicas qualquer informação a respeito dos valores que poderiam residir na natureza que já não esteja socialmente impregnada. Por isso, não surpreende constatar que um amplo leque de movimentos políticos se aproprie das poderosas e
influentes visões científicas de Darwin como uma base "natural" para seus programas políticos[31]. Tampouco deve nos surpreender que outros, como Warder Allee e
seus colegas ecologistas na Universidade de Chicago do entreguerras, tenham utilizado seu trabalho científico sobre (nesse caso) ecologia animal como um veículo
para apoiar e até promover suas posições comunitárias, pacifistas e cooperativas[32].

A conclusão, me parece, é inevitável. Se os valores residem na natureza, não
temos nenhuma maneira científica de conhecê-los independentemente dos valores
implícitos nas metáforas presentes em certas linhas de investigação científica. Mesmo os nomes que usamos entregam a profundidade e a onipresença do problema.
Uma "abelha-operária" não poderá compreender o *Manifesto Comunista*, da mesma maneira que o "louva-a-deus" não frequenta a igreja; contudo, a terminologia
ajuda a naturalizar práticas e relações sociais de poder[33]. A linguagem do "gene
egoísta" ou do "relojoeiro cego" fornece referentes sociais igualmente vívidos a argumentos científicos*. Curiosamente, Rousseau já identificava havia tempos essa

---

[31] Ver Valentino Gerratana, "Marx and Darwin", *New Left Review*, n. 82, 1973, p. 60-82.
[32] Gregg Mitman, *The State of Nature: Ecology, Community, and American Social Thought, 1900-1950*
(Chicago, University of Chicago Press, 1992).
[33] Ver Murray Bookchin, *Remaking Society: Pathways to a Green Future* (Boston, South End, 1990).
*   O "gene egoísta" e o "relojoeiro cego" são metáforas cunhadas por Richard Dawkins em seus
trabalhos de divulgação científica neodarwinista. Elas dão título a dois dos mais conhecidos *best-
-sellers* do autor, publicados originalmente em 1976 e 1986, respectivamente. (N. T.)

armadilha quando escreveu a respeito da "falta daqueles que, raciocinando sobre o estado de natureza, transportam para ele as ideias pertencentes à sociedade"[34]. Ecologistas preocupados, por exemplo, em articular concepções de equilíbrio, sucessão ecológica e comunidade clímax como propriedades do mundo natural refletiram tanto a respeito da busca humana por permanência e segurança quanto a respeito da busca por uma descrição ou teorização precisa e neutra dos processos ecológicos. E a ideia de harmonia com a natureza não como desejo humano, mas como necessidade imposta pela própria natureza, implica igualmente pressupor uma visão de que ser neutro significa ser harmônico, não conflituoso. Por meio de nossa ciência e nossa poesia, embutimos na natureza (muitas vezes sem saber) boa parte do desejo por um valor alternativo àquele implicado pelo dinheiro.

A escolha de valores reside dentro de nós, não na natureza. Ou seja, em nossos estudos do mundo natural vemos apenas os valores que nossas metáforas impregnadas de valor nos permitem enxergar. Harmonia e equilíbrio; beleza, integridade e estabilidade; cooperação e apoio mútuo; feiura e violência; hierarquia e ordem; competição e a luta por sobrevivência; turbulência e mudança dinâmica imprevisível; causalidade atomística; dialética e princípios de complementaridade; caos e desordem; fractais e estranhos fatores de atração: todos esses elementos podem ser identificados como "valores naturais" não porque são arbitrariamente atribuídos à natureza, mas porque não importa quão implacável, puro e rigorosamente "objetivo" seja nosso método de investigação, o arcabouço de interpretação se dá na metáfora, não na evidência. Da biologia celular e reprodutiva contemporânea, aprenderemos que o mundo é ordenado de maneira hierárquica conforme sistemas de comando e controle que estranhamente se assemelham a um sistema fabril fordista; da imunologia contemporânea, concluiremos que o mundo é ordenado como um sistema fluido de comunicações com redes dispersas de comando-controle-inteligência que mais lembram modelos contemporâneos de organização comercial e industrial flexíveis[35]. Por isso, quando se diz que "a natureza ensina", o que geralmente se segue, assinala Williams, "é seletivo, conforme o objetivo geral do enunciador"[36].

A solução, aqui, não pode ser buscar uma investigação científica desprovida de metáforas. Seu uso (assim como o uso paralelo de modelos) repousa na raiz da produção de todo conhecimento. "A percepção metafórica", nos dizem Bohm e Peat,

---

[34] Jean-Jacques Rousseau, *The Social Contract and Discourses* (Londres, Everyman, 1973) [ed. bras.: "Discurso sobre a origem e os fundamentos da desigualdade entre os homens", trad. Lourdes Santos Machado, em *Os pensadores: Rousseau*, São Paulo, Abril Cultural, 1983, p. 247].

[35] Emily Martin, "The End of the Body?", *American Ethnologist*, n. 19, 1992, p. 121-40.

[36] Raymond Williams, *Problems in Materialism and Culture*, cit., p. 70.

é "fundamental para toda ciência", tanto para estender processos de pensamento existentes quanto para penetrar no interior de "domínios até então desconhecidos da realidade, que em certos sentidos se encontram implícitos na metáfora"[37]. Assim, nos resta apenas refletir criticamente sobre as propriedades das metáforas usadas. E assim constatamos que os valores supostamente inerentes à natureza são sempre propriedades das metáforas, não inerentes à natureza. "Não podemos jamais falar sobre natureza", diz Capra, "sem, ao mesmo tempo, falarmos sobre nós mesmos"[38].

A COMUNIDADE MORAL E OS VALORES AMBIENTAIS

Nos anos recentes, os ecologistas profundos vêm tendendo a abandonar a ideia da existência de valores puramente intrínsecos à natureza[39]. Isso se deu, em parte, por suas leituras a respeito da teoria quântica e pela tradução das ideias de Bohr e Heisenberg em uma forma distinta de discurso ecológico presente nos influentes livros *O Tao da física* e *O ponto de mutação*, de Fritjof Capra. A guinada paralela à metafísica, à hermenêutica e à fenomenologia como formas de apresentar e descobrir os valores que deveriam estar vinculados à natureza ressalta os poderes do sujeito cognoscente. Warwick Fox, por exemplo, escreve:

> O arcabouço de discurso apropriado para descrever e apresentar a ecologia profunda não é o que tem a ver, fundamentalmente, com o valor do mundo não humano, mas, sim, aquele que está fundamentalmente relacionado com a natureza e as possibilidades do eu ou, podemos dizer, a questão de quem somos, de quem podemos ou deveríamos nos tornar no esquema mais amplo das coisas.[40]

A palavra "deveríamos" sugere que os valores de fato se vinculam à comunidade biótica mais ampla da qual somos parte, mas os meios pelos quais os descobrimos dependem fundamentalmente da capacidade humana de "autorrealização" (em oposição ao sentido mais restrito de "satisfação do ego" ou "autorrealização" conforme entendidos na sociedade burguesa) dentro da natureza, em vez de independentemente dela. A literatura da "ecologia profunda" recorre aqui de forma

---

[37] David Bohm e F. David Peat, *Science, Order and Creativity* (Londres, Routledge, 1987), p. 35-41 [ed. port.: *Ciência, ordem e criatividade*, Lisboa, Gradiva, 1987].

[38] Fritjof Capra, *The Tao of Physics: An Exploration of the Parallels Between Modern Physics and Eastern Mysticism* (Berkeley, CA, Shambhala, 1975), p. 77 [ed. bras.: *O Tao da física: um paralelo entre a física moderna e o misticismo oriental*, trad. José Fernandes Dias, São Paulo, Cultrix, 2005].

[39] Ver Andrew Dobson, *Green Political Thought*, cit., p. 57-63.

[40] Citado em Arne Næss, *Ecology, Community and Lifestyle*, cit., p. 19.

tácita à noção de uma "essência humana" ou de uma "potencialidade humana" (ou, na linguagem de Marx, um "ser genérico" cujas qualidades ainda não se realizaram por completo) da qual a humanidade tornou-se fundamentalmente alienada (tanto efetiva quanto potencialmente) por meio do afastamento da "natureza". O desejo de restaurar aquela conexão perdida (rompida pela tecnologia moderna, pela produção de mercadorias, por uma abordagem prometeica ou utilitária diante da natureza, pela "comunidade" dos fluxos monetários e afins) repousa, assim, na raiz de uma busca intuitiva, contemplativa e fenomenológica por "autorrealização". Se os valores são "ancorados social e economicamente", argumenta Næss, então a tarefa filosófica consiste em desafiar os valores instrumentais que alienam. Por meio da "elaboração de um sistema filosófico", podemos chegar a um "desemaranhamento e [uma] clarificação exaustiva de valores", de modo a suscitar um movimento coletivo capaz de atingir "uma reorientação substancial de toda a nossa civilização"[41].

"Clarificações" filosóficas, metafísicas e religiosas de todo tipo estão disponíveis para nós. Heidegger, por exemplo, oferece um respaldo considerável ao pensamento ecológico contemporâneo[42]. De maneira curiosa, suas objeções fundamentais à modernidade não apenas ecoam argumentos contra o fetichismo das mercadorias, como capturam boa parte da sensibilidade que caracteriza um amplo espectro da metafísica ecológica:

> O caráter-objeto da dominação tecnológica se espalha pela superfície terrestre de maneira cada vez mais acelerada, implacável e total. Ela não apenas estabelece todas as coisas como passíveis de serem produzidas no processo de produção – também entrega os produtos da produção por meio do mercado. Na produção autoafirmativa, o caráter humano dos homens e o caráter coisal das coisas se dissolvem no valor comercial calculado de um mercado que não apenas abraça a totalidade da Terra enquanto mercado mundial, como também, assim como a vontade de vontade [*Wille zum Willen*], submete a natureza do Ser à troca e, com isso, sujeita todos os seres ao trato de um cálculo que domina de maneira particularmente tenaz aquelas áreas em que não há necessidade de números.[43]

A resposta de Heidegger a essa condição, e que de fato também é bastante característica dessa vertente do movimento ecológico, é recuar completamente a uma metafísica do *Ser* como uma forma de *habitar* que se desdobra em uma forma de *construir* que cultiva, protege, preserva e nutre o meio ambiente de forma a

---

[41] Arne Næss, *Ecology, Community and Lifestyle*, cit, p. 45.

[42] George Steiner, *Heidegger* (Londres, Fontana, 1992), p. 136 [ed. bras.: *As ideias de Heidegger*, São Paulo, Cultrix, 1990].

[43] Martin Heidegger, *Poetry, Language, Thought* (Nova York, Harper and Row, 1971), p. 114-5.

aproximá-lo de nós. O projeto político consiste em recuperar aquele caráter "enraizado" dos "homens" que "hoje se encontra ameaçado, em seu cerne". A natureza precisa ser vista como "o portador servente, florescente e frutificante, esparramando-se em rocha e água, erguendo-se em planta e animal", em vez de converter-se em "um enorme posto de gasolina". Os mortais, conclui Heidegger, "habitam na medida em que salvam a Terra", mas "salvar não apenas resgata algo do perigo. Salvar, no fundo, significa libertar algo ao seu próprio apresentar-se". Os *slogans* do movimento Earth First! (por exemplo, "libertem os rios!"), embora não derivem da obra de Heidegger, recorrem justamente a esses mesmos sentimentos. Todas as obras de arte genuínas, Heidegger passa a argumentar, dependem de seu enraizamento no solo nativo e da forma pela qual elas são construídas no espírito do habitar. Para ele, "queiramos ou não admitir", nós somos "plantas que precisam, com nossas raízes, despontar da terra para no éter florescer e dar frutos"[44]. O habitar é a capacidade de atingir uma unidade espiritual entre humanos e coisas. A construção do lugar deveria, assim, se pautar pela recuperação de raízes, pela recuperação da arte do habitar com a natureza.

As "escavações ontológicas" de Heidegger concentram sua atenção em "uma nova forma de falar sobre o cuidado em relação a nosso ambiente e nossa natureza humana", de modo que

> o amor pelo lugar e o amor pela terra não podem em hipótese alguma ser considerados questões sentimentais acessórias a ser tratadas apenas a partir do momento em que todos os problemas técnicos e materiais estiverem resolvidos. Eles são parte do que significa estar no mundo e são anteriores a todas as questões técnicas.[45]

A relação proposta aqui é ativa, não passiva. "Habitar", escreve Christian Norberg-Schulz, "pressupõe, sobretudo, identificação com o ambiente", de forma que "o propósito existencial da construção (arquitetura) é, portanto, fazer com que um local se torne um lugar, isto é, revelar os significados potencialmente presentes no ambiente dado"[46]. Os seres humanos "recebem" o ambiente e "fazem com que seu caráter se manifeste" em um lugar que simultaneamente adquire uma identidade particular e a imprime de volta em nós.

---

[44] Martin Heidegger, *Discourse on Thinking* (Nova York, Harper and Row, 1966), p. 47-8.

[45] Edward Relph, "Geographical Experiences and Being-in-the-world: The Phenomenological Origins of Geography", em David Seamon & Robert Mugerauer (orgs.), *Dwelling, Place and Environment: Towards a Phenomenology of Person and World* (Nova York, Columbia University Press, 1989), p. 27-9.

[46] Christian Norberg-Schulz, *Genius Loci: Towards a Phenomenology of Architecture* (Nova York, Rizzoli, 1980), p. 15-21.

As ideias de Heidegger ecoam em movimentos na América do Norte, partidários de uma ética biorregional que incorpora de modo bastante literal a recomendação de Leopold de que ampliemos as fronteiras da comunidade "para incluir solos, águas, plantas e animais, ou, coletivamente, a terra" como um programa para se viver com a natureza no lugar. Os ideais de uma identidade ambiental vinculada ao lugar são fortes. Segundo Peter Berg e Raymond Dasmann, isso significa:

> Aprender a viver-no-lugar em uma área que foi deturpada e ferida por causa de exploração passada. Implica tornar-se nativo em um lugar ao se conscientizar das relações ecológicas particulares que operam em seu interior e seu entorno. Significa atividades de entendimento e comportamento social evolutivo que irão enriquecer a vida daquele lugar, restaurar seus sistemas de apoio à vida e estabelecer um padrão ecológico e socialmente sustentável de existência no interior dele. Em poucas palavras, implica tornar-se plenamente vivo em e com um lugar. Pressupõe pleitear o pertencimento a uma comunidade biótica e deixar de ser seu explorador.[47]

O biorregionalismo enquanto movimento cultural, portanto, "celebra as características particulares, singulares e muitas vezes indescritíveis de um lugar. Ele o faz por meio das artes visuais, da música, do teatro e de símbolos que transmitem o sentimento do lugar"[48].

Chegamos aqui ao núcleo daquilo que Robert Goodin denomina teoria verde do valor[49]. Trata-se de um conjunto de sentimentos e proposições que fornece uma "visão moral unificada" que percorre, em várias formas, a quase totalidade do pensamento político verde e ecológico. Ela tem manifestações radicais, liberais e um tanto conservadoras, como veremos em breve. E, em virtude de sua forte vinculação enquanto comunidade moral à experiência do lugar, frequentemente dirige as políticas ambientais no sentido da preservação e da melhoria das qualidades alcançadas pelos lugares.

No entanto, a noção de uma comunidade moral também se mostra problemática. Considere, por exemplo, como ela opera na obra de um comentarista a princípio rigorosamente liberal como Mark Sagoff[50]. Embora os indivíduos costumem agir como agentes econômicos autocentrados e atomisticamente constituídos,

---

[47] Citado em Donald Alexander, "Bioregionalism: Science or Sensibility", *Environmental Ethics*, n. 12, 1990, p. 163.
[48] Mills, citado em Donald Alexander, "Bioregionalism: Science or Sensibility", cit., p. 163.
[49] Robert Goodin, *Green Political Theory*, cit., cap. 2.
[50] Mark Sagoff, *The Economy of the Earth: Philosophy, Law, and the Environment* (Cambridge, Cambridge University Press, 1988).

perseguindo de maneira egoísta os próprios objetivos, o autor defende que eles não apenas podem, como de fato agem, de maneira completamente diferente na condição de membros de uma "comunidade moral", em especial no que diz respeito a questões ambientais. No caso estadunidense, ele conclui que:

> A regulação social, de modo mais fundamental, tem a ver com a identidade de uma nação – uma nação comprometida historicamente, por exemplo, com a apreciação e a preservação de uma fabulosa herança natural e sua transmissão, de modo razoavelmente conservado, às gerações futuras. A questão não é o que queremos nem aquilo em que acreditamos; mas, sim, o que somos. Não há via teórica para uma questão dessas: a resposta tem a ver com nossa história, nosso destino e nossa autopercepção enquanto povo.[51]

Há uma série de pontos de atenção aqui. Primeiro, essa é uma versão fortemente comunitária da tese de "autorrealização" proposta por Fox (ver p. 200 deste volume). Em segundo lugar, ela diz respeito tanto à construção da identidade de uma nação quanto ao meio ambiente. E aqui imediatamente tocamos na dificuldade das tendências morais e das implicações políticas dos valores reconhecidos como "verdes". Pois eles participam inevitavelmente da construção de tipos particulares de "comunidade moral" que podem, com a mesma facilidade, ganhar vieses tanto nacionalistas, excludentes e em alguns casos violentamente fascistas quanto democráticos, descentralizados e anarquistas. Anna Bramwell[52], por exemplo, assinala a ligação com o nazismo não apenas via Heidegger (cujo papel nesse sentido é mais emblemático que efetivo), mas por meio da construção de uma tradição distintamente fascista em torno do romantismo alemão, com lemas como "Sangue e solo" (*Blut und Boden*) ilustrando os programas extensos e frequentemente inovadores de conservação e reflorestamento levados a cabo pelos nazistas. Mesmo que Bramwell pareça exagerar em sua análise, não é difícil enxergar como atitudes distintivas em ambientes particulares podem ser usadas de maneira poderosa na construção de um sentido de identidade nacionalista ou comunitária. A insensibilidade de Sagoff ao empregar o termo "América" para se referir aos Estados Unidos e sua tendência a despovoar o continente de povos indígenas e ignorar suas estruturas de classe, gênero e raça ao tratar do encontro da nação com o meio ambiente contêm muitas das mesmas exclusões perturbadoras.

A política ambiental se enreda, assim, no processo de repassar às gerações futuras um senso de identidade nacional fundado em certos traços ambientais. Dito

---

[51] Ibidem, p. 17.

[52] Anna Bramwell, *Ecology in the Twentieth Century: A History* (New Haven, CT, Yale University Press, 1989).

de maneira inversa, um nacionalismo desprovido de qualquer apelo à imagética e à identidade ambientais é uma configuração das mais improváveis. Se a floresta é um símbolo da nação alemã, então o definhamento progressivo das florestas configura uma ameaça à identidade nacional. Esse fato foi importante para a deflagração do movimento verde alemão contemporâneo, mas também o colocou numa situação delicada ao ressaltar a origem das sensibilidades ecológicas contemporâneas em tradições que levaram os nazistas a serem "os primeiros ambientalistas radicais a comandar um Estado"[53]. Até mesmo uma radical ecológica como Spretnak é, assim, forçada a reconhecer que "a dimensão espiritual da política verde configura uma área extremamente carregada e problemática na Alemanha ocidental"[54].

O ponto aqui não é enxergar todas as ideias a respeito de "comunidade moral", regionalismo ou pensamento vinculado ao lugar (por exemplo, nacionalismo e comunidade imaginada) como necessariamente excludentes ou neonazistas. Raymond Williams, por exemplo, incorpora elementos desse tipo de pensamento em seu socialismo. Em seus romances, o disputado terreno de imagética ambiental, os ideais vinculados ao lugar e a perturbação de ambos por parte do capitalismo contemporâneo convertem-se em argumentos significativos sobre as raízes da alienação e a problemática da relação dos seres humanos com a natureza. A tarefa, portanto, consiste em articular as circunstâncias sociais, políticas, institucionais e econômicas que desviam sentimentos vinculados ao lugar e uma relação especial com a "natureza" a uma direção excludente e por vezes ligada ao neonazismo radical. A evocação, por parte de Bramwell, da conexão neonazista (embora seja por si só a manifestação de uma hostilidade conservadora aos "verdes" como os "novos autoritários antagônicos ao liberalismo de mercado") mostra-se, então, muito útil, visto que nos permite indagar até que ponto as fortes tendências em uma direção reacionária, não progressista, estariam invariavelmente implicadas nas teorias verdes do valor. De todo modo, torna-se evidente que os valores ambientais extraídos de uma comunidade moral dizem respeito tanto à política da comunidade quanto ao meio ambiente.

VALORES POLÍTICOS E QUESTÕES ECOLÓGICO-AMBIENTAIS

Um dos exercícios mais interessantes de fazer ao investigar o debate ecológico-ambiental é examinar os argumentos não em função daquilo que têm a dizer sobre o meio ambiente, mas daquilo que dizem a respeito da "comunidade" e

---

[53] Citado em ibidem, p. 11.
[54] Charlene Spretnak, "The Spiritual Dimension of Green Politics", em Charlene Spretnak e Fritjof Capra, *Green Politics: The Global Promise* (Londres, Paladin, 1985), p. 232.

da organização político-econômica. Ao fazê-lo, evoca-se um leque impressionante de formas alternativas de organização social aparentemente "necessárias" para resolver as questões em jogo, junto com um extraordinário catálogo de culpados e vilões a ser derrubados para garantir que nosso atual ecodrama tenha um final feliz, não trágico. "Os ambientalistas", ressalta Paehlke, não apenas "ocupam quase todas as posições à direita e à esquerda do espectro ideológico", como podem, inclusive, se adaptar a diversas posições políticas ao reivindicar ao mesmo tempo uma posição para além da política no sentido normal"[55]. Contudo, repetidamente, se reivindicam "a autoridade da natureza e suas leis", seja para justificar a condição existente de sociedade, seja "para ser a pedra fundamental de uma nova sociedade que irá resolver os problemas ecológicos"[56]. O que muitas vezes está em jogo nos argumentos ecológicos e ambientalistas, sugere Williams, "são ideias de diferentes tipos de sociedades"[57].

Parte do problema aqui é que os argumentos ecológico-ambientais, precisamente por sua diversidade e sua generalidade, estão abertos a uma ampla gama de usos aos quais ambientalistas e ecologistas certamente se oporiam. Essa retórica acaba mobilizada a serviço de uma série de objetivos: de anúncios de carros da Audi, pastas de dente e sabores de alimentos supostamente "naturais" e estilos ditos "naturais" (sobretudo para mulheres), até alvos mais específicos de controle social e investimento em "desenvolvimento sustentável" ou "conservação da natureza". O outro lado dessa moeda é que ecologistas – e, até certo ponto, ambientalistas de viés mais gerencial – tendem a deixar tantas lacunas em seus argumentos, espalhar tantos silêncios sintomáticos, ambiguidades e ambivalências em seus textos, que fica quase impossível determinar seu programa sociopolítico com alguma precisão. O objetivo deles, no entanto, pode ser nada mais, nada menos que "uma revolução para superar nossa sociedade industrial poluidora, saqueadora e materialista e, em seu lugar, criar uma nova ordem econômica e social que permitirá aos seres humanos viver em harmonia com o planeta"[58].

Minha intenção, no que segue, não é fornecer uma classificação sólida ou fazer uma avaliação crítica de qualquer tipo particular de política (todas elas estão abertas a sérias objeções), mas ilustrar a incrível diversidade política a que a opinião ecológico-ambiental está propensa.

---

[55] Robert Paehlke, *Environmentalism and the Future of Progressive Politics* (New Haven, CT, Yale University Press, 1989), p. 194.

[56] Reiner Grundmann, *Marxism and Ecology* (Oxford, Oxford University Press, 1991), p. 114.

[57] Raymond Williams, *Problems in Materialism and Culture*, cit., p. 71.

[58] Jonathon Porritt e David Winner, citados em Andrew Dobson, *Green Political Thought*, cit., p. 7.

1. Autoritarismo

William Ophuls escreve que, "qualquer que seja sua forma específica, a política da sociedade sustentável parece nos deslocar, ao longo do espectro político, do libertarianismo em direção ao autoritarismo", e precisamos aceitar que "a era de ouro do individualismo, da liberdade e da democracia praticamente findou-se"[59]. Na mesma linha, Robert Heilbroner argumenta que, diante de escassezes cada vez maiores, só há um tipo de solução: uma ordem social "que mescle uma orientação 'religiosa' com uma disciplina 'militar' [que] pode nos ser repugnante, mas suspeito que ofereça a maior promessa de levar a cabo as profundas e dolorosas adaptações que as gerações vindouras precisam fazer"[60]. Embora seus compromissos pessoais sejam abertamente liberais (socialísticos, no caso de Heilbroner), ambos os autores admitem com relutância a necessidade de algum tipo de autoritarismo centralizado enquanto resposta "realística" à limitação dos recursos naturais e às dolorosas adaptações que tais limites inevitavelmente imporão sobre nós. No caso da ala fortemente malthusiana do movimento ecológico – Garrett Hardin talvez seja o melhor representante disso –, é explícito o apelo à via autoritária como única possível solução política à "tragédia dos comuns". Boa parte dos escritos nesse gênero pressupõe que a escassez de recursos (e os consequentes limites ao crescimento) e a pressão do aumento populacional residem no âmago da questão ecológico-ambiental. Esse estilo de argumentação também teve grande relevância no início dos anos 1970. Em tempos recentes, contudo, soluções autoritárias à crise ambiental foram abandonadas pelo movimento[61]. Mas há sempre um aspecto autoritário repousando em algum lugar da política ecológica.

2. Gerencialismo corporativo e estatal

Uma versão fraca da solução autoritária repousa na aplicação de técnicas de racionalidade técnico-científica dentro de um Estado administrativo dotado de fortes poderes regulatórios e burocráticos, em colaboração com a *big science** e o grande capital corporativo. O elemento central do argumento é que nossa definição de

---

[59] William Ophuls, *Ecology and the Politics of Scarcity: A Prologue to a Political Theory of the Steady State* (São Francisco, Freeman, 1977), p. 161.

[60] Robert L. Heilbroner, *An Inquiry into the Human Prospect* (Nova York, Norton, 1974), p. 161.

[61] Andrew Dobson, *Green Political Thought*, cit., p. 26.

* O termo *"big science"* [grande ciência] aparece na história e na filosofia da ciência para designar consórcios geopolíticos e econômicos de pesquisa científica. Seu pressuposto é uma guinada ocorrida ao longo do século XX, quando o progresso científico passa a depender fundamentalmente, em uma escala inédita, de projetos tão maciços e onerosos (como o Grande Colisor de Hádrons) que só poderiam ser bancados por Estados nacionais inteiros ou, ainda, por associações entre múltiplos Estados nacionais e grandes corporações internacionais. (N. T.)

muitos problemas ecológicos (como chuva ácida, buraco na camada de ozônio, aquecimento global, agrotóxicos na cadeia alimentar etc.) está necessariamente nas mãos da ciência; assim, as soluções dependem igualmente da mobilização do conhecimento científico e de habilidades tecnológicas corporativas embutidas no interior de um processo racional político-econômico (e encabeçado pelo Estado) de tomada de decisões. A "modernização ecológica" é a palavra-chave ideológica desse tipo de política[62]. Conservação e regulação ambientais (tanto em escala global quanto em escala nacional) seriam aqui interpretadas como gestão de recursos ao mesmo tempo racional e eficiente para um futuro sustentável. Certos setores do capital corporativo, em especial aqueles que potencialmente se beneficiariam de fornecer a tecnologia necessária para o monitoramento global da saúde planetária, têm grande interesse no imaginário da gestão global ou da "medicina planetária". A IBM, por exemplo, tomou a frente no "esverdeamento" da política corporativa, visto que muito provavelmente ela passará a desempenhar um papel privilegiado no fornecimento da tecnologia para o monitoramento global. A "sustentabilidade" aqui se aplica, aparentemente, tanto ao poder corporativo quanto ao ecossistema.

3. Liberalismo pluralístico

Direitos e liberdades democráticos (particularmente de expressão e opinião) são por vezes considerados essenciais para as políticas ecológicas, precisamente porque é difícil definir, de forma onisciente ou onipotente, como seria uma política ecológico-ambiental adequada. Concebe-se uma situação de negociação aberta e perpétua acerca de questões ambientais-ecológicas numa sociedade que comporte o surgimento de grupos de pressão (como o Greenpeace) como única maneira de garantir que a questão ambiental permaneça sempre em pauta. Qualquer um que deseje falar sobre ou em defesa da "natureza" pode fazê-lo, e criam-se instituições (como declarações de impacto ambiental e legislações ambientais) para permitir a contestação dos "direitos das árvores e das corujas". Chega-se a um consenso satisfatório a respeito de questões ambientais – e, portanto, à melhor aposta para proteção ambiental – apenas ao fim de complexas negociações e jogos de poder envolvendo grupos interessados. Contudo, o consenso, no melhor dos casos, não passa de um momento pontual em uma política pluralística e profundamente disputada no que diz respeito tanto aos valores a serem atribuídos à natureza quanto à compreensão da mudança ecológica.

---

[62] Maarten A. Hajer, "The Politics of Environmental Performance Review: Choices in Design", em Erik Lykke (org.), *Achieving Environmental Goals: The Concept and Practice of Environmental Performance Review* (Londres, Belhaven Press, 1992); Albert Weale, *The New Politics of Pollution* (Manchester, Manchester University Press, 1992), cap. 3.

4. Conservacionismo

Em parte da literatura ecológica o princípio da prudência e do respeito pela tradição desempenha papel proeminente. As adaptações humanas aos ambientes naturais (e as adaptações desses ambientes por parte da ação humana) foram produzidas
ao longo de séculos e não devem ser perturbadas sem necessidade. A conservação
e a preservação de paisagens e usos existentes, por vezes defendidas mediante o
apelo explícito a juízos estéticos, conferem um tom conservador a esse arcabouço[63]. Argumentos desse tipo, entretanto, têm um aspecto radical. Eles podem ser
fortemente anticapitalistas (contra o desenvolvimento) e, quando postos em contexto internacional, podem também ser fortemente anti-imperialistas. Deve-se a
princípio respeitar a tradição por toda parte, de forma que a modernização total
será sempre considerada problemática. Há nessa linha de pensamento considerável
simpatia, digamos, a povos indígenas assolados pelas relações de troca e pelo processo de mercantilização. Tudo isso tem seu lado romântico, mas pode produzir
uma política obstinada do lugar altamente protetiva de determinado ambiente.
A questão não é tanto a não intervenção no meio ambiente, mas a preservação de
modelos tradicionais de interação social e ambiental precisamente porque eles se
mostraram, em um sentido ou em outro, funcionais ao menos para alguns grupos
(em geral, mas nem sempre, de elite). A preservação do poder político e dos valores
de tais grupos é tão importante, evidentemente, quanto as questões ambientais.

5. Comunidade moral

As questões complexas que surgem quando se invocam ideias de "comunidade moral" já foram examinadas. Muitas "comunidades" desenvolvem algum consenso rudimentar quanto às obrigações morais no que diz respeito aos modos de relação social,
bem como às formas de se comportar em termos de "direitos da natureza"[64]. Embora
frequentemente contestados, tanto em virtude da heterogeneidade interna da comunidade quanto por causa da pressão por mudança social, esses preceitos morais no
que diz respeito, por exemplo, à relação com a natureza (expressos cada vez mais no
campo da "ética ambiental") podem se tornar uma importante ferramenta ideológica
na tarefa de forjar uma solidariedade comunitária (sentimentos nacionalistas) e obter
empoderamento. Esse é o espaço por excelência do debate moral[65] sobre questões

---

[63] Ver, por exemplo, Robin George Collingwood, *The Idea of Nature* (Oxford, Oxford University
 Press, 1960).
[64] Ver Roderick Nash, *The Rights of Nature: A History of Environmental Ethics* (Madison, University
 of Wisconsin Press, 1989).
[65] Ver Robin Attfield, *The Ethics of Environmental Concern* (Athens, University of Georgia Press,
 1991).

ambientais, associado à articulação de valores e políticas comunitários centrados nos ideais das virtudes cívicas que se traduzem em certas concepções de uma relação virtuosa com a natureza.

6. Ecossocialismo

Embora haja certamente uma tendência nos círculos socialistas a se enxergar o ambientalismo como questão burguesa e de classe média e a suspeitar das propostas de crescimento zero e de limitação sobre o consumo[66], há convergências em áreas suficientes para fazer do ecossocialismo um projeto político viável (ainda que seja uma corrente relativamente minoritária em boa parte dos movimentos socialistas mais hegemônicos). Algumas questões ambientais, como saúde e segurança ocupacionais, são foco de intensa preocupação dos trabalhadores, ao passo que muitos grupos ecológicos aceitam que os problemas ambientais podem ser "retraçados ao preceito capitalista de que a escolha da tecnologia de produção deve ser governada unicamente pelo interesse privado na maximização de lucro em função de sua participação no mercado"[67]. "Se quisermos ter sanidade ecológica", afirmam Haila e Levins, "precisamos lutar por justiça social"[68]. Isso significa controle social sobre a tecnologia da produção e sobre os meios de produção, controle sobre o sistema capitalista da "acumulação como um fim em si mesmo, da produção como um fim em si mesmo" que se encontra na raiz de muitas questões ambientais, e o reconhecimento de que "o futuro da humanidade simplesmente não pode ser construído sobre uma vida agradável para poucos e sofrimento para a maioria"[69]. Isso situa a questão ambiental firmemente dentro da órbita socialista. Os socialistas que aceitam a existência de uma crise ecológica sustentam, assim, o surgimento de uma segunda via para o socialismo: uma que sublinha a contradição entre a organização social da produção e as condições (ecológicas) da produção, em vez das contradições de classe[70]. O socialismo mostra-se necessário, portanto, em parte porque somente em uma sociedade dessas é possível encontrar soluções abrangentes, duradouras e socialmente justas para questões ambientais.

---

[66] Para um bom resumo, ver Ted Benton, "Marxism and Natural Limits: An Ecological Critique and Reconstruction", *New Left Review*, n. 178, 1989, p. 52.

[67] Barry Commoner, *Making Peace with the Planet* (Nova York, Pantheon, 1990), p. 219.

[68] Yrjo Haila e Richard Levins, *Humanity and Nature: Ecology, Science and Society* (Londres, Pluto, 1992), p. 251.

[69] Ibidem, p. 227.

[70] Ver James O'Connor, "Capitalism, Nature, Socialism: A Theoretical Introduction", *Capitalism, Nature, Socialism*, n. 1, 1988, p. 11-38.

7. Ecofeminismo

Em nenhum lugar se debateu tão rigorosamente a controvérsia *nature-nurture** quanto no movimento feminista, e no ecofeminismo encontramos um conjunto diverso de opiniões sobre como conectar a questão ecológico-ambiental com a política feminista. Em um ecofeminismo radical, por exemplo, a desvalorização e a degradação da natureza estão profundamente implicadas no processo paralelo de desvalorização e degradação das mulheres. A resposta política é celebrar, em vez de negar, as inter-relações entre mulheres e natureza por meio do desenvolvimento de rituais e simbolismos, bem como de uma ética do cuidado, do zelo e da procriação. Nessa equação, o feminismo é tão proeminente quanto (senão mais que) a ecologia, e as soluções aos problemas ecológicos são vistas como dependentes da aceitação dos princípios feministas.

8. Comunitarismo descentralizado

Dobson argumenta que boa parte dos movimentos ecológicos contemporâneos evitam, por princípio, soluções autoritárias e "defendem uma forma participativa de sociedade marcada pela existência de discussões e em que o maior espectro possível de questões políticas e sociais esteja sujeito à solicitação e à concessão de consenso"[71]. A política deles geralmente deriva sua inspiração da "comunidade autossuficiente modelada sob diretrizes anarquistas"[72], e autores como Bookchin, Goldsmith e outros (incluindo o Partido Verde alemão) buscaram articular a forma das relações sociais que deveriam prevalecer em comunidades autossuficientes que se tornariam, em virtude de sua escala, "mais próximas" da natureza. O igualitarismo, as formas não hierárquicas de organização e a ampla participação e o empoderamento locais na tomada de decisões são retratados como norma política[73]. Descentralização e empoderamento comunitário, associados a certo grau de biorregionalismo, são vistos, então, como a única solução eficaz para a alienação nas relações sociais e nas relações com a natureza.

---

* A expressão aliterativa "*nature* versus *nurture*" remete a um campo amplo e recorrente de contenda a respeito de até que ponto determinados comportamentos humanos seriam inatos ou posteriormente adquiridos – quais traços, por exemplo, seriam dados invariavelmente pela "natureza" e quais seriam produto do ambiente externo ou do contexto de criação. O debate assumiu diversas formas e intensidades em diferentes períodos históricos e contextos sociais. Por exemplo, o polo da "natureza" pode ser entendido tanto em termos divinos ou metafísicos quanto biogenéticos (ou, ainda, astrológicos); e o polo da "criação" pode ser entendido tanto na chave de hábitos incutidos socialmente quanto na de fatores exógenos. (N. T.)

[71] Andrew Dobson, *Green Political Thought*, cit., p. 25.

[72] Tim O'Riordan, *Environmentalism* (Londres, Pion, 1981), p. 307.

[73] Guy Dauncey, *After the Crash: The Emergence of the Rainbow Economy* (Basingstoke, Green Print, 1988).

O leque de políticas ecológicas que delineei aqui precisa, contudo, ser suplementado por uma gama cada vez mais complexa de apelos especiais em que questões ou requerimentos ambientais-ecológicos são invocados por motivos sociais muito particulares. Cientistas, por exemplo, famintos tanto por financiamento quanto por atenção, podem criar questões ambientais que refletem não só condições ambientais, mas também de economia política e sociologia da ciência. Ao escrever a respeito da evidente urgência de se tomarem medidas para conservar a diversidade biológica, Robert May, professor pesquisador da Royal Society, foca tanto o subfinanciamento da taxonomia (em relação à física) quanto como definir a importância da perda de biodiversidade (ou como lidar com ela)[74]. Enquanto por um lado a ignorância científica claramente constitui uma barreira à identificação adequada das questões ou das soluções relevantes, as reivindicações em benefício próprio por mais financiamento provocam ceticismo – e com razão.

Jacks e Whyte, dois respeitados cientistas do solo, fornecem exemplo ainda mais insidioso. Profundamente preocupados com o fenômeno da erosão do solo na África, escreveram o seguinte em 1939:

> Um tipo feudal de sociedade em que os agricultores nativos estariam a certa medida atados às terras de seus suseranos parece o mais adequado no geral para atender às necessidades do solo no presente estado de desenvolvimento africano. Não se pode esperar que a África aceite o feudalismo sem contestação: em determinadas partes da África britânica, isso significaria abrir mão do promissor experimento de Domínio Indireto, em toda parte significaria negar aos nativos algo da liberdade e das oportunidades de progresso material a que seus trabalhos deveriam lhes garantir o acesso. No entanto, permitiria às pessoas, que foram a principal causa da erosão e que possuem os meios e a condição para controlá-la, assumir responsabilidade pelo solo. O egoísmo, intocado pelo receio de rivalidades nativas, garantiria que se assumisse a responsabilidade em benefício último do solo. No presente, as considerações humanitárias a respeito dos nativos impedem que os europeus obtenham a posição de dominância sobre o solo que está ao alcance. A humanidade talvez seja o ideal mais elevado, mas o solo demanda uma postura dominante, e se os homens brancos se recusam e os homens negros não podem assumir tal posição, a vegetação cuidará de fazê-lo pelo processo da erosão, finalmente expelindo os brancos.[75]

Ao mesmo tempo contundente e espantosa, essa declaração ilustra como, em nome do meio ambiente, podem-se defender, por um lado, a imposição de todo tipo

---

[74] Robert M. May, "How Many Species Inhabit the Earth?", *Scientific American*, v. 267, n. 4, 1992, p. 18-24.

[75] Graham Vernon Jacks e Robert Orr Whyte, *Vanishing Lands* (Nova York, Doubleday, 1939).

de restrição sobre os direitos dos "outros" e, por outro, a atribuição de direitos (e obrigações) àqueles supostamente dotados do conhecimento e da tecnologia necessários para se controlar o problema. Embora poucos hoje ousassem ser tão explícitos, há um forte traço dessa atitude nos argumentos do Banco Mundial e até mesmo em um documento aparentemente progressista como o Relatório Brundtland. O controle sobre os recursos dos outros em nome de pautas como saúde planetária, sustentabilidade e prevenção à degradação ambiental está quase sempre presente, de alguma forma, em muitas propostas ocidentais de gestão ambiental global. É a consciência dessa potencialidade que suscita considerável resistência por parte dos países em desenvolvimento a qualquer forma de ambientalismo que venha do Ocidente.

Surgem problemas semelhantes sempre que questões ambientais-ecológicas são convertidas em questões estéticas. A edição especial da *Fortune* dedicada ao meio ambiente em 1970, por exemplo, continha uma forte defesa do redesenvolvimento das regiões centrais das cidades estadunidenses conforme diretrizes que hoje poderíamos denominar "pós-modernas", invocando a qualidade ambiental (em geral retratada como agradável para o usuário, com espaços arborizados ou à beira-mar) como objetivo primordial. Toda a "cultura da natureza" na contemporaneidade, como Alexander Wilson a denomina, é um gosto muito cultivado e propagandeado, que no fim se resume à natureza enquanto mercadoria[76].

Um observador cínico talvez se sinta tentado a concluir que a discussão sobre a questão ambiental não passaria de uma forma dissimulada de se introduzirem projetos sociais e políticos particulares por meio da evocação do espectro de uma crise ecológica ou de se legitimar determinadas soluções por meio do apelo à autoridade de uma necessidade imposta pela natureza. Gostaria, contudo, de traçar uma conclusão mais ampla: todos os projetos (e argumentos) ecológicos são simultaneamente projetos (e argumentos) político-econômicos, e vice-versa. Os argumentos ecológicos nunca são socialmente neutros, da mesma forma que os sociopolíticos jamais são ecologicamente neutros. Debruçar-se mais detidamente sobre a forma como ecologia e política se inter-relacionam torna-se, assim, imperativo para entender com mais propriedade como abordar as questões.

A ECONOMIA POLÍTICA DOS PROJETOS SOCIOECOLÓGICOS

Há um registro extraordinariamente rico da geografia histórica sobre as transformações socioecológicas que elucida as formas como os projetos sociopolíticos e

---

[76] Alexander Wilson, *The Culture of Nature: North American Landscape from Disney to the Exxon Valdez* (Oxford, Basil Blackwell, 1992).

214 / Os sentidos do mundo

ecológicos se entrelaçam e em determinado momento tornam-se indistinguíveis entre si. O inventário de tais materiais na arqueologia[77], na antropologia[78], na geografia[79] e mais recentemente na história[80] é de fato extenso. No entanto, boa parte do debate contemporâneo sobre questões ecológico-ambientais, não obstante sua dedicação superficial a ideais de multidisciplinaridade e "profundidade", se dá como se esses materiais não existissem ou existissem apenas enquanto repositório de evidências anedóticas para afirmações particulares. São relativamente raros os trabalhos sistemáticos nesse sentido e os que de fato foram realizados[81] não chegaram nem perto de ocupar o lugar que mereciam na discussão. O debate que agora está surgindo no interior do marxismo – entre, por exemplo, Ted Benton[82] e Reiner Grundmann[83] – opera em um nível de abstração histórico-geográfica especialmente não marxista. Até mesmo um periódico como *Capitalism, Socialism, Nature*, criado para explorar questões verdes a partir de uma perspectiva socialista, trata extensamente de teoria e evidências anedóticas, mas traz poucas tentativas de sistematização de registros histórico-geográficos.

Um levantamento subjetivo ilustra bem como as sociedades buscam criar para si mesmas condições ecológicas que não apenas conduzem à própria sobrevivência, como constituem tanto manifestações quanto instanciações "na natureza" de suas relações sociais particulares. Visto que nenhuma sociedade pode realizar tal tarefa sem se deparar com consequências ecológicas não intencionais, a contradição entre transformação social e transformação ecológica pode se tornar altamente problemática, inclusive colocando em risco, de tempos em tempos, a própria sobrevivência da sociedade em questão. Engels tratou, há muitos anos, deste último ponto:

> Não nos deixemos, contudo, nos encantar demasiadamente com nossas vitórias humanas sobre a natureza. Pois cada vitória dessas cobra sua vingança sobre nós. Cada vitória,

---

[77] Ver, por exemplo, Karl Butzer, *Archaeology as Human Ecology* (Cambridge, Cambridge University Press, 1982).

[78] Ver John Bennett, *The Ecological Transition: Cultural Anthropology and Human Adaptation* (Nova York, Pergamon Press, 1976); Roy Ellen, *Environment, Subsistence and System: The Ecology of Small-Scale Social Formations* (Cambridge, Cambridge University Press, 1982); Tim Ingold, *The Appropriation of Nature*, cit.

[79] William L. Thomas Jr. (org.), *Man's Role in Changing the Face of the Earth*, cit.; Andrew Goudie, *The Human Impact on the Natural Environment*, cit.

[80] Ver o debate no *Journal of American History*, 1990.

[81] Por exemplo, Karl Butzer, *Archaeology as Human Ecology*, cit.

[82] Ted Benton, "Marxism and Natural Limits", cit.; idem, "Ecology, Socialism and the Mastery of Nature: A Reply to Reiner Grundmann", *New Left Review*, n. 194, 1992, p. 55-74.

[83] Reiner Grundmann, "The Ecological Challenge to Marxism", *New Left Review*, n. 187, 1991, p. 103-20; idem, *Marxism and Ecology*, cit.

é verdade, entrega em uma primeira instância os resultados por nós esperados, mas na segunda e na terceira instâncias acarreta efeitos bastante diferentes, imprevistos, que com frequência anulam os primeiros [...]. Assim, a cada passo somos lembrados de que nós de forma alguma dominamos a natureza como um conquistador domina um povo estrangeiro, como alguém situado fora da natureza – mas que nós, com carne, sangue e cérebro, pertencemos à natureza e existimos em meio a ela e que nossa maestria sobre ela consiste efetivamente no fato de que temos a vantagem sobre todas as outras criaturas de sermos capazes de aprender suas leis e aplicá-las corretamente.*

Isso implica a pura e simples necessidade de sempre levar a sério a dualidade das transformações sociais e ecológicas. O historiador William Cronon defende, por exemplo, que

uma história ecológica começa com a pressuposição de uma relação dinâmica e cambiante entre ambiente e cultura, relação esta que seja apta a produzir tanto contradições quanto continuidades. Ademais, assume que as interações entre os dois são dialéticas. O meio ambiente pode inicialmente moldar a gama de escolhas disponíveis a um povo em um dado momento, mas em seguida a cultura remodela o ambiente respondendo a essas escolhas. O ambiente remodelado apresenta um novo conjunto de possibilidades para reprodução cultural, configurando, assim, um novo ciclo de determinação mútua. As mudanças nas formas pelas quais as pessoas criam e recriam sua subsistência precisam ser analisadas em termos das transformações não apenas de suas relações sociais, como também de suas relações ecológicas.[84]

Tudo isso pode ser lido como uma versão do adágio de Marx e Engels de que "a oposição entre natureza e história" é engendrada apenas quando "a relação dos homens com a natureza é excluída da história"[85]. O estudo de Cronon a respeito dos assentamentos coloniais na Nova Inglaterra levanta ainda outra questão. Ele mostra como um ambiente que foi produto de mais de 10 mil anos de ocupação e uso florestal indígenas (promovendo, por meio da queima, efeito de borda nas florestas, que tendem a apresentar grande diversidade e riqueza em termos de espécies) foi interpretado equivocadamente pelos colonos como intocado, virginal, rico

---

*   Friedrich Engels, *Dialética da natureza* (São Paulo, Boitempo, no prelo). (N. T.)

[84]   William Cronon, *Changes in the Land: Indians, Colonists, and the Ecology of New England* (Nova York, Hill and Wang, 1983), p. 13-4.

[85]   Karl Marx e Friedrich Engels, *The German Ideology* (Nova York, International Publishers, 1970), p. 55 [ed. bras.: *A ideologia alemã*, trad. Luciano Cavini Martorano, Nélio Schneider e Rubens Enderle, São Paulo, Boitempo, 2007, p. 43-4].

e subutilizado pelos povos nativos. A implantação de instituições de governança europeias e direitos de propriedade (alinhados a aspirações distintamente europeias em relação à acumulação de riqueza) forjou, ademais, uma transformação ecológica tão enorme que populações indígenas foram privadas da base ecológica para seu modo de vida. A aniquilação daquele modo de vida (e, portanto, dos povos indígenas) foi, assim, um acontecimento tanto ecológico quanto político ou militar. Em parte isso teve a ver com a introdução de novas doenças (em particular a catapora), mas mudanças ocorridas na terra e sobre ela também tornaram impossível sustentar um modo de produção e reprodução indígena nomádico e altamente flexível.

Um caminho para a consolidação de um conjunto particular de relações sociais, portanto, consiste em viabilizar uma transformação ecológica que, para se sustentar, requeira a reprodução dessas relações sociais. Worster, sem dúvida, exagera em sua extravagante projeção ao Oeste estadunidense das teses de Wittfogel sobre a relação entre esquemas de larga escala de irrigação e formas despóticas de governo, mas seu argumento básico está certamente correto[86]. Uma vez que as propostas originais do geólogo John Wesley Powell, no fim do século XIX, para um sistema de assentamentos comunitário, descentralizado, "biorregional" e limitado à bacia do rio para o Oeste estadunidense foram rejeitadas por um Congresso dominado por interesses corporativos de grande escala (com Powell sendo completamente difamado ao longo do processo), aqueles mesmos interesses buscaram assegurar sua reprodução por meio da construção de barragens, megaprojetos hídricos e vastas transformações do ecossistema local. Sustentar um projeto ecológico tão grandioso passou a depender crucialmente da criação e da manutenção de poderes estatais centralizados e de certas relações de classe (a formação e a perpetuação, por exemplo, do agronegócio em larga escala e de um proletariado agrário sem terra e oprimido). A consequente subversão do sonho jeffersoniano de uma democracia agrária criou, desde então, intensas contradições no corpo político de estados como a Califórnia[87]. Aqui, porém, chegamos a outra implicação (notavelmente ausente em boa parte da obra de Cronon): contradições nas relações sociais (no caso de Worster, relações de classe; mas as de gênero, religião e outras podem ser igualmente importantes) implicam contradições sociais na terra e nos próprios projetos ecossistêmicos. Não só os ricos ocupam nichos privilegiados no hábitat enquanto os pobres tendem a trabalhar e viver nas zonas mais tóxicas e insalubres, como o próprio desenho do ecossistema transformado reflete suas relações sociais. De

---

[86] Donald Worster, *Rivers of Empire: Water, Aridity and the Growth of the American West* (Nova York, Pantheon Books, 1985).

[87] Robert Gottlieb, *A Life of Its Own: The Politics and Power of Water* (Nova York, Harcourt Brace Jovanovich, 1988), ou o filme *Chinatown* (1974), de Roman Polanski.

forma inversa, projetos criados em termos puramente ecológicos – por exemplo, a chamada "Revolução Verde" – acarretam toda sorte de consequências distributivas e sociais (no caso da Revolução Verde, a concentração da posse de terra em poucas mãos e a criação de um proletariado agrário sem terra).

Ecossistemas criados tendem tanto a instanciar quanto a refletir, portanto, os sistemas sociais que os ensejaram. Eles o fazem, contudo, de formas contraditórias e instáveis. Esse princípio simples deveria ter muito mais gravidade sobre todos os ângulos do debate ecológico-ambiental. Trata-se de um princípio que, como argumenta Lewontin, tanto a biologia quanto a ciência social esqueceram:

> Não podemos considerar a evolução como a "solução" dada pelas espécies a "problemas" ambientais predeterminados, porque são as atividades vitais das próprias espécies que determinam, ao mesmo tempo, tanto os problemas quanto as soluções [...]. Os organismos, em sua existência e no curso de sua evolução enquanto espécie, não se adaptam aos ambientes, eles os constroem. Eles não são simplesmente objetos das leis da natureza que alteram a si próprios conforme o inevitável, e sim sujeitos ativos que transformam a natureza conforme suas leis.[88]

É puro idealismo, por exemplo, sugerir que seria possível abandonarmos de modo relativamente sem custo as imensas estruturas ecossistêmicas existentes da urbanização capitalista contemporânea a fim de "retomar a proximidade com a natureza". Os sistemas atualmente vigentes são uma forma revisada de "segunda natureza" que não podem entrar em deterioração ou colapso sem flertar com a possibilidade de um desastre ecológico para nossa própria espécie. Sua gestão adequada (e nisso incluo sua transformação socialista ou ecológica de longo prazo em algo completamente diferente) pode exigir instituições políticas de transição, hierarquias de relações de poder e sistemas de governança altamente condenáveis tanto para ecologistas quanto para socialistas. Isso ocorre porque, em um sentido fundamental, não há nada de não natural na cidade de Nova York – e sustentar um ecossistema desses, mesmo em transição, implica um compromisso inevitável com as formas de organização social e as relações sociais que o produziram.

Referir-se à urbanização como "ecossistema criado" pode parecer um tanto esquisito. No entanto, a atividade humana não pode ser vista como externa a projetos ecossistêmicos. Enxergá-la dessa maneira faz tanto sentido quanto tentar estudar a polinização sem as abelhas ou o sistema pré-colonial do Nordeste dos Estados Unidos sem o castor. Os seres humanos, assim como todos os outros organismos,

---

[88] Richard Lewontin, "Organism and Environment", em Henry C. Plotkin (org.), *Learning, Development, and Culture: Essays in Evolutionary Epistemology* (Chichester, Wiley, 1982).

são "sujeitos ativos que transformam a natureza conforme suas leis" e estão sempre em curso de adaptação aos ecossistemas que eles próprios constroem. É, portanto, fundamentalmente equivocado falar do impacto da sociedade sobre o ecossistema como se esses fossem dois sistemas separados que estariam interagindo entre si. A forma típica de retratar o mundo a nossa volta em termos de uma caixa rotulada "sociedade" interagindo com outra caixa rotulada "meio ambiente", além de intuitivamente fazer pouco sentido (experimente traçar uma fronteira entre as duas caixas na sua vida cotidiana), não possui justificação teórica ou histórica fundamental.

Fluxos monetários e movimentos de mercadorias, por exemplo, precisam ser considerados fundamentais para os ecossistemas contemporâneos não apenas por causa da decorrente transferência geográfica de espécies animais e vegetais de um ambiente a outro[89], mas também porque esses fluxos formam uma rede coordenada que mantém os ecossistemas contemporâneos se reproduzindo e se transformando. Se amanhã esses fluxos cessassem, a disrupção nos ecossistemas do mundo seria enorme. E, à medida que os fluxos se transformam e mudam de caráter, também os impulsos criativos embutidos em qualquer sistema socioecológico se transformam de maneiras potencialmente estressantes, contraditórias ou harmônicas, conforme o caso. Aqui, também, a consideração de Cronon[90] a respeito de Chicago enquanto cidade que opera como ponto fundamental de troca entre os ecossistemas da América do Norte e como influência transformativa dentro deles consiste em um interessante estudo de caso. Ele efetivamente traduz e estende, na forma de uma detalhada narrativa histórico-geográfica, as teses de Neil Smith a respeito da "produção da natureza" por meio da troca de mercadorias e da acumulação de capital[91].

A categoria "movimento ambiental ou ecológico" também pode, por esse motivo, ser uma designação inadequada, particularmente quando aplicada à resistência dos povos indígenas a mudanças ecológicas. Tal resistência pode não ser baseada, como muitos no Ocidente suporiam, em uma profunda necessidade interna de preservar uma relação distintiva e não alienada com a natureza ou de manter intactos símbolos de ancestralidade e afins, mas, sim, no reconhecimento de que uma transformação ecológica imposta de fora (como ocorreu na Nova Inglaterra colonial ou mais recentemente com os seringueiros na Amazônia) acarreta a destruição de modos indígenas de produção, assim como suas formas distintivas de

---

[89] Ver Alfred W. Crosby, *Ecological Imperialism: The Biological Expansion of Europe, 900-1900* (Cambridge, Cambridge University Press, 1986).

[90] William Cronon, *Nature's Metropolis: Chicago and the Great West* (Nova York, Norton, 1991).

[91] Ver Neil Smith, *Uneven Development: Nature, Capital and the Production of Space* (Oxford, Basil Blackwell, 1990) e Neil Smith e Phil O'Keefe, "Geography, Marx and the Concept of Nature", *Antipode*, v. 12, n. 2, 1985, p. 30-9.

organização social. Guha, por exemplo, em seu estudo do movimento Chipko de "abraçar árvores" no Himalaia contra a indústria madeireira e a gestão *high-tech* da produção florestal, mostra que o "movimento 'ambiental' mais celebrado do Terceiro Mundo é visto por seus participantes, sobretudo, como um movimento *campesino* em defesa de direitos tradicionais na floresta – e apenas secundariamente, se tanto, um movimento 'ambiental' ou 'feminista'"[92]. Contudo, na medida em que uma "cultura urbana-industrial homogeneizadora" gera suas próprias formas de contradições e crises ecológicas e culturais, o movimento Chipko, precisamente em virtude de suas práticas ecológicas, "representa uma das respostas mais inovadoras à crise ecológica e cultural da sociedade moderna"[93].

Grupos indígenas também podem, todavia, adotar práticas ecológicas totalmente desprovidas de sensibilidade. É em larga medida uma construção ocidental, bastante influenciada pela reação romântica ao industrialismo moderno, que leva muitos a considerar que tais populações foram e continuam a ser de alguma forma "mais próximas da natureza" que nós (parece-me que até mesmo Guha, em certo momento, cai nessa armadilha). Confrontados com a vulnerabilidade ecológica frequentemente associada a essa "proximidade com a natureza", os grupos indígenas podem transformar com espantosa rapidez tanto suas práticas quanto suas visões da natureza. Ademais, mesmo quando munidos de tradições culturais e de gestos simbólicos que indicam profundo respeito pela espiritualidade na natureza, esses povos podem se envolver em transformações ecossistêmicas que minam sua capacidade de sustentar determinado modo de produção. Ainda que os chineses tenham acesso a tradições ecologicamente sensíveis vindas do taoismo, do budismo e do confucionismo (tradições de pensamento que desempenharam um importante papel na promoção de uma "consciência ecológica" no Ocidente), a geografia histórica do desflorestamento, da degradação do solo, da erosão dos rios e do alagamento na China contém uma variedade de eventos ambientais que seriam considerados catástrofes segundo os padrões atuais. Da mesma forma, evidências arqueológicas sugerem que grupos de caçadores do fim da Era do Gelo caçavam muitas de suas presas a ponto de levá-las à extinção, ao passo que o fogo certamente figura entre um dos agentes de transformação ecológica de mais amplo alcance já obtidos, permitindo a grupos muito pequenos exercer imensa influência ecossistêmica – nem sempre para o melhor, como aponta Sauer[94].

---

[92] Ramachandra Guha, *The Unquiet Woods: Ecological Change and Peasant Resistance in the Himalaya* (Berkeley, University of California Press, 1989), p. xii.

[93] Ibidem, p. 196.

[94] Carl Ortwin Sauer, "The Agency of Man on Earth", em William L. Thomas Jr. (org.), *Man's Role in Changing the Face of the Earth*, cit.

Não se trata aqui de defender que não há nada novo quanto às perturbações eco-lógicas geradas pelas atividades humanas, mas de avaliar o que exatamente é novo e indevidamente danoso, dadas a rapidez e a escala inéditas das transformações socioe-cológicas contemporâneas. No entanto, investigações histórico-geográficas desse tipo também colocam em perspectiva aquelas alegações típicas defendidas por certos eco-logistas de que houve um tempo em que "pessoas em toda parte sabiam como viver em harmonia com o mundo natural"[95] e nos levam a ver com ceticismo a afirmação igualmente dúbia de Bookchin de que "uma comunidade relativamente autossufi-ciente, visivelmente dependente de seu ambiente para obter seus meios de vida, teria um novo respeito pelas inter-relações orgânicas que a sustentam"[96]. Boa parte da retó-rica "ecologicamente consciente" contemporânea dedica demasiada atenção ao que os grupos indígenas dizem, sem atentar para o que esses grupos efetivamente fazem. Não há como concluirmos, por exemplo, que as práticas indígenas nativas são ecologica-mente superiores às nossas a partir de afirmações como as de Luther Standing Bear:

> Nós somos do solo, e o solo é nosso. Nós amamos os pássaros e as bestas que cresceram conosco neste solo. Eles beberam da mesma água que nós e respiraram do mesmo ar. Somos todos um na natureza. Ao crermos nisso, havia em nosso coração uma grande paz e uma bondade sadia com relação a todas as coisas que vivem e crescem.[97]

Fazer uma inferência como essa exigiria a crença ou em uma orientação externa e espiritual que garantisse desfechos ecologicamente "corretos" ou, então, na extraordi-nária onisciência dos juízos e das práticas indígenas ou pré-capitalistas dentro de um campo dinâmico de ação repleto de consequências acidentais. "A possibilidade de superexploração de um recurso é perfeitamente compatível com nossa noção de povos que vivem próximos à natureza, observando e agindo de acordo."[98] Ademais,

> estudos comparativos indicam que todas as altas civilizações que incorporaram estraté-gias de intensificação foram metaestáveis e que suas trajetórias de crescimento podem ser interpretadas como sendo de extração acelerada de energia, a ponto de que tanto o ecos-sistema quanto as estruturas socioeconômicas foram esgarçados ao limite de suas capaci-dades, com produção calórica absoluta e relações entrada-saída estáveis ou declinantes.[99]

---

[95]   Edward Goldsmith, *The Way: An Ecological World View* (Londres, Rider, 1992), p. xvii.

[96]   Murray Bookchin, "Ecology and Revolutionary Thought", *Antipode*, v. 17, n. 2/3, 1985, p. 97.

[97]   Citado em Annie L. Booth e Harvey L. Jacobs, "Ties that Bind: Native American Beliefs as a Foundation for Environmental Consciousness", *Environmental Ethics*, n. 12, 1990, p. 27.

[98]   Yrjo Haila e Richard Levins, *Humanity and Nature*, cit., p. 195.

[99]   Karl Butzer, *Archaeology as Human Ecology*, cit., p. 320.

Como o capitalismo foi capaz de se safar até agora de tal destino é uma história que vem se estendendo há muito tempo. Todas as sociedades tiveram sua cota de problemas de caráter ecológico – e, como dirá Butzer, temos muito a aprender ao estudá-las.

As práticas indígenas ou pré-capitalistas não são, portanto, necessariamente superiores ou inferiores às nossas só porque tais grupos adotam uma relação de respeito pela natureza em vez da atitude "prometeica" moderna de dominação ou assenhoramento[100]. Grundmann[101] está correto em seu argumento contra Benton[102] de que a tese do "assenhoramento da natureza" (deixando de lado, por enquanto, suas conotações generificadas) não implica necessariamente destrutividade; ela pode igualmente levar a práticas de amor, carinho e cuidado. A aceitação acrítica de afirmações que soam "ecologicamente conscientes" pode, além disso, ser politicamente traiçoeira. Luther Standing Bear prefaciou as reflexões citadas com o argumento bastante político de que "esta terra das Grandes Planícies é reivindicada pelo povo dakota como sua". Índios nativos podem muito bem reivindicar seu direito à terra, mas a elaboração de uma retórica "ecologicamente consciente" para sustentar esse argumento constitui, como já salientamos, uma prática familiar, mas perigosa, de apelo especial para outra finalidade.

Podemos, nesse mesmo sentido, dirigir um olhar mais crítico às tradições ideológicas, estéticas e "ecologicamente conscientes" por meio das quais se aborda a relação com a natureza. O monumental *Traces on the Rhodian Shore* [Traços na costa de Rodes], de Clarence Glacken, ilustra bem o percurso sinuoso da história da ideia de natureza por uma variedade de contextos geográficos, desde os gregos antigos até o fim do século XVIII[103]. Embora ele não esteja diretamente interessado na relação das transformações dessas ideias com o curso das transformações político-econômicas (ou mesmo em como aquelas moldam estas), essa conexão está sempre implícita. Nesse quesito, até Marx estava disposto a considerar a forma como as ideias poderiam se tornar uma "força material" de transformação histórica quando embutidas nas práticas sociais*. Por esse motivo, parece vital se

---

[100] Ver William Leiss, *The Domination of Nature* (Boston, Beacon Press, 1974).

[101] Reiner Grundmann, "The Ecological Challenge to Marxism", cit., p. 103-20.

[102] Ted Benton, "Marxism and Natural Limits", cit.; idem, "Ecology, Socialism and the Mastery of Nature", cit., p. 55-74.

[103] Clarence Glacken, *Traces on the Rhodian Shore* (Berkeley, University of California Press, 1967).

* O autor alude à conhecida passagem da introdução de 1844 à *Crítica à filosofia do direito de Hegel*, na qual Marx afirma: "A arma da crítica não pode, é claro, substituir a crítica da arma, o poder material tem de ser derrubado pelo poder material, mas a teoria também se torna força material quando se apodera das massas" (trad. Rubens Enderle, São Paulo, Boitempo, 2005), p. 157. (N. T.)

debruçar sobre ideias, bem como práticas em termos da indissociabilidade entre projetos ecológicos e sociais.

Nos anos recentes, por exemplo, William Wordsworth aparece no centro de um debate interessante. Por um lado, Bate[104] o interpreta como um pioneiro da "ecologia romântica", um escritor puramente "verde" cujas preocupações com a restauração de uma relação com a natureza foram descartadas da discussão por figuras como McGann[105], que, por outro lado, o veem como mero apologista de determinadas relações de classe. Em certo sentido, o debate se perde, pois o poeta tinha uma boa parcela dos dois. Até mesmo Bate concorda que Wordsworth buscou recuperar ou reconstituir como parte de seu ecologismo certo conjunto de relações sociais. Seu gênero "guia turístico" de escrita convidou a natureza a ser consumida de forma paternalista (em última instância, de maneiras destrutivas, como visitantes contemporâneos do Lake District* logo constatam) ao produzir aquilo que Urry[106] denomina "olhar turístico". As práticas inglesas contemporâneas de consumo da natureza enquanto espetáculo cultural devem muito às ideias e às práticas inauguradas por Wordsworth.

Uma inspeção do registro histórico-geográfico, assim, revela muito a respeito de como termos como "natureza" e "meio ambiente" contêm "uma quantidade extraordinária de história humana"[107]. As imbricações entre projetos sociais e ecológicos nas práticas diárias e nas esferas da ideologia, das representações, da estética e afins são tais a ponto de tornar todo projeto social (inclusive literário ou artístico) um projeto sobre natureza, meio ambiente e ecossistema, e vice-versa. Uma proposição dessas não deveria, certamente, ser exótica para aqueles que trabalham de acordo com a tradição histórico-materialista. Marx, afinal, defendia que só podemos descobrir quem e o que somos (o potencial da nossa espécie, inclusive) pela transformação do mundo à volta e, com isso, colocar a dialética

---

[104] Jonathan Bate, *Romantic Ecology: Wordsworth and the Environmental Tradition* (Nova York, Routledge, 1991).

[105] Jerome J. McGann, *The Romantic Ideology: Critical Investigation* (Chicago, University of Chicago Press, 1983).

* Lake District é uma região montanhosa repleta de lagos e bosques situada no noroeste da Inglaterra, hoje sujeita a alto índice de exploração turística, a ponto de representar problemas de conservação ambiental. Em 2017, o pacato condado de Cúmbria, que abriga o Parque Nacional do Distrito dos Lagos, recebeu mais de 47 milhões de visitantes. A ironia é que a aura de beleza natural que impulsiona boa parte da atividade turística do local foi em grande parte criada e alimentada por poetas e escritores de inspiração romântica e conservacionista que frequentaram a região na virada do século, como William Wordsworth, S. T. Coleridge e Beatrix Potter, entre outros. (N. T.)

[106] John Urry, *The Tourist Gaze* (Londres, Sage, 1990).

[107] Raymond Williams, *Problems in Materialism and Culture*, cit., p. 67.

das transformações sociais e ecológicas no centro de toda a história humana. Mas como devemos compreender essa dialética?

A ARMADILHA CARTESIANA

Há perigos evidentes em impor, como fez Engels, uma simples lógica dialética sobre a "natureza". No entanto, a literatura ecológica contemporânea está repleta de modos dialéticos e quase dialéticos de argumentação que ecoam aqueles praticados por Marx. Por esse motivo, há, como assinala Eckersley, "um potencial muito maior de síntese teórica" entre "ecocentrismo e filosofias políticas comunitárias e socialistas do que há entre ecocentrismo e filosofias políticas individualistas como o liberalismo"[108]. Quero aqui abordar brevemente as implicações das vigorosas denúncias feitas na literatura ecológica aos pressupostos ontológicos de Descartes, Newton e Locke e às formas reducionistas (não dialéticas) de ciência natural e social (particularmente a economia) que tais pressupostos ontológicos ensejam[109]. A teoria ecológica recorre tipicamente à teoria quântica (Heisenberg, Bohr e David Bohm são autores que figuram fartamente nesses escritos) e a diversas formas de ciências ecológicas à procura de um conjunto um tanto diferente de pressupostos ontológicos.

O sistema cartesiano ao qual os ecologistas dirigem objeções pressupõe que pode haver uma separação estrita entre *res cogitans* e *res extensa* (entre mente e corpo, fato e valor, "ser" e "dever ser") e que o conhecimento científico gerado na mente não afeta a materialidade que os cientistas estudam, da mesma forma que a materialidade estudada não afeta a mente em sua capacidade de representar "objetivamente". O cartesianismo, ademais, constrói um quadro detalhado de um universo estruturado conforme certos princípios básicos. Ele pressupõe a existência de um conjunto "natural" e autoevidente de entidades (indivíduos ou coisas) que "são homogêneas entre si, ao menos na medida em que afetam o todo do qual fazem parte". Tais entidades podem ser individuadas (identificadas) em termos de um espaço e tempo absolutos e dados externamente (essa é a presunção newtoniana que vai aparecer, como já vimos, na teoria social de John Locke e na economia contemporânea). Além disso, as entidades são "ontologicamente anteriores ao todo", e as partes (indivíduos) "têm propriedades intrínsecas, que elas possuem em isolamento". O todo (uma sociedade ou um ecossistema) não passa da soma (ou, em casos complexos, um múltiplo) de suas partes. As relações entre

---

[108] Robyn Eckersley, *Environmentalism and Political Theory: Toward an Ecocentric Approach* (Londres, UCL Press, 1992), p. 53.
[109] Ver Fritjof Capra, *The Tao of Physics*, cit.

entidades são, ademais, claramente separáveis das próprias entidades. O estudo das relações é, assim, um estudo da forma contingente pela qual entidades (por exemplo, bolas de bilhar ou pessoas) colidem. Isso levanta o problema da "causa primeira" e leva à visão cartesiana-newtoniana do universo como um mecanismo semelhante a um relógio ao qual Deus teria dado corda e posto em movimento. Segundo esse modo de pensar,

> as causas são efeitos separados, sendo as causas as propriedades dos sujeitos, e os efeitos, as propriedades dos objetos. Embora as causas possam responder a informações provenientes dos efeitos (os assim chamados "círculos de retroalimentação"), não há ambiguidade no que diz respeito a qual é o sujeito causador e qual é o objeto causado.[110]

Essa visão cartesiana é amplamente disseminada e provou ser um dispositivo extraordinariamente poderoso para gerar conhecimento e entendimento a respeito de como o universo funciona. Ela também tem um apelo intuitivo. Nos deparamos com "coisas" (por exemplo, indivíduos) e sistemas (por exemplo, redes de transportes e comunicações) que parecem ter uma existência estável e óbvia, de forma que parece perfeitamente razoável formular um conhecimento a partir de categorizações dessas coisas e desses sistemas e sobre o padrão das relações causais entre eles.

Do ponto de vista dialético, contudo, isso significa abordar as questões de uma forma indevidamente restritiva e parcial. Levins e Lewontin se referem à visão cartesiana como "alienada", pois ela retrata um mundo em que as "partes são separadas do todo e reificadas como coisas em si mesmas, como causas separadas dos efeitos, como sujeitos separados dos objetos". De modo semelhante, Marx criticava a visão de "senso comum" que sempre que "logra identificar uma distinção, deixa de ver uma unidade e onde identifica uma unidade deixa de ver uma distinção"[111]. Ele seria, sem dúvida, igualmente contundente com o raciocínio atomístico e causativo que predomina na economia e na sociologia contemporâneas, diante do individualismo metodológico que permeia boa parte da filosofia política (incluindo marxista) contemporânea e afins.

Talvez a forma mais característica assumida pelo pensamento cartesiano no campo ambiental seja a visão da "sociedade" como um sistema delimitado interagindo com outro sistema delimitado chamado "biosfera". Nosso sentido atual de problemas ambientais define-se, assim, de forma geral em termos das relações

---

[110] Todas as citações são de Richard Lewontin e Richard Levins, *The Dialectical Biologist* (Cambridge, MA, Harvard University Press, 1985).

[111] Citado em Bertell Ollman, "Putting Dialectics to Work: The Process of Abstraction in Marx's Method", *Rethinking Marxism*, n. 3, 1990, p. 44.

complexas e problemáticas entre esses dois sistemas. Na prática, é difícil ver onde começa a "sociedade" e termina a "natureza" (experimente olhar à volta e tente identificar onde ficaria essa linha divisória), mas, mesmo como ato de abstração, essa configuração de pensamento parece ser precisamente um produto da razão alienada, desprovida de justificação histórica ou científica bem fundamentada. E há um forte consenso na literatura ecológica de que essa convenção, junto com sua base em uma forma cartesiana de raciocínio, não é apenas profundamente antiecológica em si mesma, mas também, por seus efeitos nas práticas sociais, a raiz de muitos de nossos problemas ecológicos. Se isso for verdade, então o marxismo analítico e da "escolha racional", o individualismo metodológico e talvez até mesmo o realismo marxista (embora Bhaskar agora busque incorporar dialética em seus argumentos) também são profundamente antiecológicos em virtude de sua ontologia em larga medida cartesiana. O debate entre Grundmann e Benton sobre marxismo e ecologia pareceria, assim, ser uma discussão baseada em pressupostos ontológicos fundamentalmente falhos.

DIALÉTICA

A alternativa à visão cartesiana-newtoniana-lockiana é uma ontologia dialética capaz de unificar a tradição marxista com o consenso emergente sobre uma ontologia apropriada dentro da teoria ecológica. Isso poderia ocorrer por meio da elaboração das seguintes proposições:

1. O pensamento dialético prioriza a compreensão de processos, fluxos, movimentos e relações em detrimento da análise de elementos, coisas, estruturas e sistemas organizados. Estes últimos não existem fora dos processos que os estruturam, ensejam ou criam. O dinheiro – uma coisa – não pode ser compreendido fora dos processos de troca e de fluxo de capital que o estruturam, da mesma forma que organismos não podem ser compreendidos fora das relações ambientais que os constituem[112]. O capital, na definição de Marx, refere-se tanto ao processo de circulação quanto ao conjunto de ativos ("coisas" como mercadorias, dinheiro, aparato de produção). A teoria quântica afirma de modo semelhante que "a mesma entidade (por exemplo, um elétron) se comporta sob um conjunto de circunstâncias como onda, e em outro conjunto de circunstâncias como partícula"[113]. No entanto, levou

---

[112] Robyn Eckersley, *Environmentalism and Political Theory*, cit., p. 49.
[113] David Bohm e F. David Peat, *Science, Order and Creativity*, cit., p. 40.

muitos anos para que os físicos reconhecessem que essas duas concepções não eram incomensuráveis nem mutuamente excludentes. Foi só quando o fizeram que a teoria quântica moderna começou a tomar forma. Do mesmo modo, foi muito difícil para os cientistas sociais abandonar aquilo que Ollman denomina "visão de senso comum" erigida em sistema filosófico por Locke, Hume e outros segundo a qual "há coisas e há relações, e nenhuma das duas pode ser subsumida à outra"[114].

2. Assim, assume-se sempre que as "coisas" são "internamente homogêneas em todo nível" em virtude dos processos e das relações que as constituem[115]. Uma série de consequências decorre disso. Em primeiro lugar, qualquer "coisa" pode ser decomposta em um conjunto de "outras coisas" que estão em relação umas às outras. Por exemplo, uma cidade pode ser considerada uma "coisa" em inter-relação com outras cidades, mas pode também ser decomposta em bairros que podem em seguida ser decompostos em pessoas, casas, escolas, fábricas etc., que por sua vez podem ser decompostos *ad infinitum*. Não há, consequentemente, elementos básicos irredutíveis de "coisas" a partir dos quais se poderia fundar alguma reconstrução teórica de como o mundo funciona. O que parece um sistema em um nível (por exemplo, uma cidade ou lagoa) torna-se parte em outro nível (por exemplo, uma rede global de cidades globais ou um ecossistema continental). Não pode haver, nas palavras de Levins e Lewontin, uma "base fundamental" à investigação, visto que a experiência mostra que "todas as 'unidades básicas' indecomponíveis propostas acabam se mostrando passíveis de ser decompostas, e a decomposição abriu novos domínios para investigação e prática"[116]. Isso implica que é legítimo investigar "cada nível de organização sem ter de buscar unidades fundamentais". E isso, por sua vez, levanta um problema particular para a investigação: é crucial estabelecer a escala (geralmente espacial e temporal) dentro da qual os processos, as coisas e os sistemas operam, pois o que é relevante em uma escala (por exemplo, a lagoa) pode não o ser em outra (por exemplo, o continente). Em segundo lugar, se todas as "coisas" forem internamente heterogêneas em virtude dos processos (ou relações) complexas que os constituem, então a única forma pela qual podemos compreender os atributos qualitativos e quantitativos das "coisas" é entendendo os próprios processos e as relações que internalizam. Encontramos aqui uma identidade muito forte entre a construção

---

[114] Bertell Ollman, *Dialectical Investigations* (Nova York, Routledge, 1993), p. 34.
[115] Richard Lewontin e Richard Levins, *The Dialectical Biologist*, cit., p. 272.
[116] Ibidem, p. 278.

de Ollmann[117] da dialética marxiana como relações internas e os argumentos ecológicos apresentados por Eckersley[118], Birch e Cobb[119], Næss[120] e Zimmerman[121]. Há, contudo, uma restrição a esse argumento. Enquanto indivíduo, não internalizo na prática tudo do universo, e sim absorvo principalmente aquilo que for relevante para mim por meio de minhas relações (metabólica, social, política, cultural etc.) com processos em operação ao longo de um campo relativamente delimitado (meu ecossistema, economia, cultura etc.). Não há delimitação fixa ou *a priori* para esse sistema. As demarcações de começo e término de meu ambiente relevante já são, em si, funções daquilo que faço e dos processos ecológicos, econômicos e outros que têm relevância para isso. Aqui, também, estabelecer delimitações no que diz respeito a espaço, tempo, escala e ambiente passa a ser uma importante consideração estratégica no desenvolvimento de conceitos, abstrações e teorias.

3. O espaço e o tempo não são nem absolutos nem externos aos processos, são contingentes e estão contidos no interior deles. Há múltiplos espaços e tempos (e espaço-tempos) implicados em diferentes processos físicos, biológicos e sociais. Todos estes últimos produzem – para usar a terminologia de Lefebvre[122] – suas próprias formas de espaço e de tempo. Os processos não operam no tempo e no espaço, mas ativamente constroem essas dimensões e, ao fazê-lo, definem escalas distintas para o desenvolvimento delas.

4. Partes e todos são mutuamente constitutivos de si mesmos. Isso implica mais que mero círculo de retroalimentação entre entidades entendidas como coisas. À medida que, por exemplo, absorvo poderes que residem naqueles sistemas ecológicos e econômicos e que são relevantes para mim, eu ativamente os reconstituo ou os transformo em meu interior antes mesmo de projetá-los de volta para que reconstituam ou transformem o sistema de onde eles inicialmente derivaram (mais uma vez, para pegar um exemplo trivial: eu inspiro, me reconstituo em virtude do oxigênio que transformo em meu interior e expiro, transformando a atmosfera à minha

---

[117] Bertell Ollman, *Alienation: Marx's Conception of Man in Capitalist Society* (Cambridge, Cambridge University Press, 1971); Bertell Ollman, *Dialectical Investigations*, cit.

[118] Robyn Eckersley, *Environmentalism and Political Theory*, cit., p. 49-55.

[119] Charles Birch e John B. Cobb, *The Liberation of Life: From the Cell to the Community* (Cambridge, Cambridge University Press, 1981).

[120] Arne Næss, *Ecology, Community and Lifestyle*, cit., p. 79.

[121] Michael E. Zimmerman, "Quantum Theory, Intrinsic Value, and Panentheism", *Environmental Ethics*, n. 10, 1988, p. 3-30.

[122] Henri Lefebvre, *The Production of Space* (Oxford, Basil Blackwell, 1991).

volta). Práticas reducionistas "tipicamente ignoram essa relação, isolando partes como unidades preexistentes a partir das quais os todos são então compostos", ao passo que algumas práticas holísticas revertem o tratamento preferencial[123].

5. O imbricamento entre partes e todos implica "a intercambiabilidade entre sujeito e objeto, de causa e efeito"[124]. Organismos, por exemplo, precisam ser vistos tanto como os sujeitos quanto como os objetos da evolução, exatamente da mesma forma como indivíduos devem ser considerados tanto sujeitos quanto objetos de processos de transformação social. A reversibilidade entre causa e efeito torna suspeitos modelos causalmente especificados (mesmo quando dotados de círculos de retroalimentação). Na prática, o pensamento dialético, precisamente por estar enraizado no fluxo de processos contínuos e por representar esse fluxo, recorre pouco a argumentos de causa e efeito.

6. "A mudança é uma característica de todos os sistemas e de todos os aspectos de todos os sistemas."[125] Esse talvez seja o mais importante de todos os princípios dialéticos, e um que Ollman[126] prioriza sobre todo o resto. A implicação é que a mudança e a instabilidade são a norma e que a estabilidade das "coisas" ou dos sistemas é o que precisa ser explicado. Nas palavras de Ollman, "dado que a mudança é sempre parte do que as coisas são, [nosso] problema de pesquisa só [pode] ser como, quando e no que [as coisas e os sistemas] se transformam e por que eles por vezes parecem não mudar"[127].

7. O comportamento transformativo – "criatividade" – surge das complementaridades e das contradições ligadas tanto à heterogeneidade internalizada das "coisas" quanto à heterogeneidade mais óbvia presente nos sistemas. Ele é, portanto, onipresente nos mundos físico, biológico e social. Isso não significa, contudo, que todos os momentos no interior de algum processo contínuo sejam igualmente importantes em determinada escala para que se compreendam a mudança ou a estabilidade. A tarefa de pesquisa teórica e empírica consiste em identificar aqueles "momentos", "formas" e "coisas" característicos embutidos em fluxos contínuos capazes de produzir transformações radicais ou, por outro lado, conferir a um sistema qualidades de identidade, integridade e relativa estabilidade. A questão da "agência" em

---

[123] Richard Lewontin e Richard Levins, *The Dialectical Biologist*, cit.
[124] Ibidem, p. 274.
[125] Ibidem, p. 275.
[126] Bertell Ollman, "Putting Dialectics to Work", cit., p. 26-74; idem, *Dialectical Investigations*, cit.
[127] Idem, "Putting Dialectics to Work", cit., p. 34.

sistemas sociais e biológicos – bem como em sistemas físicos – precisa ser formulada, de modo geral, nesses termos.

8. A investigação dialética não se situa, ela mesma, fora de sua própria forma de argumentação – está sujeita a ela. A investigação dialética é um processo que produz coisas na forma de conceitos, abstrações, teorias e toda sorte de formas institucionalizadas de conhecimento que ficam sujeitas, por si sós, a ser reforçadas ou solapadas pelos contínuos processos de investigação. Há, ademais, certa relação implícita entre o pesquisador e o pesquisado; tal relação não é construída em termos de um "sujeito de fora" (o pesquisador) que se debruça sobre o pesquisado enquanto objeto, mas entre dois sujeitos, sendo que cada um deles necessariamente internaliza algo do outro em virtude dos processos em operação. A observação do mundo, conforme sustentava Heisenberg, inevitavelmente significa intervenção no mundo, da mesma forma que os desconstrucionistas vão argumentar que a leitura de um texto é fundamental para sua produção. De modo semelhante, Marx insistia que só transformando o mundo será possível transformar a nós mesmos e que é impossível compreender o mundo sem simultaneamente transformá-lo e a nós mesmos. Esse princípio faz da dualidade entre antropocentrismo e ecocentrismo uma falsa oposição (exatamente da mesma forma que a teoria feminista, perpetuamente forçada de volta à discussão da relação entre *nature* e *nurture*, acabou concluindo de modo geral[128] que é falsa a suposta oposição entre essencialismo e construtivismo social, porque ambos são essenciais um ao outro). A dialética não pode ser imposta ao mundo como ato intelectual sobre a matéria (foi esse o erro crucial de Engels, que infelizmente Levins e Lewontin também replicaram). A unidade subjacente entre teoria e práxis, ao que parece, não pode nunca ser quebrada, apenas atenuada ou temporariamente alienada. É aqui que reside, eu diria, o verdadeiro caminho para aquela transcendência da oposição pretendida por Benton[129].

9. A edução – a exploração das potencialidades para transformação, realização, construção de novas totalidades (por exemplo, ecossistemas sociais) e afins –, em vez de dedução ou indução, constitui, como insiste Bookchin, a tônica central da práxis dialética. Por isso a investigação dialética necessariamente incorpora a construção de escolhas éticas, morais e políticas em seu próprio processo e enxerga os conhecimentos que resultam disso como discursos situados em uma dinâmica de poder. Os valores, por exemplo, não são impostos a partir de fora como abstrações universais, chega-se a eles por

---

[128] Ver Diana Fuss, *Essentially Speaking: Feminism, Nature and Difference* (Londres, Routledge, 1989).
[129] Ted Benton, "Ecology, Socialism and the Mastery of Nature", cit., p. 72.

um processo de investigação embutido em formas de práxis e dinâmicas de poder vinculadas à exploração dessa ou daquela potencialidade (tanto em nós mesmos como no mundo em que habitamos). Na medida em que surgiu, nos anos recentes, uma teoria distintamente "verde" do valor, ela precisa ser vista como produto de processos ecológicos e dinâmicas de poder.

Há, evidentemente, uma notável semelhança entre a dialética (tanto como ontologia quanto como epistemologia) presente na argumentação de Marx, digamos, em *O capital* (e conforme apresentada por Ollman[130]), e a dialética articulada, de uma forma ou de outra, ao longo de um espectro razoavelmente amplo de escritos ecológicos. Essa semelhança não passou despercebida[131], tampouco pode ser considerada pouco problemática[132]. Entretanto, não se trabalhou criativamente em cima dela. Da mesma forma que a teoria marxiana pode ser estendida dialeticamente para se compreender a produção tanto do espaço quanto do tempo – que, afinal, são atributos fundamentais da "natureza" –, nota-se a urgência de se construir uma teoria marxiana mais completa e abrangente da produção da natureza[133]. Claramente não há nada a princípio antiecológico na dialética de Marx. As perspectivas de se criar uma ecologia político-econômica são, portanto, boas, contanto que a imaginação dialética possa ser reconduzida àquela posição central na teoria marxiana da qual ela foi desalojada por muitas contracorrentes neomarxistas de pensamento.

RUMO A UMA POLÍTICA ECOSSOCIALISTA

Benton argumentou recentemente que "as ideias básicas do materialismo histórico podem ser consideradas, sem distorção, uma proposta de abordagem ecológica ao entendimento da história e da natureza humanas"[134]. A dificuldade, diz ele, é que há um hiato, "interno aos" escritos tardios, entre esse compromisso geral e a concepção político-econômica de Marx do processo de trabalho. Imagino que uma leitura mais dialética de Marx, na qual o *processo* de trabalho é visto como

---

[130] Bertell Ollman, *Dialectical Investigations*, cit., 1993.

[131] Howard L. Parsons (org.), *Marx and Engels on Ecology* (Westport, CN, Greenwood Press, 1977); Donald C. Lee, "On the Marxian View of the Relationship Between Man and Nature", *Environmental Ethics*, n. 2, 1980, p. 1-21.

[132] John P. Clark, "Marx's Inorganic Body", *Environmental Ethics*, n. 11, 1989, p. 243-58; Peter Dickens, *Society and Nature: Towards a Green Social Theory* (Londres, Harvester Wheatsheaf, 1992), p. 190-5.

[133] Ver Neil Smith, *Uneven Development*, cit.

[134] Ted Benton, "Marxism and Natural Limits", cit., p. 55.

"um fogo que confere forma", perpetuamente modificando outros *processos* enquanto atravessa e cria "*coisas*" distintivas, elimine boa parte desse hiato. Passa, assim, a ser possível não apenas explorar os pontos comuns entre o projeto de Marx e alguns setores do pensamento ecológico contemporâneo, mas também começar a construir linguagens mais adequadas para se refletir sobre a natureza de atividades e projetos socioecológicos.

Nesse ponto, é útil refletir por um momento a respeito das múltiplas linguagens – científicas, poéticas, míticas, morais e éticas, econômicas e instrumentais, emotivas e afetivas – usadas para se abordarem as questões ecológicas. Pois geralmente se argumenta que seria necessário algum tipo de linguagem transdisciplinar para melhor representar e resolver problemas ecológicos e que a própria existência de múltiplos discursos sobre a "natureza" configura parte do problema. Ao mesmo tempo, há uma profunda relutância em tentar atulhar uma linguagem única e homogênea com tudo o que queremos dizer sobre a "natureza" e nossa relação com ela. Quero aqui argumentar que é possível fazer uma defesa limitada das duas posições.

Por um lado, certamente precisamos de uma linguagem muito mais unificada para as ciências sociais e biológicas/físicas que a que hoje possuímos. A questão da unidade da ciência já foi, obviamente, abordada muitas vezes – inclusive por Marx[135]. Mas surgem sérios problemas do lado da teoria social sempre que se invoca uma base biológica (entre os exemplos familiares estão a forma como o darwinismo social fundamentou o nazismo e os profundos antagonismos sociais gerados no debate em torno da sociobiologia). A resposta por parte da ciência social foi geralmente abrir mão de qualquer exame do lado ecológico dos projetos sociais e agir ou como se ele não importasse ou como se precisasse ser construído como algo "externo" à investigação. Acredito que essa não seja uma forma satisfatória de abordar as coisas e que seja preciso encontrar formas de criar uma linguagem mais comum. Esse é, contudo, um território perigoso – um campo aberto para formas de pensamento organicistas ou holísticas, em vez de dialéticas –, e para que dê certo podem ser necessárias profundas mudanças em posturas ontológicas e epistemológicas tanto das ciências sociais quanto das naturais.

Por outro lado, a heterogeneidade dos discursos sobre a "natureza" precisa ser aceita como característica não apenas inevitável, como muito construtiva e criativa da argumentação ecológica, contanto que seja lida não como sortimento de modos fragmentados e separados de pensamento e ação ancorados em comunidades

---

[135] Karl Marx, *The Economic and Philosophic Manuscripts of 1844* (Nova York, International Publishers, 1964) [ed. bras.: *Manuscritos econômico-filosóficos*, trad. Jesus Ranieri, São Paulo, Boitempo, 2004].

isoladas, mas como a heterogeneidade internalizada, o jogo da diferença, que todos nós devemos certamente sentir e experimentar em nossas interações com "outros" tanto da esfera humana quanto não humana. O prazer de realizar trabalho significativo e se envolver com outros não é irrelevante à vida do trabalhador, e a celebração disso em poesias e canções tem tanto a dizer quanto as representações mais alienadas do mundo que a ciência oferece.

Há nisso, no entanto, um perigo onipresente. Primeiro, a aproximação de discursos diferentes gera tanto ruído que fica difícil identificar a unidade no interior da diferença. Segundo, a análise cuidadosa da forma pela qual relações de poder se imiscuem em discursos distintos sugere que a confusão conceitual e a cacofonia dos discursos estão longe de ser elementos inocentes na reprodução do capitalismo. O envolvimento crítico com essa questão não é tarefa política trivial. Se é verdade que todos os projetos sociopolíticos são projetos ecológicos e vice-versa, então alguma concepção de "natureza" e de "meio ambiente" está onipresente em tudo que dizemos e fazemos. Se, ademais, conceitos, discursos e teorias podem operar, quando internalizados em práticas e ações socioecológicas, como "forças materiais" que moldam a história[136], então as batalhas atualmente travadas em torno de conceitos como "natureza" e "meio ambiente" são de enorme importância. Todas as análises críticas da relação com a natureza são simultaneamente análises críticas da sociedade. O incrível vigor com que os interesses dominantes buscaram conter, moldar, mistificar e dissimular o debate contemporâneo a respeito da natureza e do meio ambiente (no mais das vezes, por meio de discursos de "modernização ecológica", "sustentabilidade", "consumo verde" ou de transformação da "natureza" em mercadoria e sua comercialização enquanto espetáculo cultural) evidencia a seriedade dessa conexão.

O perigo aqui é admitir, geralmente sem o saber, conceitos que inibem a crítica radical. Considere, por exemplo, a forma como a noção de "escassez" (e seu termo correlato "superpopulação") se desenrola no debate contemporâneo[137]. A ênfase é sobre os "limites naturais" às potencialidades humanas. No caso de Lee[138], a narrativa se sucede como se as regras do comportamento humano devessem ser derivadas da segunda lei da termodinâmica e do poder de sustentação inerente aos ecossistemas (nenhum dos quais ajuda a explicar a história cambiante da organização social humana, muito menos a gênese da vida). No entanto, se enxergarmos os

---

[136] Ver Arthur Oncken Lovejoy, *The Great Chain of Being*, cit. [*A grande cadeia do ser*, cit.]. Bertell Ollman, *Alienation*, cit., p. 23-4.

[137] Ver, por exemplo, Ted Benton, "Marxism and Natural Limits", cit.; idem, "Ecology, Socialism and the Mastery of Nature", cit., p. 55-74.

[138] Keekok Lee, *Social Philosophy and Ecological Scarcity* (Londres, Routledge, 1989).

"recursos naturais" da maneira geográfica relativamente tradicional, como "avaliações culturais, tecnológicas e econômicas de elementos que residem na natureza e são mobilizados para fins sociais particulares"[139], então "ecoescassez" significa que não temos vontade, talento ou capacidade de alterar nossos objetivos sociais, nossos modos culturais, nossas miscelâneas tecnológicas nem nossa forma de economia e que não temos o poder de modificar a "natureza" conforme as necessidades humanas. Até mesmo a curta história do capitalismo certamente prova que nenhuma dessas características é fixa, que todas elas são dinâmicas e cambiantes. Uma coisa é dizer que o capitalismo, dadas suas fixações estreitas e as regras da acumulação de capital, está se deparando com uma condição de ecoescassez e superpopulação. De fato, pode-se argumentar com certa força, *pace* Marx, que o capitalismo enquanto modo de produção produz a escassez, de forma que se concentrar em limitações universais significa suprimir completamente o ponto político-ecológico. Ao menos nesse quesito Benton tem razão ao dizer que

> o que precisamos é reconhecer que cada forma social/econômica de vida tem seu próprio modo e sua própria dinâmica de inter-relação com suas próprias condições contextuais, materiais de recurso, fontes de energia e consequências não intencionais naturalmente mediadas (formas de "desperdício", "poluição" etc.). Os problemas ecológicos de qualquer forma de vida social e econômica [...] precisam ser teorizados como o resultado dessa estrutura específica de articulação natural/social.[140]

Ocorre que muitos dos termos usados em debates ambientais contemporâneos acabam incorporando valores capitalistas sem o saber. Ao passo que "sustentabilidade", por exemplo, significa coisas completamente distintas para pessoas diferentes[141], o uso que se tem feito do termo o situa sob o pano de fundo da sustentação de um conjunto específico de relações sociais com um projeto ecológico particular. Imagine, por exemplo, uma situação ecológico-econômica altamente simplificada (algo como o Daisyworld criado por Lovelock e Watson para ilustrar a hipótese de Gaia) em que a cidade de Nova York possui duas espécies: banqueiros internacionais e baratas. Se os banqueiros internacionais forem a espécie ameaçada, a noção de "sustentabilidade" passa a ser definida em termos de organizar o uso da Terra

---

[139] Ver, por exemplo, Alexander Spoehr, "Cultural Differences in the Interpretation of Natural Resources", em William L. Thomas Jr. (org.), *Man's Role in Changing the Face of the Earth*, cit.; Walter Irving Firey, *Man, Mind and the Land* (Glencoe, Free Press, 1960).

[140] Ted Benton, "Marxism and Natural Limits", cit., p. 77.

[141] Ver Michael Redclift, *Sustainable Development: Exploring the Contradictions* (Londres, Methuen, 1987).

para evitar a falência deles (por exemplo, organizar uma agricultura "sustentável" no Malaui para facilitar o pagamento da dívida). O modelo, embora forçado, não deixa de ser elucidativo na medida em que indica por que e como as finanças internacionais, via Banco Mundial, têm se mostrado tão interessadas na sustentabilidade ecológica ultimamente. A dualidade dos projetos ecológicos e sociais assume aqui algumas reviravoltas interessantes, pois, embora seja verdade que o pagamento da dívida, como argumentam os ecologistas, está na raiz de muitos problemas ecológicos, é precisamente a ameaça de calote da dívida que força as finanças internacionais a reconhecer a existência de tais problemas ecológicos.

Contudo, justamente pelos mesmos motivos pelos quais não podemos nos dar o luxo de restringir as opções, internalizando a lógica capitalista na qual conceitos de sustentabilidade, ecoescassez e superpopulação são profundamente implicados, os socialistas não podem se contentar em cooptar a linguagem crítica do descontentamento ecológico. A tarefa consiste, mais propriamente, em ao mesmo tempo definir um tipo específico de projeto ecossocialista que nos libere das opressões e contradições que o capitalismo está produzindo e lutar por ele. Marx, há muito tempo, as resumiu de modo relativamente sucinto:

Nos dias de hoje, tudo parece prenhe de seu contrário. A maquinaria, dotada do maravilhoso poder de encurtar e frutificar o trabalho humano, nós a contemplamos famintos e sobrecarregando-a com trabalho. As novíssimas fontes de riqueza, por algum estranho e misterioso feitiço, são convertidas em fontes de querer. As vitórias da arte parecem ter sido compradas pela perda de caráter. No mesmo ritmo que a humanidade domina a natureza, o homem parece tornar-se escravizado a outros homens ou à sua própria infâmia. Mesmo a pura luz da ciência parece incapaz de brilhar senão sob o fundo sombrio da ignorância. Todo nosso engenho e progresso parecem redundar em conferir vida intelectual às forças materiais e atrofiar a vida humana em uma força material.[142]

É assim tentador, embora insuficiente, citar o caminho de Engels rumo a uma resolução efetiva dos dilemas ecológicos e sociais:

Por meio de uma experiência longa e muitas vezes cruel, e através da coleta e análise de material histórico, estamos gradualmente aprendendo a ter uma visão clara dos efeitos sociais indiretos, mais remotos, das nossas atividades de produção e assim, também, nos é concedida uma oportunidade de controlar e regular esses efeitos [...]. Essa regulação, contudo, exige algo mais do que o mero conhecimento. Exige uma revolução completa

---

[142] Citado em Reiner Grundmann, *Marxism and Ecology*, cit., p. 228.

de nosso modo de produção até então existente, e, ao mesmo tempo, uma revolução em toda a nossa ordem social vigente.*

Digo que é insuficiente porque deixa sem resolução demasiados dilemas sobre o rumo que qualquer projeto ecossocialista poderia efetivamente tomar. E aqui o debate entre marxistas e ecologistas de todos os tipos tem muito a oferecer. Tal debate é, em larga medida, uma questão de articular posições fixas, evidentemente, mas há outras formas (mais dialéticas) de lê-lo. "Representações parciais são sempre restritivas e problemáticas", argumentou Marx, e a melhor forma de proceder quando nos deparamos com uma dificuldade é "esfregar os blocos conceituais contra si mesmos, de modo a fazê-los entrar em combustão". Nesse espírito, concluirei elencando as cinco áreas-chave em que esse tipo de "esfregamento" talvez possa ajudar a política conceitual ecossocialista a entrar em combustão:

1. Alienação e autorrealização

Ideias de "autorrealização" são amplamente disseminadas na literatura ecológica. Elas ecoam de certa forma o interesse de Marx – particularmente nos *Manuscritos econômico-filosóficos* de 1844, mas também em obras mais tardias como os *Grundrisse* – em emancipação e autodesenvolvimento humanos por meio do exercício de nossos poderes criativos. Na tradição marxista, contudo, justificadamente preocupada com o empobrecimento e com a privação, a liberação das forças produtivas passou a ser vista como o meio privilegiado e, em certa medida, exclusivo para se alcançar o objetivo mais amplo da autorrealização e da emancipação humanas[143]. Como tal, tornou-se um fim em si mesmo.

A crítica dos ecologistas ao "produtivismo" socialista se mostra útil aqui na medida em que obriga os marxistas a reexaminarem a problemática da alienação[144]. No capitalismo, a propriedade privada, as relações de classe, o trabalho assalariado e os fetichismos da troca mercantil nos separam e nos alienam de qualquer contato sensível e imediato (exceto naqueles sentidos fragmentados e parciais alcançáveis sob divisões de trabalho organizados em função da classe) com a "natureza", bem como com outros seres humanos. Todavia, se "o homem vive na natureza", então "essa natureza é seu *corpo*, com o qual ele precisa permanecer em contínuo intercâmbio para não morrer". A saúde desse corpo é fundamental para nossa saúde.

---

*   Friedrich Engels, *Dialética da natureza*, cit. (N. T.)
[143] Ver Reiner Grundmann, *Marxism and Ecology*, cit., p. 54.
[144] Ver, por exemplo, István Mészáros, *Marx's Theory of Alienation* (Londres, Merlin, 1970) [ed. bras.: *A teoria da alienação em Marx*, trad. Nélio Schneider, São Paulo, Boitempo, 2016]; Bertell Ollman, *Alienation*, cit.

236 / Os sentidos do mundo

"Respeitar" a natureza equivale a respeitar a nós mesmos. Envolver-se com a natureza e transformá-la significa transformar a nós mesmos. Isso configura um lado da tese de Marx. E o estranhamento em relação ao envolvimento sensível imediato com a natureza constitui um momento essencial na formação da consciência. Trata-se, portanto, de um passo rumo à emancipação e à autorrealização[145]. Aqui, contudo, há um paradoxo. Esse estranhamento eterno da consciência permite reflexividade e a construção de formas emancipatórias de saber (como a ciência), mas também coloca o problema de como retornar àquilo do qual a consciência nos aliena. O problema de como recuperar uma relação não alienada com a natureza (bem como formas não alienadas de relação social), dadas as divisões de trabalho e a organização tecnológico-social contemporâneas, passa a ser parte de um projeto comum que une inevitavelmente marxistas e ecologistas. É quanto às formas de levar a cabo essa recuperação que eles se apartam por completo.

Para os marxistas, não pode haver retorno, como muitos ecologistas parecem propor, a uma relação *não mediada* com a natureza (ou um mundo construído somente com base em relações presenciais), a um mundo pré-capitalista e comunitário de saberes não científicos com divisões de trabalho limitadas. O único caminho é buscar meios políticos, culturais e intelectuais que "vão além" de mediações como o conhecimento científico, a eficiência organizacional e a racionalidade técnica, o dinheiro e a troca de mercadorias e, ao mesmo tempo, reconhecer a importância dessas mediações. O potencial emancipatório da sociedade moderna, fundada na alienação, precisa continuar a ser explorado. Contudo, isso não pode ser, como tantas vezes ocorre, um fim em si mesmo, pois isso seria tratar a alienação como ponto de chegada, como objetivo. O interesse dos ecologistas e do jovem Marx em resgatar a alienação em relação à natureza (bem como em relação aos outros) instanciada pelo capitalismo moderno precisa ser um objetivo fundamental de qualquer projeto ecossocialista. A busca por trabalho e por fruição significativos (garantindo, por exemplo, que as "vitórias da arte" não sejam compradas com a "perda de caráter") converte-se em uma questão central por meio da qual o movimento trabalhista pode enfrentar o ponto crucial da argumentação ecológica quanto à alienação em relação à natureza, em relação aos outros e, em último caso, em relação a nós mesmos.

Isso não nega a relevância nem o poder de abordagens fenomenológicas no que diz respeito a explorar as potencialidades contidas em relações mais íntimas e imediatas com a natureza ou com os outros. A profundidade e a intensidade do sentimento implícitas até mesmo na abordagem de Heidegger não são despre-

---

[145] Ver Tim Ingold, *The Appropriation of Nature*, 1986, cit.

zíveis; tampouco o é a busca por linguagens poéticas, representações e sistemas simbólicos adequados. O existencialismo de Sartre deve muito, afinal, tanto a Marx quanto a Heidegger. O perigo surge quando tais modos de pensamento são postulados como a única base da política (nesse caso eles se tornam autocentrados, excludentes e até mesmo neofascistas), ao passo que a intenção de Marx era certamente buscar uma unidade dentro da diferença. A exploração dessa dualidade precisa estar no centro da política ecossocialista, implicando uma dualidade desconfortável, mas instrutiva, de valores entre o puramente instrumental (mediado) e o existencial (não mediado).

2. Relações sociais e projetos ecológicos

Explorações do "potencial de nossa espécie" e de nossa capacidade de realização exigem que tomemos consciência da conexão entre projetos ecológicos e as relações sociais necessárias para iniciá-los, implementá-los e geri-los. Para que funcione com êxito, o poder nuclear, por exemplo, exige relações de poder altamente centralizadas e não democráticas associadas a estruturas hierárquicas de comando e controle. As objeções a ele concentram-se, assim, tanto nas relações de poder que implica quanto nos problemas ecológicos de saúde e de dejetos tóxicos no longo prazo. A natureza de muitos dos projetos ecológicos realizados na União Soviética exigiu, da mesma forma, relações sociais que estavam em total desacordo com o projeto teórico de construção de uma nova sociedade fundada na igualdade e na democracia. Todavia, fazer esse tipo de crítica é a parte fácil. Pois, se invertermos a equação e afirmarmos que os únicos projetos ecológicos a ser viabilizados são aqueles coerentes com relações sociais não hierárquicas, descentralizadas, altamente democráticas e radicalmente igualitárias, então o espectro de possíveis projetos ecológicos torna-se altamente restrito, representando uma possível ameaça à vida de parcelas consideráveis da população. A adoção de uma postura dessas certamente não vai ao encontro da exploração aberta das potencialidades de nossa espécie e provavelmente iria contra o alívio da miséria material tangível em que se encontra boa parte da população mundial.

Não há, aqui, solução ao que sempre será uma situação contraditória, a não ser reconhecer plenamente a natureza da tensão e buscar formas políticas de viver com ela. Mais imediatamente, precisamos reconhecer também os efeitos que surgem da instanciação "na natureza" de certos tipos de relação social. Por exemplo, se enxergarmos, como penso que devemos fazer, que os ecossistemas contemporâneos comportam os meios ambientes construídos das cidades e dos fluxos de capital e de mercadorias que os sustentam, e se esses ecossistemas são instanciações de relações sociais capitalistas, então quais transformações sociais e ecológicas viáveis (em oposição a catastroficamente destrutíveis) podemos acessar?

3. A QUESTÃO DA TECNOLOGIA

"A tecnologia desvela a atitude ativa do homem em relação à natureza, o processo imediato de produção de sua vida e, com isso, também de suas condições sociais de vida e das concepções espirituais que delas decorrem."[146]

Embora seja simplesmente errado atribuir qualquer determinismo tecnológico a Marx ("desvela" não pode ser lido como "determina"), a centralidade da tecnologia e das escolhas tecnológicas no que diz respeito a incorporar relações sociais em projetos ecológicos (e vice-versa) significa que é preciso dedicar uma atenção cuidadosa a essa questão. Grundmann certamente tem um respaldo bastante sólido quando aponta algumas das profundas tensões presentes na própria abordagem de Marx[147]. Se, por exemplo, a maquinaria não apenas desprovê os trabalhadores de seu mais-valor, como os priva de suas habilidades e virtuosismos ao mesmo tempo que medeia as relações deles com a natureza de maneiras alienantes, então a autorrealização (ainda que insistamos na coletividade do projeto) pode estar em perigo por motivos tecnológicos. Alguns tipos de tecnologias vão na contracorrente até mesmo do objetivo de exercer maior controle sobre a natureza. Mas o problema é ainda mais grave. As miscelâneas tecnológicas que o capitalismo nos lega (com suas combinações particulares de projetos socioecológicos) precisam ou ser completamente rejeitadas (como sugerem hoje alguns ecologistas) ou aos poucos transformadas para se ajustar às relações sociais socialistas e às concepções mentais que delas decorrem (como aquelas ligadas à relação com a natureza). Argumentos sobre a "tecnologia apropriada" e sobre "o pequeno é belo" entram em jogo aqui não como princípios ou trajetórias tecnológicos necessários para a construção do socialismo, mas como conjunto de interrogações sobre o futuro da organização tecnológica de uma sociedade socialista[148].

4. A DIALÉTICA DA SEMELHANÇA E DA DIFERENÇA, DA CENTRALIZAÇÃO E DA DESCENTRALIZAÇÃO

Visto que boa parte da crítica ecológica radical em voga possui suas raízes no anarquismo, tipicamente trilhou-se o caminho de enfatizar a comunidade, a localidade, o lugar, a proximidade em relação à "natureza", a particularidade e a descentralização (algo bastante antagônico aos poderes estatais) em oposição às preocupações socialistas mais tradicionais com a universalidade das lutas proletárias e a derrubada do capitalismo enquanto sistema de dominação histórico-mundial. Qualquer projeto ecossocialista precisa enfrentar essa oposição. Aqui, penso que um

---

[146] Karl Marx, *Theories of Surplus Value*, parte I, cit., p. 352 [*O capital*, Livro I, cit., p. 446].

[147] Reiner Grundmann, *Marxism and Ecology*, cit.

[148] Ver Barry Commoner, *Making Peace with the Planet*, cit.

materialismo histórico *geográfico*, um materialismo que seja mais ecologicamente sensível, tem muito a oferecer tanto em termos de análise como em termos de transformações prospectivas. A luta *geral* contra as formas capitalistas de dominação é sempre composta de lutas *particulares* contra tipos específicos de projetos socioecológicos nos quais os capitalistas estão envolvidos e contra as relações sociais distintas que eles pressupõem (contra o comércio e a gestão de madeira nos Himalaias, bem como contra projetos hídricos de larga escala na Califórnia ou contra a implantação de usinas nucleares na França). A articulação de princípios socialistas de luta, portanto, varia imensamente conforme a natureza e a escala do projeto socioecológico a ser confrontado. E, pelo mesmo motivo, a natureza da transformação socialista almejada depende crucialmente das possibilidades socioecológicas existentes em relação a projetos particulares, que assumem formas bem diferentes na Nicarágua ou no Zimbábue e na Suécia, e igualmente muito diferentes ao lidarmos com finanças multinacionais ou com o despejo de resíduos hospitalares perto de conjuntos habitacionais. É nesse ponto, porém, que os pressupostos *gerais* da transição ao socialismo merecem ser objeto de reflexão.

O socialismo não diz respeito necessariamente à construção da homogeneidade. A exploração das potencialidades de nossa espécie também pode, a princípio, corresponder à busca criativa por diversidade e heterogeneidade e à exploração delas. Os projetos socioecológicos afinados com a resolução de questões de alienação e com a abertura de possibilidades de autorrealização podem ser considerados parte de um futuro socialista. A incapacidade do capitalismo de produzir qualquer coisa que não seja o desenvolvimento geográfico desigual de uma homogeneidade achatada da mercadoria é, certamente, uma das características mais marcantes de seus fracassos.

Aqui, a literatura ecológica radical que se concentra na construção do lugar, no biorregionalismo e em questões semelhantes tem algo criativo para oferecer, em parte na condição de excelente fundamento para a crítica ao desperdício gerado pelo capitalismo (será que de fato precisamos transportar cerveja inglesa à Austrália e cerveja australiana à Inglaterra?), bem como à produção de conformidade serializada, como ocorre no *design* urbano e em áreas similares. Mumford, por exemplo, descreve, de maneira um pouco forçada, a região "como seu artefato correspondente, a cidade, [como] uma obra de arte coletiva" que não é encontrada "na natureza na condição de projeto acabado, não [é] somente criação da vontade e fantasia humanas". Quando incorporada a um projeto socialista de transformação ecológica, essa forma de pensar aborda a "produção da natureza" como uma profusão de obras de arte localizadas associadas com a criação de diferenças ecossistêmicas que podem respeitar a diversidade tanto da cultura quanto dos lugares e dos ecossistemas. A capacidade abundante da humanidade para complexidade e diversidade em uma situação de livre exploração da complexidade, da abundância e da diversidade presentes no restante da natureza pode tornar-se parte vital de qualquer projeto ecossocialista. "Cada um de nós", diz um biorregionalista como Peter Berg, "habita um 'terreno de consciência' determinado em grande medida pelo lugar que habitamos, pelo trabalho que realizamos e pelas pessoas com as quais compartilhamos a vida". E não há absolutamente nenhum motivo para discordar de sua argumentação de que "a recriação de culturas humanas de cuidado e sustentabilidade" deve tornar-se "parte do 'real trabalho' de nosso tempo"[149]. Ao fazê-lo, Berg está ecoando algo que deriva tanto de Raymond Williams quanto de Heidegger.

E aqui também chegamos ao ponto em que o ecossocialismo se separa do puro biorregionalismo, da pura política comunitária local e do lugar. O problema é que há mais que uma sugestão de autoritarismo, vigilância e confinamento envolvida no localismo forçado desse tipo de política descentralizada e uma crença ingênua de que 1) o respeito pela diversidade humana implica que todas as sociedades descentralizadas irão necessariamente se constituir "a partir dos valores [iluministas!] da democracia, da liberdade, da justiça e outras *desiderata* do tipo"[150], não em termos de escravidão, opressão sexual e afins[151]; 2) que podem ser superados o "empobrecimento" que frequentemente acompanha a autarquia comunal e as fortes restrições ao comércio externo; e 3) que as restrições sobre os movimentos populacionais somadas à exclusão de "estrangeiros" problemáticos podem de alguma forma ser compatíveis com os ideais de maximização de liberdades individuais, democracia e abertura aos "outros". As advertências salutares de Iris Young[152] a respeito do pesadelo da política comunitária em que a comunidade é definida por sua contraposição aos outros e formulada, portanto, de modo completamente excludente, chauvinista e racista não podem ser tão facilmente ignoradas. Quando Goldsmith escreve de forma condescendente, por exemplo, que se pode "permitir que certo número de estrangeiros se instale", mas que eles não "participariam da condução da comunidade até que os cidadãos os elegessem para serem um deles", a tendência a uma política excludente neofascista se mostra desconfortavelmente próxima[153]. O "ecologismo" das Ligas Lombardas no norte da Itália, por exemplo, partilha justamente desse tipo de perspectiva não apenas no que diz respeito à imigração de não italianos, como também no que se refere aos movimentos do sul da Itália.

---

[149] Citado em Donald Alexander, "Bioregionalism: Science or Sensibility", cit., p. 170.
[150] Kirkpatrick Sale, *Dwellers in the Land: The Bioregional Vision* (São Francisco, Sierra Club, 1985).
[151] Ver Andrew Dobson, *Green Political Thought*, cit., p. 122.
[152] Iris Marion Young, *Justice and the Politics of Difference* (Princeton, Princeton University Press, 1990).
[153] Citado em Andrew Dobson, *Green Political Thought*, cit., p. 97.

Ademais, tal pensamento também pressupõe que as biorregiões são dadas, pela natureza ou pela história, em vez de serem criadas por uma variedade de processos interseccionados que operam em escalas temporais e espaciais bastante diferentes. Em outras palavras, as biorregiões são pensadas de maneira completamente não dialética como coisas, não como produtos instáveis de processos em transformação. Isso suscita a questão: em qual escala deve-se definir uma *biorregião*, um *lugar* ou uma *comunidade humana*?

Podemos concluir que a política ecossocialista precisa atentar para uma política em que "universalidade" possua duplo significado. Isso é mais bem expresso na regra de Young de que a "universalidade no sentido da participação e inclusão de todos na vida moral e social não implica universalidade no sentido da adoção de um ponto de vista geral que descarta afiliações, sentimentos, compromissos e desejos particulares"[154]. A negociação constante da relação entre esses dois sentidos de universalidade – seja ela lida no contexto de diferenças de gênero, etnia ou outra filiação social, seja no contexto da diversidade de projetos socioecológicos que poderiam ser explorados sob o socialismo – precisa, portanto, permanecer no cerne do pensamento ecossocialista.

5. A QUESTÃO DAS ESCALAS TEMPORAIS E ESPACIAIS

À primeira vista, a questão da escala parece um assunto puramente técnico. Por exemplo: onde começam e terminam os ecossistemas (ou os projetos socioecológicos)? De que forma um lago difere de um oceano? Como os processos que operam com profundo efeito em determinada escala tornam-se irrelevantes em outra? E por aí vai. "As questões de adequação de escala", argumentam Haila e Levins, "estão entre os desafios teóricos fundamentais na compreensão das interações sociedade-natureza"[155]. "Não há", dizem eles, "uma única maneira 'correta'" de se definirem as escalas temporais e espaciais: elas são constituídas pelos organismos considerados, de modo que diferentes escalas estão simultaneamente presentes em qualquer local particular na natureza. Se, como é o caso na perspectiva dialética (ver p. 225), não há elementos básicos aos quais tudo pode ser reduzido, então a escolha da escala a partir da qual os processos deverão ser examinados se faz tanto crucial quanto problemática. A dificuldade se acentua pelo fato de que as escalas temporais e espaciais nas quais os seres humanos operam enquanto agentes ecológicos também vêm mudando. William Cronon, por exemplo, assinala que mesmo antes do início do assentamento colonial na Nova Inglaterra o comércio de longa distância da Europa estava pondo em contato dois ecossistemas até então bastante isolados

---

[154] Iris Marion Young, *Justice and the Politics of Difference*, cit., p. 105.
[155] Yrjo Haila e Richard Levins, *Humanity and Nature*, cit., p. 236.

entre si, de tal forma a comercializar a cultura material dos índios e dissolver suas práticas ecológicas anteriores[156]. Se pensarmos hoje na escala definida pelos fluxos de mercadorias e dinheiro responsáveis por colocar nosso café da manhã na mesa e em como essa escala mudou nos últimos cem anos, de imediato fica claro que há uma instabilidade na definição de escala que surge das práticas de acumulação de capital, da troca de mercadorias e de outros processos semelhantes.

No entanto, como assinala Neil Smith, "a teoria da produção da escala geográfica" (à qual eu acrescentaria a produção de temporalidades) "está em larga medida subdesenvolvida"[157]. Ela parece implicar a produção de uma série de escalas hierarquicamente sobrepostas (da global à local), nos deixando sempre com a questão político-ecológica de como "arbitrar e traduzir entre elas". O argumento ecológico é incrivelmente confuso justamente nesse ponto. Por um lado, os especialistas gaianos em saúde planetária pensam e procuram atuar de forma global, ao passo que os anarquistas sociais e biorregionalistas propõem pensar e agir localmente, presumindo, de modo um tanto equivocado, que qualquer coisa que seja boa para a localidade também será boa para o continente ou para o planeta. Nesse ponto a questão torna-se profundamente política, assim como ecológica, pois o poder político de agir, de decidir a respeito de projetos socioecológicos e de regular suas consequências não intencionais também precisa ser definido em certa escala (e no mundo contemporâneo os Estados-nação, criados em sua maioria nos últimos cem anos, mantêm posição privilegiada mesmo que não façam necessariamente nenhum sentido político-ecológico). Isso também diz algo bastante concreto a respeito do que um projeto ecossocialista precisa confrontar. Se por um lado haverá supostamente contínuas transformações nas práticas humanas, de modo a redefinir as escalas temporais e espaciais, por outro lado é preciso que sejam criadas estruturas políticas de poder dotadas da capacidade de "arbitrar e traduzir" entre as diferentes escalas dadas pelos diferentes tipos de projeto. Também aqui parece que uma perspectiva ecossocialista conta com enorme importância para uma reflexão socialista sobre como explorar as potencialidades humanas e sobre quais tipos de instituições políticas e estruturas de poder sensíveis às dimensões ecológicas de um projeto socialista podem ser criadas.

---

[156] William Cronon, *Changes in the Land*, cit., p. 99.

[157] Neil Smith, "Geography, Difference and the Politics of Scale", em Joe Doherty, Elspetlo Graham e Mo Malek (orgs.), *Postmodernism and the Social Sciences* (Londres, Macmillan, 1992), p. 72.

EPÍLOGO

Marx observou certa vez que, "no final do processo de trabalho, chega-se a um resultado que já estava presente na representação do trabalhador no início do processo"[158]. O objetivo do trabalho que procurei realizar aqui consiste em tentar produzir esclarecimentos conceituais que poderiam ser incorporados às práticas políticas do socialismo. No entanto, para que isso seja realizado, como Eckersley aponta de maneira tão perspicaz, as aspirações liberadas por análises desse tipo "precisam estar criticamente ligadas ao conhecimento que se possui a respeito do presente, unindo assim desejo e análise e [levando a um] engajamento cultural, social e político informado". Para arrematar a argumentação, remetendo-a ao nosso ponto de partida, isso significa desenvolver formas de conceitualizar e representar questões ecológicas de maneira a ecoar as aspirações do movimento da classe trabalhadora, de certos segmentos dos movimentos das mulheres e dos ecologistas, assim como daqueles afro-americanos que décadas atrás, no Left Bank Jazz Society em Baltimore, definiram de maneira bastante acertada o principal problema ambiental deles: a presidência de Richard Nixon.

COMENTÁRIO

Espaço, lugar e meio ambiente são centrais para o pensamento geográfico. Abordá-los pelo viés da economia política e do materialismo histórico de Marx tem sido uma missão central da geografia radical. A produção de espaços, lugares e ambientes não constitui mero subproduto da acumulação de capital e da luta de classes, mas, sim, um momento ativo na dinâmica evolutiva do capitalismo. Considere, por exemplo, o grau massivo de investimentos e circulação de capital nos meios ambientes construídos exigido para sustentar a produção e o consumo capitalistas em uma escala cada vez maior. O desenvolvimento geográfico desigual que resulta desses investimentos pode ser um elemento ativo na formação e na resolução de crises (como tem sido o caso com a moradia ao longo da última década). Há também uma poderosa conexão interna entre processos urbanos e transformações ambientais. Da perda de hábitats às concentrações de ozônio, passando pela poluição e pelo aquecimento global, tudo é profundamente afetado pela urbanização. Não é possível responder a algumas das principais questões de nosso tempo – a saber, a degradação ambiental e a crescente desigualdade social – sem que se transforme

---

[158] Karl Marx, *Theories of Surplus Value*, parte 1, cit., p. 174 [*O capital*, Livro I, cit., p. 256].

radicalmente uma dinâmica de urbanização movida pela necessidade de absorver cada vez mais capital excedente.

Meu antigo colega Neil Smith avançou na reflexão a respeito desses temas em seu livro seminal *Uneven Development: Nature, Capital and the Production of Space* [Desenvolvimento desigual: natureza, capital e a produção do espaço]. No início da década de 1990, aquilo que ele denominava "a produção da natureza" passou a ocupar o primeiro plano do ativismo dos movimentos sociais. Esse foi o único setor de sentimento anticapitalista que cresceu em vez de estagnar ou diminuir durante esse período. A busca por justiça ambiental estava até superando a busca por justiça social.

Integrar questões ambientais e a relação com a natureza implica uma série de problemas metodológicos. O significado da "política" em economia política precisava ser redefinido, e não estava muito claro de que maneira a abordagem relacional da dialética, que (baseando-me nas obras de Bertell Ollman) sempre privilegiei, podia operar na interface entre fenômenos sociais e naturais. Nitidamente, a abordagem privilegiada por Engels em *Dialética da natureza* não era apropriada. Era necessária, concluí, uma abordagem da dialética baseada em processos que bebesse mais de *Process and Reality* [Processo e realidade], de Alfred North Whitehead, que de *Ciência da lógica*, de Hegel.

Este capítulo, originalmente publicado no *Socialist Register* em 1993, explora essas questões. Meu livro *Justice, Nature and the Geography of Difference* [Justiça, natureza e a geografia da diferença], publicado três anos depois, as desenvolve mais um pouco. A incorporação de relações com a natureza na análise confundiu e perturbou algumas das certezas da economia política de Marx (de maneira bastante semelhante ao que havia ocorrido com a incorporação do espaço). Ela conduziu, no entanto, a um enorme enriquecimento de perspectivas e a uma versão aberta do evolucionismo de Marx que ganhava em termos de realismo, apesar de perder em coerência lógica. Este ensaio e o livro que o seguiu assinalaram uma grande mudança na forma como eu pensava a natureza e nosso lugar no mundo. Foi aqui que, pela primeira vez, procurei definir os princípios de um materialismo histórico-geográfico.

8. PARTICULARISMO DA MILITÂNCIA E AMBIÇÃO GLOBAL

Em 1988, pouco depois de assumir uma posição em Oxford, eu me envolvi em um projeto de pesquisa a respeito do destino da fábrica automotiva da Rover na cidade. Quando se pensa em Oxford, particularmente quem é de fora imagina uma cidade de "cúspides sonhadoras"* e grandeza universitária, mas em 1973 a fábrica automotiva de Cowley, em Oxford East, empregava cerca de 27 mil trabalhadores, comparado a menos de 3 mil funcionários na universidade. A inserção da fábrica automobilística Morris Motors no tecido social medieval da cidade no início do século havia afetado enormemente a vida econômica e política do local, reproduzindo de forma quase exata o caminho de três etapas à consciência socialista traçado no *Manifesto Comunista*. Ao longo dos anos, os trabalhadores se amontoaram cada vez mais dentro e em torno da fábrica automobilística e de suas instalações ancilares; eles haviam se tornado conscientes dos próprios interesses e construído instituições (sobretudo os sindicatos) para defendê-los e promovê-los. Durante os anos 1930 e depois na década de 1960 e no início da de 1970, a fábrica automobilística foi o palco de algumas das mais hostis lutas de classes sobre o futuro das relações industriais na Inglaterra. O movimento dos trabalhadores criou, ao mesmo tempo, um poderoso instrumento político na forma de um Partido Trabalhista local, que acabou assumindo controle contínuo do conselho local a partir de 1980. Contudo, em 1988 racionalizações e cortes já haviam reduzido a força de trabalho a cerca de 10 mil operários, e em 1993 já se registrava um número inferior a 5 mil (em contraposição aos 7 mil e tantos na folha de pagamento da

---

* O autor utiliza aqui a expressão "*city of dreaming spires*", cunhada originalmente pelo poeta inglês Matthew Arnold para se referir a Oxford. Presente no poema "Thyrsis", de 1865, a expressão alude à arquitetura dos edifícios universitários da cidade. (N. T.)

universidade à época). A ameaça de fechamento total da fábrica automobilística nunca saiu do horizonte.

Um livro sobre a história de Cowley, editado por mim e Teresa Hayter e intitulado *The Factory and the City: The Story of the Cowley Auto Workers in Oxford* [A fábrica e a cidade: a história dos trabalhadores automobilísticos de Cowley, Oxford], foi publicado em 1993. Ele foi resultado de uma pesquisa conduzida em apoio a uma campanha contra o fechamento da fábrica que começou em 1988, quando a British Aerospace (BAe)* adquiriu a Rover em uma negociação duvidosa de privatização do governo Thatcher. Imediatamente se anunciou o fechamento parcial e a racionalização da fábrica, embora pairasse a perspectiva de um fechamento total das instalações. Os valores da terra em Oxford eram altos, e a BAe, com o *boom* imobiliário a pleno vapor, adquiriu uma construtora especializada em criar parques empresariais (a Arlington Securities) em 1989. O receio era que os postos de trabalho fossem transferidos a Longbridge (Birmingham) ou – o que era pior – a um local *greenfield*** não sindicalizado em Swindon (onde a Rover já tocava negociações de coprodução em parceria com a Honda), liberando a terra de Oxford para um lucrativo processo de incorporação imobiliária que ofereceria quase nenhuma perspectiva de emprego à comunidade de milhares pessoas que havia se formado, ao longo de muitos anos, para servir à fábrica automobilística.

Um encontro inicial para discutir uma campanha contra o fechamento da fábrica atraiu representantes de diversos setores. Lá se decidiu estabelecer um grupo de pesquisa para providenciar dados sobre o que ocorria e quais seriam os possíveis efeitos de quaisquer movimentos da BAe sobre a força de trabalho e sobre a economia de Oxford. Formou-se o Oxford Motor Industry Research Project (OMIRP) [Projeto de Pesquisa da Indústria Automobilística de Oxford], e aceitei chefiá-lo. Pouco depois disso, a liderança sindical da fábrica retirou seu apoio tanto da campanha quanto da pesquisa, e boa parte dos membros do Partido Trabalhista na Câmara Municipal seguiu o exemplo. A pesquisa, então, ficou a cargo apenas de um pequeno grupo dissidente de representantes sindicais de base da fábrica e de um grupo de pesquisadores independentes, alguns deles vinculados à Oxford Polytechnic (atualmente Universidade Oxford Brookes) e à Universidade de Oxford.

---

* Fundada em 1977, a British Aerospace (BAe) foi uma empresa aeronáutica do Reino Unido incorporada à BAE Systems em 1999. (N. T.)

** No original, "*greenfield sites*", termo de planejamento urbano que designa áreas "verdes" ainda não desenvolvidas, em oposição a "*brownfields*" (áreas marrons), que carregam o ônus de já terem sido previamente utilizadas para fins industriais e/ou comerciais (e têm como consequências, por exemplo, contaminação ou infraestruturas difíceis de remover). (N. T.)

Por motivos pessoais, não desempenhei papel ativo na campanha, tampouco me envolvi muito nas pesquisas iniciais. Ajudei, sim, a divulgar os resultados e mobilizar os recursos para o projeto de pesquisa que a liderança sindical e a maioria do Partido Trabalhista local buscaram ativamente impedir – eles não queriam nada que eventualmente desestabilizasse o curso de suas "delicadas negociações" com a BAe acerca do futuro da fábrica e do local. Providencialmente, o OMIRP produziu um panfleto intitulado *Cowley Works* justo no momento em que a BAe anunciou outra onda de racionalizações que cortariam a mão de obra pela metade e liberariam metade do terreno para o processo de incorporação. O livro descreve bem a história da fábrica, assim como a história da luta para lançar uma campanha e as dinâmicas do esgotamento subsequente.

Teresa Hayter, coordenadora do OMIRP, recebeu uma bolsa de pesquisa de três anos na St. Peter's College em 1989 para organizar um livro sobre a história de Cowley, sobre a campanha fracassada e os problemas políticos de se mobilizar resistência às ações arbitrárias do capital corporativo. O livro exigiu a formação de um grupo de ampla base (de acadêmicos a ativistas políticos), em que cada membro ficou responsável por escrever capítulos sobre os tópicos que dominavam. Os capítulos eram lidos pelos demais integrantes, e os comentários iam e voltavam, até que se chegou a uma versão final. Aceitei (em parte com o intuito de tornar o livro mais atraente a potenciais editoras) ser coeditor ao lado de Teresa Hayter. Assim, além do capítulo que assinei como coautor, gastei relativamente bastante tempo, junto com Hayter, editando, encomendando novos trechos a fim de garantir ampla cobertura do assunto e buscando ter em vista o conteúdo como um todo enquanto atentava para cada uma de suas partes.

O resultado é um documento fascinante. Ele reúne posicionalidades radicalmente diferentes, variando de um representante sindical de base anônimo e outros que haviam trabalhado na fábrica ou tivessem morado por bastante tempo em East Oxford a acadêmicos, urbanistas e esquerdistas independentes. A linguagem se altera drasticamente de um capítulo para o outro. A voz ativista que emana da experiência do chão de fábrica (que mais tarde denominarei "particularismo da militância", seguindo Raymond Williams) contrasta nitidamente com o juízo mais abstrato dos acadêmicos, por exemplo, ao passo que a perspectiva da comunidade em geral se mostra bem diversa em relação à perspectiva da linha de produção. A heterogeneidade de vozes e de estilos é um ponto forte do livro.

Logo ficou evidente, porém, que os diversos colaboradores tinham interpretações e perspectivas políticas um tanto diferentes. Inicialmente elas eram negociadas, no sentido de que todos se movimentavam com cautela por um campo minado de diferenças a fim de chegar ao outro lado com um livro completo. As dificuldades surgiram na hora da conclusão. Eu originalmente propus que escrevêssemos duas conclusões, uma assinada por Hayter e outra por mim, de forma que os leitores pudessem compreender melhor as diferenças políticas e julgar por si próprios. Essa proposta, no entanto, foi recusada. E assim fiquei encarregado de esboçar uma conclusão baseada nas diversas ideias que haviam sido apresentadas pelos integrantes do grupo. Esse esboço de conclusão conseguiu disparar quase todas as minas negociadas ao longo da escrita do livro. As questões ficaram extremamente tensas, difíceis e por vezes até hostis entre Hayter e mim, com o grupo até certo ponto polarizado em torno de nós.

Em meio a essas intensas discussões, me recordo de um almoço no St. Peter's College em que Hayter me desafiou a definir minhas lealdades. As dela estavam bem claras: pertenciam aos representantes sindicais de base que militavam na fábrica, que não estavam apenas aguentando firme e trabalhando sob as condições mais pavorosas, mas lutando diariamente para desbancar o controle de uma liderança sindical reacionária de modo a construir uma base melhor para o socialismo. Em contraste, ela me via como um intelectual marxista descomprometido que não era particularmente leal a ninguém. Então, afinal, onde estavam minhas lealdades?

Foi uma questão poderosa, e tive de pensar bastante sobre ela desde então. Naquele momento, lembro-me de ter argumentado que, embora a lealdade àqueles ainda empregados na fábrica (e talvez aos trotskistas da Socialist Outlook, que formavam o núcleo duro da oposição, mas cujas opiniões eram minoritárias) fosse importante, havia muito mais pessoas em East Oxford demitidas ou que não tinham perspectiva alguma de emprego e mereciam igual atenção – por exemplo, jovens alienados e descontentes, alguns dos quais tinham passado a praticar *joyriding** e acabaram deixando um legado de criminalização e opressão policial para toda a comunidade. Reparei que durante todo o processo Hayter vinha tratando com ceticismo minhas preocupações de conceber a política da comunidade como força paralela à política do local de trabalho. Ponderei, ainda, que era preciso refletir sobre o futuro do socialismo em Oxford sob condições em que a solidariedade da classe trabalhadora que havia sido construída em torno da fábrica estava não apenas enfraquecida, como corria o risco de desaparecer. Isso significava buscar alguma coalizão mais ampla de forças para apoiar os trabalhadores na fábrica e perpetuar a causa socialista. Também me ocorreu que seria desleal em um sentido geral não estabelecer um distanciamento crítico entre nós e o que ocorreu a fim de melhor compreender por que a campanha não havia deslanchado. Hayter se recusou a respaldar qualquer coisa que soasse remotamente crítica à estratégia do grupo que havia tentado mobilizar sentimentos em torno de uma campanha. Da

---

* Cunhado em 1908, o termo "*joyriding*" se refere à prática de dirigir perigosamente por prazer, muitas vezes em um veículo roubado com essa finalidade. (N. T.)

mesma forma, ela rejeitava qualquer perspectiva que não aceitasse como base a luta decisiva por poder no chão de fábrica da automotiva.

Toda sorte de outras questões nos dividia, todavia. Com as condições de trabalho na fábrica cada dia piores, por exemplo, ficava cada vez mais difícil defender a preservação no longo prazo daqueles que eram efetivamente "empregos de merda", mesmo que fosse imperativo proteger tais empregos no curto prazo porque não havia alternativas razoáveis. A questão aqui não era subordinar ações de curto prazo a delírios utópicos de longo prazo, mas ressaltar quão difícil é se movimentar numa trajetória de longo prazo quando as exigências de curto prazo demandam algo tão diferente. Também me preocupava a incrível sobrecapacidade da indústria automobilística na Inglaterra e na Europa em geral. Algo estava fadado a ceder em algum lugar, e nós precisávamos encontrar forma de proteger os interesses dos trabalhadores em geral sem cair na política reacionária do "novo realismo" que paralisava a política sindical oficial na época. Mas a partir de qual espaço se deveria calcular tal generalidade? A Inglaterra? A Europa? O mundo? Eu me vi defendendo ao menos uma perspectiva que abarcasse toda a Europa no que dizia respeito aos ajustes da capacidade de produção automobilística, mas, quando pressionado, tive dificuldades em justificar por que se limitar a essa escala. Havia também questões ecológicas importantes a ser consideradas, provenientes não apenas da própria montadora (a fábrica de tintas automotivas era uma notória fonte de poluição), como também da natureza do produto. Produzir carros da Rover para os ultrarricos e contribuir, assim, para a degradação ecológica não parecia um objetivo socialista digno de longo prazo. Na minha avaliação, não se deveria escapar à questão ecológica, ainda que os interesses patrimoniais burgueses de North Oxford pudessem se apropriar dela para se livrar da fábrica se tivessem a oportunidade. Mais uma vez, o problema do horizonte temporal e dos interesses de classe precisava ser explicitamente debatido, não suprimido. Ademais, embora de forma alguma defenderia o execrável comportamento da BAe, de fato considerei relevante assinalar que as ações da companhia tinham perdido cerca de um terço de seu valor de mercado nos primeiros meses de 1992 e que suas esperanças de embolsar rios de dinheiro no mercado imobiliário tinham diminuído seriamente com a crise imobiliária de 1990. Isso levantava questões acerca de novas formas de controle público ou comunitário sobre atividade corporativa (e, nesse caso, a guinada à especulação imobiliária como alternativa à produção) que não repetiriam a amarga história da nacionalização (tal como as desastrosas racionalizações e reordenamentos de estruturas empregatícias já sofridas pela Rover quando ela era a British Layland nos anos 1970, por exemplo).

Eu sentia que deixar de falar sobre todas essas questões na conclusão do livro seria desleal à concepção do socialismo como uma alternativa real. Não com a intenção de que elas pudessem ser resolvidas, apresso-me em acrescentar, mas porque essas questões definiam um terreno aberto de discussão e debate que parecia, ao menos para mim, desembocar dos materiais reunidos no livro. Tal conclusão manteria as alternativas abertas, ajudando os leitores a considerarem escolhas ativas em meio a um amplo espectro de possibilidades sem deixar de prestar a devida atenção às complexidades e dificuldades em jogo. No entanto, Hayter sentia, até mesmo quando concordava parcialmente com a importância de longo prazo de tais ideias, que levantar questões desse tipo diluiria a luta imediata para preservar os postos de trabalho em Cowley e prevenir sua transferência para um local *greenfield* não sindicalizado em Swindon. Ela defendia que as questões que eu queria colocar só podiam ser tratadas quando os trabalhadores e os representantes sindicais progressistas tivessem recuperado força e poder no local de trabalho.

Ficou evidente que eu operava em um patamar diferente e com outros tipos de abstração. Contudo, o ímpeto para a campanha, a pesquisa e o livro não haviam partido de mim. Partiram da força e do poder extraordinários de uma tradição de militância sindical que emanava da fábrica. Essa tradição tinha sua própria versão de internacionalismo e suas próprias presunções de verdade universal, embora fosse possível argumentar que sua cooptação e sua conformação por uma retórica trotskista um tanto tacanha faziam tanto parte do problema quanto o conflito mais fundamental entre a perspectiva de Hayter e a minha. Seria equivocado, porém, retratar o argumento unicamente em termos sectários, pois a questão de uma política puramente baseada no chão de fábrica *versus* uma política mais abrangente sempre esteve lá. Eu não podia abandonar minha lealdade à crença de que é fundamentalmente falha a perspectiva política que defende que um modelo prospectivo de transformação social total poderia e deveria surgir a partir de uma extensão supostamente não problemática da experiência do chão de fábrica. A visão de que o que é correto e bom da perspectiva das lideranças sindicais de base que militavam em Cowley é correto e bom para a cidade – e, por extensão, para a sociedade como um todo – é demasiadamente simplista. Para que o socialismo de fato rompa suas amarras locais e se torne uma alternativa viável ao capitalismo enquanto modo de produção e de relações sociais operante, é preciso mobilizar outros patamares e tipos de abstração. Ainda assim, há algo igualmente problemático na imposição de uma política orientada por abstrações sobre pessoas que deram a vida e seu trabalho ao longo de muitos anos de uma forma específica em um local particular.

Que nível e quais tipos de abstração devem ser, então, mobilizados? E o que significa ser leal a abstrações em vez de a pessoas reais? Subjacente a essas questões repousam outras. O que constitui uma prerrogativa especial ao conhecimento e como podemos julgar, compreender, adjudicar e quem sabe negociar diferentes saberes construídos em patamares muito diferentes de abstração sob condições materiais radicalmente díspares?

RAYMOND WILLIAMS E A POLÍTICA DA ABSTRAÇÃO

Essas questões preocupavam Raymond Williams e aparecem repetidamente em sua obra; por motivos que logo se farão evidentes, contudo, elas são muito mais bem articuladas em seus romances que em sua teorização cultural. Meu objetivo aqui não é, devo deixar claro, elevar Williams como um paradigma de virtude nessas questões. De fato, aceito a crítica de que quanto mais ele flerta, em sua teorização, com aquilo que pode ser chamado de "holismo cultural" – a visão de que a cultura precisa ser compreendida como "todo um modo de vida" e que as práticas sociais devem ser concebidas como "elementos indissolúveis de um processo social material contínuo" –, mais ele se aproxima de uma visão organicista da ordem social que é inevitavelmente excludente no que diz respeito a estrangeiros e, em alguns aspectos, opressiva também para nativos. As intervenções críticas de Said[1] e Gilroy[2] fortemente assinalam a dificuldade no que diz respeito a estrangeiros, sendo que o segundo acusa Williams de ser cúmplice de um imperialismo e de um colonialismo metropolitanos em virtude de estar situado nas "estruturas de sentimento" associadas ao apoio da classe trabalhadora ao Império Britânico. Uma visão puramente organicista faz com que também seja difícil examinar múltiplas forças de opressão e dominação no interior de uma configuração cultural. Em geral se reconhece que Williams está longe de ser sensível à questão de gênero, por exemplo (embora, volto a dizer, ele sentisse que lidava com tais questões de maneira muito mais firme em seus romances que em sua obra teórica). A crítica simpática e construtiva de Roman[3] a algumas das armadilhas em que Williams parece por vezes cair expõe alguns dos perigos, bem como oportunidades que este cria tanto para uma perspectiva feminista quanto para uma perspectiva mais sensível a questões raciais. Tampouco há dúvida de que a relutância de Williams em se desvencilhar

---

[1]   Edward Said, "Appendix: Media, Margins and Modernity", em Raymond Williams (org.), *The Politics of Modernism* (Londres, Verso, 1989).

[2]   Paul Gilroy, *There Ain't No Black in the Union Jack: The Cultural Politics of Race and Nation* (Chicago, Chicago University Press, 1987).

[3]   Leslie G. Roman, "On the Ground with Antiracist Pedagogy and Raymond Williams' Unfinished Project to Articulate a Socially Transformative Critical Realism", em Dennis L. Dworkin e Leslie G. Roman (orgs.), *Views Beyond the Border Country* (Londres, Routledge, 1993).

da "experiência vivida" o leva a aceitar, como observou Hall[4], uma "noção um tanto empiricista da experiência", como se não houvesse nada problemático em se tomar a experiência diária como base direta para a construção teórica. A reticência de Williams nesse quesito levou alguns críticos a concluirem, na minha opinião erroneamente, que o autor não teria feito nenhuma contribuição teórica real a não ser conferir às noções gramscianas de hegemonia um fôlego renovado e um tanto matizado. Há, no entanto, um paradoxo aqui, pois também é verdade que a influência de Williams, apesar de todos os supostos defeitos, "permanece poderosa nos estudos culturais contemporâneos, com sua ênfase nas contra-hegemonias dos movimentos feminista, terceiro-mundista e da classe trabalhadora"[5].

Não buscarei nem defender nem oferecer uma crítica sistemática das posições controversas de Williams sobre política e cultura[6], mas há dois pontos cruciais a respeito de sua obra que podem ajudar a explicar por que tantos de seus mais ásperos críticos tantas vezes acabam voltando a suas formulações. O primeiro diz respeito à maneira dialética pela qual seus conceitos são formulados. Considere, por exemplo, a seguinte passagem:

> Boa parte das descrições e análises exprimem a cultura e a sociedade por meio de um habitual pretérito. A barreira mais forte ao reconhecimento da atividade cultural humana é essa conversão imediata e regular da experiência a produtos acabados. Aquilo que é defensável enquanto procedimento na história consciente, em que sob certas pressuposições muitas ações podem definitivamente ser tomadas como tendo atingido um término, é habitualmente projetado não apenas sobre a sempre cambiante substância do passado, mas inclusive sobre a vida contemporânea, em que relações, instituições e formações nas quais nós ainda estamos ativamente envolvidos passam a ser convertidas, por esse modo de proceder, em todos acabados em vez de processos formativos e em formação. A análise centra-se, então, nas relações entre essas formações, experiências e instituições produzidas, de forma que agora, tal como naquele passado produzido, existem somente as formas fixas explícitas, e a presença viva permanece sempre, por definição, em retirada.[7]

---

4   Stuart Hall, "Politics and Letters", em Terry Eagleton (org.), *Raymond Williams: Critical Perspectives* (Cambridge, Cambridge University Press, 1989), p. 62.
5   George Snedeker, "Between Humanism and Social Theory: The Cultural Criticism of Raymond Williams", *Rethinking Marxism*, n. 6, 1993, p. 113.
6   Para discussões mais aprofundadas, consultar os ensaios reunidos em Terry Eagleton (org.), *Raymond Williams: Critical Perspectives*, cit., e Dennis L. Dworkin e Leslie G. Roman (orgs.), *Views beyond the Border Country*, cit.
7   Raymond Williams, *Marxism and Literature* (Oxford, Oxford University Press, 1977), p. 128-9 [ed. bras.: *Marxismo e literatura*, trad. Waltensir Dutra, Rio de Janeiro, Zahar, 1979].

Williams não está imune à tendência de produzir concepções alienadas que instanciam "todos acabados" como dominantes sobre "processos formativos e em formação", mas certamente nessa passagem ele declara forte preferência por leituras dialéticas que priorizam o entendimento de processos sobre o de coisas, de forma que qualquer noção organicista de comunidade, por exemplo, é ponderada pelo conhecimento dos fluxos e processos complexos que a sustentam. Williams esquadrinha aqui um campo de possibilidades teóricas em que a redução das relações entre pessoas a relações entre conceitos pode ser continuamente desafiada, enquanto nosso entendimento das relações, das instituições e das formas pode ser reavivado se atentarmos para os processos que trabalham para produzi-las, sustentá-las ou dissolvê-las.

O segundo ponto é que o modo de "enraizamento" (*embeddedness*) (para usar terminologia empregada por certos sociólogos contemporâneos [como Granovetter[8]]) da ação política naquilo que os antropólogos gostam de denominar "cultura íntima"[9] é a um só tempo empoderador e problemático. No entanto, também segue que as abstrações às quais apelamos não podem ser compreendidas sem levar em conta aquilo em que a atividade política e teórica está enraizada e os aspectos da vida social que compõem essa cultura íntima. O estudo de algumas das formulações de Williams pode ser extremamente fértil nesse sentido, já que ele ao mesmo tempo utiliza e sistematicamente questiona a noção de enraizamento e cultura íntima. A seguir, dedicarei especial atenção à forma como Williams trata o ambiente, o espaço e o lugar enquanto conceitos balizadores que ajudam a definir o que essas ideias podem significar.

O ROMANCE COMO HISTÓRIA DO AMBIENTE

> Pressione seus dedos sobre esse arenito coberto de liquens. Com esta pedra e esta grama, com este solo vermelho, este lugar foi recebido, feito e refeito. Suas gerações são distintas, mas se fazem todas subitamente presentes.[10]

Assim termina a declaração de abertura dos dois volumes do último e incompleto romance de Williams, *O povo das Montanhas Negras*. A estória começa em 23000 a.C.

---

8   Mark Granovetter, "Economic Action and Social Structure: The Problem of Embeddedness", *American Journal of Sociology*, v. 91, n. 3, nov. 1985, p. 481-510.

9   Claudio Lomnitz-Adler, "Concepts for the Study of Regional Culture", *American Ethnologist*, n. 18, mai. 1991, p. 195-214.

10 Raymond Williams, *People of the Black Mountains: The Beginning* (Londres, Verso, 1990), p. 2 [ed. bras.: *O povo das Montanhas Negras*, trad. Sergio Flaksman, São Paulo, Companhia das Letras, 1991].

e atravessa períodos de enorme transformação ambiental e social. O segundo episódio, por exemplo, se passa na beira do grande manto de gelo que cercava as Montanhas Negras no ponto máximo da glaciação, em 16000 a.C. As estórias subsequentes abordam o advento da agricultura assentada, a escrita e outros momentos-chave de transformação tanto do ambiente físico quanto do ambiente social por meio da ação humana. As primeiras reconstruções recorrem bastante à história arqueológica, paleológica e ambiental (a lista de fontes elencadas no fim do segundo volume é extensa), enquanto os períodos mais tardios se apoiam em trabalhos de historiadores econômicos, sociais e culturais, fazendo dessa obra uma narrativa ficcional profundamente ancorada nas realidades materiais identificadas por pesquisas realizadas em um amplo escopo de disciplinas. Episódio após episódio, as pessoas que batalharam e passaram por aquele lugar ganham vida através da imaginação.

Por que, afinal, um dos pensadores socialistas mais eminentes da Grã-Bretanha, em sua derradeira obra ficcional, escreve a história social e ambiental das Montanhas Negras? Uma resposta parcial a essa questão repousa na insistência de Williams de que seres sociais não podem jamais escapar a seu enraizamento no mundo da natureza e que nenhuma concepção de ação política poderia, em última análise, levar em conta abstrações que não considerassem esse fato. A "natureza" era, portanto, uma palavra-chave para Williams[11] – talvez "a mais complexa palavra na linguagem", já que sua ideia "contém, embora isso frequentemente passe despercebido, uma quantidade extraordinária de história humana [...] tanto complicada quanto cambiante, à medida que outras ideias e experiências mudam"[12]. Uma investigação da história ambiental, bem como das concepções cambiantes de natureza fornecia, portanto, um caminho privilegiado e poderoso para estudar e compreender as mudanças sociais e culturais. Williams constrói o social e o ambiental dialeticamente, como duas faces da mesma moeda.

A atenção de Williams ao lado ambiental estava fadada, no entanto, a dar relevo a certas características que, do contrário, possivelmente passariam despercebidas. Em seu materialismo e realismo crítico, o trabalho (ou o que ele denomina, em outro lugar, de meios de vida [*livelihood*]) – compreendido de maneira ampla como uma atividade ao mesmo tempo provedora de subsistência e culturalmente criativa – aparece sempre como o processo fundamental por meio do qual são constituídas nossa relação com o mundo da natureza e nossa compreensão dele. "Uma vez que começamos a falar de homens misturando seu trabalho com a terra, estamos em todo um mundo de novas relações entre homem e natureza, e separar a história

---

[11] Idem, *Keywords* (Londres, Fontana, 1983), p. 219 [ed. bras.: *Palavras-chave: um vocabulário de cultura e sociedade*, trad. Sandra Guardini Vasconcellos, São Paulo, Boitempo, 2007, p. 285].

[12] Idem, *Problems in Materialism and Culture* (Londres, Verso, 1980), p. 67.

natural da história social torna-se algo extremamente problemático"[13]. Não é exclusiva de Williams essa perspectiva dialética e transformativa de como relações sociais específicas se conectam a novas formas de misturar trabalho com a terra. Ela ecoa, por exemplo, as visões de Marx e Engels de que, "enquanto existirem homens, história da natureza e história dos homens se condicionarão reciprocamente"[14], pois, "agindo sobre a natureza externa e modificando-a por meio desse movimento, ele [o homem] modifica, ao mesmo tempo, sua própria natureza". O historiador ambiental William Cronon argumenta na mesma linha:

> Uma história ecológica começa assumindo uma relação dinâmica e cambiante entre meio ambiente e cultura, uma que seja apta a produzir tanto contradições quanto continuidade. Ademais, assume que as interações entre os dois são de cunho dialético. O ambiente pode inicialmente moldar a gama de escolhas disponíveis a um povo em um determinado momento, mas em seguida a cultura remodela o ambiente em resposta a tais escolhas. O ambiente remodelado apresenta um novo conjunto de possibilidades para reprodução social, estabelecendo, assim, um novo ciclo de determinação mútua. As transformações nas formas que as pessoas criam e recriam seus meios de vida [*livelihood*] precisam ser analisadas em termos de transformações não apenas em suas relações sociais, mas também em suas relações ecológicas.[15]

Todavia, a história ambiental das Montanhas Negras não é algo que evolui puramente na esfera do lugar. O romance também é uma estória das ondas de colonizações e influências migratórias que situam a história das Montanhas Negras em uma matriz de espacialidade, constituída por fluxos e movimentos que pulsam ao redor da Europa e além. A distintividade, ou aquilo que Williams de maneira afetuosa denomina a "doçura do lugar", acaba sendo construída pela forma como naquele lugar são elaboradas as intervenções e as influências externas. Os temas lugar, espaço e ambiente são intimamente entrelaçados nesse romance como elementos inseparáveis no complexo processo de transformação social e ambiental.

Por que escolher o romance como um meio para explorar esses temas? Por que não escrever logo uma história ambiental ou se contentar com os abundantes materiais e fontes dos quais Williams se vale? Penso eu que por dois motivos. O primeiro deles é explícita e repetidamente apresentado nos romances quando

---

[13] Ibidem, p. 76.
[14] Karl Marx e Friedrich Engels, *A ideologia alemã* (trad. Luciano Cavini Martorano, Nélio Schneider e Rubens Enderle, São Paulo, Boitempo, 2007), p. 86-7.
[15] William Cronon, *Changes in the Land: Indians, Colonists, and the Ecology of New England* (Nova York, Norton, 1983), p. 13-4.

personagens-chave refletem sobre a natureza de saberes e entendimentos que possuem. Em *O povo das Montanhas Negras*[16] encontramos Glyn – a personagem através da qual as vozes e os contos do passado se fazem historicamente presentes – procurando seu tio perdido nas montanhas, refletindo da seguinte maneira sobre a vasta literatura reunida por diferentes disciplinas sobre o lugar:

> Mas os tipos de escrutínio embutidos nessas disciplinas tinham suas próprias debilidades [...]. Eles reduziam o que estava sendo estudado a um procedimento interno; nos piores casos, o material para uma carreira fechada. Se a busca por vidas e lugares era séria, demandava-se inteiramente um poderoso vínculo com vidas e lugares. O modelo de poliestireno e seus equivalentes textuais e teóricos permaneciam distintos em relação à substância que reconstruíam e simulavam [...]. Em seus livros e mapas na biblioteca, ou na casa do vale, havia uma história comum que podia ser traduzida a qualquer lugar, em uma comunidade de evidência e investigação racional. No entanto, bastava que ele se deslocasse pelas montanhas para que uma espécie diferente de mentalidade se afirmasse: teimosamente nativa e local, apontando ao mesmo tempo para além na direção de um fluxo comum mais amplo, onde toque e envergadura substituíam registro e análise; não história enquanto narrativa, mas estórias como vidas.

Esse é um tema familiar em todos os romances de Williams (e é interessante notar como ele pressagia o movimento, no interior da história, de uma passagem da forma narrativa para a de estória). De maneira semelhante, encontramos em *Border Country* [país de fronteira] a figura de Matthew Price, assim como Williams um sujeito formado em Cambridge, filho de um sinaleiro ferroviário de uma comunidade rural galesa, mas agora ficcionalmente situado como um palestrante universitário de história econômica em Londres. Seu trabalho sobre movimentos populacionais no País de Gales no século XIX chegou a um impasse. Os dados estão todos lá, mas há algo que falta:

> As técnicas que aprendi possuem a solidez e a precisão de cubos de gelo, contanto que se mantenha determinada temperatura. Mas se trata de uma temperatura que realmente não posso sustentar: a porta da geladeira fica abrindo. Não chega a ser um movimento populacional de Glynmawr a Londres, mas é uma mudança de substância, como deve ter sido para eles quando deixaram suas aldeias. E as maneiras de mensurar isso não estão apenas fora do alcance de minha disciplina. Elas estão em outro lugar completamente, que eu posso sentir, mas não manipular; tocar, mas não agarrar.[17]

---

[16] Raymond Williams, *People of the Black Mountains*, cit., p. 10-2.
[17] Idem, *Border Country* (Londres, Chatto and Windus, 1960), p. 10.

A implicação é bastante clara e se aplica com especial força à obra do próprio Williams. Preocupado, como sempre foi, com a vida das pessoas, usa o romance como forma de representar as qualidades diárias daquelas trajetórias de maneiras que não poderiam ser tratadas ou captadas por outros meios. Enquanto, por um lado, Williams insiste que seus romances não devem ser vistos como separados de suas teorizações culturais, por outro ele admite livremente que considerou alguns temas muito mais fáceis de explorar em seus romances que em sua obra teórica[18].

Há outro motivo por trás da escolha do gênero romance. Williams procura sempre enfatizar as maneiras como escolhas pessoais e particulares feitas sob determinadas condições constituem a própria essência da transformação histórico-geográfica. O romance não está sujeito a fechamento da mesma maneira que formas mais analíticas de pensamento estão. Há sempre escolhas e possibilidades, tensões e diferenças perpetuamente não resolvidas, mudanças sutis em estruturas de sentimento, todos propensos a alterar os termos do debate e da ação política, até mesmo sob as condições mais difíceis e penosas. É precisamente por esse motivo que Williams admirava o teatro de Brecht. Brecht, dizia ele, descobriu

formas de encenar alternativas genuínas: não tanto à maneira do drama tradicional, com personagens opostos encarnando alternativas, mas, sim, incorporando-as em uma única pessoa, que vivencia esse caminho e depois aquele e então nos convida a traçar nossas próprias conclusões.[19]

Isso significa, conforme ele assinala em seguida, que "não há resolução imposta – a tensão está lá até o fim, e somos convidados a considerá-la". Todos os personagens centrais de Williams vivem essa tensão. As estórias do povo das Montanhas Negras são justamente sobre isso. Politicamente, isso permite a Williams nos lembrar da forma como essas pessoas, em virtude das escolhas que fizeram e das maneiras que viveram, estão "todas historicamente presentes". Seu objetivo é o empoderamento no presente por meio da celebração da força e da capacidade de sobrevivência. Mas não só.

A crise que se impôs a mim com a morte de meu pai, que era um socialista e um trabalhador ferroviário – não consegui ainda explicar isso às pessoas de maneira adequada, talvez tenha o feito parcialmente em meu romance *Border Country* –, era a sensação de um tipo de derrota para certa ideia de valor. Talvez isso tenha sido uma resposta descabida. Tudo bem, ele morreu, morreu cedo demais, mas homens e mulheres morrem.

---

[18] Idem, *People of the Black Mountains*, cit., p. 319.
[19] Idem, "The Achievement of Brecht", *Critical Quarterly*, n. 3, 1961, p. 157.

Mas foi muito difícil não vê-lo como uma vítima no final. Suponho que tenha sido esse tipo de experiência que me enviou de volta ao romance histórico que estou atualmente escrevendo, *O povo das Montanhas Negras*, sobre os movimentos da história ao longo de um período muito extenso, em determinado lugar no País de Gales. E essa história é um registro de [...] derrota, invasão, vitimização, opressão. Quando se vê o que foi feito às pessoas que são fisicamente meus ancestrais, sente-se que é algo quase inacreditável [...]. As derrotas ocorreram repetidas vezes, e o que meu romance está nesse sentido buscando explorar é simplesmente a condição de que qualquer coisa ao menos sobreviva. Não é uma questão da simples resposta patriótica: nós somos galeses e ainda estamos aqui. É a infinita resiliência, até mesmo errância, com a qual as pessoas conseguiram persistir em condições profundamente desfavoráveis, e a impressionante diversidade de crenças por meio das quais expressaram sua autonomia. Um senso do valor que prosperou ao longo de diferentes tipos de opressão de diferentes formas [...] uma materialização entranhada e indestrutível, mas ao mesmo tempo em transformação, das possibilidades da vida comum.[20]

O enraizamento que Williams quer aqui celebrar é a habilidade dos seres humanos, enquanto seres sociais, de perpetuar e nutrir em sua vida cotidiana e práticas culturais a possibilidade daquele senso de valor que busca o que há 'de comum na vida social, mesmo em meio a uma flagrante heterogeneidade de crenças. No entanto, a manutenção de tal senso de valor depende crucialmente de certo modo de relação interpessoal que tipicamente ocorre em lugares particulares.

A DIALÉTICA DO ESPAÇO E DO LUGAR

O que, então, as pessoas estavam construindo nas Montanhas Negras? Tratava-se de um lugar que estava sendo "recebido, feito e refeito". E o que Williams entendia por "lugar"? Essa não é uma de suas palavras-chave (embora "comunidade", que em sua obra geralmente aparece em uma conotação ancorada em determinado lugar, o seja). Ainda assim:

Uma nova teoria do socialismo precisa agora incorporar, de maneira central, o lugar. Lembre que o argumento era que o proletariado não possuía pátria, fator que o diferenciava das classes proprietárias. Mas o lugar mostrou ser um elemento crucial no pro-

---

20 Idem, *Resources of Hope: Culture, Democracy, Socialism* (Londres, Verso, 1989), p. 321-2 [ed. bras.: *Recursos da esperança*, trad. Nair Fonseca e João Alexandre Peschanski, São Paulo, Editora Unesp, 2015].

cesso de criação de vínculos – até mais para a classe trabalhadora do que para as classes detentoras de capital – por conta da explosão da economia internacional e os efeitos destrutivos da desindustrialização sobre as velhas comunidades. Quando o capital passa para a próxima, a importância do lugar se revela com mais clareza.[21]

O enraizamento da ação política da classe trabalhadora repousa, de acordo com essa exposição, primariamente no "lugar". Em seus romances, no entanto, o significado do lugar torna-se particularmente claro, já que é quase como se os processos de criação e dissolução de lugar – mais uma vez, uma concepção muito dialética em comparação com a entidade formada de um lugar de fato – se tornassem agentes ativos na ação. Contudo, a constituição do lugar não pode ser abstraída dos padrões cambiantes das relações espaciais. Isso é tratado de maneira bastante clara em *O povo das Montanhas Negras* e foi, evidentemente, o princípio norteador que permitiu a Williams construir a rica análise literária apresentada em *O campo e a cidade**. Essa relação material, porém, se faz presente de maneira ainda mais vívida no episódio da greve em *Border Country*: a consciência política em uma comunidade aldeã rural galesa, atravessada por uma linha ferroviária sobre a qual circulam bens e informação, é transformada em virtude de sua relação com a greve dos mineradores em Gales do Sul, mas no fim acaba vendida por conta de decisões tomadas em Londres. Em um ensaio sobre a greve geral de 1926, Williams deixa claro como o episódio em *Border Country* só tomou forma após longas conversas com seu pai. Em seguida, ele reflete sobre a estrutura do problema da seguinte maneira:

> Os homens daquela estação no campo eram trabalhadores industriais, sindicalistas, em um pequeno grupo de uma economia rural e agrícola. Todos eles, assim como meu pai, ainda tinham íntimas ligações com aquela vida agrícola [...]. Ao mesmo tempo, pelo próprio fato da ferrovia, com os trens atravessando vindos das cidades, das fábricas, dos portos, das minas de carvão, e pelo fato do telefone e do telégrafo que era especialmente importante para os sinaleiros, que por meio dele constituíam uma comunidade com outros sinaleiros através de uma ampla rede social, comunicando-se para além de seu trabalho com homens que eles possivelmente nunca encontrariam, mas que sabiam muito bem, por meio de voz, opinião e estória, que pertenciam a parte de uma classe trabalhadora industrial moderna.[22]

---

[21] Ibidem, p. 242.

* Raymond Williams, *O campo e a cidade: na história e na literatura* (trad. Paulo Henriques Britto, São Paulo, Companhia das Letras, 1989). (N. T.)

[22] Idem, *Resources of Hope*, cit., p. 165-6.

O ponto do episódio da greve é mostrar como se chega a algo especial – nesse caso, a percepção de uma consciência de classe e a compreensão da possibilidade (e essa palavra sempre orbita as margens de todas as discussões de Williams) de uma alternativa real. No entanto, chega-se a essa possibilidade precisamente por meio da internalização, naquele lugar e naquela comunidade particulares, de impulsos vindos de fora. De que maneira tais impulsos externos foram transformados e internalizados como uma "estrutura de sentimento" muito local é parte crucial da estória. Algo muito especial ocorreu na Glynmawr ficcional (a greve, ele narra, havia elevado as perspectivas de uma melhoria comum "a uma extraordinária vivacidade prática"[23]) e na Pandy real, conferindo um significado ao socialismo que era de uma ordem peculiarmente alta, fazendo da tragédia de sua traição a distância um acontecimento particularmente devastador.

Há um contrafluxo em curso aqui. Após o colapso da greve, um de seus líderes dinâmicos, Morgan Prosser, passa a realizar negócios até eventualmente se tornar o maior empresário do vale, isso para enfim ser totalmente comprado e assimilado pelo capital corporativo. Diz Morgan:

Este lugar está acabado, como o conhecíamos. O que importa de agora em diante não são os campos, não são as montanhas, mas a estrada. Não haverá aldeia enquanto lugar por si só. Só haverá um nome que você cruzará, casas na beira da estrada. E é lá que você estará morando, lembre-se. Numa beira de estrada.[24]

Embora Morgan sempre professe uma disposição de abrir mão de seu modo empresarial de agir caso uma alternativa genuína de melhoria se apresente, ele não deixa de insistir na visão de que a única escolha é entre se "assentar" em determinado lugar e aceitar o que vier ou internalizar tudo o que puder ser apropriado das forças externas e utilizá-las para uma vantagem particular, pessoal ou vinculada a determinado lugar.

Essa internalização local, ancorada em determinado lugar, de valores capitalistas torna-se ainda mais aparente no romance *The Fight for Manod* [A luta por Manod]. Diz Peter Owen, o sociólogo radical cooptado para investigar os possíveis significados da construção de uma nova cidade no remanso rural de Manod, no País de Gales: "A história de fato está ali atrás, no maldito centro: o eixo Birmingham-Dusseldorf, com escritórios em Londres, Bruxelas, Paris, Roma". "É esse dinheiro vindo de fora que sempre nos fragmenta", reclama o morador local Gwen[25].

---

23 Ibidem, p. 153.
24 Raymond Williams, *Border Country*, cit., p. 242.
25 Idem, *The Fight for Manod* (Londres, Chatto and Windus, 1979), p. 140.

À medida que vem à luz a história de aprovisionamento secreto da companhia de terras, vemos como um capitalismo sem rosto exerce uma influência profundamente corruptora sobre todos:

> As companhias. E aí a distância, a obviedade cotidiana da distância, entre aquela faixa em Manod, todos os problemas imediatos de Gwen e Ivor e Trevor e Gethin e os outros, a distância entre eles e esse registro de companhias, mas ao mesmo tempo as relações são tão sólidas, tão registradas. As transações recaem diretamente sobre eles. Não apenas como uma força vinda de fora, mas como uma força com a qual eles se engajaram, da qual agora são parte integrante. Entretanto, ainda assim uma força que não se importa com eles, que só está trilhando seu próprio caminho.[26]

O que se segue, para Matthew, é a amarga percepção de que: "Seguir o que nos parecem ser nossos próprios interesses, como esses agricultores estão fazendo em Manod, não é contra [esse processo], mas parte dele; é sua reprodução local". Tudo isso implica graves problemas de identidade política dependendo do alcance espacial sobre o qual o pensamento e a ação política são tidos como possíveis:

> "Esse é Tom Meurig", disse Peter. "Ele vive em Llanidloes ou na Europa, não me lembro ao certo." Tom Meurig riu [...] "Ele não consegue decidir", disse Peter, "se proclama uma federação imediata dos povos celtas, com participação honrosa dos bascos, ou se simplesmente toma conta da Europa com esse novo socialismo comunal que eles estão idealizando nas colinas". "Ambos", disse Meurig, "ou a terceira possibilidade: colocar um dos nossos no Conselho Distrital".[27]

O humor desse trecho esconde uma incrível tensão. Ocorre que a internalização dessas forças externas em Manod depende crucialmente de um agricultor no Conselho Distrital ter conhecimento privilegiado dos planos tecidos em outro lugar. O lugar e o alcance relevantes da ação política (bem como da ação no romance) não podem ser resolvidos fora de uma maneira particularmente dialética de definir as lealdades investidas nos lugares ao longo do espaço. E no interior de tais lealdades sempre encontraremos uma tensão peculiar entre resistência e cumplicidade.

---

[26] Ibidem, p. 153.
[27] Ibidem, p. 133.

O LUGAR DA POLÍTICA SOCIALISTA

Williams procura incorporar o "lugar" mais dialeticamente na teorização socialista. A frase-chave aqui é aquilo que Williams denomina "particularismo militante". Gostaria de dar especial atenção a essa ideia, pois ela capta algo muito importante tanto sobre a história quanto sobre as perspectivas do socialismo, ao menos dentro da concepção de Williams. Ele reflete da seguinte maneira:

> A característica única e extraordinária da auto-organização da classe trabalhadora tem sido que ela tem buscado conectar as lutas particulares a uma luta geral de maneira um tanto especial. Ela se propôs, enquanto movimento, a tornar real aquilo que é, à primeira vista, a extraordinária hipótese de que a defesa e o avanço de certos interesses particulares, se adequadamente combinados, são de fato o interesse geral.[28]

Ideais forjados a partir da experiência afirmativa das solidariedades presentes em determinado lugar são generalizados e universalizados enquanto modelo prático de uma nova forma de sociedade que irá beneficiar toda a humanidade. É isso que Williams quis dizer com "particularismo militante", e ele o vê como algo profundamente arraigado na história do socialismo progressista na Inglaterra, bem como "uma das mais importantes partes da história do País de Gales". Não é difícil generalizar o ponto, embora o próprio Williams recusasse se desvencilhar das particularidades e especificidades de lugares de fato como base de seu pensamento. Os revolucionários franceses, afinal, proclamavam doutrinas dos "direitos do homem"; o movimento internacional dos trabalhadores defendia a transição global ao socialismo em benefício de todos; o movimento pelos direitos civis nos Estados Unidos articulou uma política de justiça racial universal; certas alas do feminismo e do movimento ecológico contemporâneos projetam seu particularismo militante como base para uma reconstrução social de amplo alcance que irá beneficiar (ou mesmo salvar) a todos.

Williams parece sugerir que muitas, se não todas, as formas de mobilização política são ancoradas em um particularismo militante baseado em estruturas de sentimento particulares do tipo que encontrei em Cowley. No entanto, a dificuldade é

> que, porque ele havia começado como local e afirmativo, assumindo uma extensão não problemática de sua própria experiência local e comunitária a um movimento muito mais geral, permaneceu sempre insuficientemente ciente dos obstáculos bastante sistemáticos que se encontravam no caminho.[29]

---

[28] Raymond Williams, *Resources of Hope*, cit., p. 115.
[29] Idem.

Tais obstáculos só podiam ser compreendidos por meio de abstrações capazes de confrontar processos não acessíveis à experiência local direta. E aqui está o xis da questão. A passagem de solidariedades tangíveis compreendidas como padrões de vida social organizadas em comunidades afetivas e cognoscíveis para um conjunto mais abstrato de concepções que teriam alcance global envolve se movimentar de um patamar de abstração – vinculado ao lugar – a outro patamar de abstrações capazes de se estender no espaço. Nesse movimento, algo fatalmente seria perdido. "E assim entra", assinala Williams com pesar, "necessariamente, a política da negação, a política da diferenciação, a política da análise abstrata. E isso, gostemos ou não, era necessário agora até mesmo para compreender o que estava ocorrendo". Até mesmo a linguagem muda, passando de palavras como "nossa comunidade" e "nosso povo" nas minas de carvão a "classe trabalhadora organizada", "proletariado" e "massas" nas metrópoles, onde as abstrações são debatidas de maneira mais acalorada[30].

A passagem de um mundo conceitual, de um patamar de abstração a outro, pode ameaçar aquele senso de valor e propósito comum que ancora o particularismo militante alcançado em determinados lugares:

> Essa foi minha descoberta mais triste: quando me dei conta de que em mim mesmo [...] aquela forma mais crucial de imperialismo tinha ocorrido. Isto é, onde partes de sua mente passam a ser dominadas por um sistema de ideias, um sistema de sentimentos, que de fato emanam do centro de poder. Ali mesmo no fundo de sua própria mente e ali mesmo dentro da comunidade oprimida e desposuída há elementos reproduzidos do pensamento e do sentimento do centro dominador [...]. Se aquela política negativa é a única política possível, então está dada a vitória final de um modo de pensamento que a mim parece ser o produto último da sociedade capitalista. Qualquer que seja seu rótulo político, trata-se de um modo de pensamento que de fato transformou as relações entre pessoas em relações entre coisas ou entre conceitos.[31]

A tensão entre os diferentes patamares e tipos de abstração aos quais os indivíduos necessariamente recorrem a fim de compreender sua relação com o mundo é particularmente vívida nos romances de Williams, muitas vezes internalizada nas emoções conflitantes dos protagonistas. Em *Border Country*, Matthew leva ao mundo esse nome dado a ele por seu pai, mas em Glynmawr ele é sempre conhecido como Will, nome que sua mãe queria. A dualidade dessa identidade – quem é ele, Matthew ou Will? – está perpetuamente em operação ao longo do romance. Preso em meio a essa dualidade, torna-se quase impossível encontrar uma linguagem para falar.

---

[30] Raymond Williams, *Loyalties* (Londres, Chatto & Windus, 1985), p. 293.
[31] Idem, *Resources of Hope*, cit., p. 117.

Ele era treinado para o desapego: a própria linguagem, consistentemente abstraindo e generalizando, a apoiava nisso. E o desapego se fazia valer de outra maneira. Ele se sentia, nessa casa, ao mesmo tempo uma criança e um estranho. Ele não podia falar como nenhum dos dois; não podia falar efetivamente como si mesmo, mas apenas nos termos que esse padrão oferecia.[32]

A tensão é registrada até mesmo na forma como ele recorda uma paisagem familiar:

Uma coisa era carregar essa imagem em sua mente, como ele fazia, por toda parte, nunca tendo passado um dia que não fechasse os olhos e a visse de novo, sua única paisagem. Mas era diferente estar lá e encarar a realidade. Não era menos bonita; cada detalhe da paisagem se mostrava em seu velho encantamento. Mas não era imóvel, como a imagem havia sido. Não era mais uma paisagem ou uma vista, mas um vale que as pessoas estavam usando. Ele percebeu à medida que observava o que havia ocorrido na sua ausência. Ele havia conservado o vale enquanto paisagem, mas seu trabalho tinha sido esquecido. O visitante vê beleza: o habitante vê um lugar onde ele trabalha e tem amigos. Afastado, ele vinha vendo esse vale ao fechar os olhos, mas o via como um visitante o vê, como um guia de viagem o vê: esse vale, em que ele havia vivido por mais da metade de sua vida.[33]

Para Williams, é vital essa distinção entre um "olhar de turista" e a vida em determinado lugar. Essas existências e o senso de valor que a elas se vincula estão enraizados em um ambiente ativamente moldado e produzido por meio do trabalho, do lazer e de uma grande variedade de práticas culturais. Há uma profunda continuidade aqui entre a ambientação ambiental de *Border Country* e a história ambiental mais explícita de *O povo das Montanhas Negras*. É só no fim do primeiro romance que Matthew/Will pode se conjugar, talvez para reconciliar as diferentes estruturas de sentimento que surgem pela mentalidade que se impõe quando se percorrem as montanhas e o conhecimento atingido por meio dos "modelos de poliestireno e seus equivalentes teóricos":

Agora parece o fim do exílio. Não o retorno, mas o término do sentimento de exílio. Pois a distância é mensurada, e é isso que importa. Quando se mede a distância, voltamos para casa.[34]

---

[32] Idem, *Border Country*, cit., p. 83.
[33] Ibidem, p. 75.
[34] Ibidem, p. 351.

A mesma dualidade irrompe repetidamente nos romances de Williams. A batalha entre diferentes patamares de abstração, entre particularidades de lugar compreendidas de maneira distinta e as abstrações necessárias exigidas para levar tais compreensões a uma esfera maior, a luta para transformar o particularismo militante em algo mais substancial no palco mundial do capitalismo – todos esses elementos tornam-se linhas centrais de contradição e tensão que movimentam a trama dos romances. *Loyalties* [Lealdades] se volta crucialmente a tais tensões. Nesse romance, certos dilemas são explorados de maneira muito mais profunda que em qualquer uma das obras teóricas de Williams.

UMA QUESTÃO DE LEALDADES

A história de *Loyalties* começa com um encontro em 1936 entre mineradores galeses e estudantes da Universidade de Cambridge em uma fazenda no País de Gales para tentar encontrar estratégias comuns de combate ao fascismo na Espanha. Dessa reunião sai uma breve e apaixonada parceria entre uma garota galesa, Nesta, que tem impressionantes talentos artísticos, e Norman, um jovem estudante de Cambridge proveniente da alta classe. A questão de seus lugares distintos, tanto materialmente quanto na estrutura da sociedade, de imediato é levantada. Ela sustenta que o lugar – Danycapel – a tornou aquilo que ela é; ele graciosamente conclui que deve, portanto, ser um lugar bom, mas em seguida a aconselha a não ficar presa nele. Nesta permanece lá pelo resto da vida – a mulher arraigada no lugar particular que ao mesmo tempo a criou e sustentou e do qual ela continua a cuidar – enquanto ele, o homem, retorna a um mundo mais cosmopolita, internacionalista e aparentemente desenraizado de intrigas políticas e investigações científicas. Embora os dois nunca mais se falem após seus breves encontros iniciais, o romance se debruça sobre a continuação da tensão entre eles, primariamente por meio da figura de Gwyn, o filho proveniente do casamento entre duas posições de classe e de gênero – uma mais vinculada a determinado lugar e outra se espraiando sobre o espaço – em uma política supostamente comum definida em larga medida pelo Partido Comunista. Gwyn, assim com Matthew Price em *Border Country*, internaliza a tensão: criado no lugar em que Nesta reside, ele eventualmente vai a Cambridge para estudar, em parte por insistência da irmã de Norman, que desempenha um elo crucial alimentando uma conexão familiar com Gwyn que Norman amplamente ignora.

A política vinculada ao lugar proveniente da experiência de solidariedades de classe e relações de gênero no País de Gales difere radicalmente das concepções mais abstratas mantidas pelos acadêmicos e pelas lideranças partidárias. A diferença não é, vale notar, entre paroquialismo e universalismo. O minerador Bert, que depois acaba se casando com a mãe de Gwyn e se torna o verdadeiro pai dele, vai lutar na Espanha ao lado de outros trabalhadores e estudantes. Quando o estudante que era próximo de Norman em Cambridge é morto em ação, Bert fica com seus binóculos (um terreno simbólico da visão?) para apenas em seu leito de morte passá-los adiante a Gwyn. Bert também luta na Segunda Guerra Mundial (denominada "a derradeira luta contra o fascismo") e sofre um ferimento horrível na Normandia que desfigura permanentemente seu rosto – Bert passa a carregar para sempre em seu corpo as marcas de seus compromissos internacionalistas.

Norman, o pai biológico de Gwyn, reside em um mundo diferente e desenvolve lealdades ao partido e à causa de maneira radicalmente diversa. Talvez modelado em Burgess, Maclean, Philby [Cairncross] e Blunt (o grupo dos cinco de Cambridge que se tornaram agentes soviéticos durante os anos 1930), Norman se envolve na transmissão de conhecimento científico às lideranças comunistas, sofrendo interrogatórios e pressões psicológicas contínuas e adquirindo cicatrizes psíquicas à medida que se angustia com o dilema de sustentar ou não lealdades desenvolvidas em uma era na qual elas faziam sentido, em um mundo de Guerra Fria no qual a consciência talvez pudesse ditar outro curso de ação. Curiosamente, Williams não condena Norman, embora o amargo julgamento de Bert em seu leito de morte seja poderosamente registrado contra esses "traidores de sua classe" – "eles nos usaram [...], nós sabemos agora que precisamos fazer por conta própria". Gwyn ecoa esse julgamento: Norman e sua laia eram desprezíveis "porque eles envolviam em sua traição aquilo que deveria ter sido a alternativa: seu próprio partido da classe trabalhadora, seu socialismo".

Há, porém, um paralelo entre a última confrontação com Norman e uma cena em que Nesta explode contra seu filho, Gwyn. Em determinado momento ela revela a ele dois esboços de retrato que havia escondido: um do jovem Norman, louro e etéreo, e o outro de um agora defunto Bert, feito após seu retorno da guerra, um retrato que "era terrível para além de qualquer semelhança, como se nele o já danificado rosto fosse ainda mais rasgado e arrebentado". Gwyn está profundamente comovido, mas só consegue dizer quão "intensamente belo" considera o segundo retrato:

> Ela fixava os olhos nele furiosamente. Uma dor repentina parecia retorcer sua face e seu corpo. Ele ficou espantado, pois nunca a tinha visto sequer minimamente brava. Ela sempre fora tão contida e quieta e agradável, sempre mais jovem que sua idade, equilibrada e ligeiramente recatada.
>
> "Não é belo!", ela gritou, em uma voz terrivelmente estridente.
>
> "Mãe, por favor, não foi isso que eu quis dizer", balbuciou Gwyn.
>
> "Você não compreende nada?", gritou. "Não tem conhecimento algum? Não aprendeu nada?"

"Mãe, tudo que quis..."

"Não é belo!", esbravejou novamente. "É feio. É destruidor! É tecido humano rasgado e triturado!"

"Sim. Sim, nele. Mas a verdade, que você viu a verdade..."

"É feio, é feio!", ela gritou, agora para além de todo controle.[35]

O violento choque de sensibilidades – de "estruturas de sentimento", nas palavras de Williams – diz tudo. O problema aqui não é apenas o patamar de abstração em que se constitui a visão de mundo da política socialista, mas das estruturas de sentimento bastante diferentes que podem se acoplar a esses níveis de abstração. Gwyn distanciou-se para poder contemplar o retrato de seu pai como uma obra de arte, como um evento estético, como algo de beleza precisamente porque é capaz de capturar e representar o horror da desfiguração com uma verdade profunda. Para Nesta, contudo, não é a representação que importa, mas aquilo que é representado; a pura dor do que sempre permanece fundamental e profundo.

As dificuldades postas pela busca por qualquer tipo de distanciamento crítico entram aqui mais claramente em foco. Em *Border Country*, por exemplo, Matthew/Will decide escalar a montanha situada nas proximidades, a Kestrel, e admirar a visão lá de cima. Observando o "pedaço de terra" em que havia sido criado, ele sabia que

não se tratava somente de um lugar, mas de pessoas, embora daqui era como se ninguém vivesse lá, ninguém jamais tivesse vivido lá, e ainda assim, estático, ele era uma memória de si mesmo [...]. A montanha tinha esse poder, de abstrair e de clarificar, mas no fim ele não podia permanecer: ali precisava descer de volta para onde ele morava.[36]

E então:

No caminho de volta, as formas se desvaneciam e retornavam as identidades ordinárias. A voz em sua mente se desvanecia e retornava a voz ordinária. Tal como o velho Blakely perguntando, ao fincar seu cajado na relva. O que você estará lendo, Will? Livros, senhor? Não, melhor não. História, senhor. História da Kestrel, onde você se senta e observa a memória se mover ao longo do extenso vale. Era esse o sentido da coisa: observar, interpretar, tentar clarificar. Somente o vento deixando os olhos semicerrados, e tanta coisa vivendo dentro de você, decidindo o que você irá ver e como irá ver. Nunca acima, observando. Você descobrirá que aquilo que está observando é você mesmo.[37]

---

35 Raymond Williams, *Loyalties*, cit., p. 347-8.
36 Idem, *Border Country*, cit., p. 293.
37 Idem.

É apenas em parte, porém, que tem importância aqui o patamar de abstração no qual variadas representações operam. Pois há outra coisa ocorrendo nessas transições que deriva do tipo de abstração atingível dada a existência de diferentes formas de adquirir conhecimento do mundo. E há aqui uma polarização definida no argumento de Williams. Ingold, num contexto um tanto diferente, descreve essa oposição entre uma visão do mundo como uma esfera que nos abarca ou como um globo que podemos contemplar:

> O local não é uma apreensão mais limitada ou de foco mais estreito do que o global, é algo que repousa em um modo completamente diferente de apreensão – baseado em um engajamento ativo, perceptual, com componentes do mundo em que se reside, nas atividades práticas da vida, em vez de na observação distanciada e desinteressada de um mundo à parte. Na perspectiva local, o mundo é uma esfera [...] centrada em determinado lugar. Desse centro experiencial, a atenção daqueles que ali residem é colocada ainda mais profundamente diante do mundo, na busca por conhecimento e entendimento.[38]

Tanto Bert quanto Nesta parecem sempre se dirigir ao mundo a partir de seu lugar centrado – Danycapel –, ao passo que Norman sempre busca compreender o mundo de uma maneira mais distanciada rumo a atingir seus compromissos políticos. Gwyn internaliza ambas as perspectivas e fica dilacerado por pensamentos e sentimentos conflitantes. Entretanto, Williams parece dizer, não podemos prescindir de nenhuma dessas duas abstrações, tampouco dispensar os modos de representação conflitantes que necessariamente a elas se vinculam. Williams busca definir uma relação complementar, até mesmo dialética, entre as duas visões, embora para mim seja evidente de qual lado dessa oposição ele se sente mais confortável. Ele faz questão de reiterar que não devemos jamais esquecer a feiura bruta das realidades vividas pelos oprimidos. Não devemos estetizar ou teorizar tais realidades vividas fora de sua existência enquanto dores e paixões sentidas. Fazer isso é diminuir ou até mesmo perder a raiva crua contra a injustiça e a exploração que move tanto dos anseios por transformação social. A visão convencional de que "verdade é beleza", por exemplo, merece ser tratada com a ira que Nesta dispara.

A questão das lealdades é definida, assim, tanto pelo patamar quanto pelo tipo de abstração por meio do qual se formulam as questões políticas. Como uma força política afetiva e emotiva, as lealdades sempre se vinculam a certas estruturas de sentimento definidas. Os personagens mais ricos de todos os romances de Williams

---

[38] Tim Ingold, *The Appropriation of Nature: Essays on Human Ecology and Social Relations* (Manchester, Manchester University Press, 1986), p. 41.

são precisamente aqueles que internalizam lealdades diferentes e conflitantes a estruturas de sentimento opostas – Gwyn em *Loyalties* ou Matthew Price em *Border Country* e Owen Price em *Second Generation* [Segunda geração]. E não é à toa que Williams recorra à forma romance a fim de explorar conflitos e tensões envolvidos. A estratégia brechtiana se evidencia por toda parte e indica não apenas que as tensões não podem jamais ser resolvidas, mas que nós nunca devemos esperar que elas assim o sejam. Ao mantê-las perpetuamente abertas, deixamos em aberto um recurso fundamental para reflexões e práticas criativas necessárias a fim de atingir transformações sociais progressistas.

Essa é uma formulação reveladora de um problema que muitos de nós podemos certamente reconhecer. Eu o reconheço não apenas como alguém que, assim como Williams, passou de uma escola estadual inglesa a uma educação em Cambridge, mas também, de maneira mais imediata, como alguém envolvido na disputada política do projeto de Cowley. Onde residiam minhas lealdades? Os alertas de Williams são salutares. Paira, tanto em nossa cabeça quanto em nossas ações, a possibilidade de uma traição à medida que passamos de um patamar de abstração a outro ou de um tipo de epistemologia a outro. Os representantes sindicais de base dissidentes da montadora de Cowley provavelmente disseram palavras indelicadas sobre mim, do mesmo jeito que Bert falou a respeito dos "traidores da classe" em *Loyalties*. Curiosamente, Hayter (embora ela seja até mais "traidora da classe" que eu) inseriu na conclusão do livro as fortíssimas palavras de um representante sindical de base na fábrica: "A traição é um processo, não um ato individual, e nem sempre é consciente". Embora o comentário não tenha sido dirigido a mim, sabendo de nossas discussões, imagino que poderia ter sido.

Contudo, traição é um termo complexo e também amargo. Permita-me voltar à narrativa ficcional de *Loyalties* por um momento. É assim que o parceiro próximo de Norman o defende diante de Gwyn:

> Há atos genuínos de traição a grupos aos quais se pertence. Mas basta observar as variações de aliança e de hostilidade, tanto as variações internacionais quanto as complexas alianças e as hostilidades de classes no interior de cada nação, para perceber quão dinâmica essa quantidade definível se torna. Há traidores no interior de uma classe a uma nação e no interior de uma nação a uma classe. Pessoas que vivem em tempos nos quais essas lealdades são estáveis têm mais sorte do que nós.
> "Não apenas em tempos. Em lugares", disse Gwyn.

De todo modo, Norman estava envolvido em uma pesquisa científica que tinha um domínio de referência completamente diferente. Isso implicava um conflito dinâmico em um campo altamente especializado. Era fundamental evitar que, por meio de desequilíbrio, se alcançasse aquele estágio excepcionalmente perigoso em que, por sua própria lógica, ele ia para além de nações e classes e para além de todas as lealdades que qualquer um de nós havia conhecido. Exceto, talvez, no final, uma simples lealdade a toda a espécie humana.[39]

Nada próximo disso estava em jogo no caso Cowley, é claro – embora haja uma pequena reviravolta no fim de *Loyalties* que faria essa ligação. Norman, aposentado sem descrédito, adquire um bosque para salvá-lo da incorporação fundiária. Diante da acusação feita por Gwyn de ter traído sua classe, de ter traído a "moralidade da experiência compartilhada" que está por trás do particularismo da militância de uma comunidade como Danycapel, Norman responde:

Você abusa daquilo que denomina minha classe, mas você está realmente abusando é do conhecimento e da razão. Da forma que a sociedade é, é aqui, com a gente, que se geram as ideias. Assim tem sido com o socialismo: ao mesmo tempo as boas ideias e os erros. Entretanto começamos a corrigi-los, e isso é tudo que pode ser feito. Na razão e na consciência, nosso dever agora não é com algo chamado socialismo, é com conservar e salvar o planeta Terra. No entanto, nada de relevante para nenhum dos dois é gerado entre aqueles que você denomina seus conterrâneos. De fato, essa é precisamente a deficiência deles. É também a inadequação deles, e então o que é que você está exigindo de mim? Que eu seja leal à ignorância, à miopia, ao preconceito, porque esses atributos se encontram em meus conterrâneos? Que eu não faça nada e permaneça conivente com a destruição do planeta Terra porque meus conterrâneos estão participando dela? E que eu deva fazer isso por conta de algum escrúpulo tradicional, que estou fadado a herdar uma inadequação comum, uma ignorância comum, porque seus portadores falam a mesma língua, habitam a mesma ilha ameaçada? Que moralidade, efetivamente, você está propondo com isso?[40]

A resposta de Gwyn é afiada:

O que você pensava sobre o comunismo, o que você agora pensa sobre a natureza, não é mais que uma projeção daquilo que já lhe convinha. O fato de que para outros cada crença é substancial apenas permitiu que você os enganasse.[41]

[39] Raymond Williams, *Loyalties*, cit., p. 317.
[40] Ibidem, p. 317-9.
[41] Ibidem, p. 364.

O argumento em *Loyalties* não chega a uma resolução. E penso ser a intenção de Williams insistir que isso nunca ocorrerá. Lealdades desenvolvidas em determinada escala, em determinado lugar e nos termos de determinada estrutura de sentimento não podem facilmente ou simplesmente ser transpostas sem transformação ou tradução às formas de lealdade exigidas para tornar o socialismo um movimento viável, seja em outro lugar, seja em geral. No entanto, na tradução algo importante necessariamente se perde, deixando para trás um resíduo amargo de tensão não resolvida.

LEALDADES, IDENTIDADES E COMPROMISSOS POLÍTICOS

Aceitar isso leva a algumas reflexões políticas desconfortáveis. Permita-me apresentá-las em uma de suas manifestações mais candentes. A causa socialista na Inglaterra sempre foi movida por particularismos militantes do tipo que Williams descreveu no País de Gales e que encontrei em Cowley. Seria possível, acredito eu, reunir uma boa quantidade de evidências históricas em apoio a essa afirmação. Um volume recente de ensaios, *Fighting Back in Appalachia*[42] [Revidando em Appalachia], documenta de maneira brilhante a pertinência desse ponto em um caso no interior dos Estados Unidos. E aqueles particularismos militantes – até mesmo quando agrupados em um movimento nacional, como ocorreu em diversos momentos históricos por parte do Partido Trabalhista na Inglaterra – são em certos aspectos profundamente conservadores, pois repousam na perpetuação de padrões de relações sociais e de comunidade, de solidariedades e lealdades, atingidos sob determinado tipo de ordem industrial opressiva e indiferente. Ainda que a posse eventualmente mude de mãos (por meio de um processo de nacionalização, por exemplo), as minas e as linhas de produção precisam continuar em operação, pois essas são as bases materiais para as formas de relação social e os mecanismos de solidariedade de classe enraizados em lugares e comunidades particulares. A política socialista adquire assim um contorno conservador, pois ela não pode simplesmente mergulhar na transformação e na derrubada radical de velhos modos de trabalho e vida – ela precisa, em uma primeira instância, se concentrar em manter a todo custo as minas de carvão abertas e as linhas de produção rodando (veja o embaraço que foi a política industrial dos sucessivos governos do Partido Trabalhista na Inglaterra nos anos 1960 e 1970). Será que a luta em Cowley deveria ser travada no sentido de manter postos de trabalho cada vez mais opressivos na fábrica automobilística ou no sentido de buscar outros trabalhos diferentes, melhores, mais

---

[42] Stephen Fisher (org.), *Fighting Back in Appalachia: Traditions of Resistance and Change* (Filadélfia, Temple University Press, 1993).

saudáveis e mais gratificantes em um sistema de produção bem diferente e mais ecologicamente sensível? Em um tempo de fragilidade e falta de alternativas, a luta em Cowley necessariamente se concentrou no primeiro objetivo, mas eu tinha a clara impressão de que, até mesmo no longo prazo e sob as melhores circunstâncias possíveis, as condições seriam sempre as mesmas para aqueles que trabalhavam no chão de fábrica, para aqueles mais fortemente imbuídos do particularismo militante próprio de quem trabalha na montadora.

Há outra maneira de colocar isso. Será possível às identidades políticas e sociais forjadas sob uma ordem industrial opressora de determinado tipo, vigente em determinado lugar, sobreviver ao colapso ou à transformação radical daquela ordem? Minha resposta imediata é "não" (e, mais uma vez, acredito ser possível reunir uma boa quantidade de evidências para sustentar tal conclusão). Se for esse o caso, então a perpetuação daquelas lealdades e identidades políticas requer a perpetuação das condições opressoras que as ensejaram. Assim, movimentos da classe trabalhadora podem buscar perpetuar as condições de opressão que estão em sua origem ou retornar a elas, de maneira semelhante às mulheres que voltam, repetidamente, a viver com homens violentos mesmo depois de adquirir um senso de autonomia.

Tal paralelo é instrutivo nesse caso. Como defenderam muitas feministas e como demonstraram muitas mulheres, é possível romper o padrão, escapar da dependência. Movimentos de classe trabalhadora podem de maneira semelhante conservar um impulso revolucionário ao assumir novas identidades políticas sob condições transformadas de trabalho e vida. Mas se trata de um processo demorado e penoso que exige muito trabalho. Williams reconhece essa dificuldade de forma explícita em sua discussão sobre a questão ecológica:

> Não adianta nada simplesmente dizer aos mineradores do sul do País de Gales que há um desastre ecológico à volta. Eles já sabem. Eles vivem nele. Por gerações, eles habitam nele. Eles o carregam em seus pulmões [...]. Todavia, você não pode somente dizer às pessoas que dedicaram a vida e suas comunidades a certos tipos de produção que isso tudo precisa mudar. Você não pode só dizer: saiam das indústrias nocivas, vamos fazer algo melhor. Tudo precisará ser feito com negociações, com negociações equitativas, e sempre aos poucos, ao longo do caminho.[43]

A preocupação de governos e partidos socialistas é que no fim desse caminho de negociações simplesmente se acabem minando as lealdades e as identidades sociais e políticas responsáveis por fornecer sua própria base de sustentação (mais uma vez, é

---

[43] Raymond Williams, *Resources of Hope*, cit., p. 220.

possível reunir uma quantidade considerável de evidências para sustentar essa proposição no que diz respeito à Europa ocidental desde a Segunda Guerra Mundial). O socialismo, pode-se defender, sempre aponta para a negação das condições materiais de sua própria identidade política, mas ocorre que o capitalismo fortuitamente assumiu um caminho, nesses últimos vinte anos, rumo à eliminação de muitos dos particularismos militantes que tradicionalmente sustentaram a política socialista: as minas foram fechadas, as linhas de produção foram reduzidas ou desativadas, os estaleiros se tornaram silenciosos. Assim, ou adotamos a posição que Hayter expôs a mim – de que o futuro do socialismo em Oxford dependia do resultado de uma luta para garantir o retorno do emprego de massa à produção automotiva de Cowley (uma posição que eu não podia aceitar) –, ou teremos de procurar combinações inéditas, tanto de novas quanto de velhas formas de particularismo militante, para ancorar uma versão um tanto diversa de política socialista. Não vejo alternativa a não ser trilhar o segundo caminho, por mais difícil e problemático que seja. Isso não significa abandonar a política de classe em benefício dos "novos movimentos sociais", mas explorar diferentes formas de aliança que possam reconstituir e renovar a política de classe. Para formular de maneira pragmática: a política de classe em Oxford sobreviveria ao fechamento total da montadora de Cowley, mas só se ela garantisse uma nova base.

Há ainda outra dimensão de tudo isso, que tem a ver com a questão da escala espacial e do horizonte temporal. No que diz respeito à primeira, Neil Smith recentemente observou como temos feito um péssimo trabalho de aprender a negociar e estabelecer pontes entre diferentes escalas espaciais de teorização social e ação política. Ele ressalta o que considero ser uma das confusões centrais nas construções contemporâneas do socialismo derivadas de "um grande silêncio a respeito da questão da escala":

A teoria da escala geográfica – mais corretamente a teoria da produção da escala geográfica – ainda foi muito pouco desenvolvida. Com efeito, não há nem mesmo uma teoria social da escala geográfica, quanto mais uma teoria social da escala geográfica de cunho materialista histórico. E, no entanto, ela desempenha um papel crucial em toda nossa construção geográfica da vida material. A repressão brutal na praça da Paz Celestial foi um acontecimento local, regional ou nacional ou foi um acontecimento internacional? Poderíamos razoavelmente assumir que foi os quatro, o que imediatamente reforça a conclusão de que a vida social constrói algum tipo de espaço hierárquico marcado por sobreposições englobantes, em vez de uma forma de mosaico, e opera dentro dele. Como conceber criticamente essas diversas escalas sobrepostas, como arbitrar e traduzir entre elas?"[44]

---

[44] Neil Smith, "Geography, Difference and the Politics of Scale", em Joe Doherty, Elspeth Graham e Mo Malek (orgs.), *Postmodernism and the Social Sciences* (Londres, Macmillan, 1992), p. 72-3.

O capitalismo, enquanto sistema social, conseguiu não apenas negociar tais dilemas de escala, como muitas vezes os manipulou ativamente em suas formas de luta de classe. Isso vale, sobretudo, para sua tendência de produzir desenvolvimento setorial e geográfico desigual de modo a forçar uma competitividade de cunho divisor entre lugares definidos conforme escalas diferentes. Mas onde começa e termina o "lugar"? E haveria determinada escala a partir da qual o "particularismo da militância" passa a ser impossível de ancorar, ou mesmo sustentar? O problema para uma política socialista é o de encontrar formas de responder a tais questões não em sentido conclusivo, mas precisamente pela definição de modos de comunicação e tradução entre diferentes tipos e patamares de abstração.

SOBRE CONCLUSÕES

Deixei que Hayter redigisse a conclusão de *The Factory and the City*. O livro, afinal, tinha sido em larga medida produto dos esforços dela. E o resultado ficou um tanto desconexo. Afirmações genericamente "trabalhistas" que focam exclusivamente a luta para retomar o controle radical na fábrica são refinadas aqui e acolá por questões acerca de capacidade excessiva, envolvimento da comunidade e meio ambiente. O efeito é estranho, já que não se chega, na minha avaliação, a nenhum tipo de tensão produtiva ou identificável. Acho isso uma pena, pois havia uma oportunidade não para tentar fechar um argumento, mas para se utilizar os materiais no livro a fim de refletir sobre aquilo que ocorreu e aprender alguma coisa, de se abrir um terreno para discussão e debate. Nosso fracasso ajuda a explicar, penso, por que Williams recorreu ao romance para explorar certos dilemas. A conclusão que geralmente nos vemos impelidos a procurar em um trabalho de pesquisa cultural ou econômico-política pode mais facilmente permanecer aberta para reflexão na forma romance – e até mesmo, como ocorre a Matthew Price, algum tipo de reconciliação torna-se possível, uma vez que "se mede a distância". Uma conclusão dupla ao livro de Cowley teria contribuído para manter as questões em aberto e as tensões vivas, ao mesmo tempo sublinhando o argumento de diferentes níveis e tipos de abstração.

Em vista de tudo isso, fiquei um tanto pasmo ao ler o romance *Second Generation*, de Williams, pouco depois de ter terminado o livro de Cowley. Esse romance, publicado em 1964 e ambientado em Oxford por volta daquela época, aborda as tensões entre um socialismo de matriz universitária, por um lado, e a disputada política no interior da fábrica automotiva, por outro. O parágrafo de abertura prepara a cena para o problema da política socialista em uma cidade dividida:

Se você para, hoje, no meio da Town Road, é possível ver ambos os lados: oeste em direção às cúspides e torres da catedral e das faculdades; leste em direção a pátios e galpões da usina automotiva. Você vê mundos diferentes, mas não há fronteira entre eles; há apenas o movimento e o trânsito de uma única cidade.[45]

Kate Owen, militante local do Partido Trabalhista e esposa de um líder sindical na fábrica, está dividida entre a lealdade à família e à comunidade e a liberdade sexual que se apresenta do outro lado da divisa de classe, em um socialismo de matriz universitária. Peter Owen, seu filho, está igualmente preso entre esses dois polos. Ele está estudando para o doutorado em sociologia industrial numa faculdade de Oxford em meio a uma violenta luta de chão de fábrica na usina automotiva que exaure seu pai. Todos os temas que Williams desenvolve em outras obras a respeito dos tipos de saber que é possível obter e dominar são ricamente desenvolvidos nesta, incluindo as interações de gênero e classe no interior das "estruturas de sentimento" que acabam incorporadas em uma política socialista.

Curiosamente, porém, muitas das questões substantivas que surgiram no trabalho do projeto de Cowley de fato vêm à tona, sem resolução, em *Second Generation*. Se eu tivesse lido o romance antes e não depois de ter me vinculado à pesquisa de Cowley, creio que minha abordagem poderia muito bem ter sido outra. Por um lado, teria insistido mais firmemente na estratégia brechtiana de manter em aberto as conclusões. Por outro, teria dado muito mais atenção à injunção de Williams de que "tudo precisará ser feito com negociações, com negociações equitativas, e sempre aos poucos, ao longo do caminho"[46].

AVALIAÇÕES E POSSIBILIDADES

Os termos "espaço", "lugar" e "meio ambiente" abarcam boa parte daquilo que os geógrafos fazem. O significado dele tem sido contestado dentro da geografia ao longo dos anos em debates acalorados (particularmente no periódico radical *Antipode*) sobre, por exemplo, como e por que se pode dizer que localidades e lugares têm importância e como conceber adequadamente as relações entre lugar e espaço[47]. No curso dessas discussões, a questão do patamar de abstração e da escala

---

[45] Raymond Williams, *Second Generation* (Londres, Hogarth Press, 1964), p. 9.
[46] Idem, *Resources of Hope*, cit., p. 220.
[47] Ver, por exemplo, John Agnew e James Duncan (orgs.), *The Power of Place: Bringing Together the Geographical and Sociological Imaginations* (Boston, Unwin Hyman, 1989); Philip Cooke, *Localities: The Changing Face of Urban Britain* (Londres, Unwin Hyman, 1989); Doreen Massey,

foi repetidamente levantada[48]. No entanto, os geógrafos não são os únicos a lidar com esse tipo de problemática. Nos anos recentes, os significados a ser atribuídos a espaço, lugar e natureza tornaram-se um ponto crucial de debate na teoria social, cultural e literária[49] – um debate do qual os geógrafos certamente participaram[50]. Preocupações e interesses desse tipo surgiram em parte por causa da questão das relações entre, por um lado, o que parece ser uma cultura capitalista emergente e, por outro, a reafirmação de todos os tipos de "particularismos militantes" tanto reacionários quanto potencialmente progressistas ancorados em determinados lugares, somada a uma ameaça aparentemente séria de degradação ambiental global. No entanto, as preocupações também foram produzidas em parte por uma florescente tradição de estudos culturais que Raymond Williams ajudou a definir, com sua ênfase em estruturas de sentimento, valores, enraizamento, diferença e as particularidades dos discursos contra-hegemônicos e das relações sociais de resistência que os grupos constroem.

Williams refletiu bastante acerca de questões de espaço, lugar e meio ambiente, e evidentemente se preocupava em avaliar de que maneira elas poderiam ser integradas ativamente tanto em sua teoria cultural quanto em suas visões

---

"The Political Place of Locality Studies", *Environment and Planning,* A, n. 23, 1991, p. 267-81; Allan Pred, "Place as Historically Contingent Process: Structuration and the Time-Geography of Becoming Places", *Annals of the Association of American Geographers,* n. 74, 1984, p. 279-97; Neil Smith, "Dangers of the Empirical Turn", *Antipode,* n. 19, 1987, p. 59-68; Erik Swyngedouw, "The Heart of the Place: The Resurrection of Locality in an Age of Hyperspace", *Geografiska Annaler,* n. 71, 1989, e "Territorial Organisation and the Space/Technology Nexus", *Transactions of the Institute of British Geographers,* New Series, n. 17, 1992, p. 417-33.

[48] Ver Kevin Cox e Andrew Mair, "Levels of Abstraction in Locality Studies", *Antipode,* n. 21, 1989, p. 121-32; Philip Cooke, *Localities: The Changing Face of Urban Britain,* cit.; Simon Duncan e Michael Savage, "Space, Scale and Locality", *Antipode,* n. 21, 1989, p. 179-206; Ronald Horvath e Kenneth Gibson, "Abstraction in Marx's Method", *Antipode,* n. 16, 1984, p. 12-25; Andrew Merrifield, "Place and Space: A Lefebvrian Reconciliation", *Transactions of the Institute of British Geographers,* New Series, n. 18, 1993, p. 516-31; Erik Swyngedouw, "The Mammon Quest: Globalisation, International Competition and the New Monetary Order, the Search for a New Spatial Scale", em Mick Dunford e Grigoris Kafkalis (orgs), *Cities and Regions in the New Europe,* (Londres, John Wiley, 1992); Neil Smith, *Uneven Development: Nature, Capital and the Production of Space* (Oxford, Basil Blackwell, 1990) e "Geography, Difference and the Politics of Scale", em Joe Doherty, Elspeth Graham e Mo Malek (orgs.), *Postmodernism and the Social Sciences* (Londres, Macmillan, 1992).

[49] Ver, por exemplo, Erica Carter, James Donald e Judith Squires (orgs.), *Space and Place: Theories of Identity and Location* (Londres, Lawrence and Wishart, 1993).

[50] Ver John Bird et al., *Mapping the Futures: Local Cultures Global Change* (Londres, Routledge, 1993); Derek Gregory e John Urry (orgs.), *Social Relations and Spatial Structures* (Londres, Palgrave Macmillan, 1985); Michael Keith e Steve Pile (orgs.), *Place and the Politics of Identity* (Londres, Routledge, 1993).

sobre como construir o socialismo. As transformações sociais das noções de espaço, lugar e meio ambiente não são neutras nem inocentes no que diz respeito a práticas de dominação e controle. De fato, tratam-se de decisões fundamentais de enquadramento, repletas de múltiplas possibilidades, que governam as condições (muitas vezes opressivas) a respeito de como levar a vida[51]. Tais questões não podem, portanto, ser deixadas de lado na luta por libertação; ademais, tais lutas precisam internalizar certa reflexividade, senão uma tensão insolúvel, no que diz respeito tanto aos patamares quanto aos tipos de abstração que elas precisam necessariamente abraçar como parte fundamental de suas ferramentas para a ação prática.

O fato de que as considerações e o tratamento dado por Williams aos temas de espaço, lugar e meio ambiente são articulados primariamente em seus romances sugere, no entanto, certa hesitação (ou mesmo uma simples dificuldade) da parte dele em integrar no cerne da teoria cultural esse aparato conceitual tripartite. A conclusão não é, entretanto, que espaço, lugar e meio ambiente não podem ser incorporados à teoria social e cultural, mas que é preciso abrir as práticas de teorização às possibilidades e aos dilemas que tal assimilação exige. Se aceitarmos a alegação de Williams e tratarmos seus romances e sua teoria cultural crítica como aspectos complementares em um campo unificado de investigação, o veremos abrir um terreno de teorização muito mais profundo do que fizeram muitos altos teóricos da cultura contemporânea que ignoram tais dimensões. A teoria não pode ser construída como a pura realização de uma abstração; prioritariamente, a prática teórica precisa ser construída como uma contínua dialética entre, por um lado, o particularismo militante das vidas e, por outro, a luta para atingir o necessário distanciamento crítico. Nesse quesito, a problemática que Williams define é certamente universal o bastante para garantir as próprias recompensas. Está inaugurada a busca por uma incorporação que seja materialista crítica (em vez de metafórica confinada e puramente idealista) das noções de lugar, espaço e meio ambiente à teoria cultural e social. E há muito em jogo. O retorno da teoria ao mundo das práticas políticas cotidianas em um espaço geográfico diversificado e hierarquicamente estruturado, de variação social e ecológica, pode, então, se tornar tanto o objetivo quanto a recompensa de um tipo particular de prática teórica.

Um dos capítulos mais emocionantes de *Fighting Back in Appalachia* chama-se "Singing Across Dark Spaces" [Cantando por entre espaços sombrios]. Trata-se de um relato pessoal de Jim Sessions e Fran Ansley sobre a tomada sindical/

---

[51] Sobre esta questão ver, em especial, Michael Keith e Steve Pile (eds.), *Place and the Politics of Identity*, cit.

comunitária da usina Moss 3 da Pittston na amarga greve dos carvoeiros de 1989, na região dos Apalaches – uma conquista que se provou crucial na resolução da greve em termos favoráveis aos mineradores. Jim Sessions, que estava dentro da usina durante a tomada na condição de "testemunha não afiliada", e Fran Ansley, que permaneceu do lado de fora, registraram suas experiências diárias. Esta escreveu, após dois dias de ocupação, "há momentos de transcendência que são capazes de nos ensinar, de nos fazer *sentir* as possibilidades que residem em nós, nas pessoas à volta e nos grupos aos quais pertencemos ou podemos pertencer"[52]. Teóricos também podem aprender a cantar entre os espaços sombrios de violento e crescente conflito social e cultural, mas apenas se nos abrirmos às possibilidades criadas por Williams. Eu deveria ter aprendido a ouvir mais atentamente os trabalhadores do chão de fábrica em Cowley e aqueles que moraram a vida toda naquela cidade sem abrir mão de minhas lealdades a modos de análise e de teorização que lançam luz sobre as direções da evolução do capital em geral e a indiferença de sua lógica de funcionamento.

COMENTÁRIO

O problema teórico com que se deparam todos os geógrafos é como articular os temas de espaço, lugar e meio ambiente de maneiras que expressem uma unidade sem suprimir as diferenças. Uma forma marxista de fazer isso é dizer que as unidades são sempre "unidades contraditórias" – o que é útil, dado que temos uma boa ideia da natureza das contradições e de como elas operam sozinhas ou em combinação. Esse é o foco de meu último livro, *17 contradições e o fim do capitalismo*. Marx abordou essa questão de maneira interessante. Precisamos reconhecer, diz ele nos *Grundrisse*, que "o concreto é concreto porque é a síntese de múltiplas determinações, portanto, unidade da diversidade"[53]. Nós, geógrafos, tipicamente lidamos com o concreto, como no caso da construção da Basílica de Sacré-Coeur. A questão para mim no capítulo 4 deste livro era: quais são as "muitas determinações" envolvidas nessa construção? A questão seguinte é: como determinar as muitas determinações? São, diz Marx, "as determinações abstratas" que "levam à reprodução do concreto por meio do pensamento". No caso de Sacré-Coeur, por exemplo, a abstração da luta de classes (entre muitas outras)

---

[52] Stephen Fischer (org.), *Fighting Back in Appalachia*, cit., p. 217.

[53] Karl Marx, *Grundrisse* (Harmondsworth, Penguin, 1973), p. 101 [ed. bras.: *Grundrisse. Manuscritos econômicos de 1857-1858: esboços da crítica da economia política*, trad. Mario Duayer e Nélio Schneider, São Paulo, Boitempo, 2015, p. 54].

claramente desempenha tal papel. O que, porém, legitima a implementação de tal abstração? A resposta, diz Marx, é que nós precisamos começar com o concreto "como o ponto de partida para a observação e concepção", de tal forma que o método de investigação

> tem de se apropriar da matéria (*Stoff*) em seus detalhes, analisar suas diferentes formas de desenvolvimento e rastrear seu nexo interno. Somente depois de consumado tal trabalho é que se pode expor adequadamente o movimento real. Se isso é realizado com sucesso, e se a vida da matéria é agora refletida idealmente, o observador pode ter a impressão de se encontrar diante de uma construção *a priori*.[54]

Isso remete ao âmago do método dialético de Marx. O trabalho preparatório revela as "muitas abstrações" que em seguida operam como as "muitas determinações" do concreto. Minha narrativa da construção da Sacré-Coeur pode parecer uma construção *a priori*, precisamente porque ela mostra quão importantes foram os conflitos de classe na construção da Paris de Haussmann.

Nos anos 1980 surgiu uma ferrenha controvérsia entre os geógrafos sobre o papel da localidade na organização da pesquisa geográfica. Fiquei do lado daqueles que diziam que os estudos de localidade eram parte vital daquilo que deveríamos fazer, mas que, se eles se tornassem um fim em si mesmos, prejudicariam o projeto radical. A celebração da localidade enquanto particularidade, da diferença como inimiga da unidade, de certa maneira, e da política local como terreno exclusivo para combater as abstrações da globalização: tudo isso me soava altamente problemático. Pode por vezes ter parecido que nós, que estávamos preocupados com esse tipo de coisa, éramos totalmente contrários aos estudos de localidade: os defensores desses estudos (e em particular um projeto muito grande financiado pelo Conselho de Pesquisa Econômica e Social na Inglaterra) em geral nos descreviam como insensíveis às múltiplas diferenças (de relações de gênero a discriminações raciais, religiosas e étnicas) que se evidenciavam em níveis locais. Isso, todavia, simplesmente não era o caso. Tudo dependia de como tais estudos articulavam "a unidade da diversidade".

Escrevi "Particularismo militante" – um conceito positivo para mim, já que derivava da obra de Raymond Williams – a fim de encontrar uma saída do matagal de mal-entendidos que cercava o debate das localidades. Coincidiu com minha mudança para Oxford e meu envolvimento com o projeto de Cowley de proteger os empregos dos operários da fábrica automotiva da Rover. Ninguém acusaria

---

[54] Karl Marx, *Capital*, v. 1, cit., p. 102 [*O capital*, Livro I, cit., p. 90].

Williams de ser insensível a "estruturas de sentimento" locais, embora muitos considerem seus escritos sobre o assunto problemáticos. Fiquei fascinado com o modo como ele abordava a unidade contraditória entre forças locais e globais em seus romances. A intensidade do debate na geografia diminuiu de lá para cá, mas a questão fundamental se mantém. As questões políticas inclusive se intensificaram, porque muita política anticapitalista hoje se ancora em ações locais. A discussão merece voltar ao centro das atenções.

9. O "novo" imperialismo
Acumulação por despossessão

Que o capitalismo sobreviva por tanto tempo, apesar de múltiplas crises e reorganizações e terríveis prognósticos (tanto da esquerda quanto da direita) indicando seu colapso iminente, é um mistério que exige ser esclarecido. Lefebvre[1], por exemplo, acreditava ter encontrado a chave em seu célebre comentário de que o capitalismo sobrevive pela produção do espaço, mas não chegou a explicar exatamente de que forma isso ocorreria. Tanto Lênin quanto Luxemburgo, por motivos bastante diversos e valendo-se de argumentos diferentes, consideravam que o imperialismo – certa forma de produção do espaço – seria a resposta para o enigma, embora ambos defendessem que essa solução, por causa de suas próprias contradições terminais, tinha caráter finito.

A forma que escolhi para abordar esse problema na década de 1970 foi examinar o papel dos "ajustes espaçotemporais" nas contradições internas da acumulação capitalista[2]. O argumento só faz sentido quando relacionado a uma tendência generalizada do capitalismo de produzir crises de sobreacumulação. Tais crises são registradas como situações marcadas pela presença de excedentes de capital e de mão de obra, lado a lado, sem que haja aparentemente qualquer meio de recombiná-los de maneira rentável para realizar tarefas socialmente úteis. Para que disso não decorram desvalorizações sistêmicas (e até mesmo destruição) de capital e de trabalho, é preciso que se encontrem formas de absorver esses excedentes. A expansão geográfica e a reorganização espacial fornecem uma alternativa, porém,

---

[1] Henri Lefebvre, *The Survival of Capitalism: Reproduction of the Relations of Production* (Nova York, St. Martin's Press, 1976).

[2] David Harvey, "The Political Economy of Urbanisation in Advanced Capitalist Countries", em Gary Gappert e Harold M. Rose (orgs.), *The Social Economy of Cities* (Beverly Hills, Sage, 1975).

282 / Os sentidos do mundo

isso tampouco pode ser dissociado de certos ajustes temporais, visto que a expansão geográfica com frequência implica investimento em infraestruturas físicas e sociais de longa duração (em redes de transportes e comunicações e em educação e pesquisa, por exemplo) que levam muitos anos para reverter seu valor à circulação por meio da atividade produtiva que sustentam (ver o capítulo 3 deste livro).

O capitalismo global vem experimentando um problema crônico e persistente de sobreacumulação desde a década de 1970. Considero de modo geral convincentes os materiais empíricos reunidos por Robert Brenner para documentar essa afirmação[3]. Contudo, interpreto a volatilidade do capitalismo internacional ao longo desses anos como uma série de ajustes espaçotemporais temporários que fracassaram, até mesmo no médio prazo, no enfrentamento dos problemas de sobreacumulação. Foi por meio da orquestração dessa volatilidade, conforme defende Peter Gowan, que os Estados Unidos buscaram preservar sua posição hegemônica no capitalismo global[4]. A aparente guinada dos Estados Unidos a um imperialismo aberto amparado por força militar, com o Project for the New American Century [Projeto para o Novo Século Americano (PNAC)]*, no fim da década de 1990, pode então ser vista como indício de enfraquecimento dessa hegemonia. Na gestão do presidente George W. Bush, a adoção ainda mais explícita da política do imperialismo parecia derivar da necessidade de desenvolver um antídoto político à ameaça de recessão e de uma desvalorização generalizada no país. Antes disso, várias ondas de desvalorização haviam despontado em outros lugares, como na América Latina nos anos 1980 e no início da década de 1990, e, de modo ainda mais grave, por meio da crise que consumiu o Leste e o Sudeste Asiáticos em 1997 e em seguida engoliu a Rússia antes de transbordar para a Turquia, o Brasil e a Argentina no início dos anos 2000[5]. Quero também argumentar que a incapacidade de sustentar a acumulação de maneira mais permanente por meio da reprodução ampliada vem sendo acompanhada de uma ascensão nas tentativas de

---

[3] Robert Brenner, *The Boom and the Bubble: The US in the World Economy* (Londres, Verso, 2002) [ed. bras.: *O boom e a bolha: Os Estados Unidos na economia mundial*, trad. Zaida Maldonado, Rio de Janeiro, Record, 2003].

[4] Peter Gowan, *The Global Gamble* (Londres, Verso, 1999) [ed bras.: *A roleta global: uma aposta faustina de Washington para a dominação do mundo*, trad. Regina Bherink, Rio de Janeiro, Record, 2003].

* O Project for the New American Century (1997-2006) foi um *think tank* neoconservador fundado por William Kristol e Robert Kagan, que contou com a participação de diversos integrantes da gestão George W. Bush (2001-2008), como Dick Cheney, Donald Rumsfeld e Paul Wolfowitz. Focado em política externa, sua carta de princípios apresentava o objetivo de "buscar uma política reaganiana de força militar e clareza moral" a fim de "promover a liderança global americana" que seria "boa ao mesmo tempo para a América e para o mundo". (N. T.)

[5] Ver, por exemplo, Robert Wade e Frank Veneroso, "The Asian Crisis: The High Debt Model Versus the Wall Street-Treasury-IMF Complex", *New Left Review*, n. 228, 1998.

"acumular por despossessão". Essa, concluo, é a marca daquilo que alguns gostam de denominar "o novo imperialismo"[6].

O AJUSTE ESPAÇOTEMPORAL E SUAS CONTRADIÇÕES

A ideia básica de um ajuste espaçotemporal é relativamente simples. Sobreacumulação em determinado sistema territorial significa uma condição marcada por excedentes de mão de obra (desemprego crescente) e excedentes de capital (registrados como acúmulos de mercadorias das quais não se pode desfazer sem perdas, como capacidade produtiva ociosa e/ou excesso de capital-dinheiro carente de alternativas produtivas e lucrativas de investimento). Tais excedentes podem ser absorvidos por meio de: a) transposição temporal por meio de investimento em projetos de longo prazo de capital (por exemplo, no meio ambiente construído) ou gastos sociais (como educação e pesquisa) que postergam para um futuro distante a reintrodução dos atuais valores de capital excedente na circulação; b) transposição espacial por meio da abertura de novos mercados, novas capacidades produtivas e novas possibilidades sociais, de recursos e de mão de obra em outros lugares; ou c) alguma combinação de *a* e *b*.

A combinação de *a* e *b* é particularmente importante quando nos concentramos no capital fixo do tipo autônomo embutido no meio ambiente construído. Ele fornece as infraestruturas físicas necessárias para que a produção e o consumo se realizem no espaço e no tempo (de parques industriais, portos e aeroportos, sistemas de transporte e comunicação a sistemas de esgoto e abastecimento hídrico, habitação, hospitais, escolas). Claramente não se trata de um setor menor da economia: ele pode absorver quantias imensas de capital e trabalho, em especial sob condições de rápida expansão e intensificação geográficas.

A realocação de excedentes de capital e trabalho para tais investimentos exige o auxílio mediador de instituições financeiras e/ou estatais. Estas têm a capacidade de gerar crédito. Cria-se uma quantidade de "capital fictício" que pode ser realocado do consumo atual para projetos futuros, digamos, na construção de rodovias ou em educação, revigorando, assim, a economia – e incluindo, quem sabe, um aumento na demanda por mercadorias excedentes, como camisetas e sapatos, por

---

[6]   Leo Panitch, "The New Imperial State", *New Left Review*, 11(1), 2000; Peter Gowan, Leo Panitch e Martin Shaw, "The State, Globalisation and the New Imperialism: A Roundtable Discussion", *Historical Materialism*, 9, 2001; James Petras e Henry Veltmeyer, *Globalization Unmasked: Imperialism in the 21st Century*, 2001; Samir Amin, "Imperialism and Globalisation", *Monthly Review*, n. 53, v. 2, 2001; Robert Cooper, "The New Liberal Imperialism", *Observer*, 7 abr. 2002.

parte de professores e trabalhadores da construção civil. Se os gastos com o meio ambiente construído ou melhorias sociais se mostrarem produtivos (isto é, facilitadores de formas mais eficientes de acumulação de capital no futuro), então os valores fictícios são redimidos (seja diretamente, pela quitação de dívidas, ou indiretamente, na forma de, digamos, retornos tributários mais altos para saldar a dívida do Estado). Senão, a sobreacumulação de valores no meio ambiente construído ou na educação pode se tornar evidente com as consequentes desvalorizações desses ativos (habitação, escritórios, parques industriais, aeroportos etc.) ou com a dificuldade de pagar dívidas estatais sobre infraestruturas físicas e sociais (uma crise fiscal do Estado).

O papel de tais investimentos na estabilização e na desestabilização do capitalismo tem sido considerável. Assinalo, por exemplo, que o ponto de partida da crise de 1973 foi um colapso mundial dos mercados de propriedade (começando pelo Banco Herstatt na Alemanha, que derrubou o Franklin National nos Estados Unidos), seguido pouco tempo depois pela falência da cidade de Nova York, em 1975 (um caso clássico de quando os gastos sociais superam a arrecadação). Vale também notar que a década de estagnação no Japão começou em 1990 com o colapso de uma bolha especulativa nos mercados de ativos fundiários e imobiliários, colocando em risco todo o sistema bancário, e que foi o estouro das bolhas imobiliárias na Tailândia e na Indonésia que marcou o início do colapso asiático em 1997. O sustentáculo mais importante das economias estadunidense e inglesa depois da investida da recessão geral em todos os outros setores a partir de meados de 2001 tem sido o vigor especulativo nos mercados imobiliários. Desde 1998 os chineses sustentaram o crescimento de sua economia e buscaram absorver seus excedentes de trabalho (além de conter a ameaça de descontentamento social) por meio de investimentos financiados via dívida em megaprojetos que suplantam a monumental Hidrelétrica das Três Gargantas (13.700 quilômetros de novas ferrovias, superestradas e projetos de urbanização, imensas obras de engenharia para transpor águas do rio Yangtzé para o rio Amarelo, novos aeroportos etc.). Parece-me muito estranho que a maior parte dos tratados sobre a acumulação de capital (incluindo o de Brenner) ignore completamente essas questões, isso quando não as trata como epifenômenos.

O termo "ajuste" (fix) possui, contudo, duplo sentido. Certa porção do capital total torna-se fixada em alguma forma física por um período relativamente longo (dependendo de sua duração econômica e física). Há um sentido em que gastos sociais também se tornam territorializados, passando a ser geograficamente imóveis, por meio de investimentos do Estado. (No que se segue, contudo, não considerarei as infraestruturas sociais, visto que se trata de uma questão complexa que levaria muitas páginas para elucidar.) Parte do capital fixo é geograficamente móvel (como a maquinaria que pode ser facilmente desmontada e transportada para outro lugar), mas o restante está fixado na terra de forma que não pode ser deslocado sem ser destruído. Aviões são móveis, ao contrário dos aeroportos em que eles pousam.

O ajuste espaçotemporal, por outro lado, é uma metáfora para soluções a crises capitalistas por meio de diferimento temporal e expansão geográfica. A produção do espaço, a organização de divisões territoriais de trabalho completamente novas, a abertura de complexos de recursos novos e mais baratos e de novos espaços dinâmicos de acumulação de capital, além da penetração de formações sociais preexistentes por relações sociais e arranjos institucionais capitalistas (como regras contratuais e acordos de propriedade privada), são algumas maneiras de absorver capital e trabalho excedentes. Essas expansões, reorganizações e reconstruções geográficas, entretanto, em geral ameaçam os valores fixados no lugar, mas ainda não realizados em outros lugares. Grandes quantias de capital fixado em determinado lugar tornam-se entraves à busca por um "ajuste espacial" em outro lugar. Os valores dos ativos fixos que constituem a cidade de Nova York não eram e não são triviais, e a ameaça de sua desvalorização em massa no ano 1975 (e depois novamente em 2003) foi (e ainda é) vista por muitos como grave ameaça ao futuro do capitalismo. Quando o capital se retira, ele deixa para trás um rastro de devastação (a desindustrialização experimentada nos anos 1970 e 1980 em núcleos do capitalismo, como Pittsburgh e Sheffield, assim como em outras partes do mundo, como Bombaim, ilustra esse ponto). Se, por outro lado, o capital sobreacumulado não se deslocar, ou não puder fazê-lo, ele fica sujeito a desvalorização direta. A frase que uso para resumir esse processo é a seguinte: o capital necessariamente cria, em determinado momento, uma paisagem física à sua imagem e semelhança apenas para, em um segundo momento, ter de destruí-la à medida que aposta em expansões geográficas e deslocamentos temporais como soluções às crises de sobreacumulação às quais ele costuma estar propenso. Tal é a história da destruição criativa (com todo tipo de consequência social e ambiental deletéria) inscrita na evolução da paisagem física e social do capitalismo.

Outra série de contradições surge no interior da dinâmica das transformações espaçotemporais de modo mais geral. Se os excedentes de capital e trabalho existem em determinado território (como um Estado-nação) e não podem ser absorvidos internamente (seja por ajustamentos geográficos, seja por gastos sociais), então eles precisam ser enviados a outro lugar para encontrar um terreno fresco para sua realização rentável, evitando, assim, sua desvalorização. Isso pode ocorrer de várias maneiras. Contudo, os espaços aos quais os excedentes são enviados precisam possuir meios de pagamento como reservas de ouro e moeda (por exemplo, dólar) ou mercadorias permutáveis. Excedentes de mercadorias são despachados para fora, e dinheiro ou mercadorias fluem de volta. O problema de sobreacumulação é

aliviado apenas no curto prazo; o excedente de mercadorias é meramente transformado em excedente de dinheiro ou de diferentes formas de mercadoria – se
estas últimas forem, como costuma ocorrer, matérias-primas ou outros insumos
mais baratos, pode-se, então, aliviar temporariamente a pressão de rebaixamento
da taxa de lucro doméstico. Se o território não possuir reservas ou mercadorias para
oferecer em troca, ele precisa encontrá-las (como a Inglaterra forçou a Índia a fazer
quando abriu o comércio de ópio com a China no século XIX, extraindo, assim,
prata chinesa via comércio indiano) ou receber crédito ou auxílio. Neste último
caso, empresta-se ou doa-se a um território o dinheiro com que ele comprará as
mercadorias excedentes geradas em casa. Os ingleses fizeram isso com a Argentina
no século XIX, e os excedentes comerciais japoneses dos anos 1990 foram absorvidos em grande parte por meio de empréstimos aos Estados Unidos para apoiar o
consumismo que adquiriu bens japoneses. Transações comerciais e de crédito desse
tipo podem aliviar problemas de sobreacumulação ao menos no curto prazo. Elas
funcionam muito bem em condições de desenvolvimento geográfico desigual nas
quais excedentes disponíveis em um território coincidem com a falta de oferta em
outro lugar. Ao mesmo tempo, o recurso ao sistema de crédito torna territórios
sujeitos a fluxos de capitais especulativos e fictícios que podem tanto estimular
quanto minar o desenvolvimento capitalista e até mesmo, como ocorreu em anos
recentes, ser usado para impor desvalorizações selvagens a territórios vulneráveis.

A exportação de capital, particularmente quando acompanhada da exportação
de mão de obra, funciona de maneira um tanto diferente e possui, via de regra,
efeitos de mais longo prazo. Nesse caso, excedentes de capital (geralmente capital-
-dinheiro) e trabalho são enviados a outro lugar para colocar em funcionamento
a acumulação de capital no novo espaço. Excedentes gerados na Inglaterra no
século XIX foram parar nos Estados Unidos e em colônias de povoamento, como
a África do Sul, a Austrália e o Canadá, criando centros novos e dinâmicos de
acumulação nesses territórios e gerando demanda por mercadorias inglesas. Visto
que pode levar muitos anos até o capitalismo amadurecer nesses novos territórios
a ponto de eles também passarem a sobreacumular capital, o país originador pode
contar com a perspectiva de se beneficiar desse processo por um tempo considerável. Isso vale particularmente em situações nas quais os bens para os quais se
tem demanda no outro lugar são infraestruturas físicas fixas (como ferrovias e
barragens) exigidas como base para futura acumulação de capital. Todavia, a taxa
de retorno sobre esses investimentos de longo prazo no meio ambiente construído depende, no fim, da evolução de uma forte dinâmica de acumulação no país
receptor. A Inglaterra concedeu empréstimos à Argentina dessa forma no fim do
século XIX. Os Estados Unidos, através do Plano Marshall para a Europa (em
particular a Alemanha) e o Japão, viram que sua própria segurança econômica (à

parte o aspecto político e militar vinculado à Guerra Fria) repousava no reaviva-mento da atividade capitalista nesses espaços.

Surgem, então, contradições, uma vez que novos espaços dinâmicos de acu-mulação de capital acabam gerando excedentes que precisam ser absorvidos por meio de expansões geográficas. O Japão e a Alemanha tornaram-se concorrentes do capital estadunidense a partir do fim da década de 1960, da mesma maneira que os Estados Unidos superaram o capital inglês (e ajudaram a rebaixar o Im-pério Britânico) no decorrer do século XX. É sempre interessante notar o ponto em que um desenvolvimento interno forte se transforma em uma busca por ajuste espaçotemporal. Isso ocorreu com o Japão na década de 1960, primeiro pelo comércio e em seguida por meio da exportação de capital como investi-mento direto, de início à Europa e aos Estados Unidos, e mais recentemente por meio de investimentos massivos (tanto diretos quanto em carteiras) no Leste e no Sudeste Asiáticos, e finalmente pela concessão de empréstimos exteriores (sobretudo aos Estados Unidos). A Coreia do Sul se voltou repentinamente ao exterior na década de 1980, seguida por Taiwan nos anos 1990 – ambos os ca-sos marcados pela exportação não apenas de capital financeiro, como também de algumas das práticas mais cruéis de gestão de trabalho, como subcontratan-tes do capital multinacional de todo o mundo (na América Central, na África, bem como no restante do Sul e do Leste Asiáticos). Até mesmo territórios que recentemente tiveram êxito em sua adesão ao desenvolvimento capitalista logo sentiram a necessidade de um ajuste espaçotemporal para sua sobreacumulação de capital. A rapidez com que certos lugares – como Coreia do Sul, Cingapura, Taiwan e agora até mesmo a China – passaram de territórios majoritariamente receptores a exportadores de capital tem sido bastante espantosa em relação ao ritmo dos períodos anteriores. Pelo mesmo motivo, no entanto, esses territórios bem-sucedidos precisam se adaptar logo às instabilidades de seus ajustes espaço-temporais. A China, absorvendo excedentes na forma de investimentos estran-geiros diretos do Japão, da Coreia e de Taiwan, vem suplantando esses países em muitas linhas de produção e exportação (em especial as trabalho-intensivas e de baixo valor agregado, embora esteja também alcançando depressa as mercadorias de alto valor agregado). A sobrecapacidade generalizada identificada por Brenner pode, assim, ser decomposta em uma série proliferante e em efeito cascata de ajustes espaçotemporais – principalmente ao longo do Sul e do Leste Asiáticos, mas com elementos adicionais na América Latina (Brasil, México e Chile, em especial) suplementados agora pela Europa oriental e pela Turquia. E os Estados Unidos, em uma inversão interessante, em parte explicada pelo papel do dólar enquanto moeda de reserva global segura que lhes garante o poder de senhoria-gem e com seu enorme aumento em endividamento, absorveram nos últimos anos capitais excedentes principalmente do Leste e do Sudeste Asiáticos, mas também de outros lugares[7].

O resultado geral, contudo, é uma concorrência internacional cada vez mais ferrenha à medida que múltiplos centros dinâmicos de acumulação de capital surgem para competir em um cenário de fortes correntes de sobreacumulação em muitos espaços diferentes da economia global. Uma vez que nem todos esses centros podem ser bem-sucedidos no longo prazo, ou os territórios mais fracos sucumbem e incorrem em graves crises de desvalorização, ou irrompem confrontos geopolíticos na forma de guerras comerciais, guerras cambiais e até confrontos militares (do tipo que nos rendeu duas guerras mundiais entre potências capitalistas no século XX). Nesse caso, a desvalorização e a destruição (do tipo que as instituições financeiras dos Estados Unidos impuseram sobre o Leste e o Sudeste Asiáticos em 1997-1998) estão sendo exportadas, e o ajuste espaçotemporal assume formas muito mais sinistras. Há, contudo, mais alguns pontos a ser explorados sobre esse processo a fim de melhor compreender como ele efetivamente ocorre.

CONTRADIÇÕES INTERNAS

Em *Princípios da filosofia do direito*, Hegel[8] assinala como a dialética interna da sociedade burguesa, ao produzir uma sobreacumulação de riqueza em um polo e uma plebe no outro, a impele à busca de soluções por meio de comércio externo e práticas coloniais/imperiais. Ele rejeita a ideia de que pode haver formas de resolver o problema da desigualdade social e da instabilidade por mecanismos internos de redistribuição. Lênin cita Cecil Rhodes, para quem o colonialismo e o imperialismo no exterior eram a única maneira possível de evitar uma guerra civil em casa[9]. Relações de classe e lutas em uma formação social territorialmente circunscrita movem impulsos para que se busque um ajuste espaçotemporal em outro lugar.

As evidências do fim do século XIX são de especial interesse aqui. Joseph Chamberlain ("Radical Joe", como ficou conhecido) era bastante identificado com os interesses manufatureiros liberais de Birmingham e inicialmente se opôs ao imperialismo (nas Guerras Afegãs dos anos 1850, por exemplo). Ele se dedicou à reforma

---

[7] Guglielmo Carchedi, "Imperialism, Dollarisation and the Euro", *Socialist Register* (Londres, Merlin, 2002).

[8] Georg Wilhelm Friedrich Hegel, *The Philosophy of Right*, 1967 [ed. bras.: *Princípios da filosofia do direito*, trad. Orlando Vitorino, São Paulo, Martins Fontes, 1997].

[9] Vladímir Ilitch Uliánov Lênin, *Imperialism: The Highest Stage of Capitalism* (Moscou, Progress, 1963) [ed. bras.: *Imperialismo, estágio superior do capitalismo*, São Paulo, Expressão Popular, 2012].

educacional e à melhoria das infraestruturas físicas para produção e consumo em sua cidade. Em seu entendimento, isso constituía um canal produtivo de escoamento de excedentes que se pagaria no longo prazo. Figura importante dentro do movimento conservador liberal, testemunhou em primeira mão a maré ascendente da luta de classes na Inglaterra e, em 1885, fez um célebre discurso em que convocava as classes proprietárias a se conscientizar de suas responsabilidades perante a sociedade (isto é, melhorar as condições de vida dos menos afortunados e investir em infraestruturas físicas e sociais e no interesse nacional) em vez de simplesmente promover seus direitos individuais enquanto detentores de propriedades. O alvoroço que o discurso causou entre as classes proprietárias forçou Chamberlain a se retratar, e a partir daquele momento ele se tornou o mais fervoroso defensor do imperialismo (chegando a conduzir, na condição de secretário colonial, a Inglaterra ao desastre da Guerra dos Bôeres). Esse tipo de guinada se mostrou bastante comum no período. O francês Jules Ferry, vigoroso apoiador de reformas internas, particularmente na educação, na década de 1860, passou a defender a colonização depois da Comuna de 1871 (e conduziu a França ao atoleiro do Sudeste Asiático, que culminou na derrota na Batalha de Dien Bien Phu, em 1954); [Francesco] Crispi buscou resolver o problema agrário do sul da Itália por meio da colonização na África; e até mesmo Theodore Roosevelt, nos Estados Unidos, passou a apoiar políticas imperiais em vez de reformas internas depois que Frederick Jackson Turner declarou – erroneamente, ao menos no que diz respeito a oportunidades de investimento – que a Fronteira Americana estava fechada. A fascinante história em comum dessa guinada radical na política europeia, de soluções internas a soluções externas a problemas político-econômicos – em parte ditados pelo estado temível das lutas de classes após a Comuna de Paris –, é belamente exposta em uma pouco conhecida coletânea de ensaios escritos por Julien, Bruhat, Bourgin, Crouzet e Renouvin[10]. Os casos de Ferry, Chamberlain, Roosevelt, Crispi e outros são examinados e comparados em detalhe nesse trabalho.

Em todas essas instâncias, a guinada a uma forma liberal de imperialismo (forma esta vinculada a uma ideologia de progresso e de missão civilizatória) não decorreu de imperativos econômicos absolutos, mas da falta de vontade política da burguesia de abrir mão de seus privilégios de classe, impedindo a absorção de sobreacumulação por meio de reformas sociais internas. Da mesma forma, a ferrenha oposição dos detentores de capital a qualquer política de redistribuição ou de desenvolvimento social interno nos Estados Unidos hoje não deixa alternativa ao país a não ser se voltar para fora a fim de encontrar soluções para suas dificuldades

---

[10] C.-A. Julien et al., *Les Politiques d'Expansion Impérialiste* (Paris, Presses Universitaires de France, 1949).

econômicas. Políticas internas de classe desse tipo forçaram muitas potências europeias, entre 1884 e 1945, a se voltar para o exterior a fim de resolver suas questões, e isso deu cores específicas às formas que o imperialismo europeu assumiu nesse período. Muitas figuras liberais e até mesmo radicais converteram-se em orgulhosos imperialistas nessa época, e boa parte do movimento da classe trabalhadora foi convencida a apoiar o projeto imperial como algo essencial a seu bem-estar. Isso exigia, contudo, que os interesses burgueses tivessem amplo controle sobre as políticas do Estado, os aparatos ideológicos e o poder militar.

Hannah Arendt interpreta, a meu ver acertadamente, esse imperialismo eurocêntrico como "o primeiro estágio do domínio político da burguesia, e não o último estágio do capitalismo"[11], conforme Lênin o descrevera. Há de fato diversas semelhanças arrepiantes entre a análise de Arendt da situação no século XIX e nossa condição contemporânea. Considere, por exemplo, este comentário da autora:

> A expansão imperialista havia sido deflagrada por um tipo curioso de crise econômica: a superprodução de capital e o surgimento do dinheiro "supérfluo", causado por um excesso de poupança, que já não podia ser produtivamente investido dentro das fronteiras nacionais. Pela primeira vez o investimento de poderio não abria o caminho ao investimento de dinheiro, mas a exportação do poder acompanhava os caminhos do dinheiro exportado, seguindo-o de perto, visto que investimentos incontrolados nos países distantes ameaçavam transformar as vastas camadas da sociedade em meros jogadores, mudar toda a economia capitalista de sistema de produção para um sistema de especulação financeira e substituir os lucros da produção por lucros de comissão. Na década imediatamente anterior à era imperialista os anos 70 do século XIX, aumentaram de fato – e sem precedentes – as falcatruas, os escândalos financeiros e a jogatina no mercado de ações.[12]

O pensamento de Arendt se mostra, como veremos, de diversas maneiras adequado para interpretar as práticas imperialistas contemporâneas.

ARRANJOS INSTITUCIONAIS PARA EXERCER PODER SOBRE O ESPAÇO

Em um afiado artigo de análise comparativa, Henderson demonstra que a diferença entre o que ocorreu em 1997-1998 com Taiwan e Cingapura (que escaparam da

---

[11] Hannah Arendt, *Imperialism*, 1968, p. 15 [ed. bras.: "Imperialismo", em *Origens do totalitarismo*, trad. Roberto Raposo, São Paulo, Companhia das Letras, 2012, p. 181-412, p. 206].

[12] Hannah Arendt, *Origens do totalitarismo*, cit., p. 201-2.

crise relativamente ilesos, com a exceção da desvalorização cambial) e o que ocorreu com a Tailândia e a Indonésia (que sofreram um colapso econômico e político quase total) pode ser explicada a partir das políticas financeiras e estatais díspares desses países[13]. Os primeiros territórios foram insulados contra a entrada de fluxos especulativos em seus mercados imobiliários, por meio de fortes controles estatais e mercados financeiros protegidos, ao passo que os últimos não contaram com esse tipo de proteção. Diferenças assim têm evidente importância. As formas assumidas pelas instituições mediadoras (em particular o Estado) são produtoras e, ao mesmo tempo, produtos das dinâmicas de acumulação de capital.

Evidentemente, o padrão de turbulência nas relações entre, por um lado, Estado, supraestado e poderes financeiros e, por outro, as dinâmicas mais gerais de acumulação de capital (por meio da produção e de desvalorizações seletivas) tem se mostrado um dos elementos mais marcantes e complexos da trajetória do desenvolvimento geográfico desigual e das políticas imperialistas a partir de 1973. Penso que Gowan[14] está correto em enxergar a reestruturação radical do capitalismo internacional pós-1973 como uma série de apostas feitas pelos Estados Unidos a fim de tentar manter sua posição hegemônica nas questões econômicas mundiais frente à Europa, ao Japão e, depois, ao Leste e ao Sudeste Asiáticos. Isso começou durante a crise de 1973, com a estratégia dupla de Nixon de alta precificação do petróleo e desregulamentação financeira. Concedeu-se aos bancos estadunidenses o direito exclusivo de reciclar as vastas quantias de petrodólares que estavam sendo acumuladas na região do Golfo. Isso fez com que a atividade financeira global voltasse a se centrar nos Estados Unidos e incidentalmente ajudou, junto com a desregulamentação do setor financeiro no país, a resgatar Nova York de sua própria crise econômica local. Criou-se um poderoso regime financeiro ligado a Wall Street e ao Tesouro, com poderes de controlar instituições financeiras globais (como o FMI) e capaz de determinar o destino de muitas economias estrangeiras por meio de manipulações de crédito e práticas de gestão de dívida. Esse regime financeiro e monetário foi utilizado, defende Gowan, por sucessivas gestões estadunidenses "como um formidável instrumento de governança para impulsionar tanto o processo de globalização quanto as transformações domésticas neoliberais associadas". O regime vicejava em momentos de crise. "O FMI cobre os riscos e garante que os bancos estadunidenses não sairão perdendo (os países pagam através de ajustamentos estruturais etc.) e a fuga de capital proveniente de crises localizadas em

---

[13] Jeffrey Henderson, "Uneven Crises: Institutional Foundations of East Asian Economic Turmoil", *Economy and Society*, n. 28(3), ago. 1999, p. 327-68.

[14] Peter Gowan, *The Global Gamble*, cit.

outros lugares acaba alavancando a força de Wall Street [...]"[15]. O efeito foi projetar o poder econômico estadunidense para fora (em aliança com outros, sempre que possível), para forçar a abertura de mercados, particularmente para fluxos de capital e fluxos financeiros (agora uma exigência para integrar o FMI), e impor outras práticas neoliberais (culminando na OMC) sobre boa parte do resto do mundo.

Há dois pontos principais no que diz respeito a esse sistema. Em primeiro lugar, é comum vermos o livre-comércio de mercadorias ser apresentado como uma abertura do mundo à concorrência livre e desimpedida. No entanto todo esse argumento cai por terra, como há tempos assinalou Lênin, diante do poder monopólico ou oligopólico (seja na produção, seja no consumo). Os Estados Unidos, por exemplo, se valeram repetidas vezes de negar acesso ao enorme mercado estadunidense a fim de forçar outras nações a concordar com seus desejos. O exemplo mais recente (e crasso) dessa linha de argumentação vem de Robert Zoellick, representante de Comércio dos Estados Unidos: ele declarou que se Lula, o então recém-eleito presidente do Brasil pelo Partido dos Trabalhadores (PT), não aceitasse os planos dos Estados Unidos no que diz respeito a mercados livres nas Américas, ele seria obrigado a "exportar para a Antártica"[16]. Taiwan e Cingapura foram forçados a entrar para a OMC, abrindo, assim, seus mercados financeiros ao capital especulativo, diante das ameaças estadunidenses de lhes negar acesso ao mercado nacional. Por insistência do Tesouro estadunidense a Coreia do Sul foi obrigada a fazer o mesmo, em 1998, em troca de um socorro financeiro do FMI. Os Estados Unidos agora planejam acrescentar uma condição de compatibilidade institucional financeira à ajuda externa que oferecem como *"challenge grants"** a países pobres. Do lado da produção, oligopólios, em larga medida baseados nas regiões capitalistas centrais, efetivamente controlam a produção de sementes, fertilizantes, eletrônicos, *softwares*, farmacêuticos, derivados do petróleo e muito mais. Sob tais condições, a criação de novas aberturas de mercado não convoca a concorrência, apenas incentiva a proliferação de poderes monopólicos, com todo tipo de consequência social, ecológica, econômica e política. O fato de que quase dois terços do comércio exterior agora se resumem a transações no interior das e entre as principais corporações transnacionais é um indício dessa situação. Boa parte dos analistas concorda que o aumento de produtividade agrícola causado por algo aparentemente tão benéfico

---

[15] Ibidem, p. 23 e 35.

[16] Editorial, *Buenos Aires Herald*, 31 dez. 2002, p. 4.

* *"Challenge grant"*, literalmente "doação desafio", é o nome dado aos auxílios liberados apenas mediante cumprimento de determinadas contrapartidas (ou desafios) estipuladas pelo doador. O discurso meritocrático por trás desse conceito é que, dessa maneira, a parte receptora assumiria um papel ativo em seu processo de recuperação, efetivamente se comprometendo a batalhar e fazer sacrifícios por conta própria. (N. T.)

quanto a Revolução Verde veio acompanhado de concentrações consideráveis de riqueza no setor agrário e níveis elevados de dependência sobre insumos monopolizados no Sul e no Leste Asiáticos. A penetração das empresas estadunidenses de tabaco no mercado chinês deve compensar suas perdas no mercado dos Estados Unidos, ao mesmo tempo que certamente acarretará uma crise de saúde pública na China nas próximas décadas. Em todos esses sentidos, as alegações de que o neoliberalismo promove a concorrência aberta em oposição ao controle monopólico ou à concorrência limitada no interior de estruturas oligopólicas se mostram fraudulentas, mascaradas como sempre pelo culto fetichista às liberdades de mercado. Livre-comércio não significa comércio justo.

Há também, como até mesmo defensores do livre mercado prontamente reconhecem, uma enorme diferença entre liberdade de comércio de mercadorias e liberdade de movimento para o capital financeiro. Isso de imediato levanta o problema de qual tipo de liberdade de mercado está em questão. Alguns, como Bhagwati[17], defendem ferrenhamente o livre-comércio de mercadorias, mas são resistentes à ideia de que isso também deva valer para fluxos financeiros. A dificuldade aqui é a seguinte: por um lado, os fluxos de crédito são vitais para garantir investimentos produtivos e realocações de capital de uma linha de produção ou localização a outra. Eles também desempenham um importante papel de estabelecer uma relação potencialmente equilibrada entre necessidades de consumo – de moradia, por exemplo – e atividades produtivas, em um mercado mundial espacialmente desagregado, marcado por excedentes em um espaço e déficits em outro. Em todos esses sentidos, o sistema financeiro, com ou sem envolvimento do Estado, é decisivo na coordenação das dinâmicas de acumulação de capital em meio ao desenvolvimento geográfico desigual. O capital financeiro, todavia, também abarca uma grande quantidade de atividades improdutivas nas quais o dinheiro é utilizado apenas para fazer mais dinheiro por meio de especulação no mercado de futuros, com valores cambiais, dívida e afins. Quando enormes quantias de capital tornam-se disponíveis para tais finalidades, os mercados de capital aberto convertem-se em veículos de atividades especulativas, algumas das quais, como vimos nos anos 1990 com a bolha da internet e a bolha do mercado de ações, tornam-se profecias autorrealizáveis, da mesma forma que os fundos de cobertura, armados com trilhões de dólares alavancados, podiam levar a Indonésia e até mesmo a Coreia do Sul à bancarrota independentemente da força de suas economias subjacentes. Boa parte do que acontece em Wall Street não tem nada a ver com facilitar investimento em atividades produtivas. São atividades puramente especulativas (daí as alcunhas de capitalismo "cassino",

---

[17] Jagdish Bhagwati, "The Capital Myth: The Difference Between Trade in Widgets and Dollars", *Foreign Affairs*, n. 77(3), 1998, p. 7-12.

"predatório" ou até mesmo "abutre" – a debacle da Long Term Capital Management, que custou 2,3 bilhões de dólares em socorro financeiro, serve para nos lembrar que especulações podem facilmente dar errado). Esse tipo de atividade produz, no entanto, impactos profundos sobre as dinâmicas gerais de acumulação de capital. Sobretudo, ela contribuiu para que o poderio econômico-político voltasse a se centrar primariamente nos Estados Unidos, mas também nos mercados financeiros de outros países estratégicos (Tóquio, Londres, Frankfurt).

O modo como isso ocorre depende da forma dominante de alianças de classe compostas nos países centrais, do equilíbrio de poder entre eles na negociação de acordos internacionais (como a nova arquitetura financeira internacional implementada depois de 1997-1998 para substituir o assim chamado Consenso de Washington, de meados dos anos 1990) e das estratégias político-econômicas mobilizadas pelos agentes dominantes no que diz respeito ao capital excedente. O surgimento de um complexo "Wall Street-Tesouro-FMI" nos Estados Unidos, capaz de controlar instituições globais e projetar um vasto poder financeiro ao redor do mundo por meio de uma rede de outras instituições financeiras e governamentais, desempenhou um papel determinante e problemático nas dinâmicas do capitalismo global em anos recentes. No entanto, esse centro de poder só pode operar como opera porque o resto do mundo está interligado e efetivamente conectado a (e de fato dependente de) um arcabouço estruturado de instituições financeiras e governamentais (inclusive instituições supranacionais). Daí a importância de colaborações entre, por exemplo, os banqueiros centrais das nações do G7 e os diversos acordos internacionais (temporários no caso das estratégias cambiais e mais permanentes no que diz respeito à OMC) concebidos para lidar com dificuldades particulares[18]. E se o poder do mercado não for suficiente para alcançar determinados objetivos e colocar elementos insubordinados ou "Estados rebeldes" na linha, então o inigualável poder militar estadunidense (aberto ou disfarçado) estará a postos para fazer valer seu ponto.

Esse complexo de arranjos institucionais deveria, no melhor dos mundos capitalistas, ser mobilizado para sustentar e apoiar a reprodução ampliada (crescimento). Todavia, tal como a guerra em relação à diplomacia, a intervenção do capital financeiro amparada pelo poder estatal pode frequentemente se tornar acumulação por outros meios. Uma aliança profana entre poderes estatais e os aspectos predatórios do capital financeiro configura a linha de frente de um "capitalismo abutre", dedicado não à construção de ativos por meio de investimentos produtivos, mas à apropriação e à desvalorização deles. De todo modo, como interpretar esses "outros meios" de acumulação ou desvalorização?

---

[18] Robert Brenner, *The Boom and the Bubble*, cit.

ACUMULAÇÃO POR DESPOSSESSÃO

Em *A acumulação do capital*, Luxemburgo se debruça sobre o caráter dual da acumulação capitalista:

> O primeiro aspecto remete ao mercado de mercadorias e ao lugar onde se produz mais-valor – a fábrica, a mina, o latifúndio agrícola. Vista por esse prisma, a acumulação configura um processo puramente econômico, cuja fase mais importante consiste na transação entre o capitalista e o trabalhador assalariado. [...] Aqui, ao menos formalmente, imperam a paz, a propriedade e a igualdade, e foi necessária a perspicácia dialética da análise científica para revelar como o direito de propriedade, no curso da acumulação, converte-se em apropriação da propriedade dos outros, como a troca de mercadorias torna-se exploração e como igualdade vira dominação de classe. O outro aspecto da acumulação de capital concerne às relações entre o capitalismo e os modos não capitalistas de produção, que começam a surgir no cenário internacional. Seus métodos predominantes são a política colonial, um sistema internacional de crédito – uma política de esferas de interesse – e a guerra. Há manifestações abertas de força, fraude, opressão e saqueamento, sem qualquer tentativa de disfarce, e é preciso certo esforço para encontrar, no interior desse emaranhado de violência política e disputas de poder, as leis duras do processo econômico.[19]

Esses dois aspectos da acumulação, ela defende, são "organicamente vinculados", e "a carreira histórica do capitalismo só pode ser apreciada se forem considerados em conjunto".

Marx constrói sua teoria geral da acumulação capitalista a partir de certos pressupostos iniciais cruciais que correspondem, de modo geral, àqueles da economia política clássica e que excluem processos de acumulação primitiva. Os pressupostos são os seguintes: mercados competitivos livremente operantes com arranjos institucionais de propriedade privada, individualismo jurídico, liberdade de contrato e estruturas apropriadas de direito e de governança garantidas por um Estado "facilitador" que também garante a integridade do dinheiro como armazenador de valor e meio de circulação. O papel do capitalista enquanto produtor e comerciante de mercadorias já está bem estabelecido, e a força de trabalho tornou-se uma mercadoria que é trocada, de modo geral, conforme seu valor. Uma vez que a acumulação "primitiva" ou "originária" já ocorreu, a acumulação agora se desenrola como reprodução ampliada (ainda que por meio da exploração de trabalho vivo na

---

[19] Rosa Luxemburgo, *The Accumulation of Capital* (Londres, Routledge, 1968), p. 452-3 [ed. bras.: *A acumulação do capital: estudo sobre a interpretação econômica do imperialismo*, trad. Moniz Bandeira, Rio de Janeiro, Zahar, 1970].

produção) no interior de uma economia fechada operante sob as condições de "paz, propriedade e igualdade". Esses pressupostos nos permitem prever o que acontecerá caso seja realizado o projeto liberal dos economistas políticos clássicos ou, nos nossos tempos, o projeto neoliberal dos economistas neoclássicos. A genialidade do método dialético de Marx consiste em mostrar que a liberalização do mercado – o credo dos liberais e dos neoliberais – não produzirá um estado harmonioso em que todos saem ganhando. Produzirá, isso sim, níveis cada vez mais elevados de desigualdade social – o que de fato tem sido a tendência global ao longo dos últimos trinta anos de neoliberalismo, sobretudo nos países que mais aderiram a essa linha política, como Inglaterra e Estados Unidos. Também acarretará, ainda conforme a previsão de Marx, graves e crescentes instabilidades, culminando em crises crônicas de sobreacumulação como a que agora testemunhamos.

A desvantagem de tais pressupostos é que eles relegam a acumulação baseada em práticas predatórias, fraudulentas e violentas a um "estado originário" que não é mais considerado relevante ou, como em Luxemburgo, aparece de alguma forma "fora" do sistema capitalista. Uma reavaliação geral do papel contínuo e da persistência das práticas predatórias de acumulação "primitiva" ou "originária" dentro da longa geografia histórica da acumulação de capital está, portanto, na ordem do dia, como diversos analistas[20] recentemente observaram. Também houve debates extensos no *The Commoner* (www.thecommoner.org) para discutir os novos cercamentos e a questão de se a acumulação primitiva deveria ser compreendida como um processo puramente histórico ou continuado. Visto que parece peculiar denominar um processo em curso de "primitivo" ou "original", substituirei, no que se segue, esses termos pelo conceito de "acumulação por despossessão".

Um olhar mais atento sobre a descrição que Marx faz da acumulação primitiva revela um amplo leque de processos[21]. Entre eles estão a privatização da terra, sua transformação em mercadoria e a expulsão de populações campesinas; a conversão de diversas formas de direitos de propriedade – comum, coletiva, estatal etc. – em direitos exclusivos de propriedade privada; a supressão de direitos dos cidadãos comuns; a transformação da força de trabalho em mercadoria e a supressão de formas alternativas e autóctones de produção e consumo; os processos coloniais, neocoloniais e imperiais de apropriação de ativos, inclusive recursos naturais; a monetização de trocas e a taxação, particularmente da terra; o comércio escravista; a usura, a dívida nacional; e, por fim, o sistema de crédito. O Estado, com seu monopólio da violência e suas definições de legalidade, desempenha um papel

---

[20] Como Michael Perelman, *The Invention of Capitalism: Classical Political Economy and the Secret History of Primitive Accumulation* (Durham, Duke University Press, 2000).

[21] Karl Marx, *Theories of Surplus Value*, parte 1 (Nova York, International Publishers, 1967).

crucial tanto no amparo a esses processos quanto na promoção deles, e há evidências consideráveis (de acordo com o que Marx sugere e Braudel[22] confirma) de que a transição ao desenvolvimento capitalista dependeu em grande parte da postura do Estado: amplamente apoiadora, no caso da Inglaterra; mais tímida, no caso da França; e altamente contrária, até muito recentemente, no caso da China. A invocação da recente guinada rumo à acumulação primitiva no caso da China indica que essa é uma questão corrente, e há fortes evidências, em especial ao longo do Leste e do Sudeste Asiáticos, de que diretrizes e políticas estatais (considere o caso de Cingapura) tenham sido decisivas na definição tanto da intensidade quanto dos rumos das novas formas de acumulação de capital. O papel do "Estado desenvolvimentista" nas fases recentes da acumulação de capital tornou-se, portanto, tema de intensa investigação. Wade e Veneroso definem o Estado desenvolvimentista como caracterizado por "altas economias domésticas, mais elevados graus corporativos de alavancagem (*debt/equity ratio*), mais colaboração banco-empresa-Estado, mais estratégia industrial nacional, mais incentivos condicionais de investimento sobre competitividade internacional"[23]. Basta olhar para a Alemanha de Bismarck ou para o Japão da era Meiji para reconhecer que isso vem de longe. Os casos recentes da Ásia oriental também têm evidente relevância[24].

Todas as características que Marx menciona marcam poderosa presença na geografia histórica do capitalismo. Algumas delas foram calibradas a fim de desempenhar um papel ainda mais forte hoje que no passado. O sistema de crédito e o capital financeiro têm sido, como assinalaram Lênin, Hilferding e Luxemburgo, grandes alavancas de predação, fraude e ladroagem. Práticas de promoção de ações; esquemas Ponzi; destruição estruturada de ativos via inflação; despojamento de ativos por meio de fusões e aquisições; níveis de endividamento que reduzem populações inteiras, até mesmo nos países capitalistas avançados, à condição de servidão por dívida; para não falar na fraude corporativa, na despossessão de ativos (o assalto a fundos de pensão e sua dizimação através de colapsos corporativos e de ações) por meio de manipulações de crédito e de ações – todas essas são características definidoras do capitalismo contemporâneo. O colapso da Enron despojou muitas pessoas de seu sustento e de seus direitos pensionários. Ainda assim, precisamos olhar, sobretudo, para o assalto especulativo realizado por fundos de cobertura e

---

[22] Fernand Braudel, *Afterthoughts on Material Civilization and Capitalism* (Baltimore, Johns Hopkins University Press, 1967).

[23] Robert Wade e Frank Veneroso, "The Asian Crisis", cit.

[24] Chalmers Johnson, *MITI and the Japanese Miracle: The Growth of Industrial Policy, 1925-1975* (Stanford, Stanford University Press, 1982); Michael J. Webber e David L. Rigby, *The Golden Age Illusion: Rethinking Postwar Capitalism* (Nova York, Guilford, 1996).

outras grandes instituições do capital financeiro como a vanguarda da acumulação por despossessão nos tempos recentes. Ao provocarem uma crise de liquidez no Sudeste Asiático, os fundos de cobertura levaram empresas lucrativas à falência. Essas empresas foram compradas em uma "queima de estoque" por capitais excedentes nos países centrais, arquitetando, assim, aquilo que Wade e Veneroso[25] descrevem como "a maior transferência de ativos, em tempos de paz, das mãos de proprietários domésticos (isto é, do Sudeste Asiático) às de proprietários estrangeiros (isto é, dos Estados Unidos, do Japão e da Europa) nos últimos cinquenta anos em qualquer lugar do mundo".

Também se abriram mecanismos inteiramente novos de acumulação por despossessão. A ênfase sobre direitos de propriedade intelectual nas negociações da OMC (o chamado Acordo Trips – em português, Acordo sobre Aspectos dos Direitos de Propriedade Intelectual Relacionados ao Comércio) aponta para práticas nas quais o patenteamento e o licenciamento de materiais genéticos, plasmas de sementes e outros produtos podem agora ser usados contra populações cujas práticas de gestão ambiental estão no cerne do desenvolvimento de tais materiais. A biopirataria atingiu níveis desenfreados, e a pilhagem da reserva mundial de recursos genéticos já está plenamente em curso, em benefício de poucas grandes empresas multinacionais. O esgotamento cada vez maior dos recursos ambientais globais (terra, ar, água) e a degradação crescente do hábitat, que poupa apenas modos capital-intensivos de produção agrícola, são igualmente produtos da transformação em larga escala da natureza, em todas as suas formas, em mercadoria. A transformação de formas culturais, histórias e criatividade intelectual em mercadoria implica processos em larga escala de despossessão – a indústria da música notoriamente se apropria e explora a cultura e a criatividade popular tradicional. A "corporatização" e a privatização de bens até então públicos (como universidades), para não falar da onda global de privatização da água e de outros recursos públicos, constituem uma nova onda de "cercamento dos comuns". Assim como no passado, o poder do Estado continua a ser usado para forçar tais processos mesmo contra a vontade popular. Também como no passado, esses processos de despossessão provocam resistência generalizada, e isso agora constitui o cerne do movimento antiglobalização[26]. A reversão ao domínio privado de direitos comuns de propriedade conquistados em décadas de lutas de classe (o direito a pensão do Estado, ao bem-estar ou ao sistema

---

[25] Robert Wade e Frank Veneroso, "The Asian Crisis", cit.

[26] Ver, por exemplo, Jeremy Brecher e Tim Costello, *Global Village or Global Pillage?: Economic Reconstruction From The Bottom Up* (Boston, South End, 1994); Barry K. Gills (org.), "Globalisation and the Politics of Resistance", 2000; Walden Bello, *Deglobalization: Ideas for a New World Economy* (Londres, Zed, 2002); Richard Falk, *Predatory Globalization: A Critique* (Cambridge, Polity, 2000).

de saúde público nacional) foi uma das políticas de despossessão mais escandalosas realizadas em nome da ortodoxia neoliberal. O plano da gestão Bush de privatizar a seguridade social (e tornar as pensões sujeitas às oscilações do mercado de ações) é um claro exemplo disso. Não espanta que os esforços do movimento antigloba-lização em tempos recentes se voltaram a reivindicar os comuns e atacar o papel conjunto do Estado e do capital na apropriação deles.

O capitalismo internaliza práticas canibalescas, predatórias e fraudulentas. No entanto, como bem observou Luxemburgo, é "muitas vezes difícil determinar, no interior do emaranhado da violência e das disputas de poder, as leis duras do pro-cesso econômico". A acumulação por despossessão pode ocorrer de várias maneiras, e seu *modus operandi* tem muito de contingente e de aleatório. Ela é, no entanto, onipresente independentemente do período histórico e ganha força em momentos de crise de sobreacumulação na reprodução ampliada, quando parece não haver saída senão a desvalorização. Arendt sugere, por exemplo, que, para a Inglaterra no século XIX, as depressões das décadas de 1860 e 1870 impulsionaram a passagem a uma nova forma de imperialismo em que a burguesia teria percebido

> pela primeira vez que o pecado original do simples roubo, que séculos antes havia tor-nado possível a "acumulação originária de capital" (Marx) e havia dado início a toda a acumulação posterior, teria de eventualmente ser repetido, a fim de evitar que o motor da acumulação subitamente se interrompesse.[27]

Isso nos leva de volta às relações entre o ímpeto por ajustes espaçotemporais, pode-res estatais, acumulação por despossessão e formas do imperialismo contemporâneo.

O "NOVO" IMPERIALISMO

As formações sociais capitalistas, frequentemente dispostas em configurações ter-ritoriais ou regionais particulares e em geral dominadas por algum centro hege-mônico, há muito se lançaram em práticas semi-imperialistas na busca por ajustes espaçotemporais a seus problemas de sobreacumulação. É possível, contudo, pe-riodizar a geografia histórica desses processos ao se considerar Arendt, quando ela defende que o imperialismo centrado na Europa entre 1884 e 1945 constituiu a primeira tentativa de domínio político global por parte da burguesia. Estados-nação individuais mergulharam em seus próprios projetos imperialistas como forma de

---

[27] Hannah Arendt, *Imperialism*, cit., p. 28 [ed. bras.: "Imperialismo", cit., p. 220, tradução modifi-cada].

lidar com os problemas de sobreacumulação e com os conflitos de classe manifestados dentro de suas órbitas. Inicialmente estabilizado sob hegemonia inglesa e construído em torno de fluxos abertos de capital e de mercadorias no mercado mundial, esse primeiro sistema entrou em colapso na virada do século, resultando em conflitos geopolíticos entre grandes potências que disputavam autarquia dentro de sistemas cada vez mais fechados. Ele eclodiu em duas guerras mundiais, como anteviu Lênin. Boa parte do restante do mundo teve seus recursos pilhados durante esse período (basta observar o que o Japão fez com Taiwan ou o que a Inglaterra fez com o Witwatersrand, na África do Sul) na esperança de que a acumulação por despossessão compensasse uma incapacidade crônica, que despontou na década de 1930, de sustentar o capitalismo por meio da reprodução ampliada.

Em 1945, esse sistema foi substituído por outro, encabeçado pelos Estados Unidos e que buscava estabelecer um pacto global entre todas as principais potências capitalistas a fim de evitar guerras internas e encontrar uma forma racional de lidar coletivamente com a sobreacumulação que havia assolado os anos 1930. Para que isso ocorresse, eles precisavam partilhar os benefícios da intensificação de um capitalismo integrado nas regiões centrais (daí o apoio estadunidense às movimentações para a criação de uma união europeia) e trabalhar no sentido de uma expansão geográfica ordenada do sistema (daí a insistência dos Estados Unidos de que a descolonização e o "desenvolvimentismo" fossem um objetivo generalizado para o restante do mundo). Foi em larga medida a contingência da Guerra Fria que garantiu a coesão dessa segunda fase do domínio global burguês. Ela implicou a liderança militar e econômica dos Estados Unidos como única superpotência capitalista. O resultado foi a construção de um "superimperialismo" hegemônico estadunidense, mais político e militar que característico de uma necessidade econômica. Os Estados Unidos, por si sós, não eram muito dependentes de escoamentos externos ou mesmo de insumos externos. O país tinha inclusive condições de abrir seu mercado a outros, absorvendo, assim, por meio de ajustes espaçotemporais internos (como o sistema interestadual de autoestradas, a suburbanização alastrante e o desenvolvimento das regiões Sul e Oeste), parte da capacidade excedente que começou a emergir fortemente na Alemanha e no Japão durante os anos 1960. Todo o mundo capitalista experimentou forte crescimento através da reprodução ampliada. A acumulação por despossessão ficou relativamente contida, embora países com excedentes de capital, como o Japão e a Alemanha Ocidental, precisassem cada vez mais se voltar para fora a fim de encontrar mercados, inclusive por meio da disputa pelo controle de mercados pós-coloniais em desenvolvimento[28]. Em

---

[28] Philip Armstrong, Andrew Glyn e John Harrison (orgs.), *Capitalism Since World War II: The Making and Break-up of the Great Boom* (Oxford, Basil Blackwell, 1991).

boa parte da Europa, contudo, foram mantidos fortes controles sobre a exportação de capital (em oposição à de mercadorias), e as importações de capital ao Leste Asiático permaneceram restritas. Imperaram as lutas de classes em Estados-nação individuais em torno da reprodução ampliada (como ela ocorreria e quem se beneficiaria). As principais lutas geopolíticas surgidas na época foram ou as da Guerra Fria (contra aquele outro império construído pelos sovietes) ou lutas residuais (no mais das vezes, entrecruzadas por políticas da Guerra Fria que acabaram levando os Estados Unidos a apoiarem muitos regimes pós-coloniais reacionários) provenientes da relutância dos poderes europeus em abrir mão de suas posses coloniais (a invasão de Suez pelos ingleses e pelos franceses em 1956, de forma alguma apoiada pelos Estados Unidos, foi emblemática). Ressentimentos crescentes vinculados à consciência de estar preso a uma situação espaçotemporal de perpétua subserviência ao centro, contudo, deflagraram movimentos antidependência e de libertação nacional. O socialismo terceiro-mundista buscava a modernização, mas conforme uma base política e de classe totalmente diferente.

Esse sistema ruiu por volta de 1970. Ficou mais difícil fazer valer os controles de capital à medida que dólares estadunidenses excedentes inundavam o mercado mundial. As pressões inflacionárias decorrentes das tentativas dos Estados Unidos de ter ao mesmo tempo "canhões e manteiga"* durante a Guerra do Vietnã tornaram-se muito fortes, ao passo que o estágio da luta de classes em muitos dos países centrais começou a erodir os lucros. Os Estados Unidos buscaram, então, construir um tipo diferente de sistema, ancorado numa mistura de novos arranjos institucionais internacionais e financeiros, a fim de responder às ameaças econômicas da Alemanha e do Japão e com a finalidade de recentralizar o poder econômico na forma de capital financeiro operando fora de Wall Street. O conluio entre a gestão Nixon e os sauditas a fim de forçar uma alta nos preços do petróleo em 1973 causou muito mais dano às economias europeia e japonesa que aos Estados Unidos, que na época dependiam pouco do abastecimento proveniente do Oriente Médio[29]. Aos bancos estadunidenses foi dado o privilégio de reciclar os petrodólares na economia mundial. Ameaçados na esfera da produção, os Estados Unidos contra-atacaram, afirmando sua hegemonia por meio das finanças. No entanto,

---

* A expressão *"guns versus butter"* é um modelo simplificado de *trade-off* econômico bastante citado ao longo do século XX. Ele contrapõe gastos com defesa e gastos com bens de consumo, geralmente no contexto de Estados nacionais. Nos anos 1930, conforme discursos amplamente citados de Goebbels e Göring, os nazistas teriam preterido a manteiga em favor das armas. Na década de 1960, o presidente dos Estados Unidos Lyndon B. Johnson buscou apaziguar os ânimos do povo estadunidense afirmando que as despesas cada vez mais onerosas com a Guerra do Vietnã não comprometiam os investimentos domésticos. (N. T.)

[29] Peter Gowan, *The Global Gamble*, cit., p. 21-2.

para que esse sistema funcionasse de maneira eficaz, era preciso forçar a abertura dos mercados em geral e dos mercados de capitais em particular ao comércio internacional – um processo lento que exigia uma pressão estadunidense ferrenha, amparada pelo uso de recursos internacionais como o FMI, e um comprometimento igualmente ferrenho ao neoliberalismo enquanto nova ortodoxia econômica. Também implicava deslocar o equilíbrio de poder e de interesses no interior da burguesia de atividades de produção para instituições de capital financeiro. Isso poderia ser usado para atacar movimentos de classe trabalhadora no interior da reprodução ampliada, fosse diretamente, pela supervisão disciplinar sobre a produção, fosse indiretamente, por meio da facilitação da mobilidade geográfica para todas as formas de capital. O capital financeiro constituía, portanto, uma peça central dessa terceira fase de domínio global da burguesia.

Esse sistema era muito mais volátil e predatório e desferiu vários golpes de acumulação por despossessão – em geral, na forma de programas de ajuste estrutural aplicados pelo FMI – como antídotos às dificuldades na esfera da reprodução ampliada. Em certos casos, como na América Latina na década de 1980, economias inteiras foram tomadas de assalto e tiveram seus ativos recuperados pelo capital financeiro estadunidense. O ataque dos fundos de cobertura sobre as moedas tailandesa e indonésia, em 1997, respaldado pelas políticas deflacionárias selvagens exigidas pelo FMI, levou até mesmo empresas viáveis à bancarrota e reverteu o notável progresso social e econômico que havia sido conquistado em boa parte do Leste e Sudeste Asiáticos. Como consequência, milhões de pessoas foram vitimadas pelo desemprego e pela pobreza. A crise também deflagrou, convenientemente, uma fuga para o dólar, reforçando a dominância de Wall Street e gerando um impressionante *boom* nos valores dos ativos para os ricos dos Estados Unidos. As lutas de classes começaram a se concentrar em questões como o ajuste estrutural imposto pelo FMI, as atividades predatórias do capital financeiro e a perda de direitos por causa da privatização.

Crises de dívida serviram para reorganizar relações sociais internas de produção em cada país, caso a caso, a fim de favorecer a penetração de capitais externos. Todos no âmbito doméstico, regimes financeiros, mercados de produtos e empresas bem-sucedidas foram, assim, abertos à força para ser tomados por companhias estadunidenses, japonesas ou europeias. Foi possível, assim, complementar os lucros baixos auferidos nas regiões centrais por meio da subtração de parte dos lucros mais altos obtidos no exterior. A acumulação por despossessão tornou-se uma característica muito mais central no capitalismo global (com a privatização como um de seus mantras-chave). A resistência a esse processo ganhou corpo com o movimento anticapitalista e anti-imperialista. E a esquerda, enredada como era (e, em muitos sentidos, ainda é) na política da reprodução ampliada, demorou a reconhecer a importância das lutas anti-FMI e de outros movimentos contra a despossessão. O estudo pioneiro de Walton sobre o padrão de revoltas anti-FMI destaca-se em retrospecto[30]. Também parece correto, porém, fazer uma análise mais sofisticada a fim de determinar quais, da miríade de movimentos contra a despossessão, são regressivos e antimodernizantes em qualquer sentido socialista e quais podem ser progressistas ou ao menos ser conduzidos a uma direção progressista a partir da formação de alianças. Como não poderia deixar de mencionar, a forma como Gramsci analisou a questão meridional parece ser um estudo pioneiro desse tipo. Petras enfatizou esse ponto recentemente em sua crítica a *Império*, de Hardt e Negri, e seu conceito indiferenciado de uma multidão de resistência lutando contra o poder imperial descentrado[31]. Camponeses ricos em luta contra a reforma agrária não são a mesma coisa que camponeses sem-terra lutando pelo direito à subsistência.

No entanto, o sistema, embora fosse centrado no complexo Wall Street--Tesouro, tinha muitos vínculos multilaterais com os centros financeiros de Tóquio, Londres, Frankfurt e várias outras cidades globais participantes. Ele estava ligado ao surgimento de corporações capitalistas transnacionais que, embora pudessem ser sediadas em um ou outro Estado-nação, se espalharam por todo o mapa mundial de maneiras que seriam impensáveis nas fases anteriores do imperialismo (os trustes e os cartéis que Lênin descreveu eram todos muito vinculados a Estados--nação particulares). Era esse o mundo que a Casa Branca de Clinton, com seu todo-poderoso secretário do Tesouro, Robert Rubin, oriundo do lado especulador de Wall Street, buscou administrar por meio de um multilateralismo centralizado (cuja síntese foi o chamado Consenso de Washington de meados da década de 1990). Parecia, por um breve momento, que Lênin havia se equivocado e que a teoria de Kautsky de "superimperialismo" colaborativo poderia de fato estar correta. Um ultraimperialismo baseado numa colaboração "pacífica" entre todas as principais potências capitalistas, conforme simbolizado pelo grupo conhecido como G7 e a chamada "nova arquitetura financeira industrial", embora sob a hegemonia da liderança estadunidense, se mostrava possível[32].

Tal sistema encontra-se, contudo, diante de sérias dificuldades. A volatilidade pura e simples e a fragmentação caótica dos conflitos de poder dificultam, como assinalou Luxemburgo, o entendimento de como as leis duras da economia operam

---

[30] John Walton, *Reluctant Rebels: Comparative Studies of Revolution and Underdevelopment* (Nova York, Columbia University Press, 1984).

[31] James Petras, "A Rose by Any Other Name?: The Fragrance of Imperialism", *The Journal of Peasant Studies*, 2. ed., v. 29, 2002.

[32] Perry Anderson, "Internationalism: A Breviary", *New Left Review*, n. 14a, 2002; Susanne Soederberg, "The New International Financial Architecture: Imposed Leadership and 'Emerging Markets'", *Socialist Register* (Londres, Merlin, 2002).

por trás de cortinas de fumaça (particularmente do setor financeiro). No entanto, uma vez que a crise de 1997-1998 revelou que o principal núcleo de capacidade de produção excedente residia no Leste e Sudeste Asiáticos (de modo que os Estados Unidos se concentraram nessa parte do globo especificamente para desvalorização), a rápida recuperação de partes do capitalismo nessas regiões trouxe o problema geral da sobreacumulação de volta ao centro dos desafios globais[33]. Isso levanta a questão de como se poderia organizar uma nova forma de ajuste espaçotemporal (agora na China?) ou de quem pagaria a conta de uma nova rodada de desvaloriza-ção. A recessão de 2001 que se avoluma nos Estados Unidos depois de uma década ou mais de exuberância espetacular (ainda que "irracional") indica que o país pode não ser imune a esse processo. Um dos pontos mais críticos de possível instabilida-de reside na acelerada deterioração da balança de pagamentos nos Estados Unidos. "A mesma explosão de importações que impulsionou a economia mundial" duran-te os anos 1990, escreve Brenner, "elevou a níveis recordes os déficits comerciais e da balança corrente dos Estados Unidos, levando ao crescimento historicamente inédito de obrigações a proprietários além-mar" e "a vulnerabilidade historicamen-te sem precedentes da economia dos Estados Unidos à fuga de capitais e a um colapso do dólar"[34]. Essa vulnerabilidade, entretanto, existe de ambos os lados. Se o mercado estadunidense entrar em colapso, as economias que dependem dele enquanto repositório para sua capacidade produtiva excedente afundarão junto com ele. A boa vontade com que os banqueiros centrais de países como o Japão e Taiwan emprestam fundos a fim de cobrir déficits estadunidenses esconde um forte elemento de oportunismo: eles financiam, dessa maneira, o consumismo nacional que forma o mercado para seus produtos. É possível, inclusive, que passem a ban-car as empreitadas bélicas dos Estados Unidos.

Agora, contudo, a dominância estadunidense se encontra mais uma vez amea-çada – e desta vez o perigo aparenta ser mais grave. Se, por exemplo, Braudel estiver correto (seguido por Arrighi e Silver[35]) e uma poderosa onda de financeirização for um prelúdio da transferência de dominância de um poder hegemônico a outro, então a guinada dos Estados Unidos à financeirização na década de 1970 seria um exemplo de padrão histórico autodestrutivo. Os déficits, tanto internos quanto externos, não podem continuar a despontar descontroladamente por tempo in-definido, e com certeza eventuais financiadores, em especial na Ásia, não terão

---

[33] Paul Burkett e Martin Hart-Landsberg, "Crisis and Recovery in East Asia: The Limits of Capitalist Development", *Historical Materialism*, n. 8, 2001.

[34] Robert Brenner, *The Boom and the Bubble*, cit.

[35] Giovanni Arrighi e Beverly J. Silver, *Chaos and Governance in the Modern World System* (Minne-apolis, University of Minnesota Press, 1999), p. 31-3.

capacidade nem disposição de bancar o mercado estadunidense indefinidamente na cifra de 2,3 bilhões de dólares por dia, conforme taxas atuais. Qualquer outro país que exibisse a condição macroeconômica da economia estadunidense já teria, a essa altura, sido submetido a protocolos impiedosos de austeridade e ajustes estruturais pelo FMI. Mas, como assinala Gowan,

> a capacidade de Washington de manipular o preço do dólar e explorar a dominância financeira internacional de Wall Street permitiu às autoridades estadunidenses evitar o que outros Estados se viram obrigados a fazer: ficar de olho na balança de pagamentos; ajustar a economia doméstica a fim de garantir níveis elevados de investimento e economia internos; acompanhar os índices de endividamento público e privado; garantir um sistema doméstico efetivo de intermediação para garantir o forte desenvolvimento do setor doméstico produtivo.[36]

A economia estadunidense se beneficiou de "uma rota de escape de todas essas tarefas" e tornou-se, com isso, "profundamente distorcida e instável". Ademais, as sucessivas ondas de acumulação por despossessão, marca registrada do novo imperialismo centrado nos Estados Unidos, deflagram resistência e descontentamento onde quer que eclodam, gerando não apenas um movimento mundial antiglobalização (que difere bastante, em sua forma, das lutas de classe incorporadas ao processo da reprodução ampliada), mas também uma resistência ativa à hegemonia estadunidense por parte de poderes subordinados até então maleáveis, particularmente na Ásia (a Coreia do Sul é um caso exemplar) e até mesmo na Europa.

Os Estados Unidos contam com opções limitadas. O país poderia se afastar dessa atual forma de imperialismo ao promover uma enorme redistribuição de riqueza dentro de suas fronteiras e ao buscar formas de absorver excedentes por meio de ajustes temporais internos (melhorias significativas na educação pública e reparo de infraestruturas desgastadas seriam bons pontos para se começar). Uma estratégia industrial para revitalizar a manufatura também ajudaria. Ao mesmo tempo, isso exigiria ainda mais financiamento via déficit ou uma elevação na tributação, bem como direção estatal pesada, e isso é precisamente o que a burguesia se recusará a aceitar, como ocorreu na Inglaterra de Chamberlain; qualquer político que ousar propor um pacote desses será quase certamente "descascado" pela imprensa capitalista e por seus ideólogos e perderá qualquer eleição diante do poder avassalador do dinheiro. No entanto, ironicamente, um contra-ataque massivo em território nacional – bem como em outros países centrais do capitalismo (particularmente na

---

[36] Peter Gowan, *The Global Gamble*, cit., p. 123.

Europa) – contra a política neoliberal e os cortes nos gastos sociais e estatais talvez seja uma das únicas formas de proteger internamente o capitalismo ocidental de suas próprias tendências autodestrutivas.

Suicídio político maior, dentro dos Estados Unidos, seria tentar implementar por meio de autodisciplina o tipo de programa de austeridade que o FMI costuma impor aos outros. Qualquer tentativa de fazê-lo por parte de poderes externos (por meio da fuga de capitais e do colapso do dólar, por exemplo) certamente provocaria uma feroz resposta política, econômica e até militar por parte do poder estadunidense. É difícil imaginar que os Estados Unidos aceitariam o crescimento fenomenal do Leste Asiático, se adaptariam pacificamente a ele e reconheceriam – como Arrighi sugere que o país deveria fazer – que estamos em meio a um grande momento de transição que deslocará à Ásia o centro hegemônico do poder global. Arrighi não vislumbra qualquer desafio externo sério, mas ele e seus colegas não deixam de concluir que os Estados Unidos

> dispõem de recursos ainda maiores que a Inglaterra dispunha um século antes para converter sua hegemonia em declínio em uma dominação exploratória. Se o sistema eventualmente ruir, será primariamente por conta da resistência dos Estados Unidos a se ajustar e acomodar. E, por outro lado, a adaptação e a acomodação desse país ao emergente poder econômico da região do Leste Asiático é condição essencial para uma transição não catastrófica a uma nova ordem mundial.[37]

É improvável que os Estados Unidos se despeçam pacífica e silenciosamente nesse sentido. Isso implicaria, de todo modo, uma reorientação – já há sinais dela – do capitalismo do Leste Asiático no sentido de se tornar independente do mercado estadunidense e passar a cultivar um mercado interno dentro da própria Ásia. É neste ponto que o megaprograma interno de modernização da China – uma versão própria de ajuste espaçotemporal equivalente ao que os Estados Unidos realizaram nas décadas de 1950 e 1960 por meio da suburbanização e do desenvolvimento do assim chamado Cinturão do Sol – pode vir a desempenhar papel decisivo no desvio gradual dos capitais excedentes provenientes do Japão, de Taiwan e da Coreia do Sul, diminuindo os fluxos de entrada nos Estados Unidos. Taiwan, por exemplo, hoje exporta mais para a China que para a América do Norte. A decorrente diminuição do fluxo de recursos aos Estados Unidos pode ter consequências calamitosas.

E é nesse contexto que vemos elementos do *establishment* político estadunidense querendo colocar o poderio militar dos Estados Unidos em ação como o

---

[37] Giovanni Arrighi e Beverly J. Silver, *Chaos and Governance in the Modern World System*, cit., p. 288-9.

único poder absoluto possível, falando abertamente em "império" como alternativa política (supostamente para extrair tributos do restante do mundo) e buscando controlar o abastecimento de petróleo como forma de responder à ameaça das mudanças de poder na economia global. As tentativas dos Estados Unidos de obter maior controle sobre o fornecimento de petróleo do Iraque e da Venezuela – no primeiro caso, pela justificativa de supostamente estabelecer a democracia naquele país, e no segundo, por meio de um golpe – fazem bastante sentido. Elas cheiram a um retorno ao que ocorreu em 1973, visto que hoje a Europa e o Japão, bem como o Leste e Sudeste Asiáticos (incluindo agora a presença decisiva da China), são ainda mais dependentes do petróleo do Golfo que os Estados Unidos. Se o poder estadunidense conseguir arquitetar a derrubada de Chávez tão bem quanto a de Saddam, se conseguir estabilizar ou reformar um regime saudita altamente armado e atualmente baseado no terreno movediço de um regime autoritário (e em perigo iminente de cair nas mãos de grupos islâmicos radicais – era esse, afinal, o principal objetivo de Osama bin Laden), se conseguir avançar, como parece provável, do Iraque ao Irã e consolidar sua posição na Turquia e no Uzbequistão como uma presença estratégica em relação às reservas petrolíferas da bacia do Cáspio, então, por meio do firme controle do fornecimento global de petróleo, os Estados Unidos podem esperar manter controle efetivo sobre a economia global e assegurar sua posição hegemônica pelos próximos cinquenta anos.

São imensos os perigos de uma estratégia como essa. A resistência será formidável, inclusive por parte da Europa e da Ásia, com a Rússia logo atrás. A relutância de França e Rússia em sancionar, na ONU, uma invasão militar no Iraque pelos Estados Unidos é um caso exemplar, uma vez que ambos os países têm fortes ligações com a exploração petrolífera do Iraque. E os europeus em particular têm muito mais simpatia por uma visão kautskiana de ultraimperialismo em que todas as principais potências capitalistas supostamente colaborarão em igual medida. Uma hegemonia estadunidense instável ancorada em militarização e aventureirismo e que seriamente colocaria em risco a paz global não parece uma perspectiva alvissareira para o resto do mundo. Isso não quer dizer que o modelo europeu seja muito mais progressista. Se pudermos nos fiar nas palavras de Robert Cooper[38], um consultor de Blair, o modelo europeu retoma distinções oitocentistas entre Estados civilizados, bárbaros e selvagens à guisa das categorias de Estados pós-modernos, modernos e pré-modernos, sendo que se espera dos pós-modernos, na condição de guardiões do comportamento descentrado civilizado, que assegurem por meios diretos ou indiretos o cumprimento de normas universais (leia-se "ocidentais" e

---

[38] Robert Cooper, "The New Liberal Imperialism", cit.

"burguesas") e práticas humanistas (leia-se "capitalistas") em todo o globo. Foi exatamente dessa maneira que os liberais oitocentistas, como John Stuart Mill, justificaram manter a Índia sob tutela e recolher tributos do exterior ao mesmo tempo que louvavam os princípios do governo representativo interno. Na ausência de qualquer revivalismo da acumulação sustentada por meio da reprodução ampliada, isso implicará um agravamento das políticas de acumulação por despossessão pelo mundo a fim de evitar a completa parada do motor da acumulação.

Essa forma alternativa de imperialismo dificilmente será aceitável para amplas porções da população mundial, que sentiram na pele (e em alguns casos começaram a combater) a acumulação por despossessão e as formas predatórias de capitalismo que tiveram de confrontar ao longo das últimas décadas. O ardil liberal que alguém como Cooper propõe é familiar demais a escritores pós-coloniais para ser efetivamente convincente[39]. E o militarismo flagrante que os Estados Unidos propõem, cada vez mais, como a única resposta possível ao terrorismo global não é apenas repleto de perigos (incluindo alarmantes precedentes de "ataques preventivos"); ele é cada vez mais reconhecido como uma máscara para tentar sustentar uma hegemonia ameaçada no interior do sistema global.

Ainda assim, talvez a questão mais interessante diga respeito à resposta dentro das próprias fronteiras dos Estados Unidos. Nesse ponto, uma vez mais, Hannah Arendt[40] traz um argumento revelador: o imperialismo não pode se sustentar por muito tempo sem repressões ativas, até mesmo tirania, dentro do próprio país de origem. O dano causado às instituições democráticas domésticas pode ser substancial (como os franceses aprenderam durante a luta algeriana por independência). A tradição popular nos Estados Unidos é anticolonial e anti-imperial, e foi preciso um truque muito potente, senão a pura e simples enganação, para mascarar o papel imperial dos Estados Unidos nos assuntos mundiais ou ao menos revesti-lo de intenções humanitárias ao longo das últimas décadas. Não está claro que a população estadunidense em geral apoiaria uma guinada aberta a qualquer império militarizado no longo prazo (o caso da Guerra do Vietnã serve de exemplo). Essa preocupação popular contra empreitadas imperiais dos Estados Unidos vem de longa data, conforme assinalou William Appleman Williams[41]. Tampouco é provável que o público estadunidense aceite por muito tempo o preço, já substancial, dadas as cláusulas repressivas embutidas no Patriot Act [Ato Patriótico] e no Homeland Security Act [Ato de Segurança Nacional], a ser pago internamente em termos de liberdades civis, direitos civis e liberdades em geral.

---

[39] Uday Singh Mehta, *Liberalism and Empire* (Chicago, University of Chicago Press, 1999).
[40] Hannah Arendt, *Imperialism*, 1968, p. 6-9.
[41] William Appleman Williams, *Empire as a Way of Life* (Nova York, Oxford University Press, 1980).

Se ser um império implica rasgar a *Bill of Rights**, então dificilmente uma troca dessas seria aceita. No entanto, o outro lado da dificuldade é que na ausência de qualquer reanimação expressiva de acumulação sustentada por meio da reprodução expandida e com possibilidades limitadas de se acumular por despossessão, a economia estadunidense deve muito provavelmente se afundar em uma depressão deflacionária que faria o processo ocorrido no Japão ao longo da última década parecer insignificante. Além disso, se acontecer uma séria fuga do dólar, a austeridade haverá de ser intensa – isto é, a não ser que surja uma política inteiramente diferente de redistribuição de renda e ativos (uma perspectiva que deixaria a burguesia horrorizada), focada na completa reorganização das infraestruturas sociais e físicas da nação, a fim de absorver capital e trabalho ociosos em torno de tarefas socialmente úteis, não meramente especulativas.

A forma que qualquer novo imperialismo vai assumir, portanto, ainda é indefinida. A única coisa certa é que nos encontramos em meio a uma grande transição na forma como o sistema global opera e que há uma variedade de forças em movimento que podem facilmente pender o equilíbrio em uma ou outra direção. O equilíbrio entre acumulação por despossessão e reprodução ampliada já se deslocou na direção da primeira, e é difícil imaginar que essa tendência não se aprofunde, consolidando-se como marca registrada do novo imperialismo (além de fazer declarações abertas sobre o novo imperialismo e a necessidade de um império de grande importância ideológica). Também sabemos que a trajetória econômica assumida pela Ásia é crucial, mas que o domínio militar ainda repousa nos Estados Unidos. Essa, como assinala Arrighi, é uma configuração única, e podemos muito bem hoje testemunhar no Iraque a primeira etapa de como ela pode se desenrolar geopoliticamente no palco mundial sob condições de recessão generalizada. Os Estados Unidos, cuja hegemonia durante o período do imediato pós-guerra baseou-se na produção, nas finanças e no poder militar, perderam sua superioridade na produção depois de 1970 e podem muito bem perder agora seu domínio financeiro, sobrando, assim, apenas o poderio militar. O que ocorre no país é, portanto, uma determinante de vital importância para definir como o novo imperialismo poderá eventualmente se articular. Além disso, há uma onda de oposição ao aprofundamento da acumulação por despossessão. Todavia, as formas de luta de classe que isso provoca possuem natureza radicalmente distinta das lutas proletárias clássicas dentro da reprodução ampliada (que prosseguem, ainda que sob formas

---

* Bill of Rights, ou a Carta de Direitos dos Estados Unidos, é o nome dado às dez primeiras emendas à Constituição estadunidense. Introduzidas por James Madison no Primeiro Congresso dos Estados Unidos em 1791, elas entraram em vigor no mesmo ano e até hoje têm estatuto de direitos mais fundamentais e basilares da nação. (N. T.)

mais abafadas) sobre as quais, via de regra, o futuro do socialismo supostamente repousaria. É essencial nutrir as unidades que começam a surgir em torno desses variados vetores de luta, pois no interior delas é possível discernir os contornos de uma forma diferente, não imperialista, de globalização, voltada ao bem-estar social e a objetivos humanitários junto com formas criativas de desenvolvimento geográfico desigual – em oposição à glorificação do poder do dinheiro, dos valores do mercado de ações e da incessante acumulação de capital ao longo de variados espaços da economia global, mas que sempre acaba se concentrando mais fortemente em alguns poucos espaços de extraordinária riqueza. O momento pode, de fato, ser caracterizado por volatilidade e incertezas, mas isso também revela seu caráter inesperado e consequentemente repleto de potencial.

COMENTÁRIO

Este ensaio foi escrito pouco antes da invasão do Iraque [pelos Estados Unidos], mas só foi publicado depois dela. Trata-se de um resumo do argumento geral que apresento em *O novo imperialismo*, publicado em 2003*. Foi o primeiro trabalho em que defendi a importância da "acumulação por despossessão" enquanto conceito-chave para compreender as dinâmicas cambiantes da acumulação de capital. Desde então, o conceito foi amplamente adotado devido a sua relevância diante dos processos massivos de apropriação de terras e extração que passaram a ocorrer em muitas partes do mundo. A onda de despossessão nos mercados imobiliários estadunidenses por meio das execuções hipotecárias pós-2007 (para não falar das práticas predatórias disseminadas dos mercados de habitação) e as decorrentes transferências de valores de ativos entre uma classe e outra levaram a importância do tema da acumulação por despossessão para dentro das fronteiras dos países capitalistas avançados. Os direitos de propriedade intelectual são outro terreno em que a política da acumulação por despossessão apresenta importância fundamental. O sentido de instabilidade no capitalismo global no momento da escrita transparece marcadamente neste texto, bem como a evidente necessidade de teorizar sobre o que está ocorrendo. A conceituação de Marx a respeito de uma tendência permanente à sobreacumulação de capital mostra-se particularmente útil. Por mais que *O novo imperialismo* não chegue a prever qualquer crise nos mercados imobiliários que surjam como veículo primário para a absorção de capital excedente nos Estados Unidos, eu de fato apontei essa possibilidade no livro.

---

* David Harvey, *O novo imperialismo* (São Paulo, Loyola, 2004). (N. E.)

As políticas continuadas de acumulação por despossessão foram mascaradas nos últimos anos pela "necessidade" de políticas de austeridade, o que não passa de espoliação organizada, como o caso da Grécia ilustrou de maneira triste e dramática. Em um mundo civilizado, não se deveria sequer contemplar algo tão bárbaro. A partir da crise da dívida mexicana de 1982, no entanto, a acumulação por despossessão tornou-se política corriqueira no capitalismo global à guisa de "austeridade e ajustes estruturais" para as massas enquanto se operavam socorros financeiros aos bancos, fartamente recompensados por cometerem erros escandalosos.

10. AS RAÍZES URBANAS DAS CRISES FINANCEIRAS
Reivindicando a cidade para a luta anticapitalista

Em uma matéria publicada no jornal *The New York Times* em 5 de fevereiro de 2011 intitulada "Housing bubbles are few and far between" [Bolhas imobiliárias são poucas e esparsas], Robert Shiller[1], economista que muitos consideram o grande perito dos imóveis por seu papel na construção do índice Case-Shiller de preços de habitação nos Estados Unidos, tranquilizou os leitores dizendo que a recente bolha imobiliária teria sido um "acontecimento raro que não voltaria a se repetir por muitas décadas". A "enorme bolha imobiliária" do início dos anos 2000 "não é comparável a qualquer ciclo nacional ou internacional da história. As bolhas anteriores foram menores e mais regionais". Os únicos paralelos razoáveis, afirmou, seriam as bolhas fundiárias acontecidas há muito tempo nos Estados Unidos, no fim dos anos 1830 e na década de 1850. Essa é, procurarei demonstrar, uma leitura espantosamente imprecisa da história capitalista. O fato de ter passado tão despercebida é indicativo de um grave ponto cego no pensamento econômico contemporâneo. Infelizmente, também acaba sendo um ponto cego da economia política marxista.

A ciência econômica convencional costuma tratar os investimentos no meio ambiente construído, junto com aqueles em urbanização, como algo secundário em relação às questões mais importantes de uma espécie de entidade fictícia chamada "economia nacional". A "economia urbana" é, assim, o subcampo em que ficam os economistas de segunda, enquanto os verdadeiros figurões exercitam suas habilidades comerciais macroeconômicas em outro lugar. Mesmo quando estes últimos atentam para os processos urbanos, eles fazem parecer que as reorganizações espaciais, o desenvolvimento regional e a construção de cidades são meramente

---

[1] Robert J. Shiller, "Housing Bubbles, Few and Far Between", *The New York Times*, 5 fev. 2011.

decorrências materiais de processos de mais larga escala que permanecem inalterados por aquilo que produzem. Assim, os autores do Relatório sobre o Desenvolvimento feito pelo Banco Mundial em 2009 (que pela primeira vez na história levou a geografia econômica a sério) não deram o menor indício de que havia riscos de ocorrer algo tão catastroficamente errado no desenvolvimento urbano e regional a ponto de deflagrar uma crise na economia. Escrito na íntegra por economistas (sem consultar geógrafos, historiadores ou sociólogos urbanos), o objetivo seria, a princípio, explorar a "influência da geografia nas oportunidades econômicas" e elevar o estatuto do "espaço e do lugar de uma posição marginal na formulação de políticas a uma de maior centralidade".

Os autores, na verdade, pretendiam demonstrar como a aplicação das receitas comuns da economia neoliberal às questões urbanas (como retirar o Estado de qualquer atividade séria de regulação dos mercados fundiários e imobiliários e minimizar as intervenções do planejamento urbano, regional e espacial) era a melhor forma de ampliar o crescimento econômico (isto é, a acumulação de capital). Embora tenham tido a decência de "lamentar" não dispor do tempo ou do espaço necessários para explorar em detalhe as consequências sociais e ambientais de suas propostas, eles pareciam acreditar piamente que as cidades que fornecem

> mercados fundiários e imobiliários fluidos e outras instituições de apoio – como a garantia de direitos de propriedade, do cumprimento de contratos e de financiamento da habitação – terão maior probabilidade de florescer com o tempo à medida que as necessidades do mercado mudarem. As cidades bem-sucedidas são as que afrouxaram as leis de zoneamento a fim de permitir que usuários de mais alta renda adquiram terrenos valiosos – e que adotaram regulações do uso do solo de forma a adaptá-lo às mutações que suas funções sofrerão com o tempo.[2]

A terra, no entanto, não é uma mercadoria como qualquer outra. Trata-se de uma forma fictícia de capital que deriva das expectativas em torno de aluguéis futuros. Nos últimos anos, o imperativo de maximizar seus rendimentos fez com que famílias de baixa renda, ou até de renda média, tivessem de sair de Manhattan e do centro de Londres – um processo que teve efeitos catastróficos nas disparidades de classe e no bem-estar dos setores menos privilegiados da população. É isso que vem exercendo tanta pressão sobre o solo de alto valor de Dharavi, em Mumbai (favela que o relatório descreve, com razão, como ecossistema humano produtivo).

---

[2] Banco Mundial, *World Development Report 2009: Reshaping Economic Geography* [Relatório sobre o Desenvolvimento Mundial 2009: remodelando a geografia econômica], Washington, Banco Mundial, 2009.

O relatório do Banco Mundial defende, em resumo, o tipo de fundamentalismo de livre mercado que produziu tanto disrupções macroeconômicas como a crise de 2007-2009 quanto movimentos sociais urbanos de resistência a processos de gentrificação, destruição de bairros e despejo de populações de baixa renda com vistas a usos mais rentáveis do solo.

Desde meados da década de 1980, a política urbana neoliberal (aplicada, por exemplo, em toda a União Europeia) concluiu que redistribuir renda a bairros, cidades e regiões menos favorecidas era inútil e que, em vez disso, os recursos deveriam ser canalizados para polos de crescimento "empreendedoriais" dinâmicos. Assim, uma versão espacial de "*trickle-down*"* daria conta, no proverbial longo prazo (que nunca chega), de todas aquelas incômodas desigualdades regionais, espaciais e urbanas. Entregar a cidade a incorporadores e operadores financeiros especulativos resultaria no benefício de todos! Se os chineses tivessem liberado o uso do solo em suas cidades às forças de livre mercado, defendeu o relatório do Banco Mundial, a economia do país teria crescido de forma ainda mais acelerada!

O Banco Mundial claramente favorece o capital especulativo em detrimento das pessoas. Em nenhum momento se reflete sobre a ideia de que uma cidade pode ir bem (em termos de acumulação de capital) ao mesmo tempo que sua população (com exceção de uma classe privilegiada) e o meio ambiente vão mal. Para piorar, o relatório tem profunda cumplicidade com as políticas que estão na base da crise de 2007-2009. Isso é estranho, visto que o documento foi publicado seis meses depois da falência do Lehman Brothers e quase dois anos depois de o mercado habitacional dos Estados Unidos ter azedado e de o tsunâmi das execuções imobiliárias já ter se tornado bastante visível. Assim se diz, por exemplo, sem um pingo de perspectiva crítica, que,

> desde a desregulamentação dos sistemas financeiros na segunda metade da década de 1980, o financiamento habitacional de mercado expandiu-se rapidamente. Os mercados hipotecários residenciais equivalem agora a mais de 40% do produto interno bruto (PIB) nos países desenvolvidos, mas essa porcentagem é muito menor nos países em desenvolvimento, chegando em média a menos de 10% do PIB. O papel do poder público deveria ser o de estimular o envolvimento bem regulado da iniciativa privada [...]. Estabelecer os fundamentos jurídicos para contratos hipotecários prudentes, simples e aplicáveis seria um bom começo nesse sentido. Quando o sistema de um país é

---

* Às vezes traduzida como "economia do gotejamento", "*trickle-down economics*" refere-se ao discurso de que reduções tributárias e outros incentivos concedidos ao andar de cima eventualmente transbordam para os andares mais baixos por meio, por exemplo, da geração de empregos, de modo que a melhor maneira de beneficiar a todos seria privilegiar os do topo. (N. T.)

mais desenvolvido e maduro, o setor público pode estimular a criação de um mercado hipotecário secundário, desenvolver inovações financeiras e expandir a securitização das hipotecas. A moradia de casa própria (geralmente, de longe, o maior ativo de uma família) é um fator importante na criação de riqueza, na seguridade social e na política social. Pessoas que têm casa própria ou propriedade assegurada têm um vínculo maior com suas comunidades e, portanto, têm maior probabilidade de se mobilizar em prol da redução da criminalidade, por maior governança e melhores condições ambientais locais.[3]

Dados os acontecimentos que se seguiram, tais afirmações não são nada menos que espantosas. Entra em cena o negócio das hipotecas *subprime*, alimentado por mitos simplórios sobre os benefícios da casa própria para todos e a aprovação generalizada de hipotecas tóxicas em Obrigações de Dívidas Colateralizadas (CDOs), com alto índice de avaliação, para ser vendidas a investidores desavisados! Entra em cena a infindável suburbanização, que consome terra e energia em níveis muito maiores que o razoável para o uso continuado do planeta Terra para fins de habitação humana! Os autores poderiam até argumentar, plausivelmente, que conectar seu pensamento sobre a urbanização a questões de aquecimento global estava além de suas atribuições. Junto com Alan Greenspan, eles poderiam sustentar também que foram pegos de surpresa pelos acontecimentos de 2007-2009 e que não se poderia esperar deles a previsão de algo preocupante no meio da cena cor-de-rosa que pintaram. Ao terem inserido as expressões "prudente" e "bem regulado" em sua proposta, eles haviam, por assim dizer, garantido uma "cobertura" contra potenciais críticas[4].

Entretanto, visto que eles citam inúmeros exemplos históricos "prudentemente selecionados" a fim de reforçar sua panaceia neoliberal, como deixaram passar que a crise de 1973 se originou com um *crash* no mercado imobiliário global, que derrubou diversos bancos? Será que não perceberam que o fim do *boom* japonês em 1990 correspondeu a um colapso nos preços das terras (ainda em curso); que o sistema bancário sueco precisou ser nacionalizado em 1992 por causa dos excessos nos mercados imobiliários; que um dos gatilhos do colapso no Leste e Sudeste Asiáticos em 1997-1998 foi o desenvolvimento urbano excessivo na Tailândia; e que a Crise de Poupanças e Empréstimos de 1987-1990 nos Estados Unidos, encabeçada pelo setor imobiliário, levou à falência muitas centenas de instituições financeiras, onerando em cerca de 200 bilhões de dólares o bolso dos contribuintes estadunidenses (situação que pesou tanto sobre William Isaacs, então diretor da

---

[3]   Banco Mundial, *World Development Report 2009*, cit., p. 206.
[4]   David Harvey, "Assessment: Reshaping Economic Geography", *Development and Change*, n. 40, v. 6, 2009, p. 1.269-77.

Federal Deposit Insurance Corporation [Corporação Federal de Seguro de Depósito], a ponto de em 1987 ele ameaçar nacionalizar a American Bankers Association [Associação Americana de Bancos] se não entrassem na linha)[5]?

Onde estavam os economistas do Banco Mundial enquanto isso tudo acontecia? Houve centenas de crises financeiras desde 1973 (comparadas a muito poucas antes dessa data), e uma quantidade considerável delas foi encabeçada pelo setor fundiário ou de desenvolvimento urbano. E era bastante evidente para quase todos que pensaram a respeito – entre eles o próprio Robert Shiller – que havia algo terrivelmente errado nos mercados imobiliários depois dos anos 2000. A "exuberância irracional" e os "espíritos animalescos" dos financistas estavam saindo de controle[6]. Para ele, contudo, tratava-se de algo excepcional e não sistêmico. Shiller podia muito bem alegar que os exemplos aqui citados não passaram de acontecimentos regionais – até aí, contudo, o mesmo poderia ser dito da crise de 2007-2009 da perspectiva das pessoas no Brasil ou na China. O epicentro geográfico foi o sudoeste estadunidense e a Flórida (com algumas repercussões no estado da Geórgia), junto com alguns outros pontos críticos – as rumorosas crises de execução hipotecária que começaram já em 2005 em áreas pobres de cidades como Baltimore e Cleveland foram consideradas demasiadamente localizadas e "desimportantes", pois as pessoas atingidas eram afro-americanas e de grupos minoritários. No cenário internacional, a Espanha e a Irlanda foram duramente atingidas, assim como a Inglaterra, embora em menor grau. Ao mesmo tempo, não se verificaram sérios problemas nos mercados imobiliários da França, da Alemanha, da Holanda, da Polônia nem, naquele momento, ao longo da Ásia.

Há de se admitir que uma crise regional centrada nos Estados Unidos fez-se global de formas que não ocorreram nos casos, digamos, do Japão ou da Suécia no início dos anos 1990. No entanto, a Crise de Poupanças e Empréstimos de 1987 (ano de um grave *crash* no mercado de ações que até hoje é visto como acontecimento totalmente isolado) teve ramificações globais. Isso também valeu para a muito ignorada crise global do mercado imobiliário do início de 1973: apesar de o senso comum considerar como único fator de importância naquele momento a explosão nos preços do petróleo no outono de 1973, o *crash* imobiliário precedeu em ao menos seis meses a escalada de preços do petróleo, e a recessão já estava

---

[5] Idem, *The Condition of Postmodernity: An Enquiry into the Origins of Cultural Change* (Oxford, Basil Blackwell, 1989), p. 145-6 e 169 [ed. bras.: *Condição pós-moderna: uma pesquisa sobre as origens da mudança cultural*, trad. Adail Ubirajara Sobral e Maria Stela Gonçalves, São Paulo, Loyola, 1992]; Graham Turner, *The Credit Crunch: Housing Bubbles, Globalisation and the Worldwide Economic Crisis* (Londres, Pluto, 2008).

[6] Robert Shiller, *Irrational Exuberance* (Princeton, Princeton University Press, 2000).

em pleno curso no segundo semestre daquele ano. O *boom* pode ser mensurado pelo fato de que os ativos dos Fundos de Investimento Imobiliário (Real Estate Investment Trusts) nos Estados Unidos passaram de 2 bilhões de dólares em 1969 para 20 bilhões de dólares em 1973 e que os empréstimos hipotecários dos bancos comerciais foram de 66,7 bilhões de dólares a 113,6 bilhões de dólares no mesmo período. O *crash* no mercado imobiliário que se seguiu na primavera de 1973 transbordou (por motivos óbvios de receita) em uma crise fiscal de Estados locais (o que não teria ocorrido se a recessão se resumisse a preços de petróleo). A subsequente crise fiscal de Nova York em 1973 foi imensamente importante porque naquela época a cidade controlava um dos maiores orçamentos públicos do mundo (houve até mesmo pedidos do presidente francês e do chanceler da Alemanha ocidental para que a cidade de Nova York fosse socorrida financeiramente e se evitasse, assim, uma implosão global nos mercados financeiros). Nova York tornou-se, então, o laboratório para práticas neoliberais de presentear os bancos com condições de risco moral e repassar ao povo a conta por meio da reestruturação de contratos e serviços municipais. O impacto do mais recente *crash* do mercado imobiliário chegou a levar estados como a Califórnia praticamente à falência, gerando enormes tensões nas finanças governamentais estatais e municipais e nos empregos públicos em quase todo o país. A história da crise fiscal de Nova York na década de 1970 tem espantosas semelhanças com a da Califórnia, que hoje possui o oitavo maior orçamento público do mundo[7].

A National Bureau of Economic Research (NBER) [Agência Nacional de Pesquisa Econômica] revelou recentemente mais um exemplo do papel dos *booms* imobiliários na deflagração de crises profundas do capitalismo. A partir de um estudo de dados imobiliários dos anos 1920, Goetzmann e Newman[8] mostram como "a emissão de títulos imobiliários por parte do poder público afetou a atividade de construção imobiliária nos anos 1920 e como a decomposição da avaliação de seu valor, por meio do mecanismo do ciclo de colaterais, pode ter levado ao subsequente *crash* de 1929-1930 no mercado de ações". No que diz respeito a habitação, a Flórida, tanto naquela época quanto hoje, era um intenso centro

---

[7] Ashok Bardhan e Richard A. Walker, "California, Pivot of the Great Recession", *Working Paper Series*, (Berkeley, Institute for Research on Labor and Employment, University of California, 2010); John Wesley English e Gray Emerson Cardiff, *The Coming Real Estate Crash* (New Rochelle, Arlington House, 1979); William K. Tabb, *The Long Default: New York City and the Urban Fiscal Crisis* (Nova York, Monthly Review Press, 1982); David Harvey, *A Brief History of Neoliberalism* (Oxford, Oxford University Press, 2005) [ed. bras.: *O neoliberalismo: história e implicações*, trad. Adail Sobral e Maria Stela Gonçalves, São Paulo, Loyola, 2008].

[8] William N. Goetzmann e Frank Newman, "Securitisation in the 1920's", *Working Papers*, National Bureau of Economic Research, 2010.

de desenvolvimento especulativo, a ponto de o valor nominal de uma licença de construção crescer 8.000% entre 1919 e 1925. Em nível nacional, as estimativas de aumentos nos valores habitacionais eram cerca de 400% durante mais ou menos o mesmo período[9]. Isso, porém, não era nada comparado ao desenvolvimento comercial quase inteiramente centrado em Nova York e Chicago, onde foram concebidos todo tipo de apoio financeiro e procedimentos de securitização a fim de alimentar um *boom* cuja magnitude "só foi igualada em meados dos anos 2000". Ainda mais reveladora é a compilação apresentada em gráfico por Goetzmann e Newman sobre a construção de edifícios altos na cidade de Nova York. Nele, os *booms* imobiliários que precederam os *crashes* de 1929, 1973, 1987 e 2000 despontam. Os edifícios que vemos à volta na cidade, assinalam eles de modo pungente, representam "mais que um movimento arquitetônico; foram em larga medida a manifestação de um amplo fenômeno financeiro". Assinalando que os títulos imobiliários nos anos 1920 eram tão "tóxicos quanto os de hoje", os autores concluem:

> O *skyline* de Nova York é um forte lembrete da capacidade que a securitização tem de conectar capital de um público especulativo a empreitadas de construção. Uma compreensão mais aprofundada dos primórdios do mercado de títulos imobiliários pode fornecer informações potencialmente valiosas na hora de projetar os piores cenários possíveis no futuro. O otimismo nos mercados financeiros tem o poder de erguer aço, mas não faz uma construção se pagar.

As explosões e os colapsos dos mercados imobiliários são, claramente, fenômenos indissociáveis dos fluxos financeiros especulativos, e essas explosões e esses colapsos produzem graves consequências para a macroeconomia em geral, bem como toda sorte de efeitos de externalidade no que diz respeito a esgotamento de recursos e degradação ambiental. Além disso, quanto mais os mercados imobiliários representarem do PIB, mais importante será a conexão entre financiamento e investimento no meio ambiente construído como potencial fonte de crises macro. No caso de países em desenvolvimento como a Tailândia, onde as hipotecas habitacionais (se estiver correto o relatório do Banco Mundial) equivalem a apenas 10% do PIB, um *crash* imobiliário poderia certamente contribuir com um colapso macroeconômico, do tipo que ocorreu em 1997-1998, mas não seria capaz de produzi-lo por si só. Já nos Estados Unidos, onde a dívida hipotecária equivale a 40% do PIB, o setor imobiliário certamente tem esse poder – como de fato se verificou na crise de 2007-2009.

---

[9] Eugene N. White, "Lessons from the Great American Real Estate Boom and Bust of the 1920s", *Working Papers*, National Bureau of Economic Research, 2010.

A PERSPECTIVA MARXISTA

Uma vez que a teoria burguesa, quando não completamente cega, no melhor das hipóteses carece de *insights* que relacionem os desenvolvimentos urbanos aos desequilíbrios macroeconômicos, seria natural pensar que os críticos marxistas, munidos de seus tão propalados métodos materialistas históricos, rasgariam o verbo denunciando os aumentos vertiginosos no preço dos aluguéis e as desapropriações selvagens características daquilo que Marx e Engels chamavam de formas secundárias de exploração aplicadas pelos capitalistas comerciais e pelos proprietários fundiários às classes trabalhadoras em seus espaços de moradia. Eles teriam contraposto os processos de apropriação do espaço na cidade – manifestados por práticas como a gentrificação, a construção de condomínios de luxo e a "disneyficação" – à barbaridade da falta de abrigo, da carência de moradia a preços acessíveis e da degradação dos ambientes urbanos à qual a vasta maioria da população é submetida (degradação física, social, da qualidade do ar e da educação, com escolas caindo aos pedaços e a chamada "negligência benigna" da educação). Um pouco disso de fato vem sendo feito em um círculo restrito de urbanistas marxistas (considero-me um deles). No entanto, a verdade é que a estrutura do pensamento no marxismo é muitas vezes, para nosso espanto, parecida com aquela da economia burguesa. Os urbanistas são considerados especialistas, ao passo que o núcleo verdadeiramente significativo da teorização macroeconômica marxista repousaria em outro lugar. Mais uma vez, prevalece a ficção de uma economia nacional, pois é nessa esfera que os dados podem mais facilmente ser encontrados e – o que não deixa de ser verdade – que algumas das principais decisões políticas são tomadas. Não se compreende bem o papel exercido pelo mercado imobiliário na criação das condições da crise de 2007-2009 e no desemprego e na austeridade que se seguiram (em grande parte administrados nos níveis local e municipal), pois não houve nenhuma tentativa séria de integrar à teoria geral das leis de movimento do capital um entendimento dos processos de urbanização e de formação do meio ambiente construído. Consequentemente, muitos teóricos marxistas, que adoram uma crise, tendem a tratar o recente *crash* como manifestação evidente de sua versão predileta de teoria marxista da crise (a da queda tendencial da taxa de lucro, subconsumo ou qualquer outra).

A culpa por esse estado de coisas em certa medida é do próprio Marx, ainda que involuntariamente. Na introdução aos *Grundrisse*, ele afirma que seu objetivo ao escrever *O capital* é explicar as leis gerais de movimento do capital. Isso significava concentrar-se na produção e na realização de mais-valor e abstrair e excluir tudo aquilo que ele denominava "particularidades" da distribuição (juros, aluguéis, tributos e até mesmo taxas efetivas de salário e lucro), visto que estas seriam acidentais, conjunturais e próprias do espaço e do tempo em que se dão. Ele também abstraiu as especificidades das relações de troca, como oferta e demanda e a situação da concorrência. Afinal, quando oferta e demanda se equilibram, assinala Marx, elas deixam de explicar qualquer coisa, ao passo que as leis coercitivas da concorrência operam mais como aplicadoras que determinantes das leis gerais de movimento do capital. Isso de imediato suscita a pergunta: o que acontece quando esse mecanismo de aplicação se encontra em falta, como ocorre sob condições de monopolização, e o que acontece quando incluímos a concorrência espacial em nossa reflexão, que invariavelmente, como há muito se sabe, configura uma forma de concorrência monopólica (como é o caso da concorrência entre cidades)?

Por fim, Marx descreve o consumo como uma "singularidade" (uma concepção bastante espinosista que Hardt e Negri recentemente vêm se esforçando para reabilitar). Como tal, ele é caótico, imprevisível e incontrolável e, portanto, se encontra, para Marx, em geral fora do campo da economia política (o estudo dos valores de uso, declara ele na primeira página de *O capital*, é assunto da história, não da economia política). Marx também identificou outro nível, o da relação metabólica com a natureza, que é condição universal a todas as formas de sociedade humana e, assim, em larga medida, irrelevante para uma compreensão das leis gerais de movimento do capital concebido como construto social e histórico específico. As questões ambientais têm uma presença nebulosa em *O capital* (o que não implica que Marx as considerasse desimportantes ou insignificantes, da mesma forma que ele não descartava o consumo como irrelevante no esquema mais geral). Ao longo de boa parte de *O capital*, Marx segue basicamente o quadro desenhado nos *Grundrisse*[10]: concentra-se na generalidade da produção de mais-valor e exclui o resto, embora reconheça, de tempos em tempos, que proceder dessa maneira pode ser problemático. Há, assinala ele, uma dose de "dupla postulação" em jogo – terra, trabalho, dinheiro e mercadorias são fatos cruciais da produção, ao passo que juros, renda, salários e lucros são excluídos da análise como particularidades da distribuição!

A virtude da abordagem de Marx é que ela permite a construção de um retrato bastante claro das leis gerais de movimento do capital, abstraindo-se das condições específicas e particulares de seu tempo (como as crises de 1847-1848 e 1857-1858). É por isso que ainda podemos lê-lo hoje de maneiras relevantes para nosso próprio tempo. Contudo, essa abordagem tem seu preço. Para começar, Marx deixa claro que a análise de uma sociedade/situação capitalista realmente existente requer uma integração dialética dos aspectos universais, gerais, particulares e singulares de uma sociedade concebida como uma totalidade orgânica funcional. Não podemos,

---

[10] Karl Marx, *Grundrisse* (Harmondsworth, Penguin, 1973), p. 88-100 [ed. bras.: *Grundrisse. Manuscritos econômicos de 1857-1858: esboços da crítica da economia política*, trad. Mario Duayer e Nélio Schneider, São Paulo, Boitempo, 2015, p. 44-53].

portanto, ter a expectativa de explicar acontecimentos atuais (como a crise de 2007- -2009) apenas em termos das leis gerais de movimento do capital (essa é uma de minhas objeções àqueles que buscam atulhar com os fatos da presente crise alguma teoria da queda tendencial da taxa de lucro). Porém, tampouco podemos arriscar tal explicação sem fazer referência às leis gerais de movimento (ainda que o próprio Marx pareça fazê-lo em sua explicação da "independente e autônoma" crise comercial e financeira de 1847-1848, em *O capital*, ou, de modo ainda mais drástico, em seus estudos históricos *O 18 de brumário de Luís Bonaparte* e *As lutas de classes na França**, que nem sequer fazem menção às leis gerais de movimento do capital).

Em segundo lugar, as abstrações no patamar de generalidade escolhido por Marx começam a se fissurar à medida que o argumento progride em *O capital*. Há muitos exemplos disso, mas o mais notável – e o de maior pertinência ao argumento aqui – diz respeito ao tratamento dado por Marx ao sistema de crédito. Diversas vezes no Livro I e repetidamente no Livro II o autor menciona o sistema de crédito, mas logo o reserva como um fato da distribuição que ele ainda não está preparado para confrontar. As leis gerais de movimento que ele estuda no Livro II, particularmente as da circulação de capital fixo e as dos períodos de trabalho, períodos de produção, tempos de circulação e tempos de rotação, acabam não apenas mencionando o sistema de crédito, mas carecendo dele. Marx é bastante explícito nesse ponto. Ao comentar sobre como, para lidar com os diferentes tempos de rotação, a quantidade de capital-dinheiro desembolsado sempre precisa ser superior à quantidade aplicada na produção de mais-valor, ele assinala como as alterações nos tempos de rotação podem "liberar" parte do dinheiro desembolsado anteriormente.

> O capital monetário assim liberado pelo mero mecanismo do movimento de rotação tem de desempenhar um importante papel (junto ao capital monetário liberado pelo refluxo sucessivo do capital fixo e ao que é requerido em todo processo de trabalho para o capital variável) tão logo se desenvolve o sistema de crédito, do qual ele tem de constituir, ao mesmo tempo, um dos fundamentos.[11]

A partir desse e de outros comentários semelhantes, fica claro que o sistema de crédito passa a ser absolutamente necessário para a circulação de capital e que é preciso incorporar de alguma forma o sistema de crédito nas leis gerais de

---

* Idem, *O 18 de brumário de Luís Bonaparte* (trad. Nélio Schneider, São Paulo, Boitempo, 2011) e *As lutas de classes na França* (trad. Nélio Schneider, São Paulo, Boitempo, 2012). (N. E.)

[11] Idem, *Capital*, v. 2 (Londres, New Left Books/Penguin, 1978), p. 357 [ed. bras.: *O capital: crítica da economia política*, Livro II: *O processo de circulação do capital*, trad. Rubens Enderle, São Paulo, Boitempo, 2014, p. 379].

movimento do capital. Isso levanta um problema sério porque, quando chegamos à análise do sistema de crédito no Livro III, descobrimos que a taxa de juros é determinada pela oferta e pela demanda e pela situação da concorrência, duas especificidades que haviam sido excluídas por completo do patamar teórico de generalidade em que Marx trabalha.

Digo isso porque a importância das regras que Marx impôs sobre suas investigações em *O capital* tem sido amplamente ignorada. Quando essas regras são não apenas dobradas, mas quebradas, como parece ser o caso do crédito e dos juros, abrem-se novas perspectivas para teorização que vão além dos *insights* já produzidos por Marx. Ele efetivamente reconhece, logo no início de suas investigações, a possibilidade de isso ocorrer. Nos *Grundrisse*, ele diz o seguinte a respeito do consumo, a mais recalcitrante de suas categorias de análise dadas as singularidades envolvidas: embora o consumo, assim como o estudo dos valores de uso, "situe-se propriamente fora da economia", há a possibilidade de ele retroagir "sobre o ponto de partida e enceta[r] de novo todo o processo"[12]. Isso vale em especial para o consumo produtivo, para o próprio processo de trabalho. Tronti e os que seguiram seus passos, como Negri, estão, portanto, perfeitamente corretos em enxergar o próprio processo de trabalho como algo constituído como singularidade – caótico, difícil de disciplinar, imprevisível e, assim, sempre potencialmente perigoso para o capital – internalizada nas leis gerais de movimento do capital[13]. As lendárias dificuldades enfrentadas pelos capitalistas ao buscarem mobilizar os "espíritos vitais"* dos trabalhadores a fim de produzir mais-valor assinalam a existência dessa singularidade no âmago do processo de produção (em nenhum outro lugar isso é mais evidente que na indústria de construção civil, como veremos). Incorporar às leis gerais de produção, circulação e realização de capital o sistema de crédito e a relação entre a taxa de juro e a taxa de lucro é uma necessidade igualmente disruptiva se de fato quisermos utilizar de maneira rigorosa o aparato teórico de Marx para compreender os acontecimentos atuais.

É preciso que a integração do crédito à teoria geral seja feita com bastante cuidado, de modo a preservar, embora em estado transformado, os *insights* teóricos já formados. No que diz respeito ao sistema de crédito, por exemplo, não podemos tratá-lo simplesmente como uma entidade em si mesma, um tipo de eflorescência

---

[12] Idem, *Grundrisse*, cit., p. 89 [*Grundrisse*, cit., p. 45].

[13] Mario Tronti, "The Strategy of Refusal" (Turim, Einaudi, libcom.org, 1966); Antonio Negri, *Marx beyond Marx: Lessons on the Grundrisse* (Londres, Autonomedia, 1991) [ed. bras.: *Marx além de Marx: ciência da crise e da subversão. Caderno de trabalho sobre os Grundrisse*, trad. Bruno Cova, São Paulo, Autonomia Literária, 2016].

* "Animal spirits", "Lebensgeister", Marx (*O capital*); mais tarde Keynes (*Teoria geral do emprego, do juro e da moeda*). (N. T.)

situada em Wall Street ou na City de Londres que paira livremente sobre as atividades comuns devidamente ancoradas. É certo que muita atividade baseada em crédito não passa de espuma especulativa e de excrescência da avareza humana por riqueza e pelo puro poder do dinheiro, mas boa parte dessa atividade é fundamental e absolutamente necessária para o funcionamento do capital. Não é fácil definir as fronteiras entre o que é necessário e o que é a) inevitavelmente fictício (como no caso da dívida estatal e hipotecária) e b) puro excesso.

Seria de fato ridículo tentar analisar a dinâmica da recente crise e suas repercussões sem fazer referência ao sistema de crédito (sendo que as hipotecas representam 40% do PIB dos Estados Unidos), ao consumismo (que representa 70% da força motriz da economia estadunidense, comparado a 35% na China) e à situação da concorrência (vide o poder monopólico nos mercados financeiro, imobiliário e varejista, entre outros) – 1,4 trilhão de dólares em hipotecas, muitas delas tóxicas, reside nos mercados secundários da Fannie Mae e da Freddie Mac* nos Estados Unidos, obrigando, assim, o governo a alocar 400 bilhões de dólares a um potencial resgate (sendo que já foram gastos cerca de 142 bilhões de dólares). Para compreender isso, precisamos destrinchar o que Marx talvez queira dizer com a categoria de "capital fictício" e suas conexões com os mercados imobiliário e fundiário. Precisamos de uma forma de compreender como a securitização, nas palavras de Goetzmann e Newman[14], conecta "capital de um público especulativo a empreitadas de construção". Afinal, foi a especulação nos valores da terra e nos aluguéis e nos preços de moradia que desempenhou papel fundamental na formação dessa crise, não foi?

Para Marx, o capital fictício não é produto da imaginação regada a cocaína de algum corretor de Wall Street. Trata-se de um construto fetichista, o que significa, conforme a caracterização do fetichismo no Livro I de O capital, que ele é suficientemente real, mas que configura um fenômeno superficial que oculta algo importante sobre as relações sociais subjacentes. Quando um banco concede um empréstimo ao Estado e recebe juros em troca disso, a impressão é de que há algo produtivo no interior do Estado que efetivamente geraria valor, quando boa parte (mas nem tudo, como demonstrarei em breve) do que ocorre no Estado (como travar guerras) não

---

* A Fannie Mae (apelido da Federal National Mortgage Association – FNMA) [Associação Hipotecária Federal] e a Freddie Mac (apelido de Federal Home Loan Mortgage Corporation – FHLMC) são empresas patrocinadas pelo governo dos Estados Unidos (Government Sponsored Enterprises – GSE). Diante da crise de 2007-2008, o diretor da Federal Housing Finance Agency (FHFA) [Agência Federal de Financiamento Habitacional], James Lockhart, anunciou que as duas seriam postas sob tutela (*conservatorship*), ação descrita pelo *Washington Post* como "uma das intervenções governamentais mais extensas sobre os mercados financeiros privados" ("Treasury to Rescue Fannie and Freddie", *Washington Post*, 7 set. 2008). (N. T.)

14 William N. Goetzmann e Frank Newman, "Securitisation in the 1920's", cit., 2010.

tem nada a ver com produção de valor. Quando um banco concede um empréstimo a um consumidor para que ele compre uma casa e recebe em troca um fluxo de juros, cria-se a impressão de que algo na casa produziria diretamente valor, sendo que não é isso que ocorre. Quando os bancos concedem títulos de crédito para a construção de hospitais, universidades, escolas e afins em troca de juros, parece que há valor produzido diretamente nessas instituições, mas na verdade não há. Quando os bancos emprestam para a aquisição de terrenos e imóveis com a intenção de extrair rendas, absorve-se a categoria distributiva da renda no fluxo da circulação de capital fictício[15]. Quando os bancos concedem empréstimos a outros bancos ou quando o Banco Central concede empréstimos aos bancos comerciais, que por sua vez emprestam a especuladores imobiliários com o objetivo de se apropriar de aluguéis, o capital fictício parece cada vez mais uma infinita regressão de ficção em cima de ficção. Todos esses são exemplos de fluxos de capital fictício. E são esses fluxos que convertem propriedades imobiliárias reais em ativos irreais.

O argumento de Marx é que os juros pagos vêm de outro lugar – taxações ou extrações diretas da produção de mais-valor ou impostos sobre rendimentos (salários e lucros). E para Marx, é claro, o único lugar em que se cria valor e mais-valor é no processo de trabalho da produção. O que ocorre na circulação de capital fictício pode ser socialmente necessário para sustentar o capitalismo. Pode ser parte dos custos necessários de produção e reprodução. Formas secundárias de mais-valor podem ser extraídas por empresas capitalistas por meio da exploração de trabalhadores empregados por varejistas, bancos ou fundos de cobertura. No entanto, o que Marx sustenta é que, se não houver geração de valor e mais-valor na produção em geral, tais setores não podem existir por si. Se ninguém produzisse camisas ou sapatos, o que os varejistas venderiam?

Há, contudo, uma ressalva essencial. Parte do fluxo de capital fictício pode de fato ser associado à criação de valor. Quando transformo minha casa hipotecada em uma oficina (*sweatshop*) que se vale da mão de obra de imigrantes ilegais, o imóvel converte-se em capital fixo na produção. Quando o Estado constrói estradas e outras infraestruturas que operam como meios coletivos para a produção de capital, estas têm de ser categorizadas como "gastos produtivos do Estado". Quando um hospital ou uma universidade torna-se um lócus de inovação e invenção de novos medicamentos, equipamentos e afins, essa instituição converte-se em lócus de produção. Marx não se incomodaria com essas ressalvas. Como ele diz do capital fictício, o fato de determinada coisa funcionar ou não como capital fixo é algo

---

[15] Karl Marx, *Capital*, v. 3 (Londres, New Left Books/Penguin, 1978), caps. 24 e 25 [ed. bras.: *O capital: crítica da economia política*, Livro III: *O processo global da produção capitalista*, trad. Rubens Enderle, São Paulo, Boitempo, 2017, caps. 24 e 25].

que depende de seu uso, não de suas qualidades físicas[16]. O capital fixo diminui quando galpões de produção têxtil são convertidos em unidades residenciais, ao passo que projetos de microfinança convertem cabanas campestres em capital fixo (muito mais barato) ao voltá-las para a produção!

Boa parte do valor e do mais-valor criados na produção é desviada, por caminhos complexos, e acaba passando por canais fictícios. E, quando os bancos concedem empréstimos a outros bancos, fica claro que toda sorte de pagamentos paralelos socialmente desnecessários e movimentos especulativos torna-se possível, com base no terreno sempre movediço da flutuação dos valores de ativos. Esses valores de ativos dependem de um processo crítico de "capitalização". Confere-se a um fluxo de rendimentos de algum ativo (como um terreno, um imóvel, uma ação ou o que quer que seja) um valor de capital pelo qual pode ser trocado, conforme as taxas de juros e os descontos determinados pelas condições de oferta e demanda no mercado monetário. A atribuição de valor desses ativos na ausência de um mercado para eles tornou-se um enorme problema em 2008 e continua a sê-lo desde então. Pensar em quão tóxicos são os ativos mantidos pela Fannie Mae pode deixar qualquer um com dor de cabeça – há aqui um importante eco da controvérsia sobre o valor do capital que surgiu e foi prontamente abafada, assim como outras verdades inconvenientes, na teoria econômica convencional do início dos anos 1970[17].

O problema que o sistema de crédito coloca é o fato de ser, ao mesmo tempo, vital para a produção, a circulação e a realização dos fluxos de capital e configurar o auge de todo tipo de formas especulativas e outras "formas insanas". Foi isso que levou Marx a descrever os irmãos Isaac Péreire e Émile Péreire, dois mestres da reconstrução especulativa da Paris urbana sob Haussmann, como portadores do "agradável caráter híbrido de vigaristas e profetas"[18].

ACUMULAÇÃO DE CAPITAL VIA URBANIZAÇÃO

Defendi extensivamente em outras ocasiões que a urbanização tem se mostrado um meio-chave de absorver excedentes de capital ao longo da história do capitalismo[19].

---

[16] David Harvey, *The Limits to Capital* (Oxford, Basil Blackwell, 1982), cap. 8 [ed. bras.: *Os limites do capital*, trad. Magda Lopes, São Paulo, Boitempo, 2013, cap. 8].

[17] Ver Geoffrey C. Harcourt, *Some Cambridge Controversies in the Theory of Capital* (Cambridge, Cambridge University Press, 1972).

[18] Karl Marx, *Capital*, v. 3, cit., p. 573 [*O capital*, Livro III, cit., p. 500].

[19] Ver David Harvey, *The Urbanisation of Capital* (Oxford, Basil Blackwell, 1985) e *The Enigma of Capital and the Crises of Capitalism* (Londres, Verso, 2010) [ed. bras.: *O enigma do capital e as crises do capitalismo*, trad. João Alexandre Peschanski, São Paulo, Boitempo, 2011].

Venho argumentando há muito tempo que ela possui uma relação muito particular com a absorção de capital sobreacumulado por motivos bastante específicos que dizem respeito aos longos períodos de trabalho, aos extensos tempos de rotação e à grande longevidade de investimentos no meio ambiente construído. A urbanização também conta com uma especificidade geográfica tal que a produção do espaço e de monopólios espaciais passa a ser elemento integral à dinâmica de acumulação não apenas em virtude dos padrões cambiantes dos fluxos de mercadorias no espaço, mas também pela própria natureza dos espaços e dos lugares criados e produzidos em que esses movimentos ocorrem. No entanto, é precisamente pelo fato de toda essa atividade – que, aliás, configura um lócus de imensa importância para a produção de valor e mais-valor – se dar em tão longo prazo que ela exige, como algo fundamental para seu funcionamento, alguma combinação de capital financeiro e envolvimento do Estado. Essa atividade tem caráter claramente especulativo no longo prazo e sempre corre o risco de replicar, em uma data muito posterior e em escala ampliada, as mesmíssimas condições de sobreacumulação que de início contribui para atenuar. Daí o caráter propenso a crises dos investimentos em infraestruturas físicas urbanas ou extraurbanas (ferrovias e estradas transcontinentais, barragens e afins).

O caráter cíclico de tais investimentos foi bem documentado no que diz respeito ao século XIX pelo meticuloso trabalho de Brinley Thomas[20]. Contudo, a teoria dos ciclos econômicos da construção civil foi sendo abandonada após meados de 1945, em parte porque as intervenções de cunho keynesiano encabeçadas pelo Estado foram consideradas eficazes em seu aplainamento. O ciclo econômico da construção civil (cerca de oitenta anos nos Estados Unidos) efetivamente desapareceu[21]. Entretanto, o desmonte gradual das intervenções keynesianas contracíclicas sistêmicas depois de meados da década de 1970 sugeria que um retorno ao padrão dos ciclos econômicos de construção era mais que mera probabilidade. Os dados indicam que, ainda que as flutuações no setor de construção tivessem se contido, as bolhas de valores de ativos se tornaram muito mais voláteis que no passado (embora os relatórios da NBER sobre os anos 1920 possam ser levantados como evidências contrárias a essa perspectiva). Os movimentos cíclicos também passaram a exibir uma configuração geográfica mais complexa, até mesmo no interior

---

[20] Brinley Thomas, *Migration and Economic Growth: A Study of Great Britain and the Atlantic Economy* (Cambridge, Cambridge University Press, 1973).

[21] Leo Grebler, David Blank e Louis Winnick, *Capital Formation in Residential Real Estate* (Princeton, Princeton University Press, 1956); Clarence Long, *Building Cycles and the Theory of Investment* (Princeton, Princeton University Press, 1940); Manuel Gottlieb, *Long Swings in Urban Development* (Nova York, National Bureau of Economic Research, 1976).

dos países – por exemplo, o registro de ritmos diferentes nas regiões sul e oeste dos Estados Unidos em relação às regiões noroeste e centro-oeste do mesmo país.

Sem uma perspectiva geral como essa, não é possível sequer começar a entender as dinâmicas que levaram à catástrofe de 2008 nos mercados habitacionais e na urbanização de certas regiões e cidades dos Estados Unidos, bem como da Espanha, da Irlanda e do Reino Unido. Pelo mesmo motivo, também não podemos compreender alguns dos caminhos que atualmente são trilhados, particularmente na China, a fim de escapar de um enrosco produzido em outro lugar. Pois da mesma forma que Brinley Thomas documenta os movimentos contracíclicos entre a Inglaterra e os Estados Unidos no século XIX, de tal modo que a explosão na construção residencial em um lugar foi contrabalanceada por um *crash* no outro, vemos hoje um *crash* no setor da construção civil nos Estados Unidos e em boa parte da Europa sendo contrabalanceado por uma explosão de investimentos em urbanização e infraestrutura centrados na China (com diversas ramificações em outros lugares, particularmente os assim chamados Brics). E só para completar o quadro mais amplo, vale observar que os Estados Unidos e a Europa estão atolados em situações de baixo crescimento, ao passo que a China vem registrando uma taxa de crescimento de 10% desde 2011 (seguida de perto por outros Brics).

A pressão para que o mercado habitacional e o desenvolvimento urbano nos Estados Unidos absorvessem capital sobreacumulado por meio de atividades especulativas começou a se formar em meados da década de 1990 e acelerou ferozmente depois do fim da bolha *high-tech* e do *crash* no mercado de ações em 2001. As pressões políticas exercidas sobre instituições financeiras respeitáveis, incluindo Fannie Mae e Freddie Mac, para que rebaixassem seus padrões de crédito a fim de acomodar a explosão habitacional, junto com as baixas taxas de juros priorizadas por Greenspan e pelo FED, inquestionavelmente alimentaram o *boom*. Conforme a observação de Goetzmann e Newman, no entanto, as finanças (amparadas pelo Estado) têm o poder de construir cidades e subúrbios, mas não podem garantir que elas necessariamente se paguem. O que, então, alimentou a demanda?

Para compreender essa dinâmica, precisamos entender agora como se combinam, em um sistema de crédito, a circulação de capital fictício e a de capital produtivo no contexto dos mercados imobiliários. As instituições financeiras concedem empréstimos a incorporadoras, proprietários fundiários e construtoras para que sejam erguidos, digamos, lotes de moradias suburbanas no perímetro de San Diego ou condomínios na Flórida e no sul da Espanha. Em tempos de *boom* econômico, a construção civil representa diretamente cerca de 7% dos postos de emprego e mais que o dobro disso se forem incluídos os fornecedores de materiais de construção e todos os serviços legais/financeiros que giram em torno da indústria imobiliária. A viabilidade desse setor pressupõe, contudo, que o valor possa ser realizado. É aqui que entra o capital fictício. Empresta-se dinheiro a compradores que supostamente têm condição de ressarci-lo a partir de seus rendimentos (salários ou lucros).

O sistema financeiro exerce, portanto, um poder regulador considerável tanto sobre a oferta quanto sobre a demanda por lotes habitacionais e condomínios. Essa diferença é semelhante àquela que Marx identifica em *O capital*[22] como "capital de empréstimo" para a produção e o desconto de letras de câmbio, que facilita a realização de valores no mercado. No mercado imobiliário do sul da Califórnia, é muitas vezes a mesma empresa financeira que opera o financiamento para construir e o financiamento para comprar o que é construído. Assim como nos mercados de trabalho, o capital tem o poder de manipular tanto a oferta quanto a demanda, algo que vai na contramão da ideia de mercados livremente operantes que o relatório do Banco Mundial supõe estarem em vigor[23].

A relação, contudo, é assimétrica. Enquanto banqueiros, incorporadoras e construtoras facilmente entram em associação para forjar uma aliança de classe – aliança esta que com frequência domina política e economicamente aquilo que se convencionou chamar "a máquina de crescimento urbano"[24] –, as hipotecas dos consumidores são singulares e dispersas e em geral envolvem empréstimos àqueles que ocupam uma posição diferente de classe ou – particularmente nos Estados Unidos, mas não na Irlanda – uma posição racial ou étnica diferente. Com a securitização das hipotecas, a empresa financeira poderia simplesmente repassar qualquer risco a terceiros, que é de fato o que fizeram depois de terem espremido todas as taxas legais e de originação possíveis. Se o operador financeiro tiver de escolher entre, por um lado, a falência de uma incorporadora por conta de malogros de realização e, por outro, a falência e execução hipotecária do comprador de uma casa (sobretudo se esse comprador for proveniente das classes mais baixas ou de alguma minoria racial ou étnica), fica claro para qual lado o sistema financeiro penderá. Há, invariavelmente, preconceitos de classe e de raça envolvidos.

Além disso, os mercados de ativos constituídos por habitação e terra inevitavelmente têm um caráter Ponzi, mesmo que não contem com a presença de Bernie Madoff no topo da pirâmide. Eu compro um imóvel, seu preço sobe e um mercado em ascensão estimula outros a comprarem também. Quando a fonte de compradores verdadeiramente fiáveis seca, por que não descer um pouco mais na escala

---

[22] Karl Marx, *Capital*, v. 3, cit., cap. 25 [*O capital*, Livro III, cit., cap. 25].

[23] Idem, *Capital*, v. 1 (Londres, New Left Books/Penguin, 1976), p. 793 [ed. bras.: *O capital: crítica da economia política*, Livro I: *O processo de produção do capital*, trad. Rubens Enderle, São Paulo, Boitempo, 2011, p. 715].

[24] John Logan e Harvey Molotch, *Urban Fortunes: The Political Economy of Place* (Berkeley, University of California Press, 1987).

de renda e incluir consumidores de mais alto risco, para no fim ter compradores sem renda e sem ativos que podem ganhar se revenderem o imóvel assim que os preços subirem (um comerciante imobiliário compra uma casa em condições degradadas a um preço baixo, faz alguns reparos superficiais – supervalorizados – e arranja um financiamento hipotecário "favorável" para o comprador ingênuo, que vive na casa contanto que o teto não ceda ou a fornalha não exploda)? E assim vai, até que a bolha eventualmente estoura. As instituições financeiras possuem tremendos incentivos para segurar a bolha o máximo possível. O problema é que muitas vezes elas não conseguem pular do trem antes da colisão porque o trem se move rápido demais. É aqui que também se mostram cruciais os tempos díspares de rotação que Marx analisa com tanta perspicácia no Livro II de *O capital*. Os contratos que financiam a construção civil são elaborados muito antes de as vendas começarem. Os descompassos temporais costumam ser substanciais: a inauguração do Empire State Building em Nova York aconteceu em 1º de maio de 1931, quase dois anos depois do *crash* no mercado de ações e mais de três anos depois do *crash* imobiliário; o World Trade Center foi inaugurado pouco depois do *crash* de 1973 (e ficou anos sem encontrar inquilinos privados); e agora a reconstrução do sítio do 11 de Setembro está prestes a começar em um momento de depressão nos valores imobiliários! Visto que a realização dos valores produzidos é crucial à recuperação dos empréstimos iniciais, as empresas de financiamento farão de tudo para estimular o mercado a ir além de sua capacidade real.

No entanto, há questões de mais longo prazo aqui que também precisam ser levadas em conta. Se estiverem corretos os documentos da NBER, o colapso do *boom* da construção civil verificado depois de 1928, que se manifestou como uma queda de 2 bilhões de dólares (quantia enorme para a época) na construção de moradias e uma grave contração no número de novas obras habitacionais, que caiu para menos de 10% do volume anterior nas grandes cidades, desempenhou um importante, mas ainda pouco compreendido, papel no *crash* de 1929. Um verbete da Wikipédia observa: "Foi devastador o sumiço de 2 milhões de postos de trabalho altamente remunerados na construção civil, somado à perda de lucros e rendas que prejudicou muitos proprietários e investidores imobiliários"[25]. Isso certamente impactou a confiança no mercado de ações em geral. Não surpreende que a administração Roosevelt tenha tentado desesperadamente reavivar o setor habitacional nessa época. Com tal finalidade, implementou-se uma série de reformas no financiamento hipotecário de moradias, culminando na criação de um mercado secundário de hipotecas com a fundação, em 1938, da Federal

---

[25] Ver "Cities in the Great Depression". Disponível em: <https://en.wikipedia.org/wiki/Cities_in_the_Great_Depression>; acesso em: dez. 2019.

National Mortgage Association (Fannie Mae). A tarefa da Fannie Mae era garantir hipotecas e permitir que bancos e outros emprestadores repassassem as hipotecas adiante, fornecendo, assim, ao mercado habitacional a tão necessária liquidez. Essas reformas institucionais depois vieram a desempenhar um papel vital no financiamento da suburbanização dos Estados Unidos depois da Segunda Guerra Mundial.

Apesar de necessárias, essas reformas não eram suficientes para alçar a construção de moradias a um novo patamar no desenvolvimento econômico estadunidense. Inúmeros incentivos tributários (como deduções fiscais dos juros hipotecários), junto com a G. I. Bill* e a bastante positiva legislação habitacional implementada com o Housing Act [Lei de Habitação] de 1949 – que declarava o direito de todos os estadunidenses a uma "moradia decente em um ambiente decente" –, foram concebidos com a finalidade de promover a ideia da casa própria, tanto por motivos políticos quanto por motivos econômicos. A bandeira da casa própria foi amplamente propagada como peça central do *American Dream*, e seus índices entre a população dos Estados Unidos passaram de pouco mais de 40% na década de 1940 para mais de 60% na década de 1960, chegando quase à casa dos 70% em seu auge, em 2004 (em 2010, o índice havia caído para 66%). A casa própria pode até ser um valor cultural profundamente entranhado nos Estados Unidos, mas valores culturais desse tipo sempre florescem para valer a partir do momento em que são promovidos e subsidiados por políticas estatais. Os motivos declarados para a existência de tais políticas são todos aqueles listados no relatório do Banco Mundial. Hoje, contudo, raramente se reconhece a motivação política por trás delas: como se dizia abertamente nos anos 1930, proprietários endividados não fazem greve[26]! Os recrutas que regressavam ao país depois de servir na Segunda Guerra Mundial teriam configurado uma ameaça social e política se tivessem se deparado com condições de desemprego e depressão. E que maneira de matar dois coelhos com uma cajadada só: revigorar a economia por meio de um projeto massivo de construção de moradias e suburbanização e cooptar à política conservadora os trabalhadores mais bem pagos por meio do acesso à casa própria!

Durante as décadas de 1950 e 1960 essas políticas deram certo tanto do ponto de vista político quanto do ponto de vista macroeconômico, pois sustentaram duas décadas de crescimento robusto nos Estados Unidos, e os efeitos desse crescimento

---

* "G. I. Bill" é o nome popular dado ao "Servicemen's Readjustment Act", o Ato de Reajuste dos Recrutas, de 1944. Aprovada na gestão Roosevelt, a lei instituiu uma série de benefícios para os soldados (os "G. I.") veteranos que retornavam à pátria após servir na Segunda Guerra Mundial. (N. T.)

26 Ver Martin Boddy, *The Building Societies* (Londres, Macmillan, 1980).

transbordaram para o mundo. O problema é que o processo de urbanização era tão geograficamente desigual quanto os fluxos de renda direcionados aos diferentes segmentos da classe trabalhadora. Enquanto os subúrbios floresciam, as regiões centrais das cidades estagnavam e entravam em declínio. A classe trabalhadora branca florescia, mas o mesmo não podia ser dito das minorias impactadas (em particular a população afro-americana) das regiões centrais da cidade. O resultado foi uma sequência de levantes no centro das cidades – primeiro em Detroit e Watts, culminando em revoltas espontâneas em cerca de quarenta localidades por todo o país, na esteira do assassinato de Martin Luther King Jr., em 1968. Algo que veio a ser nomeado como "crise urbana" era visível o bastante para que todos a reconhecessem (ainda que não fosse, da perspectiva macroeconômica, uma crise de urbanização). Fundos federais massivos foram liberados a fim de lidar com a crise depois de 1968, até que Nixon declarou o término dela (por motivos fiscais) na recessão de 1973[27].

Um efeito secundário disso tudo foi que Fannie Mae tornou-se uma empresa privada patrocinada pelo governo em 1968 e, depois que lhe arranjaram uma "concorrente", a Federal Home Loan Mortgage Corporation (Freddie Mac) [Sociedade Federal Hipotecária de Crédito Habitacional], em 1972, ambas passaram a desempenhar um papel de enorme importância (e eventualmente destrutivo) na promoção da casa própria e na manutenção da construção de moradias ao longo de quase cinquenta anos. As dívidas hipotecárias de moradia representam agora cerca de 40% da dívida privada acumulada nos Estados Unidos, boa parte da qual, como vimos, é tóxica. Tanto Fannie Mae quanto Freddie Mac voltaram a ser controladas pelo governo. O que fazer com elas é uma questão política que levanta intensos debates (assim como os subsídios para a casa própria) em relação ao endividamento estadunidense de forma mais geral. Qualquer resultado disso terá consequências decisivas para o futuro do setor habitacional, em particular, e para a urbanização, em geral, em relação à acumulação de capital nos Estados Unidos.

Os sinais que vêm dos Estados Unidos hoje não são nada animadores. O setor habitacional não está se recuperando. Há indícios de que o cenário se encaminha para um duplo mergulho na recessão à medida que secam os recursos federais e o desemprego permanece alto. O índice de construção de novas moradias caiu pela primeira vez a patamares inferiores aos dos anos 1940. Em março de 2011, a taxa de desemprego na construção civil já ultrapassava o marco dos 20%, em comparação a uma taxa de 9,7% no setor manufatureiro, que se encontrava bastante próximo da média nacional. Durante a Grande Depressão, mais de um quarto dos

---

[27] Comissão Kerner, *Report of the National Advisory Commission on Civil Disorders* (Washington, Government Printing Office, 1968).

trabalhadores da construção civil permaneceram desempregados até o ano 1939. Devolvê-los a postos de trabalho era um dos objetivos cruciais das intervenções públicas (tais como a WPA*). As tentativas da gestão Obama de criar um pacote de estímulos para investimentos infraestruturais foram em larga medida frustradas pela oposição do Partido Republicano. Para piorar, a condição das finanças estaduais e locais nos Estados Unidos é nefasta a ponto de acarretar dispensas temporárias e demissões, bem como cortes selvagens nos serviços urbanos. O colapso do mercado habitacional e a queda dos preços de moradia em 20% ou mais em todo o país criaram um enorme rombo nas finanças locais, que dependem pesadamente de tributos sobre propriedades. Uma crise fiscal urbana se aproxima à medida que os governos estaduais e municipais cortam gastos e a construção civil míngua.

Sobre tudo isso há uma política classista de austeridade que vem sendo implementada por razões políticas, não econômicas. Gestões direitistas radicais do Partido Republicano nos níveis estadual e municipal se valem da assim chamada crise da dívida para atacar programas do governo e reduzir os empregos públicos em suas jurisdições. Trata-se, é claro, de uma tática já antiga de ataque inspirado pelo capital a programas governamentais em geral. Reagan cortou de 72% para cerca de 30% os impostos sobre os mais ricos e lançou o país em uma corrida armamentícia, financiada via dívida, contra a União Soviética. Resultado: a dívida explodiu sob Nixon. Como seu diretor orçamentário, David Stockman, assinalou mais tarde, escalar a dívida tornou-se uma desculpa conveniente para depois penalizar as regulações governamentais (as ambientais, por exemplo) e os programas sociais, externalizando os custos da degradação ambiental e da reprodução social. O presidente George W. Bush seguiu fielmente esse exemplo; seu vice-presidente, Dick Cheney, proclamou que "Reagan nos ensinou que déficits não importam"[28]. Reduções de impostos para os ricos, duas guerras infundadas no Iraque e no Afeganistão e um enorme presente às grandes corporações farmacêuticas na forma de um programa de prescrição de drogas bancado pelo Estado transformaram aquilo que havia sido um superávit orçamentário sob [Bill] Clinton em um mar de números vermelhos. Isso permitiu que o Partido Republicano e os democratas conservadores depois cumprissem os desígnios do grande capital, levando ao máximo a externalização

---

* A Works Progress Administration (WPA) foi a maior agência estadunidense do New Deal. Instituída em 1935 por Roosevelt, foi responsável durante seus oito anos de atuação pela geração de cerca de 8,5 milhões de postos de emprego (em larga medida de baixa qualificação) em obras públicas de infraestrutura, entre outros projetos. Foi extinta em 1943, num cenário de baixo desemprego e escassez de mão de obra por conta da Segunda Guerra Mundial. (N. T.)

[28] Jonathan Weisman, "Reagan Policies Gave Green Light to Red Ink", *Washington Post*, 9 jun. 2004; William Greider, "The Education of David Stockman", *Atlantic Monthly*, dez. 1981.

de custos com que o capital nunca quer arcar: os da degradação ambiental e da reprodução social.

O ataque ao meio ambiente e ao bem-estar das pessoas é palpável e ocorre por motivos políticos e de classe, não por motivos econômicos. Ele provoca, como assinalou muito recentemente David Stockman, um estado de pura guerra de classes. Nas palavras de Warren Buffett, "é claro que há uma guerra de classes, e é a minha classe, a dos ricos, que a está travando, e nós estamos vencendo"[29]. A única questão é: quando as pessoas começarão a reagir, enquanto classe, a essa guerra de classes? E um dos pontos de partida para tanto seria focar as condições precárias da vida urbana, que estão rapidamente deteriorando por conta das execuções hipotecárias, da persistência de práticas predatórias nos mercados habitacionais urbanos, de cortes nos serviços públicos e, sobretudo, da falta de oportunidades viáveis de emprego nos mercados de trabalho urbanos por quase toda parte, com algumas cidades (sendo Detroit o caso mais triste) absolutamente desprovidas de perspectivas de emprego. A crise agora, mais que nunca, é urbana.

PRÁTICAS URBANAS PREDATÓRIAS

No *Manifesto Comunista*, Marx e Engels assinalam casualmente que tão logo recebe "salário em dinheiro, o operário torna-se presa de outros membros da burguesia: o senhorio, o varejista, o penhorista etc."[30]. Os marxistas tradicionalmente relegaram tais formas de exploração, e as lutas de classe (pois é disso que se trata) que inevitavelmente surgem em torno delas, ao segundo plano em suas teorizações e às margens de sua política. Aqui, quero, porém, defender que elas constituem, ao menos nas economias capitalistas avançadas, um vasto terreno de acumulação por despossessão por meio do qual dinheiro é sugado à circulação de capital fictício para sustentar as vastas fortunas geradas no interior do sistema financeiro.

As práticas predatórias onipresentes no terreno dos empréstimos *subprime* antes do *crash* tinham proporções lendárias. Estimou-se que, antes de a crise estourar, a população afro-americana de baixa renda dos Estados Unidos teria perdido algo entre 71 bilhões e 93 bilhões de dólares em ativos por práticas predatórias dos empréstimos *subprime*. Enquanto isso, os bônus em Wall Street estavam a todo

---

[29] David A. Stockman, "The Bipartisan March to Fiscal Madness", *The New York Times*, 23 abr. 2011; Warren E. Buffett, "In Class Warfare, Guess Which Class is Winning", entrevista a Ben Stein, *The New York Times*, 26 nov. 2006.

[30] Karl Marx e Friedrich Engels, *The Communist Manifesto* (Londres, Pluto, 2008), p. 4 [ed. bras.: *Manifesto Comunista*, trad. Álvaro Pina e Ivana Jinkings, São Paulo, Boitempo, 1998, p. 47].

vapor, à medida que se registravam taxas de lucro inéditas provenientes de puras manipulações financeiras, particularmente aquelas associadas à securitização de hipotecas. Disso se pode inferir que estavam ocorrendo, via canais ocultos, transferências massivas de riqueza dos pobres para os ricos, além daquelas até então documentadas nas práticas claramente questionáveis de empresas hipotecárias como a Countrywide, por meio de manipulações financeiras nos mercados de habitação[31].

O que aconteceu em seguida foi ainda mais espantoso. Revelou-se que muitas das execuções hipotecárias (mais de 1 milhão no ano passado) foram ilegais, quando não simplesmente fraudulentas, a ponto de levar um congressista da Flórida a escrever à Suprema Corte de Justiça de seu estado que, "se forem verdadeiros os relatos que estou recebendo, as execuções hipotecárias ilegais ocorridas representam a maior tomada de propriedade privada já empreendida por bancos e entidades governamentais"[32]. Procuradores-gerais dos cinquenta governos estaduais agora investigam o problema, mas (como de esperar) todos eles parecem ansiosos para dar um fim às investigações da forma mais sumária possível, ao preço de alguns acordos financeiros (mas sem restituição das propriedades ilegalmente tomadas). Certamente, é improvável que alguém vá preso por isso, mesmo que haja claras evidências de falsificação sistemática de documentos jurídicos.

Práticas predatórias desse tipo não são novidade. Permita-me, então, citar alguns exemplos ocorridos em Baltimore. Pouco depois de chegar à cidade, em 1969, envolvi-me em um estudo sobre a provisão de moradias na região central que se concentrava na responsabilidade de diferentes atores – proprietários fundiários, inquilinos e pessoas com casa própria, corretores e credores, a Federal Housing Administration [Agência Federal de Moradia], as autoridades municipais (em particular a Housing Code Enforcement [Inspeção Habitacional]) – na produção das terríveis condições de vida nessas regiões assoladas por levantes após o assassinato de Martin Luther King Jr. Os vestígios do *redlining** das áreas habitadas por populações afro-americanas de

---

[31] Barbara Ehrenreich e Dedrick Muhammad, "The Recession's Racial Divide", *The New York Times*, 12 set. 2009.

[32] Gretchen Morgenson e Joshua Rosner, *Reckless Endangerment: How Outsized Ambition, Greed and Corruption Led to Economic Armageddon* (Nova York, Times, 2011).

* O termo *redlining* designa o ato de negar ou discriminar sistematicamente serviços a clientes situados em determinadas regiões geográficas. Ele foi cunhado pelo sociólogo estadunidense John McKnight nos anos 1960 para se referir à prática, adotada por bancos ou corretoras de seguros, por exemplo, de traçar uma linha vermelha no mapa em torno de determinado bairro a fim de demarcar esse tratamento diferenciado. Na medida em que essas linhas demarcatórias costumam coincidir com recortes raciais e/ou de renda, a prática pode ser considerada uma forma de racismo institucional. Seu efeito a longo prazo é aprofundar, de maneira sorrateira, as desigualdades sociais e raciais. (N. T.)

baixa renda cujo acesso ao crédito era negado estavam entalhados no mapa da cidade, mas na época essas exclusões eram justificadas como respostas legítimas ao risco elevado de crédito, não, supostamente, como racismo. Em diversas áreas da cidade era possível verificar práticas ativas de *blockbusting**, que geravam lucros elevados para empresas imobiliárias inescrupulosas. Para que elas funcionassem, porém, a população afro-americana também precisava, de alguma forma, obter acesso a um financiamento hipotecário, uma vez que eram considerados em bloco como uma população de crédito de alto risco. Isso pôde ser feito por meio de um dispositivo chamado "Land Installment Contract" [Contrato de Financiamento Imobiliário]. Com efeito, os afro-americanos eram "auxiliados" por proprietários de imóveis que agiam como intermediários deles com os mercados de crédito e abriam o financiamento em nome deles. Passados alguns anos, quando parte do principal acrescido do lucro já havia sido pago, comprovando, assim, a credibilidade financeira da família, o título seria oficialmente repassado ao morador com a ajuda do proprietário amigável e da instituição hipotecária local. Algumas famílias conseguiam (embora geralmente em bairros com valor declinante), mas, se caíssem em mãos inescrupulosas (e havia muitas em Baltimore, embora aparentemente nem tantas em Chicago, onde esse sistema também era comum), essa poderia se tornar uma forma particularmente predatória de acumulação por despossessão[33]. Era permitido ao proprietário oficial cobrar taxas para cobrir impostos referentes ao imóvel, despesas legais e administrativas e afins. Essas taxas (por vezes exorbitantes) podiam ser acrescidas ao principal da hipoteca. Depois de anos de pagamento estável, muitas famílias se davam conta de que deviam mais sobre o principal da casa que no início. Se deixassem uma única vez de cobrir os pagamentos mais altos depois que as taxas de juro subissem, o contrato era rescindido e as famílias sofriam ordens de despejo. Tais práticas causaram certo escândalo. Iniciou-se uma ação de direitos civis contra os proprietários com infrações mais graves; tal ação, contudo, não foi para frente, pois aqueles que haviam assinado o Land Installment Contract simplesmente não tinham lido as letras miúdas ou não dispunham de advogados (os pobres raramente dispõem de advogados) que pudessem lê-las para eles (além do mais, as letras miúdas são sempre incompreensíveis para reles mortais – por acaso você já tentou ler as do contrato de seu cartão de crédito?).

Práticas predatórias desse tipo nunca deixaram de existir. Na década de 1980, o Land Installment Contract foi substituído por práticas de *flipping***. E, quando

---

* Ver nota na p. 41 deste volume. (N. E.)

[33] Lynne B. Sagalyn, "Mortgage Lending in Older Neighborhoods", *Annals of the American Academy of Political and Social Science*, n. 465, jan. 1983, p. 98-108.

** Compra de um imóvel com a única intenção de revendê-lo por um preço superior em um intervalo relativamente curto de tempo. A prática, de caráter especulativo, tornou-se muito comum na

o mercado dos *subprime* começou a se formar nos anos 1990, cidades como Baltimore, Cleveland, Detroit e Buffalo tornaram-se grandes centros de uma crescente onda de acumulação por despossessão (70 bilhões de dólares ou mais em todo o país). Baltimore eventualmente abriu um processo de direitos civis contra a Wells Fargo depois do *crash* de 2008 por causa de suas práticas discriminatórias de empréstimos *subprime* (*redlining* reverso em que pessoas eram induzidas a aceitar empréstimos *subprime* em vez de empréstimos convencionais) que levaram à exploração sistemática de famílias afro-americanas e lares com provedor único – geralmente uma mulher. É quase certo que o processo não dará em nada (embora na terceira iteração se tenha permitido que ele prossiga nos tribunais), visto ser praticamente impossível provar que houve intenção baseada em raça, não no risco de crédito. Como sempre, as letras miúdas incompreensíveis abrem brecha para muita coisa (cuidado, consumidores!). A cidade de Cleveland optou por uma estratégia mais nuançada: processar as empresas financeiras por terem criado danos públicos porque a paisagem ficou coberta de casas vazias que depois coube à prefeitura interditar!

O CASO DA CHINA

Na medida em que desta vez houve alguma saída da crise, é notável que o *boom* imobiliário e habitacional na China, junto com a enorme onda de investimentos infraestruturais financiados via dívida, assumiu um papel-chave não apenas no estímulo ao mercado interno (e no enxugamento do desemprego nas indústrias exportadoras), mas também no estímulo às economias estritamente vinculadas ao comércio chinês, como a Austrália e o Chile, com suas matérias-primas, e a Alemanha, com suas exportações automotivas e sua ferrovia de alta velocidade. (Nos Estados Unidos, por outro lado, a construção civil tem demorado a se recuperar, registrando uma taxa de desemprego no setor, como assinalei anteriormente, superior ao dobro da média nacional.) Investimentos urbanos costumam levar bastante tempo para ser produzidos e ainda mais tempo para maturar. É sempre difícil determinar, portanto, quando uma sobreacumulação de capital se converteu ou está prestes a se converter em uma sobreacumulação de investimentos no meio ambiente construído. É alta a probabilidade de se exceder, como muitas vezes ocorreu com as ferrovias no século XIX e como atesta a longa história de ciclos e depressões no setor da construção civil.

---

década de 1980 nos Estados Unidos, em um contexto de recessão marcado por um alto índice de execuções hipotecárias. (N. T.)

O caráter impetuoso da urbanização desenfreada e do *boom* de investimentos infraestruturais que está reconfigurando completamente a geografia do espaço nacional chinês repousa em parte na capacidade do governo central de intervir de forma arbitrária no sistema bancário caso algo dê errado. Uma recessão relativamente amena nos mercados imobiliários de cidades importantes como Xangai no fim da década de 1990 acabou deixando uma enorme variedade de "ativos não geradores de renda" ("tóxicos", como os chamamos) na mão dos bancos. Estimativas não oficiais chegaram a registrar que 40% dos empréstimos bancários eram não geradores de renda[34]. A resposta do governo central foi utilizar suas abundantes reservas cambiais para recapitalizar os bancos (uma versão chinesa do que mais tarde ficou conhecido como o controverso Troubled Asset Relief Program [Programa de alívio para ativos problemáticos] – TARP – nos Estados Unidos). Sabe-se que o Estado utilizou cerca de 45 bilhões de suas reservas internacionais com esse intento no fim dos anos 1990, mas é possível que tenha recorrido indiretamente a muito mais que isso. No entanto, à medida que as instituições da China evoluem de maneiras mais consistentes em relação aos mercados financeiros globais, torna-se mais difícil para o governo central controlar o que ocorre no setor financeiro.

As informações atualmente disponíveis a respeito da China têm uma perigosa semelhança com a situação do sudoeste estadunidense e da Flórida nos anos 2000 ou da Flórida na década de 1920. Desde a privatização geral da habitação na China em 1998, a construção de moradias despontou de maneira espetacular (e especulativa). Registra-se que os preços de casas subiram 140% em todo o país desde 2007, chegando à cifra de 800% em grandes cidades como Pequim e Xangai ao longo dos últimos cinco anos. Diz-se que, nesta segunda cidade, os valores de imóveis teriam dobrado ao longo do último ano apenas: o preço médio de um apartamento em Xangai agora está em torno de 500 mil dólares, e mesmo em cidades secundárias uma casa típica "custa cerca de 25 vezes a renda média dos residentes", o que é claramente insustentável. Uma das consequências disso, conforme declarações do próprio governo, é o surgimento de fortes pressões inflacionárias[35].

Uma parcela demasiada grande do crescimento do país continua atrelada aos gastos inflacionários com o desenvolvimento imobiliário e o investimento governamental em estradas, ferrovias e outros projetos multibilionários de infraestrutura. No primeiro trimestre de 2011, o investimento em ativos fixos – um indicador

---

[34] Keith Bradsher, "China Announces New Bailout of Big Banks", *The New York Times*, 7 jan. 2004.

[35] David Barboza, "Building Boom in China Stirs Fears of Debt Overload", *The New York Times*, 7 jul. 2011; Jamil Anderlini, "Fate of Real Estate is Global Concern", *Financial Times*, 1º jun. 2011; Robert Cookson, "China Bulls Reined in by Fears on Economy", *Financial Times*, 1º jun. 2011.

geral de atividade de construção – saltou 25% em relação ao mesmo período no ano anterior, e o investimento imobiliário despontou 37%.

Enormes aquisições fundiárias e desalojamentos de proporções lendárias em algumas das maiores cidades chinesas (em Pequim, ao longo dos últimos dez anos, cerca de 3 milhões de pessoas foram desalojadas) indicam uma economia ativa de despossessão despontando ao lado dessa enorme onda de urbanização em toda a China. As desapropriações e as remoções forçadas são provavelmente a causa mais importante e mais decisiva por trás da onda crescente de protestos populares, por vezes violentos. Por outro lado, as vendas de terras para incorporadoras têm se mostrado uma forma garantida e muito rentável de encher os cofres dos governos locais. Foi só no início de 2011 que o governo central exigiu a diminuição desse tipo de prática a fim de estancar aquilo que muitos analistas viram como descontrole do mercado imobiliário. O resultado, contudo, foi afundar muitas administrações municipais em situação de dificuldade fiscal.

Hoje é possível encontrar, no interior da China, cidades inteiramente novas quase desprovidas de habitantes ou atividades reais por enquanto – o que motivou uma curiosa campanha de publicidade na imprensa de negócios estadunidense para atrair investidores e empresas a essa nova fronteira urbana do capitalismo global[36]. E da mesma forma que ocorreu no pós-Segunda Guerra Mundial, com o *boom* de suburbanização nos Estados Unidos, quando incluídos todos os utensílios e apetrechos domésticos, fica claro que o *boom* chinês de urbanização desempenha um papel essencial, senão condutor, na recuperação do crescimento econômico global. "Segundo certas estimativas, a China consome até 50% de mercadorias globais e materiais como cimento, minério de ferro, aço e carvão, e o mercado imobiliário chinês é a principal fonte dessa demanda."[37] Uma vez que ao menos metade desse consumo de aço tem como destino o meio ambiente construído, pode-se dizer que um quarto da produção global de aço é hoje absorvida apenas nessa atividade. E não é só na China que podemos identificar um *boom* imobiliário desse tipo: todos os chamados Brics parecem seguir a mesma linha. Os preços de imóveis dobraram tanto em São Paulo quanto no Rio de Janeiro no ano passado, e na Índia e na Rússia é possível verificar condições semelhantes. Todos esses países, entretanto, experimentam altas taxas de crescimento agregado.

As tentativas do governo central chinês de controlar esse *boom* e conter as pressões inflacionárias, elevando gradualmente as exigências de reserva aos bancos, não foram muito bem-sucedidas. Há boatos de que surgiu um "sistema bancário

---

36 David Barboza, "A City Born of China's Boom, Still Unpeopled", *The New York Times*, 20 out. 2010.

37 Jamil Anderlini, "Fate of Real Estate is Global Concern", cit.

sombra" fortemente vinculado a investimentos fundiários e imobiliários. A aceleração na inflação vem provocando um crescente descontentamento social. Surgem relatos agora de ações trabalhistas movidas por taxistas e caminhoneiros (em Xangai), junto com repentinas greves gerais de chão de fábrica nas regiões industriais de Cantão em resposta aos baixos salários, às condições precárias de trabalho e às altas nos preços. Relatos de descontentamento social aumentaram drasticamente e foram propostos reajustes salariais, junto com medidas governamentais para confrontar a crescente onda de inquietação social e, quem sabe, estimular o mercado interno como substituto dos mercados de exportação estagnados e mais arriscados (o consumo chinês representa atualmente apenas 35% do PIB, em oposição aos 70% nos Estados Unidos).

Tudo isso precisa ser compreendido, entretanto, tendo como pano de fundo os passos concretos que o governo chinês tomou a fim de lidar com a crise de 2007--2009. O principal impacto da crise na China foi o repentino colapso dos mercados exportadores (particularmente o dos Estados Unidos) e uma queda de 20% nas exportações no início de 2008. Estimativas razoavelmente confiáveis cravam o número de perdas de postos de trabalho no setor exportador na ordem dos 20 milhões ao longo de um período muito curto em 2008. No entanto, o FMI pôde apresentar que a perda líquida de postos de trabalho na China no outono de 2009 era de apenas 3 milhões[38]. Parte da diferença entre a perda bruta e a perda líquida talvez se deva ao regresso de migrantes urbanos desempregados à sua base rural, mas o restante talvez se justifique pela implementação governamental de um enorme programa de cunho keynesiano de estímulo ao investimento urbano e infraestrutural. O governo central disponibilizou quase 600 bilhões de dólares, ao passo que os bancos centralmente controlados foram instruídos a conceder empréstimos extensivos para toda sorte de projetos locais de desenvolvimento (inclusive no setor imobiliário) como forma de absorver mão de obra excedente. Esse programa massivo foi projetado para conduzir o processo de recuperação econômica; se estiverem corretos os números do FMI, ele parece ter sido ao menos minimamente bem-sucedido no que diz respeito a seus objetivos imediatos.

A grande questão, naturalmente, é saber se esses gastos estatais entram na categoria de "produtivos" ou não. Caso positivo, são produtivos de quê e para quem? Não há dúvida de que o espaço nacional chinês poderia se beneficiar de uma integração espacial mais profunda e mais eficiente, e ao menos na superfície a vasta onda de investimentos infraestruturais e projetos de urbanização faria justamente isto: conectaria o interior do país às regiões costeiras mais ricas e ligaria o norte ao sul. No

---

[38] Fundo Monetário Internacional e Organização Internacional do Trabalho, *The Challenges of Growth, Employment and Social Cohesion* (Genebra, Organização Internacional do Trabalho, 2010).

nível metropolitano, os processos de crescimento e regeneração urbana também pareceriam conferir à urbanização uma série de técnicas modernistas, junto com uma diversificação das atividades (entre elas as obrigatórias instituições culturais e da indústria do conhecimento, tão características da urbanização neoliberal nos Estados Unidos e na Europa, exemplificadas pela espetacular Xangai Expo). A absorção de liquidez excedente e de capital sobreacumulado em um momento em que oportunidades lucrativas são, via de regra, difíceis de encontrar certamente sustentou a acumulação de capital – não apenas na China, como em boa parte do mundo.

Em alguns aspectos, o desenvolvimento da China reflete o dos Estados Unidos no pós-Segunda Guerra Mundial, onde o sistema interestadual de autoestradas integrou o sul e o oeste do país, e isso, junto com a suburbanização, desempenhou um papel crucial tanto na manutenção do emprego quanto na acumulação de capital. Todavia, esse paralelo é instrutivo também em outros sentidos. O desenvolvimento dos Estados Unidos pós-1945 não apenas esbanjou o uso de energia e terra, como gerou, como vimos, uma crise particular para as populações marginalizadas e excluídas – o que suscitou, em resposta, uma série de medidas políticas no fim da década de 1960. Tudo isso se dissipou depois do *crash* de 1973, quando o presidente Nixon declarou, em seu discurso anual sobre o Estado da União, que a crise urbana havia acabado e que o financiamento federal seria retirado. O efeito no nível municipal foi uma crise nos serviços urbanos, com a degeneração da educação e da saúde públicas e a queda na oferta de moradia a preços acessíveis a partir do fim dos anos 1970.

A estratégia de investimento na China corre o perigo de ter um desfecho similar. Um trem de alta velocidade entre Xangai e Pequim serve muito bem para empresários e para a classe média alta, mas está longe de configurar um sistema acessível de transporte para levar os trabalhadores de volta à zona rural para comemorar o Ano-Novo chinês. De modo semelhante, blocos de apartamentos em arranha-céus, condomínios fechados, campos de golfe para os ricos e shopping centers de luxo não são capazes de ajudar as massas desprivilegiadas a reconstituir sua vida diária de modo decente. A mesma questão surge na Índia, bem como nas inúmeras cidades por todo o mundo que registram alta concentração de populações marginalizadas, dos inquietos subúrbios de Paris aos movimentos sociais na Argentina, na África do Sul ou no norte da África. Aliás, a questão de como lidar com trabalhadores empobrecidos, inseguros e excluídos que agora constituem um bloco de poder majoritário e supostamente dominante em muitas cidades capitalistas tem potencial de se tornar (e em certos casos já se tornou) um grande problema político, de tal forma que o planejamento militar se encontra agora concentrado em lidar com movimentos urbanos insubordinados e potencialmente revolucionários.

No entanto, o caso chinês traz uma particularidade interessante a essa narrativa. Em certos sentidos, a trajetória do desenvolvimento desde a liberalização iniciada

342 / Os sentidos do mundo

em 1979 repousa em uma simples tese de que a descentralização é uma das melhores formas de exercer controle centralizado. Tratava-se, assim, de liberar governos regionais e municipais, e até mesmo as aldeias e outras pequenas divisões administrativas, para buscarem seu próprio aprimoramento no interior de um arcabouço de controle centralizado e coordenações de mercado. As soluções bem-sucedidas surgidas nas iniciativas locais tornavam-se, então, a base para a reformulação de políticas do governo central. Relatos provenientes da China sugerem que a transição de poder antecipada para 2012 se encontra diante de uma escolha intrigante. As atenções estão voltadas para a cidade de Chongqing, que há algum tempo vem se afastando de políticas baseadas no mercado e adotando um caminho de redistribuição encabeçada pelo Estado, acompanhada por "um arsenal de *slogans* maoistas". Nesse modelo, "tudo remete à questão da pobreza e da desigualdade", à medida que o governo municipal "reverteu os lucros comerciais das empresas estatais para projetos socialistas tradicionais, utilizando seus rendimentos para financiar a construção de habitações acessíveis e infraestrutura de transportes"[39]. A iniciativa habitacional envolve um imenso programa de construção de apartamentos baratos para um terço dos 30 milhões de residentes da região metropolitana, onde se espera que mais vinte cidades-satélites sejam erguidas, cada uma com uma população de 300 mil, das quais 50 mil pessoas viverão em moradias subsidiadas pelo Estado. O objetivo (que vai na contramão das orientações do Banco Mundial) é reduzir as crescentes desigualdades sociais surgidas ao longo das últimas duas décadas em toda a China. Trata-se de um antídoto aos projetos encabeçados por incorporadoras privadas de condomínios fechados para os ricos. Esse retorno a uma agenda socialista redistributiva, que se vale do setor privado para finalidades públicas, fornece agora um modelo para pautar o governo central. Ela resolve elegantemente o problema de absorção de capital excedente ao mesmo tempo que oferece uma forma tanto de continuar a urbanizar a população rural quanto de dissipar o descontentamento popular ao oferecer segurança habitacional aos menos privilegiados. Há ecos das políticas urbanas estadunidenses do pós-1945: manutenção do crescimento econômico aliado à cooptação das populações potencialmente inquietas. No entanto, a escala da aquisição de terras que esse programa implica já está deflagrando descontentamento social e resistência por parte das populações desalojadas.

Há modelos rivais baseados no mercado sendo trilhados em outros lugares, particularmente nas cidades da costa e do sul, como Shenzhen. Aqui, a ênfase é mais na liberalização política e em algo que soa um pouco como democracia urbana burguesa junto com um aprofundamento de iniciativas de livre mercado. Nesse

---

[39] Kathrin Hille e Jamil Anderlini, "China: Mao and the Next Generation", *Financial Times*, 2 jun. 2011.

caso, aceita-se a crescente desigualdade social como custo necessário do crescimento econômico sustentado e da competitividade. Para qual lado o governo central irá pender é algo impossível de se prever neste momento. O ponto-chave, contudo, é o papel das iniciativas urbanas em desbravar caminhos que levam a futuros diferentes. De que forma a esquerda em geral se identificaria – tanto na teoria quanto nas práticas políticas – com essa perspectiva?

RUMO À REVOLUÇÃO URBANA?

A cidade é um terreno no qual lutas anticapitalistas sempre floresceram. A história dessas lutas, da Comuna de Paris, passando pela Comuna de Xangai, a Greve Geral de Seattle, o Levante de Tucumán e a Primavera de Praga, aos movimentos de base urbana de 1968 (que hoje vemos ecoados no Cairo e em Madison) é fascinante. No entanto, trata-se de uma história também atormentada por complicações políticas e táticas que fizeram com que muitos da esquerda subestimassem e deixassem de compreender o potencial e a potência de movimentos de base urbana, muitas vezes enxergando-os como separados da luta de classes e, portanto, desprovidos de potencial revolucionário. E, quando tais eventos efetivamente assumem um *status* icônico, como no caso da Comuna de Paris, eles são tipicamente rotulados como "os maiores levantes proletários" da história mundial, ainda que seu sentido fosse tanto o de reivindicar o direito à cidade quanto o de revolucionar as relações de classe na esfera da produção.

A luta anticapitalista gira em torno da abolição daquela relação de classe entre capital e trabalho na esfera da produção que permite a produção e a apropriação de mais-valor pelo capital. O objetivo último da luta anticapitalista é, para dizer de forma simples, a abolição dessas relações de classe. Até mesmo (e particularmente) quando essa luta precisa ser vista, como invariavelmente acontece, através dos prismas da raça, da etnicidade, da sexualidade e do gênero, ela deve eventualmente chegar às próprias entranhas que caracterizam o sistema capitalista e arrancar o tumor cancerígeno das relações de classe que se encontra alojado em seu coração.

Seria uma caricatura com um fundo de verdade dizer que a esquerda marxista privilegiou por muito tempo os trabalhadores industriais do mundo como os agentes de vanguarda que devem conduzir a luta de classes por meio da ditadura do proletariado até um mundo em que o Estado e a classe definhem. É igualmente caricatura com fundo de verdade dizer que as coisas nunca funcionaram dessa maneira. Marx defendeu que a relação de dominação de classes precisava ser superada pelos trabalhadores associados controlando seus próprios processos e protocolos de produção. Disso deriva uma longa história de busca política por controle operário, autogestão, cooperativas de trabalhadores e afins[40]. Boa parte das tentativas desse tipo não se provou viável no longo prazo, apesar dos nobres esforços e sacrifícios que mantiveram a luta diante de hostilidades ferozes e repressões ativas. O principal motivo para o fracasso dessas iniciativas no longo prazo é relativamente simples de entender. Como Marx demonstra no segundo livro de *O capital*, a circulação de capital comporta três processos circulatórios distintos: o dos capitais monetários, o dos capitais produtivos e o dos capitais comerciais. Nenhum deles sobrevive por si só ou chega a existir sem os outros; eles se misturam e se codeterminam mutuamente. Pelo mesmo motivo, nenhum processo circulatório pode ser transformado por si só sem que os outros também sejam transformados. A despeito da retórica esperançosa da autonomia e da autogestão, é praticamente impossível que o controle dos trabalhadores em unidades de produção relativamente isoladas sobreviva diante de um sistema de crédito hostil e das práticas predatórias do capital comercial. O poder do capital comercial (o fenômeno Wal-Mart), particularmente, tem ressurgido em anos recentes (outra área de análise muito negligenciada pela teoria marxista).

Ao reconhecer essa dificuldade, boa parte da esquerda passou a entender que a luta pelo controle proletário do aparato estatal era o único caminho alternativo para o comunismo. O Estado seria o agente para controlar os três circuitos do capital e domar as instituições, os poderes e os agentes de classe que geriam os fluxos e perpetuavam a relação de classes na produção. O problema sempre foi, é claro, que a força vital do Estado provém de facilitar e manejar os próprios fluxos que o Estado deveria controlar. Isso vale tanto para o Estado socialista quanto para o Estado capitalista. A gestão centralizada e de cima para baixo só funciona mediante alguma liberação dos fluxos (coisa que os chineses se provaram peritos em realizar). Então, uma vez que os fluxos são liberados, instaura-se o caos, porque o gênio capitalista saiu da lâmpada. Quais são, então, as perspectivas políticas para encontrar um caminho intermediário entre a autogestão e o controle estatal centralizado quando nenhum dos dois sozinho funciona de maneira eficaz como antídoto ao poder do capital?

O problema do controle operário é que o foco da luta tem sido no chão de fábrica como lócus privilegiado de produção de mais-valor e no privilégio da classe trabalhadora industrial como vanguarda do proletariado e principal agente revolucionário. Contudo, não foram os operários fabris que produziram a Comuna de Paris. Tem-se, assim, uma visão dissidente daquele acontecimento segundo a qual ele não se tratou de um levante proletário, tampouco de um movimento com base em classe, mas de um movimento social urbano que reivindicava o direito à

---

[40] Immanuel Ness e Dario Azzellini (orgs.), *Ours to Master and to Own: Workers' Councils from the Commune to the Present* (Chicago, Haymarket, 2011).

cidade em vez de buscar um caminho revolucionário para a construção de uma alternativa anticapitalista[41].

E por que não poderiam ser ambos? A urbanização em si é algo produzido. Milhares de trabalhadores participam de sua produção, e o trabalho deles gera valor e mais-valor. Por que não reconceituar o lócus da produção de mais-valor como a cidade, não a fábrica? A Comuna de Paris pode ser reconceituada em termos daquele proletariado que produziu a cidade buscando reivindicar o direito de ter e controlar aquilo que produziu. Esse é (e, no caso da Comuna de Paris, foi) um tipo de proletariado muito diferente daquele que os marxistas tipicamente privilegiaram. A esta altura da história, contudo, o operariado fabril das partes do mundo caracterizadas como capitalismo avançado diminuiu radicalmente. Temos diante de nós, portanto, uma escolha: lamentar a perda da possibilidade de uma revolução ou mudar nossa concepção de proletariado de forma a acomodar as hordas de produtores não organizados da urbanização e explorar seus poderes e potenciais revolucionários.

Quem são, afinal, esses trabalhadores que produzem a cidade? Os construtores da cidade – os trabalhadores da construção civil, em particular – são os candidatos mais óbvios, apesar de não configurarem a única nem a maior força de trabalho envolvida. Como força política, nos últimos tempos os trabalhadores da construção civil têm apoiado com demasiada frequência, nos Estados Unidos (e possivelmente em outros países), o desenvolvimentismo de grande escala e com viés classista que garante o pagamento de seus salários. Eles não precisam necessariamente se posicionar dessa maneira. Os pedreiros e construtores desempenharam um papel importante na Comuna de Paris. O movimento "Green Ban" do sindicato dos construtores em Nova Gales do Sul, no início da década de 1970, se recusava a trabalhar em projetos considerados ambientalmente prejudiciais e teve êxito em boa parte de suas ações. Eles foram eventualmente derrotados por uma combinação entre poder estatal coordenado e sua própria liderança maoista nacional, que considerava as questões ambientais uma manifestação piegas de sentimentalidade burguesa[42].

No entanto, há uma conexão direta entre aqueles que extraem o minério de ferro usado na composição do aço, que por sua vez é usado na construção das

---

[41] Manuel Castells, *The City and the Grassroots* (Berkeley, University of California Press, 1983); Roger V. Gould, *Insurgent Identities: Class Community and Protest in Paris from 1848 to the Commune* (Chicago, University of Chicago Press, 1995); David Harvey, *Paris, Capital of Modernity* (Nova York, Routledge, 2006) [ed. bras.: *Paris, capital da modernidade*, trad. Magda Lopes e Artur Renzo, São Paulo, Boitempo, 2015].

[42] John Tully, "Green Bans and the BLF: The Labour Movement and Urban Ecology", *International Viewpoint Online*, n. 357, internationalviewpoint.org., 2004.

pontes através das quais os caminhões que transportam mercadorias se deslocam a seus destinos finais, sejam fábricas, sejam lares, para consumo. Todas essas atividades (incluindo o deslocamento espacial) são, segundo Marx, atividades produtoras de valor e de mais-valor. E se, ainda segundo Marx, a manutenção, os reparos e as reposições (frequentemente difíceis de se distinguir na prática) fazem parte do fluxo produtor de valor, então o vasto exército de trabalhadores envolvidos nessas atividades em nossas cidades também contribui para os investimentos produtores de valor e mais-valor em infraestruturas físicas que fazem dessas cidades o que elas são. Se o fluxo de mercadorias da origem ao destino final é produtor de valor, então também o são os trabalhadores empregados na cadeia que liga os produtores rurais aos consumidores urbanos. Organizados, esses trabalhadores teriam o poder de estrangular o metabolismo da cidade. Greves de trabalhadores do setor de transportes (o caso da França nas últimas duas décadas e agora mais recentemente o de Xangai) são armas políticas extremamente eficazes (utilizadas negativamente no Chile no ano do golpe, 1973). Outros exemplos são o Bus Riders Union* em Los Angeles e as organizações de taxistas em Nova York e Los Angeles[43].

Consideremos os fluxos não apenas de alimentos e de outros bens de consumo, mas também de energia, água e outros itens essenciais, assim como suas vulnerabilidades frente a eventuais distúrbios. A produção e a reprodução da vida urbana, embora parte dela possa ser "descartada" (termo infeliz) como "improdutiva" conforme o cânone marxista, não deixam de ser socialmente necessárias ao integrar os "*faux frais*" da reprodução das relações de classe entre capital e trabalho**. Boa parte desse trabalho sempre foi temporária, insegura, itinerante e precária. Novas formas de organização são absolutamente essenciais para essa força de trabalho que produz e sustenta a cidade. O recente Excluded Workers Congress [Congresso dos Trabalhadores Excluídos] nos Estados Unidos é um exemplo das mobilizações que

---

* O Bus Riders Union, Sindicato dos Passageiros de Ônibus, é um movimento social de luta por direitos civis. Fundado em 1994 com o lema "mais mil ônibus, menos mil policiais", sua bandeira oficial é "promover um transporte público ambientalmente sustentável para toda a população de Los Angeles, com o pressuposto de que o transporte de massa financeiramente acessível, eficiente e ambientalmente saudável constitui um direito humano". (N. T.)

[43] Jacqueline Leavitt e Gary Blasi, "The Los Angeles Taxi Workers Alliance", em Ruth Milkman, Joshua Bloom e Victor Narro (orgs.), *Working for Justice: The LA Model of Organising and Advocacy* (Ithaca, ILR Press, 2010).

** Marx chama de "*faux frais*" [gastos fortuitos] os custos necessários, porém improdutivos, ao longo do ciclo do capital. Essas deduções necessárias do mais-valor gerado na produção incluem, por exemplo, gastos com armazenamento, contabilidade e serviços bancários, jurídicos, financeiros etc. O termo também aparece nos economistas políticos clássicos, como Adam Smith. Marx diferencia os "*faux frais*" do dispêndio de força de trabalho para deslocar mercadorias, dinheiro e informação de um lugar a outro – esse, sim, produtor de valor, para Marx. (N. T.)

estão surgindo – uma aliança entre trabalhadores marcados por condições tempo-rárias e inseguras de emprego e que frequentemente se encontram espalhados pelo sistema urbano, como as trabalhadoras domésticas[44].

É também à luz dessas questões que fica clara a necessidade de se reescrever a his-tória da política das lutas trabalhistas convencionais. Quando examinadas de perto, muitas das lutas que parecem ter seu foco unicamente no trabalhador de chão de fábrica acabam revelando vínculos com uma base muito mais ampla. Margaret Kohn se queixa, por exemplo, de como os historiadores esquerdistas do traba-lho exaltam os Conselhos de Fábrica de Turim no início do século XX ao mesmo tempo que ignoram o fato de que foi nas "casas do povo" da comunidade que se desenhou boa parte da política e delas veio boa parte do apoio logístico[45]. E. P. Thompson descreve como a formação da classe operária inglesa dependeu tanto do que ocorria nas capelas e nos bairros quanto do que acontecia no local de trabalho. Quão bem-sucedida teria sido a greve sentada de Flint em 1937 não fosse a massa de pessoas desempregadas e de organizações de bairro do lado de fora dos portões da fábrica que forneciam apoio moral e material*? E não é interessante que, nas greves dos mineradores ingleses das décadas de 1970 e 1980, os trabalhadores que viviam em regiões de urbanização difusa como Nottingham foram os primeiros a ceder, ao passo que as comunidades mais fortemente coesas de Northumbria per-maneceram solidárias até o fim? Quando se fala de levar a cabo lutas trabalhistas, organizar a comunidade se mostra tão importante quanto organizar o local de trabalho. E à medida que os locais convencionais de trabalho estão desaparecendo em muitas partes do assim chamado mundo capitalista avançado (embora não, obviamente, na China ou em Bangladesh), a organização do trabalho em torno da comunidade parece ganhar ainda mais importância.

---

[44] Excluded Workers Congress, *Unity for Dignity: Excluded Workers Report*, Nova York, dez. 2010.

[45] Margaret Kohn, *Radical Space: Building the House of the People* (Ithaca, Cornell University Press, 2003).

* Iniciada em 30 de dezembro de 1936 e concluída no dia 11 de fevereiro do ano seguinte, a grande greve sentada dos trabalhadores da General Motors em Flint (Michigan) foi um marco na organi-zação sindical estadunidense na forma do United Automobile Workers (UAW). Diferentemente do que ocorre em uma mobilização mais tradicional de piquete, em que os grevistas abandonam seus postos de trabalho e procuram impedir a entrada de outros trabalhadores na fábrica, na tática da "greve sentada" os trabalhadores efetivamente ocupam as dependências, sentando em cima das máquinas de modo a impedir diretamente o funcionamento da linha de produção. Mais eficaz na prevenção de fura-greves e de eventuais tentativas de deslocamento da maquinaria para outro local, essa modalidade mais ousada de greve também exige um grau maior de ajuda externa, tanto material (reposição de alimentos e mantimentos etc.) quanto moral (na medida em que os parti-cipantes ficam sujeitos a maior violência por parte do Estado). (N. T.)

Em todos esses casos, à medida que mudamos a lente através da qual vemos o meio social em que ocorrem as lutas, muda o sentido de quem o proletariado poderia ser e de quais seriam suas aspirações. A composição de gênero da política de contestação muda muito de cara a partir do momento que integramos de maneira decisiva no quadro analítico as relações externas ao chão de fábrica. As dinâmicas sociais do local de trabalho não são homólogas àquelas do espaço da vivência. Neste último espaço, as distinções baseadas em gênero, raça, etnia e religião são muitas vezes mais profundamente gravadas no tecido social, ao passo que questões de reprodução social desempenham um papel de maior proeminência, até mesmo dominante, na moldagem das subjetividades e da consciência políticas. Vista dessa perspectiva, a dinâmica das lutas de classes, bem como a natureza das demandas políticas, se mostra muito diferente. Quando olhamos para trás e reavaliamos, porém, vemos que elas sempre foram bem diferentes de como o imaginário marxista tendenciosamente as retratava.

Fletcher e Gapasin[46] defendem, assim, que o movimento trabalhista deveria prestar mais atenção às formas geográficas de organização, não somente às setoriais, e que, além de organizar setorialmente o movimento, deveria empoderar os conselhos operários centrais nas cidades.

> Na medida em que o trabalho diz respeito a questões de classe, ele não deveria se ver como separado da comunidade. O termo trabalho deveria denotar formas de organização com raízes na classe trabalhadora e com agendas que avançam explicitamente as demandas de classe da classe trabalhadora. Nesse sentido, uma organização ancorada na comunidade e enraizada na classe trabalhadora (como um centro dos trabalhadores) que aborda questões específicas de classe é uma organização trabalhista da mesma forma que o é um sindicato. Podemos ainda dizer que, no limite, um sindicato que aborda os interesses de apenas uma seção da classe trabalhadora (tal como um sindicato de artesanato supremacista branco) merece menos a alcunha de organização trabalhista que uma organização de base comunitária que auxilia os desempregados ou os sem-teto.[47]

Eles propõem, portanto, uma nova abordagem para a organização trabalhista que

essencialmente questione as atuais práticas sindicais de formação de alianças e tomada de ações políticas. De fato, ela parte da seguinte premissa central: se a luta de classes

---

[46] Bill Fletcher e Fernando Gapasin, *Solidarity Divided: The Crisis in Organised Labor and a New Path Toward Social Justice* (Berkeley, University of California Press, 2008).

[47] Ibidem, p. 174.

não se restringe ao local de trabalho, tampouco o deveriam os sindicatos. A conclusão estratégica é que os sindicatos precisam pensar em termos de organizar cidades em vez de simplesmente organizar locais de trabalho (ou indústrias). E só é possível organizar cidades se os sindicatos trabalharem com aliados em blocos sociais metropolitanos.

"Como, então", os autores tornam a perguntar, "se organiza politicamente uma cidade?". Essa me parece ser uma das questões-chave que a esquerda terá de responder para que a luta anticapitalista seja revitalizada nos anos vindouros. E a verdade é que essas lutas têm uma história singular. As lições de uma experiência como a da "Bolonha Vermelha"* na década de 1970 configuram um caso exemplar[48]. E é uma daquelas curiosas ironias da história que o Partido Comunista Francês tenha se distinguido muito mais na gestão municipal (em parte porque não estava preso a nenhuma teoria dogmática ou conjunto de instruções vindas de Moscou para guiá-lo) que em outras áreas da vida política desde a década de 1960 até hoje. As lutas travadas pelas administrações municipais na Inglaterra contra o thatcherismo no início dos anos 1980 não eram meramente ações de retaguarda, mas, como no caso do Conselho da Grande Londres, configuravam frentes potencialmente inovadoras – até que Margaret Thatcher aboliu essa camada inteira de governança. Até mesmo nos Estados Unidos, a cidade de Milwaukee por muitos anos contou com uma administração socialista, e vale lembrar que o único socialista já eleito para o Senado estadunidense começou sua carreira e ganhou a confiança do povo como prefeito de Burlington, em Vermont.

Se os produtores parisienses da Comuna reivindicavam o direito à cidade que haviam produzido, então em que sentido poderíamos pensar em uma palavra de ordem como "o direito à cidade" como um "grito e uma demanda" (nas palavras de Lefebvre) em torno dos quais as forças políticas se mobilizariam como um *slogan*-chave para a luta anticapitalista? O *slogan* é, naturalmente, um significante vazio repleto de possibilidades imanentes, mas não transcendentes – isso não significa que ele seja irrelevante nem politicamente impotente. Tudo depende de quem

---

* "Bolonha Vermelha" foi o apelido dado pelos jornalistas sueco-alemães Max Jäggi, Roger Müller e Sil Schmid à experiência de governo socialista na cidade de Bolonha, em seu livro homônimo publicado em 1976. Dividido em nove capítulos autorais seguidos de uma longa entrevista com o prefeito Renato Zangheri (PCI), o estudo inventaria diferentes aspectos dessa experiência de governo local que chegou a ser reconhecida como modelo de gestão municipal eficiente inclusive por setores não identificados com a esquerda: desde o planejamento urbano, com a implementação do passe livre, as políticas de habitação, preservação do centro histórico e ampliação do espaço público, passando pelas abordagens inovadoras nas áreas da educação e saúde públicas, até as estruturas democráticas de organização sindical e participação cidadã. (N. T.)

[48] Max Jäggi, Roger Müller e Sil Schmid, *Red Bologna* (Londres, Writers & Readers, 1977).

for capaz de preencher esse significante com um significado imanente revolucioná-rio, em vez de reformista. Isso está fadado a ser objeto de disputa – e aí, como disse Marx, "entre direitos iguais, quem decide é a força"[49].

É de fato muitas vezes difícil distinguir entre iniciativas reformistas e revolucio-nárias em contextos urbanos. O orçamento participativo em Porto Alegre, progra-mas ecologicamente sensíveis em Curitiba ou campanhas de salário mínimo básico em muitas cidades estadunidenses parecem, na superfície, ser meramente reformis-tas (e ainda um tanto marginais). A iniciativa Chongqing pode, apesar da retórica maoista, se assemelhar mais a uma social-democracia redistributiva nórdica que a um movimento revolucionário. Ainda assim, à medida que a influência dessas ini-ciativas se dissemina, elas revelam outras camadas mais profundas de possibilidades para concepções e ações mais radicais na escala metropolitana. A disseminação cada vez maior (de Zagreb a Hamburgo, passando por Los Angeles) de uma retórica so-bre o direito à cidade, por exemplo, parece sugerir que algo mais revolucionário po-de estar em jogo[50]. A medida dessa possibilidade aparece nas tentativas desesperadas por parte dos poderes políticos existentes (por exemplo, as ONGs e as instituições internacionais, como o Banco Mundial, reunidas no Fórum Urbano Mundial do Rio em 2010) de cooptar aquela linguagem para seus próprios objetivos.

Não adianta reclamar da tentativa de cooptação. A esquerda deveria tomá-la co-mo elogio e batalhar por nosso significado imanente particular, que é simplesmente que todos aqueles cujos trabalhos estão engajados na produção e na reprodução da cidade têm um direito coletivo não apenas àquilo que produzem, mas também a decidir sobre o que será produzido, onde e como. É preciso construir veículos de-mocráticos (diferentes da democracia do poder do dinheiro vigente) a fim de decidir como revitalizar a vida urbana para além das relações dominantes de classe e mais conforme os "nossos" desejos (os dos produtores da urbanização e do urbanismo).

Uma objeção que de imediato surge é a seguinte: por que se concentrar na cidade quando há diversos movimentos ativos rurais, campesinos e indígenas que também podem reivindicar seus próprios direitos particulares? Há, é claro, uma verdade evidente nessas objeções. A urbanização produziu um mosaico altamente diferenciado de comunidades e espaços interativos difíceis de reunir em torno de qualquer projeto político coerente. De fato, há bastante rivalidade e conflito en-tre os espaços que constituem a cidade. Suspeito que tenha sido por esse motivo que Lefebvre mudou seu foco da revolução urbana para o terreno mais amplo da

---

[49] Henri Lefebvre, *Writings on Cities* (Oxford, Basil Blackwell, 1996); Karl Marx, *Capital*, v. 1, cit. [*O capital*, Livro I, cit., p. 309].

[50] Ana Sugranyes e Charlotte Mathivet (orgs.), *Cities for All: Proposals and Experiences towards the Right to the City* (Santiago, Habitat International Coalition, 2010).

produção do espaço ou, como eu o formularia, à produção do desenvolvimento geográfico desigual como foco da análise teórica e da luta política.

Na imaginação limitada de acadêmicos que levam tudo ao pé da letra, tais objeções por vezes produzem a conclusão de que a cidade desapareceu e que a busca pelo direito à cidade seria, portanto, a busca de uma quimera. Mas as lutas políticas são animadas tanto por visões quanto por questões práticas. E o termo "cidade" conta com uma história icônica e simbólica que está profundamente enraizada na busca por significados políticos. A Cidade de Deus, a cidade edificada sobre um monte, a cidade como um objeto de desejo utópico, a relação entre cidade e cidadania, de um lugar insular de pertencimento no interior de uma ordem espaço-temporal em perpétua transformação, tudo isso confere à cidade um sentido político que mobiliza um imaginário político que se perde em um *slogan* como "o direito de produzir espaço" ou "o direito ao desenvolvimento geográfico desigual"!

O direito à cidade não é um direito exclusivo, mas um direito focado. Ele inclui não apenas trabalhadores do setor da construção civil, como todos aqueles que facilitam a reprodução da vida cotidiana: os cuidadores e os professores, os responsáveis pelos sistemas de esgoto e de metrô, os encanadores e os eletricistas, os trabalhadores da saúde, os caminhoneiros, os taxistas e os motoristas de ônibus, os cozinheiros e os garçons, os artistas, os bancários e os servidores municipais. Ele busca uma unidade interna de uma incrível diversidade de espaços sociais fragmentados. E há muitas formas disponíveis de organização – de centros de trabalhadores e assembleias regionais de trabalhadores (como as de Toronto) a alianças (tais como a Right to the City Alliance [Aliança pelo Direito à Cidade] e o Excluded Workers Congress e outras formas de organização do trabalho precarizado) que têm esse objetivo em seu radar político. Essa é a força proletária que precisa ser organizada para que o mundo seja transformado. Esse é o como e o onde precisamos começar se quisermos organizar a cidade inteira. Os produtores urbanos precisam se erguer e reivindicar o direito deles à cidade que produzem coletivamente. A transformação da vida urbana e, sobretudo, a abolição das relações de classe na produção da urbanização terão de ser, senão *o* caminho, um dos caminhos para uma transição anticapitalista. É isso que a esquerda precisa imaginar como parte do núcleo de sua estratégia política nos anos vindouros.

COMENTÁRIO

Em janeiro de 2006, embarquei em um trem de alta velocidade que ia de Córdoba a Madri, na Espanha. No caminho passamos por um lugar chamado Ciudad Real e eu me lembro de pensar, à medida que percorríamos as margens da cidade, que nunca havia visto tantos guindastes de construção em um mesmo lugar e tempo. Estava em curso ali um *boom* especulativo de construção que quase certamente terminaria mal. E não era apenas moradia que estava sendo construída. Naquela época, praticamente todas as cidades espanholas tinham algum projeto extravagante de infraestrutura pública, e boa parte deles fazia pouco sentido em termos econômicos. Ciudad Real possui um aeroporto novo que custou cerca de 1 bilhão de euros (isso em uma parte do país que tem muito pouco para atrair indústrias ou turistas). Em julho de 2015, o aeroporto vazio foi leiloado; o lance mais alto foi de 10 mil euros. Na China há cidades inteiramente novas que se encontram vazias. Em outros lugares, os mercados imobiliários que sofreram um *crash* em 2007-2008 exibem sinais de que está se formando mais uma bolha de ativos, particularmente nos grandes mercados metropolitanos, com explosões nos preços imobiliários e fundiários em Londres, Nova York, Xangai e Istambul, para citar apenas cidades que visitei.

O colapso do Lehman Brothers em 15 de setembro de 2008 é geralmente tido como o momento-chave na recente crise econômica pela qual passamos. Desde então, muito se escreveu sobre quem disse o que a quem no FED e em Wall Street, sobre as particularidades do sistema bancário sombra, as complexidades dos novos produtos financeiros e como o congelamento dos mercados de crédito e o colapso da demanda consumidora acarretaram o crescimento do desemprego, produzindo efeitos contagiosos (embora de magnitude diferente, dependendo do grau e da forma de exposição) para um capitalismo global cada vez mais integrado. No entanto, por um motivo ou por outro, pouquíssima atenção foi dada ao porquê de isso tudo ter começado nos mercados imobiliários de certas regiões dos Estados Unidos, com ecos em países como Espanha, Irlanda, Letônia e Hungria.

Os mercados imobiliários e os investimentos no meio ambiente construído representam grande parte da economia contemporânea, e o endividamento envolvido forma uma ameaça nada trivial à estabilidade do capitalismo global. Os investimentos da China no meio ambiente construído foram, como assinalo neste ensaio, o grande fator estabilizador do capitalismo global desde 2008. A recente desaceleração da urbanização na China teve consequências negativas para os países produtores de matérias-primas (como Austrália, Canadá, Chile e Brasil), que agora se veem diante de situações recessivas ou à beira de recessões. Que tipo de urbanização os chineses propõem agora? Eles planejam construir uma matriz urbana contínua ao longo de uma região do tamanho do Kansas (com Pequim no centro) para acomodar cerca de 130 milhões de pessoas conectadas por sistemas de alta velocidade de transportes e comunicações. Istambul conta com uma versão em menor escala disso que já está em curso, mas que atualmente enfrenta desafios de financiamento. Os riscos que projetos como esses têm de gerar colapsos especulativos e/ou desastres ambientais são consideráveis. Desde agosto de 2015, paira a ameaça de uma grande crise global. Além disso, a pura e simples fisicalidade desses investimentos é por si só problemática. Ainda assim, a maior parte dos analistas parece não se dar conta do que está em jogo.

Dedicou-se muita atenção aos impactos que o colapso do mercado imobiliário e sua subsequente recuperação irregular tiveram na economia e na riqueza. Temos diversos mapas de execuções imobiliárias, e eles revelam uma perda desproporcional de valores de ativos entre populações vulneráveis e marginalizadas (negros, imigrantes hispânicos e domicílios com um único provedor, geralmente mulheres, nos Estados Unidos). Também sabemos que boa parte da riqueza do 1% está armazenada em imóveis e que o capital parece muito mais interessado em construir casas para que os ricos (e instituições como fundos de cobertura) invistam nelas do que cidades com moradias a preços acessíveis para abrigar a massa da população. Sabemos ainda que há muitos sinais de um crescente descontentamento com as condições da vida urbana cotidiana, eclodindo em revoltas e levantes urbanos em muitas partes do mundo (como os do Parque Taksim Gezi, em Istambul, e aqueles em diversas cidades brasileiras em junho de 2013). As pautas e as questões da vida cotidiana nas cidades cada vez mais alimentam o ativismo político.

Escrevi este ensaio sobre as raízes urbanas das crises e o livro subsequente *Cidades rebeldes: do direito à cidade à revolução urbana** para chamar atenção para essas características do mundo contemporâneo. Até mesmo um conhecimento mais básico das ferramentas analíticas elaboradas por Marx para estudar a acumulação e a circulação do capital indica onde poderiam residir tanto os pontos fracos e as vulnerabilidades quanto as soluções temporárias a essa questão (como deslocar a crise). Por fim, busquei ser fiel ao *insight* fundamental de Marx de que uma crise do capital do tipo que vivenciamos em 2007-2009 (e que em muitos casos ainda está ocorrendo) não é nada mais nada menos que uma "fusão violenta de fatores desconexos operando independentemente uns dos outros, ainda que correlatos"**. Há muitas correlações ausentes nas narrativas gerais da crise que supostamente começou em 2008; uma delas implica um olhar mais detido sobre a circulação e a acumulação de capital no circuito secundário. Precisamos descobri-las e combiná-las de forma que sejam facilmente compreendidas.

---

* David Harvey, *Cidades rebeldes: do direito à cidade à revolução urbana* (trad. Jeferson Camargo, São Paulo, Martins Fontes, 2014). (N. E.)
** Karl Marx, *Theories of Surplus Value*, parte 3, p. 120. (N. E.)

11. O CAPITAL EVOLUI[*]

As forças desencadeadas com o advento do capitalismo remodelaram muitas vezes o mundo desde 1750. Se sobrevoássemos a região central da Inglaterra em 1820, veríamos algumas cidades industrializadas compactas (com pequenas chaminés expelindo fumaça nociva) separadas por grandes áreas de atividade agrícola, nas quais as formas tradicionais de vida da zona rural foram preservadas em aldeias e fazendas – ainda que os proprietários de terra comentassem com lirismo as novas práticas agrícolas que sustentavam o aumento da produtividade da agricultura (e garantiam rendas crescentes). Centros industriais compactos com nomes como Manchester e Birmingham eram ligados uns aos outros e às principais cidades comerciais portuárias, Liverpool e Bristol, bem como à abundante capital Londres, por estradas de terra e canais estreitos. Barcaças cheias de carvão e matérias-primas eram laboriosamente rebocadas ao longo dos canais por cavalos cansados ou, como registrou Marx em *O capital*, por mulheres à beira da fome. A locomoção era lenta.

Se sobrevoássemos o delta do rio Pérola em 1980, veríamos vilas e cidades minúsculas, com nomes como Shenzhen e Dongguan, aninhadas em uma paisagem agrária amplamente autossuficiente de arroz, legumes, produção pecuária e piscicultura e socializadas em municípios governados com firmeza por funcionários locais do partido, que armazenavam suprimentos numa "tigela de ferro de arroz" contra a ameaça da fome. Se sobrevoássemos essas duas áreas em 2008, as paisagens de extensa urbanização seriam totalmente irreconhecíveis, assim como as formas de

---

[*] Este texto foi publicado pelo autor no livro *The Enigma of Capital: and the Crises of Capitalism* (Londres, Profile, 2010); esta versão foi editada de *O enigma do capital* (trad. João Alexandre Peschanski, São Paulo, Boitempo, 2011). (N. E.)

produção e transporte, as relações sociais, as tecnologias, as formas da vida cotidiana e as formas de consumo.

Se, como Marx certa vez afirmou, nossa tarefa não é apenas compreender o mundo, mas o transformar, então devemos admitir que o capitalismo tem feito um bom trabalho em seguir seu conselho. A maioria dessas mudanças drásticas aconteceu sem que ninguém se incomodasse em descobrir, primeiro, como o mundo funcionava e, segundo, quais seriam as consequências dessas mudanças. Repetidamente, o imprevisto e o inesperado aconteceram, deixando para trás a tarefa intelectual e prática de tentar consertar as consequências desastradas do que já tinha sido inadvertidamente forjado.

A saga do capitalismo é cheia de paradoxos, por mais que a maioria das teorias sociais – a teoria econômica em particular – não os leve de modo algum em consideração. Do lado negativo, temos não só as crises econômicas periódicas e muitas vezes localizadas que pontuam a evolução do capitalismo, como as guerras mundiais intercapitalistas e interimperialistas, a degradação ambiental, a perda da biodiversidade, a espiral da pobreza entre as populações em crescimento, o neocolonialismo, as graves questões da saúde pública, a abundância de alienações e exclusões sociais e as angústias da insegurança, da violência e dos desejos não realizados. Do lado positivo, alguns de nós vivemos em um mundo de elevados padrões de vida material e de bem-estar, onde as viagens e as comunicações foram revolucionadas e as barreiras espaciais físicas (embora não sociais) das interações humanas foram reduzidas, onde os conhecimentos médicos e biomédicos prolongam a vida de alguns, onde cidades enormes e espetaculares, que seguem se multiplicando, foram construídas, onde o conhecimento prolifera, a esperança é eterna e tudo parece possível (da autoclonagem à viagem espacial).

Esse é, inegavelmente, o mundo contraditório em que vivemos e que continua a evoluir em um ritmo acelerado de modo imprevisível e aparentemente incontrolável. Os princípios que sustentam essa evolução, no entanto, continuam obscuros, em parte porque nós, seres humanos, construímos essa história mais com base em caprichos coletivos – e às vezes individuais – que em princípios evolutivos dominantes do tipo dos que Darwin descobriu no campo da evolução natural. Se quisermos mudar o mundo coletivamente em uma configuração mais racional e humana por meio de intervenções conscientes, temos primeiro de compreender (muito melhor do que compreendemos hoje) o que estamos fazendo com o mundo e quais são as consequências disso.

A geografia histórica do capitalismo não pode ser reduzida, evidentemente, a questões de acumulação do capital. Ao mesmo tempo, deve-se dizer que a acumulação do capital, junto com o crescimento da população, está no cerne da dinâmica evolutiva humana desde mais ou menos 1750. Entender como exatamente isso se deu é fundamental para desvendar o enigma do capital. Quais princípios evolutivos devemos levar em consideração aqui, aos quais podemos recorrer em busca de iluminação?

Considere, em primeiro lugar, o desenvolvimento capitalista ao longo do tempo, deixando de lado por enquanto a questão de sua organização espacial evolutiva, sua dinâmica geográfica e seus impactos e constrangimentos ambientais. Imagine, então, uma situação em que o capital se movimenta em busca de lucro por meio de "esferas de atividade" (como vou chamá-las) diferentes, mas inter-relacionadas. Uma "esfera da atividade" crucial diz respeito à produção de novas formas tecnológicas e organizacionais. Alterações nessa esfera têm efeitos profundos nas relações sociais, bem como na relação com a natureza. E sabemos também que ambas as relações estão mudando de maneiras não determinadas pelas tecnologias e pelas formas organizacionais. Além disso, há situações em que a escassez da oferta de trabalho ou de recursos naturais exerce fortes pressões para que sejam encontradas novas tecnologias e formas organizacionais. Em nossos dias, por exemplo, chovem comentários nos meios de comunicação dos Estados Unidos sobre a necessidade de novas tecnologias para libertar o país de sua dependência do petróleo estrangeiro e combater o aquecimento global. A administração Obama promete iniciativas com esse fim e já está conclamando a indústria automobilística à produção de carros elétricos ou híbridos (infelizmente, os chineses e os japoneses chegaram lá primeiro).

Os sistemas de produção e os processos de trabalho estão também profundamente implicados no modo como a vida diária é reproduzida pelo consumo. Nenhum deles é independente das relações sociais dominantes, da relação com a natureza e das tecnologias e formas de organização devidamente constituídas. O que nós chamamos "natureza", contudo, por mais que seja de fato afetado pela acumulação do capital (a destruição de hábitats e espécies; o aquecimento global; os novos compostos químicos poluentes; e as estruturas do solo e das florestas cuja produtividade tem sido potencializada por uma gestão sofisticada), certamente não foi determinado pela acumulação do capital. Os processos evolutivos do planeta Terra ocorrem independentemente, o tempo todo. O surgimento de um novo patógeno, por exemplo – como o HIV/aids –, teve imenso impacto sobre a sociedade capitalista (e suscita respostas tecnológicas, organizacionais e sociais incorporadas à circulação do capital). Houve profundos efeitos na reprodução da vida cotidiana, nas relações e nas atividades sexuais e nas práticas reprodutivas, mas eles foram mediados por tecnologias médicas, respostas institucionais e crenças sociais e culturais.

Todas essas "esferas de atividade" estão incorporadas a um conjunto de arranjos institucionais (como os direitos de propriedade privada e os contratos de mercado) e estruturas administrativas (o Estado e outros arranjos locais e multinacionais). Essas instituições também evoluem por conta própria, até mesmo quando são forçadas a se adaptar a condições de crise (como acontece agora) e a mudanças nas relações sociais. As pessoas agem, além disso, de acordo com suas expectativas, suas crenças e sua compreensão do mundo. Os sistemas sociais dependem da confiança em especialistas, do conhecimento e da informação adequados daqueles que tomam decisões e da aceitação razoável dos arranjos sociais (hierárquicos ou igualitários), bem como da construção de padrões éticos e morais (*vis-à-vis*, por exemplo, nossas relações com os animais e nossas responsabilidades em relação ao mundo que chamamos de natureza e àqueles que não são como nós). As normas culturais e os sistemas de crenças (ou seja, ideologias religiosas e políticas) têm uma presença poderosa, mas não existem independentemente das relações sociais de produção, das possibilidades de produção e consumo e das tecnologias dominantes. As inter-relações conflitantes entre a necessidade de evolução técnica e social para a acumulação do capital e as estruturas de conhecimento e as normas e crenças culturais compatíveis com a acumulação infinita têm desempenhado um papel fundamental na evolução do capitalismo. Para simplificar, vou agrupar todos os últimos elementos sob a rubrica de "concepções mentais do mundo".

Essa forma de pensar nos leva a sete "esferas de atividade" distintas na trajetória evolutiva do capitalismo: tecnologias e formas de organização; relações sociais; arranjos institucionais e administrativos; processos de produção e de trabalho; relações com a natureza; reprodução da vida cotidiana e da espécie; e "concepções mentais do mundo". Nenhuma das esferas é dominante, e nenhuma é independente das outras. Mas nenhuma delas é determinada nem mesmo coletivamente pelas outras. Cada esfera evolui por conta própria, sempre em interação dinâmica com as outras. As mudanças tecnológicas e organizacionais surgem por qualquer motivo (por vezes, acidentais), enquanto a relação com a natureza é instável e muda perpetuamente apenas em parte por causa de mudanças induzidas pelo homem. Nossas concepções mentais do mundo, para dar outro exemplo, são em geral instáveis, conflituosas, sujeitas a descobertas científicas, assim como a caprichos, modas e crenças e desejos culturais e religiosos fortemente arraigados. Mudanças nas concepções mentais têm todos os tipos de consequência, intencionais e não intencionais, para as formas tecnológicas e organizacionais, as relações sociais, os processos de trabalho, as relações com a natureza e os arranjos institucionais aceitáveis. A dinâmica demográfica que surge da esfera da reprodução e da vida cotidiana é simultaneamente autônoma e profundamente afetada por suas relações com as outras esferas.

Todos os complexos fluxos de influência que se movem entre as esferas estão em constante reformulação. Além disso, essas interações não são necessariamente harmoniosas. De fato, podemos reconceituar a formação de crises em termos de tensões e antagonismos que surgem entre as diferentes esferas de atividade – por

exemplo, as novas tecnologias que levam ao desejo de novas configurações nas relações sociais ou abalam a organização dos processos de trabalho existentes. Em vez
de examinar essas esferas de modo sequencial, como fizemos no início da análise
da circulação do capital, agora pensamos nelas como copresentes e coevoluindo,
coletivamente, dentro da longa história do capitalismo.

Em dada sociedade em determinado ponto no espaço e no tempo – a Grã-
-Bretanha, em 1850, ou o delta do rio Pérola na China hoje, por exemplo –, podemos definir seu caráter e condições gerais principalmente em termos de como
as sete esferas são organizadas e se configuram umas com as outras. Algo também
pode ser dito sobre a evolução provável da ordem social em tais locais, dadas as
tensões e as contradições entre as esferas de atividade, mesmo que se tenha de reconhecer que a provável dinâmica evolutiva não seja determinante, mas contingente.

O capital não pode circular ou se acumular sem tocar em cada uma e em todas
essas esferas de atividade de alguma forma. Quando o capital encontra barreiras
ou limites dentro de uma esfera, ou entre as esferas, tem de achar meios para
contornar ou superar a dificuldade. Se as dificuldades são graves, temos, então,
uma fonte de crises. O estudo da coevolução das esferas de atividade proporciona,
assim, um quadro para pensar a evolução global e o caráter propenso a crises da
sociedade capitalista. Como esse quadro bastante abstrato para a análise pode nos
servir na prática?

Uma anedota pode ajudar aqui. No outono de 2005, fui, com outras pessoas, presidente de um júri para selecionar ideias para a concepção de uma cidade
completamente nova na Coreia do Sul. A cidade, então chamada "Cidade Administrativa Multifuncional" (agora Sejong), foi originalmente planejada para ser a
nova capital, mas objeções constitucionais fizeram com que fosse reduzida a uma
cidade-satélite, a meio caminho entre Seul e Busan, mas com muitas das funções
administrativas do governo. A tarefa do júri era decidir sobre ideias, não selecionar qualquer projeto. Os responsáveis pelo projeto foram incumbidos de conceber um desenho final, incorporando tudo o que nós (e eles) considerávamos útil
das inscrições para a competição. O júri era metade coreano, metade estrangeiro,
com participação predominante de engenheiros, planejadores e alguns arquitetos
de destaque. Ficou claro que o governo sul-coreano, cansado das fórmulas de urbanização até então dominantes na Coreia do Sul e em grande parte da Ásia, estava
interessado em fazer algo diferente, que talvez gerasse um novo modelo mundial
de urbanização inovadora.

Como prelúdio de nossa decisão, discutimos os critérios que seriam mais relevantes para julgar os projetos apresentados. A discussão inicial girou em torno
dos diferentes pontos de vista dos arquitetos sobre as forças de círculos e cubos
(representando as rotatórias e as praças) tanto como formas simbólicas quanto

como formas físicas capazes de acomodar diferentes tipos de estratégias de desenvolvimento. Olhando para os vários projetos em forma de mapa, era fácil ver diferenças desse tipo. Sugeri que ampliássemos a discussão e pensássemos uma série de outros critérios, como a relação proposta com a natureza e os recursos tecnológicos a serem implantados na cidade; como os projetos abordavam as formas de produção e emprego a ser geradas e as relações sociais atreladas a isso (como devemos abordar o problema de a cidade ser dominada por uma elite científica, tecnológica e burocrática, por exemplo); as qualidades da vida cotidiana dos habitantes diferentemente posicionados nessa cidade; e as concepções mentais do mundo, incluindo as subjetividades políticas, que poderiam surgir da experiência de viver nesse novo tipo de cidade (as pessoas se tornariam mais individualistas ou haveria uma inclinação para formas de solidariedade social?). Concluí afirmando que me parecia equivocado imaginar que projetos físicos respondessem a todas essas questões, mas que devíamos fazer nosso melhor para pensar em construir uma nova cidade sensível a esses critérios.

Houve considerável interesse em minha maneira de pensar. Um debate sobre minhas ideias se deu por um tempo, até que um dos arquitetos, evidentemente impaciente com a complexidade da discussão, interveio sugerindo que, de todas essas perspectivas (sem dúvida válidas), havia uma que se destacava: as concepções mentais. Desse ponto de vista, a questão mais importante era a dos significados simbólicos. Em pouco tempo, estávamos de volta à discussão das potencialidades simbólicas, conceituais e materiais de rotatórias e praças no desenho urbano!

Pode parecer utópico, mas, se eu fosse responsável pela construção de uma cidade inteiramente nova, gostaria de imaginá-la como algo que pudesse evoluir para o futuro, não que fosse uma estrutura permanente, fixa, congelada e completa. Gostaria de imaginar como a dinâmica entre as diferentes esferas poderia não só funcionar, mas ser mobilizada conscientemente – não apenas para alcançar um objetivo específico, mas para abrir possibilidades. Certamente a cidade teria de ser construída, antes de qualquer coisa, de acordo com as relações sociais, as estruturas de emprego e as formas tecnológicas e organizacionais dominantes. Ao mesmo tempo, ela poderia ser um lugar de exploração de novas tecnologias e formas organizacionais compatíveis com relações sociais mais igualitárias, que respeitassem, por exemplo, questões de gênero e fossem sensíveis ao meio ambiente (diferente das relações que buscam o graal nada santo da acumulação eterna do capital a uma taxa composta de 3%).

Essa forma de pensamento não nasce comigo, no entanto. Deriva do raciocínio em uma nota de rodapé, no capítulo 13 do Livro I de *O capital*, na qual Marx curiosamente comenta, depois de uma breve referência à teoria da evolução de Darwin, que "a tecnologia desvela a atitude ativa do homem em relação à natureza, o processo imediato de produção de sua vida e, com isso, também de suas condições sociais de vida e das concepções espirituais que delas decorrem"*. É aí que Marx invoca cinco das diferentes esferas de atividade que identifiquei (ou seis, se "o processo direto da produção de sua vida" se referir tanto à produção de mercadoria quanto ao consumo na vida diária). Faltam somente os arranjos institucionais.

O posicionamento dessa nota de rodapé no preâmbulo de um longo exame sobre como as formas tecnológicas e organizacionais dominantes do capitalismo surgem é significativo. Marx tenta entender as origens do sistema fabril e o crescimento de uma indústria de máquinas-ferramenta (máquinas de produzir produzidas por máquinas) como um negócio autônomo dedicado à produção de novas tecnologias. Essa é a indústria-chave que sustenta "essa subversão contínua da produção, esse abalo constante de todo o sistema social, essa agitação permanente e essa falta de segurança"** identificadas no *Manifesto Comunista*, que atesta o que o capitalismo tem sido e ainda é.

Nesse longo capítulo sobre máquinas, as diferentes esferas coevoluem de maneiras que podem acomodar e consolidar o caráter permanentemente revolucionário do capitalismo. As concepções mentais de produção como uma arte foram deslocadas pela compreensão científica e pela criação consciente de novas tecnologias. Gênero, classe e relações familiares mudaram conforme os trabalhadores foram reduzidos à condição de apêndices flexíveis para a máquina e não mais como indivíduos dotados de habilidades únicas (como no caso do artesão). Ao mesmo tempo, os capitalistas mobilizaram novas tecnologias e formas organizacionais como armas na luta de classes contra o trabalho (eventualmente usando a máquina para disciplinar o corpo no trabalho). A entrada de um grande número de mulheres na força operária, no passado e agora, teve todo tipo de ramificações sociais. Ao passo que a flexibilidade e a adaptabilidade do trabalho para diferentes tarefas tornaram-se requisitos essenciais, a educação pública ganhou cada vez mais importância. Isso levou a outras mudanças institucionais, nomeadamente as cláusulas de ensino no Factory Act [Ato das Fábricas] de 1848, aprovadas por um Estado dominado por capitalistas e proprietários de terra. Os inspetores de fábricas designados por esse Estado deram a Marx munição abundante para que ele reforçasse seus argumentos. Novas formas de organização (corporação empresarial) promoveram novas tecnologias sob novos arranjos institucionais que tinham ramificações nas relações sociais e na relação com a natureza. Em nenhum momento parece que qualquer uma das esferas dominou as outras.

---

* Ed. bras.: *O capital: crítica da economia política*, Livro I: *O processo de produção do capital* (trad. Rubens Enderle, São Paulo, Boitempo, 2011), p. 446. (N. E.)

** Karl Marx e Friedrich Engels, *Manifesto Comunista* (trad. Álvaro Pina, São Paulo, Boitempo, 1998), p. 43. (N. E.)

Existem, entretanto, desenvolvimentos desiguais entre as esferas que criam tensões dentro da trajetória evolutiva. Em alguns pontos cruciais essas tensões redirecionam a trajetória em um sentido em detrimento de outro. Será que uma forma nova e "superior" de família poderia surgir dessa dinâmica na qual cada vez mais mulheres eram absorvidas pela força de trabalho? Será que o ensino público, enfim necessário para produzir uma força de trabalho alfabetizada, flexível e bem treinada, poderia levar ao esclarecimento popular que permitiria aos movimentos da classe trabalhadora assumir o comando? Poderiam ser concebidas tecnologias que abrandariam a carga de trabalho em vez de amarrá-la ainda mais cruelmente ao rolo compressor da acumulação eterna do capital? As diferentes possibilidades eram inerentes à situação, mesmo que as escolhas feitas acabassem levando o capitalismo a caminhos cada vez mais repressivos. A inclinação britânica para as políticas de livre mercado "*laissez-faire*" não tinha de triunfar no século XIX; uma vez que essas políticas triunfaram, contudo, a evolução do capitalismo tomou um sentido específico e não necessariamente benevolente.

Deixe-me, então, resumir. As sete esferas de atividade coevoluem na evolução histórica do capitalismo de formas distintas. Nenhuma esfera prevalece sobre as outras, mesmo quando existe dentro de cada uma a possibilidade de desenvolvimento autônomo (a natureza se transforma e evolui independentemente, assim como as concepções mentais, as relações sociais, as formas de vida diária, os arranjos institucionais, as tecnologias etc.). Cada uma das esferas está sujeita a renovação e transformação permanentes, tanto na interação com as outras quanto por meio de uma dinâmica interna que constantemente cria novidades nas questões humanas. As relações entre as esferas não são causais, mas dialeticamente interligadas pela circulação e pela acumulação do capital. Como tal, toda a configuração constitui uma totalidade socioecológica. Isso não é, devo enfatizar, uma totalidade mecânica, um motor social em que as peças estão estritamente de acordo com os ditames do todo: é mais como um sistema ecológico feito de muitas espécies e formas de atividade diferentes – ao que o filósofo/sociólogo francês Henri Lefebvre se refere como "*ensemble*" ou seu compatriota filósofo Gilles Deleuze chama de "*assemblage*" de elementos em relação dinâmica uns com os outros. Nessa totalidade ecológica, as inter-relações são fluidas e abertas, mesmo quando inextricavelmente interligadas umas às outras.

O desenvolvimento desigual entre as esferas e no conjunto delas produz contingências, bem como tensões e contradições (de forma bastante parecida com as mutações imprevisíveis que produzem contingências na teoria darwiniana). Além disso, é totalmente possível que desenvolvimentos explosivos em uma esfera, em determinado tempo e lugar, assumam papel de vanguarda. O súbito desenvolvimento de novos agentes patogênicos (como o HIV/aids, a gripe aviária ou a Sars [síndrome respiratória aguda grave]), a ascensão social de algum movimento forte por direitos trabalhistas, civis, das mulheres ou do público LGBT, uma explosão de inovação tecnológica (como no recente aumento da eletrônica e das tecnologias baseadas em *chips* de computador) ou uma explosão de política utópica têm, todos eles, em várias épocas e lugares, estado à frente do processo coevolutivo, colocando imensa pressão sobre as outras esferas, seja para levá-las a um nivelamento, seja para formar centros de insubordinação ou resistência ativa. Uma vez que a tecnologia se tornou um negócio em si (como ocorreu cada vez mais a partir de meados do século XIX), às vezes uma necessidade social tinha de ser criada para que a nova tecnologia fosse usada, não o contrário. Na indústria farmacêutica, vemos nos últimos tempos a criação de diagnósticos de todos os tipos mentais e físicos para corresponder a novos medicamentos (o Prozac é o exemplo clássico). A crença dominante na classe capitalista e na ordem social de que há uma solução tecnológica para cada problema e um remédio para cada doença tem todo tipo de consequência. O "fetiche da tecnologia", portanto, tem um papel indubitavelmente importante na condução da história burguesa, definindo tanto as suas realizações surpreendentes quanto as catástrofes autoimpostas. Os problemas na relação com a natureza têm de ser resolvidos por novas tecnologias, não por revoluções na reprodução social e na vida cotidiana!

Historicamente, é como se houvesse períodos em que algumas das esferas se colocassem em contradição radical umas com as outras. Nos Estados Unidos, por exemplo, onde a corrida da ciência e da tecnologia parece reinar suprema, é estranho constatar que muitas pessoas não acreditam na teoria da evolução. Por mais que a teoria das mudanças climáticas esteja bem estabelecida, muitos estão convencidos de que se trata de uma farsa. Como compreender melhor a relação com a natureza em face das esmagadoras convicções religiosas ou políticas que não dão crédito à ciência? Situações desse tipo em geral levam a fases de estagnação ou à reconstrução radical. As crises costumam acentuar a ocorrência dessas fases. Aqui, também, as tendências de crise do capitalismo não são resolvidas, são apenas contornadas.

Há, no entanto, um ponto crucial em tudo isso. Não importa que tipo de inovação ou mudança ocorra, a sobrevivência do capitalismo no longo prazo depende da capacidade de atingir 3% de crescimento composto. A história do capitalismo está repleta de tecnologias que foram testadas e não funcionaram, esquemas utópicos para a promoção de novas relações sociais (como as comunas icarianas nos Estados Unidos no século XIX, o *kibutz* israelense na década de 1950 ou as "comunas verdes" de hoje) que acabaram cooptados ou foram abandonados frente a uma lógica capitalista dominante. E não importa o que aconteça, para o bem ou para o mal, o capital deve de alguma forma organizar as sete esferas em conformidade com a regra dos 3%.

Na prática, o capitalismo parece ter evoluído de maneira um tanto semelhante à teoria do "equilíbrio pontuado" da evolução natural de Stephen Jay Gould: períodos relativamente lentos, mas razoavelmente harmônicos, de coevolução entre as esferas são pontuados por fases de ruptura e reforma radicais. Estamos, possivelmente, no meio de tal fase de ruptura. Ao mesmo tempo, há sinais de uma tentativa desesperada de restaurar a ordem preexistente e proceder como se nada realmente relevante tivesse mudado nem devesse mudar.

Consideremos ao que essa ideia de equilíbrio pontuado remete quando olhamos para a última fase principal da reconstrução capitalista, que ocorreu durante a crise de 1973 a 1982. Em meu livro *O neoliberalismo: história e implicações**, tentei fazer um relato da reestruturação capitalista que começou nesses anos. Por todo o mundo capitalista, mas, sobretudo, nos Estados Unidos (poder dominante indiscutível da época), o poder da classe capitalista diminuiu em relação aos movimentos de trabalhadores e outros movimentos sociais, e a acumulação do capital desacelerou. Os chefes das principais corporações, juntamente com os barões da mídia e membros da elite – muitos dos quais, como os irmãos Rockefeller, eram descendentes da classe capitalista –, foram para o contra-ataque. Iniciaram um movimento de reconstrução radical do nexo Estado-finanças, com a desregulamentação nacional e internacional das operações financeiras, a liberação do financiamento da dívida, a abertura do mundo para a competição internacional intensificada e o reposicionamento do aparelho do Estado em relação à previdência social. O capital recuperou seu poder em relação ao trabalho pela produção de desemprego e desindustrialização, imigração, deslocalização [*offshoring*] e todo tipo de mudanças tecnológicas e organizacionais (a subcontratação, por exemplo). Quando esse movimento foi, mais tarde, ligado a um ataque ideológico e político contra todas as formas de organização trabalhista nos anos Reagan/Thatcher, o efeito foi resolver a crise do declínio de rentabilidade e riqueza por meio da repressão salarial e da redução de prestações sociais pelo Estado. As concepções mentais do mundo foram reformuladas, na medida do possível, com o recurso aos princípios neoliberais da liberdade individual, necessariamente incorporados ao livre mercado e ao livre-comércio. Isso implicou retrocessos para o Estado de bem-estar social e sucateamento progressivo do quadro regulatório estabelecido no início dos anos 1970 (como a proteção ambiental). Novos nichos de consumo e estilos de vida individualizados também surgiram de repente, construídos em torno de uma forma pós-moderna de urbanização (a disneyficação dos centros das cidades e a gentrificação). Além disso, novos movimentos sociais

---

* David Harvey, *A Brief History of Neoliberalism* (Oxford, Oxford University Press, 2005) [ed. bras.: *O neoliberalismo: história e implicações*, trad. Adail Sobral e Maria Stela Gonçalves, São Paulo, Loyola, 2008]. (N. E.)

floresceram em torno de uma mistura de individualismo egocêntrico, política de identidade, multiculturalismo e orientação sexual.

O capital não criou esses movimentos, mas descobriu formas de explorá-los e manipulá-los, tanto para fraturar as até então importantes solidariedades de classe quanto para mercantilizar e canalizar as demandas afetivas e efetivas associadas a esses movimentos em nichos de mercado. As novas tecnologias eletrônicas, com amplas aplicações na produção e no consumo, tiveram enorme impacto nos processos de trabalho e na vida diária da massa da população (laptops, celulares e iPods estão por toda parte). A ideia de que as novas tecnologias eletrônicas seriam a resposta aos problemas do mundo se tornou o mantra fetichista da década de 1990. E tudo isso foi o presságio de uma enorme mudança nas concepções mentais do mundo, com o advento de um individualismo possessivo ainda mais intenso, juntamente com a lógica do fazer dinheiro, o endividamento, a especulação financeira, a privatização de ativos do governo e a ampla aceitação da responsabilidade pessoal como norma cultural em todas as classes sociais. Estudos preliminares das pessoas afetadas pela onda de execuções hipotecárias indicam, por exemplo, que muitas delas culpam a si mesmas em vez de às condições sistêmicas por não serem capazes, por qualquer motivo, de viver de acordo com a responsabilidade pessoal implicada pela casa própria. A visão do papel apropriado do Estado e do poder estatal se deslocou dramaticamente durante os anos neoliberais e só agora está sendo desafiada, na medida em que o Estado foi obrigado a intervir, após a falência do Lehman Brothers, em setembro de 2008, com um apoio financeiro maciço para resgatar um sistema bancário à beira do fracasso.

Naturalmente, os detalhes foram muito mais complicados que isso, e as inúmeras forças em jogo fluíram em todas as direções. No cenário mundial, os desenvolvimentos geográficos desiguais do neoliberalismo se colocaram em evidência, juntamente com os diferenciais de resistência. O que desejo ilustrar aqui é o tanto que o mundo se alterou em todas as esferas, dependendo de onde se estava, entre 1980 e 2010. O movimento coevolutivo foi palpável para qualquer um que tenha passado por isso.

O perigo para a teoria social, bem como para o entendimento popular, é ver uma das esferas como determinante. Quando o arquiteto no júri urbano sul-coreano disse que apenas as concepções mentais importavam, ele estava sendo impelido por um compreensível desejo de simplificação. Tais simplificações, contudo, são injustificadas e perigosamente enganosas. Estamos, de fato, cercados por explicações monocausais simplistas. No *best-seller* de 2005 *O mundo é plano**, o jornalista

---

* Thomas L. Friedman, *O mundo é plano: uma breve história do século XXI* (trad. Sérgio de Queiroz Duarte, Cristiana Serra, Bruno Casotti e Cristina Cavalcanti, São Paulo, Companhia das Letras, 2014). (N. E.)

Thomas L. Friedman defende descaradamente uma versão do determinismo tecnológico (que erroneamente atribui a Marx). *Armas, germes e aço** (1997), de Jared Diamond, argumenta que a relação com a natureza é o que conta, transformando, assim, a evolução humana em um conto de determinismo ambiental. A África é pobre por razões ambientais, diz ele, não por causa de inferioridades raciais ou (o que ele não diz) por séculos de pilhagem imperialista, a começar pelo comércio de escravos. Nas tradições marxista e anarquista há uma boa dose de determinismo de luta de classes. Alguns colocam as relações sociais de gênero, sexualidade ou etnia na vanguarda da evolução social; outros pregam que nossos problemas atuais decorrem do individualismo desenfreado e da ganância humana universal. O idealismo, segundo o qual as concepções mentais são colocadas na vanguarda da mudança social, tem uma tradição longuíssima (mais notavelmente representada pela teoria da história de Hegel). Há, no entanto, muitas outras versões em que as visões e ideias de inovadores e empreendedores poderosos ou de líderes religiosos ou de pensadores políticos utópicos (como algumas versões do maoismo) são tidas como centro de tudo. Mudar as crenças e os valores é, diz-se, o que realmente importa. Alterem-se os discursos, às vezes é dito, e o mundo também se altera.

A ala obreirista da tradição marxista, de modo distinto, trata o processo de trabalho como a única posição da qual a mudança verdadeiramente revolucionária pode vir, pois o poder real de mudar o mundo reside exclusivamente no ato do labor. Desse ponto inicial, e apenas desse ponto, é possível, argumentou John Holloway em 2002, *Mudar o mundo sem tomar o poder***. Em outro texto conhecido, *Blessed Unrest* [Agitação abençoada]*** (2007), Paul Hawken faz parecer que a mudança social em nossos tempos pode apenas emanar, e já está emanando, do engajamento prático de milhões de pessoas que buscam transformar sua vida diária, deixando de lado todas aquelas ideologias políticas e concepções mentais utópicas (do comunismo ao neoliberalismo) que no passado provaram ser desastrosas. A versão de esquerda disso percebe a política do dia a dia em locais particulares como solo fértil fundamental para a ação política e a mudança radical. A criação de "economias solidárias" locais é a resposta exclusiva. De outro lado, há toda uma escola de historiadores e filósofos políticos, que, ao escolher o título de "institucionalistas", assinalam sua adesão a uma teoria da mudança social que privilegia o comando e a reforma de arranjos institucionais e administrativos como fundamentais. Capturar e

---

* Jared Diamond, *Armas, germes e aço: os destinos das sociedades humanas* (trad. Silvia de Souza Costa, Cynthia Cortes e Paulo Soares, Rio de Janeiro/São Paulo, Record, 2017). (N. E.)

** John Holloway, *Mudar o mundo sem tomar o poder* (trad. Emir Sader, São Paulo, Boitempo, 2003). (N. E.)

*** Paul Hawken, *Blessed Unrest* (Nova York, Penguin, 2007). (N. E.)

esmagar o poder do Estado são a versão revolucionária leninista disso. Outra versão radical deriva do foco de Michel Foucault sobre as questões de "governabilidade", que analisa as interessantes interseções entre duas esferas – os sistemas institucionais e administrativos e a vida diária (entendida como política do corpo).

Cada posição nesse panteão de possibilidades tem algo de importante, embora unidimensional, a dizer sobre o dinamismo socioecológico do capitalismo e da potencialidade para construir alternativas. Os problemas surgem, entretanto, quando uma ou outra dessas perspectivas é vista exclusiva e dogmaticamente como a única fonte e, portanto, o principal ponto de pressão política para a mudança. O favorecimento de algumas esferas de atividade em relação a outras é um episódio infeliz dentro da teoria social. Às vezes isso reflete uma situação em que um ou outro dos domínios – como a luta de classes ou o dinamismo tecnológico – parece estar na vanguarda das transformações que ocorrem em dado momento. Em tal situação seria grosseiro não reconhecer as forças que estão na vanguarda da mudança socioecológica nesse tempo e lugar. O argumento não é, portanto, que se deve sempre atribuir o mesmo peso às sete esferas, mas que a tensão dialética em seu desenvolvimento desigual deve sempre ser levada em conta.

O que parece menor em uma época ou em um lugar pode se tornar importante na seguinte. As lutas operárias não estão agora na vanguarda da dinâmica política como estiveram nos anos 1960 e início dos anos 1970. Hoje, mais que antes, o foco está na relação com a natureza. O interesse contemporâneo nos desdobramentos da política do cotidiano tende a ser bem recebido simplesmente porque não teve a atenção que deveria no passado. Agora talvez não precisemos de outra exposição sobre os impactos sociais das novas tecnologias e formas organizacionais, que no passado foram muitas vezes irresponsavelmente priorizadas.

Todo o relato de Marx sobre o surgimento do capitalismo a partir do feudalismo pode na verdade ser reconstruído e lido em termos de um movimento coevolucionário, através de e entre as sete diferentes esferas de atividade aqui identificadas. O capitalismo não suplantou o feudalismo por um tipo de transformação revolucionária pura, repousando sobre as forças mobilizadas em apenas uma dessas esferas. Teve de crescer nos interstícios da velha sociedade e suplantá-la pouco a pouco – às vezes com força, violência, depredação e apreensão de bens, mas em outros momentos com malícia e astúcia. E muitas vezes perdeu batalhas contra a velha ordem, ao mesmo tempo que ganhou a guerra. Na medida em que conquistou um pouco de poder, no entanto, a classe capitalista emergente teve de construir sua forma social alternativa de início com base em tecnologias, relações sociais, sistemas administrativos, concepções mentais, sistemas de produção, relações com a natureza e padrões de vida diária como estes tinham sido constituídos na ordem feudal anterior. Foram precisos uma coevolução e um desenvolvimento desigual das diferentes esferas antes que o capitalismo encontrasse não apenas sua base tecnológica própria e única, mas também seus sistemas de crença e concepções mentais, suas configurações instáveis, mas claramente dominadas por classe das relações sociais, seus ritmos espaçotemporais curiosos e suas formas de vida cotidiana igualmente peculiares, para não falar de seus processos de produção e sua estrutura institucional e administrativa, antes que se pudesse dizer que se tratava realmente de capitalismo.

Mesmo ao fazê-lo, carregou dentro de si várias marcas das condições únicas sob as quais a transformação do capitalismo foi forjada. Embora muito tenha se falado sobre os diferenciais demarcados pelas tradições protestante, católica e confucionista na forma como o capitalismo funciona em diferentes partes do mundo, seria tolo sugerir que essas influências são irrelevantes ou mesmo insignificantes. Além disso, a partir do momento em que o capitalismo se manteve firme, envolveu-se em um movimento revolucionário perpétuo em todas as esferas para acomodar as inevitáveis tensões da acumulação eterna do capital a uma taxa composta de crescimento. Os hábitos diários e as concepções mentais das classes trabalhadoras que surgiram na década de 1990 (juntamente com uma redefinição do que constitui a relação social "classe trabalhadora", em primeiro lugar) têm pouco a ver com hábitos e preferências da classe trabalhadora da Grã-Bretanha nos anos 1950 e 1960. O processo de coevolução que o capitalismo mobiliza tem sido permanente.

Talvez um dos maiores fracassos das tentativas anteriores de construir o socialismo tenha sido a relutância em se envolver politicamente em todas essas esferas e deixar a dialética entre elas abrir possibilidades, em vez de fechá-las. O comunismo revolucionário, particularmente o tipo soviético – em especial após o período de experimentação revolucionária da década de 1920 ser encerrado por Stálin –, muitas vezes reduziu a dialética das relações entre as esferas a um programa de via única em que as forças produtivas (tecnologias) foram colocadas na vanguarda da mudança. Tal abordagem inevitavelmente falhou. Isso levou à paralisia, a arranjos administrativos e institucionais estagnados, transformou a vida diária em monotonia e congelou a possibilidade de explorar novas relações sociais ou concepções mentais. Deu de ombros à relação com a natureza, com consequências desastrosas. Lênin obviamente não teve opção a não ser se esforçar para criar o comunismo com base na configuração dada pela ordem anterior (parte feudal e parte capitalista), e desse ponto de vista sua aceitação da fábrica, das tecnologias e formas de organização fordista como um passo necessário na transição para o comunismo é compreensível. Ele argumentou de modo plausível que, se a transição para o socialismo e em seguida para o comunismo tivesse de dar certo, deveria ser, inicialmente, com base nas tecnologias e formas de organização mais avançadas que o capitalismo tinha produzido. Contudo, não houve nenhuma tentativa consciente, em particular após Stálin assumir, de avançar para a construção de tecnologias e formas de organização verdadeiramente socialistas, muito menos comunistas.

O imenso sentido dialético de Mao de como as contradições funcionam, bem como seu reconhecimento (em princípio, pelo menos) de que uma revolução tem de ser permanente ou nada, levou-o conscientemente a priorizar a transformação revolucionária em esferas de atividade diferentes em variadas fases históricas. O "Grande Salto Adiante" enfatizou a produção e a mudança tecnológica e organizacional. Ele falhou em seus objetivos imediatos e produziu uma fome descomunal, mas certamente teve enorme impacto nas concepções mentais. A Revolução Cultural procurou reconfigurar de forma radical e direta as relações sociais e as concepções mentais do mundo. Embora seja hoje sabido que Mao falhou miseravelmente nos dois empreendimentos, há em muitos aspectos a suspeita de que o surpreendente desempenho econômico e a transformação revolucionária que têm caracterizado a China desde as reformas institucionais e administrativas iniciadas no fim dos anos 1970 repousam solidamente sobre os resultados reais do período maoista (em particular a ruptura com muitas concepções mentais e relações sociais "tradicionais" nas massas conforme o Partido aprofundava seu controle sobre a vida diária). Mao reorganizou completamente a saúde na década de 1960, por exemplo, com o envio de um exército de "médicos descalços" a regiões rurais até então negligenciadas e empobrecidas para ensinar a base da medicina preventiva, medidas de saúde pública e cuidados pré-natais. A dramática redução da mortalidade infantil e o aumento da expectativa de vida resultantes disso permitiram produzir a mão de obra excedente que alimentou o surto de crescimento da China pós-1980. Também levou às limitações draconianas sobre a atividade reprodutiva, com a aplicação da política de uma criança por família. O fato de tudo isso abrir caminho para certo tipo de desenvolvimento capitalista é uma consequência inesperada de enorme importância.

Como, então, interpretar as estratégias revolucionárias à luz da teoria coevolucionária de mudança social? Esta fornece um quadro para a investigação com implicações práticas para pensar em tudo, desde as grandiosas estratégias revolucionárias ao redesenho da urbanização e a vida na cidade. Ao mesmo tempo, sinaliza que sempre enfrentamos contingências, contradições e possibilidades autônomas, além de uma série de consequências inesperadas.

Como na transição do feudalismo para o capitalismo, há uma abundância de interstícios a partir dos quais se podem começar movimentos sociais alternativos anticapitalistas. Todavia, existem também inúmeras possibilidades de movimentos bem-intencionados serem cooptados ou falharem catastroficamente. Em contraste, desenvolvimentos aparentemente negativos podem ter consequências surpreendentemente boas. Isso deveria nos deter? Uma vez que a evolução em geral e nas sociedades humanas (com ou sem o imperativo capitalista) não pode ser interrompida, não temos outra opção a não ser participar do espetáculo. Nossa única escolha é sermos ou não conscientes de como nossas intervenções atuam e estarmos prontos a mudar de rumo rapidamente quando as condições se colocarem ou quando as consequências não intencionais se tornarem mais aparentes. A adaptabilidade e a flexibilidade evidentes do capitalismo servem aqui de modelo.

Então, a partir de onde devemos começar nosso movimento revolucionário anticapitalista? Das concepções mentais? Da relação com a natureza? Do cotidiano e das práticas reprodutivas? Das relações sociais? Das tecnologias e formas organizacionais? Dos processos de trabalho? Da tomada e da transformação revolucionárias das instituições?

Uma sondagem do pensamento alternativo e dos movimentos sociais de resistência mostraria diferentes correntes de pensamento (com frequência defendidas como mutuamente excludentes, infelizmente) sobre o ponto de partida mais adequado. No entanto, o que a teoria coevolucionária aqui proposta sugere é: podemos começar ali ou acolá, contanto que não fiquemos na posição de onde partimos! A revolução tem de ser um movimento, em todos os sentidos da palavra. Se não puder se mover dentro, além e através das diferentes esferas, acabará não indo a lugar algum. Reconhecendo isso, torna-se imperativo vislumbrar alianças entre um conjunto de forças sociais organizadas em torno das diferentes esferas. Aquelas com um conhecimento profundo de como a relação com a natureza funciona precisam se aliar àquelas profundamente familiarizadas com o modo como os arranjos institucionais e administrativos funcionam, como a ciência e a tecnologia podem ser mobilizadas, como a vida diária e as relações sociais podem ser mais facilmente reorganizadas, como as concepções mentais podem ser mudadas e como a produção e o processo de trabalho podem ser reconfigurados.

COMENTÁRIO

Este capítulo de *O enigma do capital* resume minha visão de como é possível se valer do pensamento evolucionista de Marx a fim de captar as complexidades das trajetórias atuais e futuras do capitalismo e nos dar uma ideia de como, por que e quando ele pode evoluir para outro modo de produção. Marx incorpora outros tipos de investigações técnicas e econômicas (algumas das quais assumem a forma de modelos matemáticos) nessa visão evolutiva mais ampla do capital enquanto totalidade de relações sociais e naturais dinâmica e em constante transformação. É vital compreender a fluidez dos processos por meio dos quais o capital se reproduz e, de tempos em tempos, se reconstitui em diferentes configurações. As pressões interseccionadas que agem no sentido de transformar as relações produtivas e sociais, as de consumo e as de distribuição, nossas relações com a natureza, os arranjos institucionais e nossa vida cotidiana, bem como nossas concepções do mundo, formam uma totalidade que está em evolução, sempre em movimento e sempre sujeita a crises. Uma análise mais refinada, do tipo que apresentei no livro *17 contradições e o fim do capitalismo**, revela as tensões internas ao sistema capitalista que constituem as principais molas de transformação. Um estudo das diversas contradições entrelaçadas do capital nos permite ver mais claramente as impossibilidades, a insanidade e as consequências irracionais da acumulação infindável exigida pelo capital. É imperativo que comecemos a refletir sobre as estratégias políticas para se confrontarem os excessos do capital no aqui e no agora e encontremos aberturas para a construção de alternativas econômico-políticas viáveis.

---

* Idem, *17 contradições e o fim do capitalismo* (trad. Rogério Bettoni, São Paulo, Boitempo, 2016). (N. E.)

Bibliografia

ABADIE, Paul. *Paul Abadie, Architecte, 1812-1884*. Paris, Ministère de la Culture, de la Communication, des Grands Travaux et du Bicentennaire, Editions de la Réunion de Musées Nationaux, 1988.

AGNEW, John A.; DUNCAN, James S. (orgs.). *The Power of Place:* Bringing Together the Geographical and Sociological Imaginations. Boston, Unwin Hyman, 1989.

ALEXANDER, Donald. Bioregionalism: Science or Sensibility. *Environmental Ethics*, n. 12, 1990, p. 161-73.

ALLISON, John. *Monsieur Thiers*. Nova York, Norton, 1932.

ALONSO, William. *Location and Land Use*. Cambridge, MA, MIT Press, 1964.

ALTHUSSER, Louis; BALIBAR, Étienne. *Reading Capital*. Londres, New Left Books, 1970.

AMIN, Samir. *Accumulation on a World Scale*. Nova York, Monthly Review Press, 1973.

_____. Imperialism and Globalisation. *Monthly Review*, n. 53, v. 2, 2001.

ANDERLINI, Jamil. Fate of Real Estate is Global Concern. *Financial Times*, 1º jun. 2011.

ANDERSON, Perry. Internationalism: a Breviary. *New Left Review*, n. 14a, 2002.

ARENDT, Hannah. *Imperialism*. Nova York, Harcourt Brace, 1968 [ed. bras.: Imperialismo. In: _____. *Origens do totalitarismo*. Trad. Roberto Raposo. São Paulo, Companhia das Letras, 2012].

ARMSTRONG, Philip; GLYN, Andrew; HARRISON, John (orgs.). *Capitalism Since World War II:* the Making and Break-up of the Great Boom. Oxford, Basil Blackwell, 1991.

ARRIGHI, Giovanni; SILVER, Beverly (orgs.). *Chaos and Governance in the Modern World System*. Minneapolis, University of Minnesota Press, 1999.

ATTFIELD, Robin. *The Ethics of Environmental Concern*. Athens, University of Georgia Press, 1991.

BALL, Michael. *Housing Policy and Economic Power:* the Political Economy of Owner Occupation. Londres, Routledge, 1983.

BANCO MUNDIAL. *Relatório sobre o desenvolvimento mundial 2009:* a geografia econômica em transformação. Washington, Banco Mundial, 2009.

BARAN, Paul. *The Political Economy of Growth*. Nova York, Monthly Review Press, 1957.

BARBOZA, David. A City Born of China's Boom, Still Unpeopled. *The New York Times*, 20 out. 2010.

_____. Inflation in China Poses Big Threat to Global Trade. *The New York Times*, 17 abr. 2011.

_____. Building Boom in China Stirs Fears of Debt Overload. *The New York Times*, 7 jul. 2011.

BARDHAN, Ashok; WALKER, Richard. California, Pivot of the Great Recession. *Working Paper Series*. Berkeley, University of California, Institute for Research on Labor and Employment, 2010.

BARRETT BROWN, Michael. *The Economics of Imperialism*. Baltimore, Penguin, 1974.

BATE, Jonathan. *Romantic Ecology:* Wordsworth and the Environmental Tradition. Nova York, Routledge, 1991.

BAUDRILLARD, Jean. *For a Critique of the Political Economy of the Sign*. St. Louis, Telos, 1981 [ed. port.: *Para uma crítica da economia política do signo*. Lisboa, Edições 70, 1973].

_____. *L'Amérique*. Paris, Grasset, 1986.

BELL, Daniel. *The Cultural Contradictions of Capitalism*. Nova York, Basic, 1978.

BELLO, Walden. *Deglobalization:* Ideas for a New World Economy. Londres, Zed, 2002.

BENNETT, John. *The Ecological Transition:* Cultural Anthropology and Human Adaptation. Nova York, Pergamon Press, 1976.

BENTON, Ted. Marxism and Natural Limits: an Ecological Critique and Reconstruction. *New Left Review*, n. 178, 1989, p. 51-86.

_____. Ecology, Socialism and the Mastery of Nature: a Reply to Reiner Grundmann. *New Left Review*, n. 194, 1992, p. 55-74.

BERKOWITZ, Bernard. Economic Development Really Works: Baltimore, MD. In: BINGHAM, Richard; BLAIR, John (orgs.). *Urban Economic Development*. Beverly Hills, Sage, 1984.

BERNAL, John Desmond. *Science in History* (4 v.). Cambridge, MA, MIT Press, 1971.

BERRY, Brian; HORTON, Frank. *Geographic Perspectives on Urban Systems*. Englewood Cliffs, Prentice-Hall, 1970.

BHAGWATI, Jagdish. The Capital Myth: the Difference Between Trade in Widgets and Dollars. *Foreign Affairs*, n. 77, v. 3, 1998. p. 7-12.

BIANCHINI, Franco. The Arts and the Inner Cities. In: PIMLOTT, Ben; MacGREGOR, Susanne (orgs.). *Tackling the Inner Cities*. Oxford, Clarendon, 1991.

BIRCH, Charles; COBB, John B. *The Liberation of Life:* from the Cell to the Community. Cambridge, Cambridge University Press, 1981.

BIRD, John et al. (orgs.). *Mapping the Futures:* Local Cultures Global Change. Londres, Routledge, 1993.

BLUESTONE, Barry; HARRISON, Bennett. *The Deindustrialisation of America*. Nova York, Basic, 1982.

BLUNKETT, David; JACKSON, Keith. *Democracy in Crisis:* the Town Halls Respond. Londres, Hogarth, 1987.

BODDY, Martin. *The Building Societies*. Londres, Macmillan, 1980.

_____. Local Economic and Employment Strategies. In: BODDY, Martin; FUDGE, Colin. *Local Socialism*. Londres, Macmillan, 1984.

BOHM, David; PEAT, F. David. *Science, Order and Creativity*. Londres, Routledge, 1987 [ed. port.: *Ciência, ordem e criatividade*. Lisboa, Gradiva, 1987].

BOOKCHIN, Murray. Ecology and Revolutionary Thought. *Antipode*, v. 17, n. 2/3, 1985. p. 89-97.

_____. *The Philosophy of Social Ecology:* Essays on Dialectical Naturalism. Montreal, Black Rose, 1990.

_____. *Remaking Society:* Pathways to a Green Future. Boston, South End, 1990.

BOOTH, Annie L.; JACOBS, Harvey L. Ties that Bind: Native American Beliefs as a Foundation for Environmental Consciousness. *Environmental Ethics*, n. 12, 1990, p. 27-43.

BORNEMAN, Ernest (org.). *The Psychoanalysis of Money.* Londres, Urizen, 1976.

BOUINOT, Jean (org.). *L'Action economique des grands villes en France et à l'etranger.* Paris, Centre de Formation des Personnels Communaux, 1987.

BOYER, M. Christine. The Return of Aesthetics to City Planning. *Society*, v. 25, n. 4, 1988. p. 49-56.

BRADSHER, Keith. China Announces new Bailout of Big Banks. *The New York Times*, 7 jan. 2004.

BRAMWELL, Anna. *Ecology in the Twentieth Century:* a History. New Haven, CT, Yale University Press, 1989.

BRAUDEL, Fernand. *Afterthoughts on Material Civilisation and Capitalism.* Baltimore, Johns Hopkins University Press, 1967.

_____; LABROUSSE, Ernest (orgs.). *Histoire économique et Sociale de la France*, v. 3. Paris, Presses Universitaires de France, 1976.

BRECHER, Jeremy; COSTELLO, Tim. *Global Village or Global Pillage?* Economic Reconstruction from the Bottom Up. Boston, South End, 1994.

BRENNER, Robert. *The Boom and the Bubble:* the US in the World Economy. Londres, Verso, 2002 [ed. bras.: *O boom e a bolha:* os Estados Unidos na economia mundial, trad. Zaida Maldonado, Rio de Janeiro, Record, 2003].

BRUHAT, Jean; DAUTRY, Jean; TERSEN, Émile. *La Commune de 1871.* Paris, Éditions Sociales, 1971.

BUFFETT, Warren. In Class Warfare, Guess Which Class is Winning. Entrevista a Ben Stein. *The New York Times*, 26 nov. 2006.

BURKETT, Paul; HART-LANDSBERG, Martin. Crisis and Recovery in East Asia: the Limits of Capitalist Development. *Historical Materialism*, n. 8, 2001.

BUTZER, Karl. *Archaeology as Human Ecology.* Cambridge, Cambridge University Press, 1982.

CALVINO, Italo. *If on a Winter's Night a Traveller.* Nova York, Harcourt Brace Jovanovich, 1981 [ed. bras.: *Se um viajante numa noite de inverno.* Trad. Nilson Moulin. São Paulo, Companhia das Letras, 1999].

CAPRA, Fritjof. *The Tao of Physics:* an Exploration of the Parallels Between Modern Physics and Eastern Mysticism. Berkeley, CA, Shambhala, 1975 [ed. bras.: *O Tao da física:* um paralelo entre a física moderna e o misticismo oriental. Trad. José Fernandes Dias. São Paulo, Cultrix, 2005].

_____. *The Turning Point:* Science, Society, and the Rising Culture. Nova York, Simon and Schuster, 1982 [ed. bras.: *O ponto de mutação:* a ciência, a sociedade e a cultura emergente. 25a. ed. Trad. Álvaro Cabral. São Paulo, Cultrix, 2012].

CARCHEDI, Guglielmo. Imperialism, Dollarisation and the Euro. *Socialist Register*. Londres, Merlin, 2002.

CARTER, Erica; DONALD, James; SQUIRES, Judith (orgs.). *Space and Place:* Theories of Identity and Location. Londres, Lawrence and Wishart, 1993.

CASTELLS, Manuel. *The City and the Grassroots.* Berkeley, University of California Press, 1983.

CHAMBERS, Iain. Maps for the Metropolis: a Possible Guide to the Present. *Cultural Studies*, n. 1, 1987, p. 1-22.

CHENEY, George Edward. *Values at Work:* Employee Participation Meets Market Pressures at Mondragon. Ithaca, ILR, 1999.

CLARK, John P. Marx's Inorganic Body. *Environmental Ethics*, n. 11, 1989, p. 243-58.

COCHRANE, Allan (org.). *Developing Local Economic Strategies*. Milton Keynes, Open University Press, 1987.

COCKBURN, Cynthia. *The Local State, Management of Cities and People*. Londres, Pluto, 1977.

COHEN, Stanley; TAYLOR, Laurie. *Escape Attempts:* the Theory and Practice of Resistance to Everyday Life. Harmondsworth, Penguin, 1978.

COLLINGWOOD, Robin George. *The Idea of Nature*. Oxford, Oxford University Press, 1960.

COLQUHOUN, Alan. On Modern and Postmodern Space. In: _____. *Modernity and the Classical Tradition:* Architectural Essays, 1980-87. Cambridge, MA, MIT Press, 1991 [ed. bras.: *Modernidade e tradição clássica* – ensaios sobre arquitetura, trad. Christiane Brito, São Paulo, Cosac Naify, 2004].

COMMISSÃO Kerner. *Report of the National Advisory Commission on Civil Disorders*. Washington, Government Printing Office, 1968.

COMMONER, Barry. *Making Peace with the Planet*. Nova York, Pantheon, 1990.

COOKE, Philip. *Localities:* the Changing Face of Urban Britain. Londres, Unwin Hyman, 1989.

COOKSON, Robert. China Bulls Reined in by Fears on Economy. *Financial Times*, 1º jun. 2011.

COOPER, Robert. The New Liberal Imperialism. *Observer*, 7 abr. 2002.

COX, Kevin; MAIR, Andrew. Levels of Abstraction in Locality Studies. *Antipode*, n. 21, 1989, p. 121-32.

CRONON, William. *Changes in the Land:* Indians, Colonists, and the Ecology of New England. Nova York, Hill and Wang, 1983.

_____. *Nature's Metropolis:* Chicago and the Great West. Nova York, Norton, 1991.

CROSBY, Alfred W. *Ecological Imperialism:* the Biological Expansion of Europe, 900-1900. Cambridge, Cambridge University Press, 1986.

DANSETTE, Adrien. *Histoire religieuse de la France contemporaine*. Paris, Presses Universitaires de la France, 1965.

DAUNCEY, Guy. *After the Crash:* the Emergence of the Rainbow Economy. Basingstoke, Green Print, 1988.

DAVIES, H. The Relevance of Development Control. *Town Planning Review*, n. 51, 1980, p. 7-24.

DICKEN, Peter. *Global Shift:* Industrial Change in a Turbulent World. Londres, Sage, 1986.

DICKENS, Peter. *Society and Nature:* Towards a Green Social Theory. Londres, Harvester Wheatsheaf, 1992.

DOBSON, Andrew. *Green Political Thought*. Londres, Unwin Hyman, 1990.

DREYFUS, Robert. *Monsieur Thiers contre l'Empire:* la guerre, la Commune. Paris, Grasset, 1928.

DUNCAN, Simon; SAVAGE, Michael. Space, Scale and Locality. *Antipode*, n. 21, 1989, p. 179-206.

DWORKIN, Dennis; ROMAN, Leslie G. (orgs.). *Views Beyond the Border Country:* Raymond Williams and Cultural Politics. Londres, Routledge, 1993.

EAGLETON, Terry (org.). *Raymond Williams:* Critical Perspectives. Cambridge, Cambridge University Press, 1989.

ECKERSLEY, Robyn. *Environmentalism and Political Theory:* Toward an Ecocentric Approach. Londres, UCL, 1992.

EDWARDS, Stewart. *The Paris Commune*. Chicago, Quadrangle, 1971.

EHRENREICH, Barbara; MUHAMMAD, Dedrick. The Recession's Racial Divide. *The New York Times*, 12 set. 2009.

ELKIN, Stephen L. *City and Regime in the American Republic*. Chicago, University of Chicago Press, 1987.

ELLEN, Roy. *Environment, Subsistence and System:* the Ecology of Small-Scale Social Formations. Cambridge, Cambridge University Press, 1982.

EMMANUEL, Arghiri. *Unequal Exchange*. Londres, New Left Books, 1972.

ENGELS, Friedrich. *The Housing Question*. Nova York, Lawrence and Wishart, 1935 [ed. bras.: *Sobre a questão da moradia*. Trad. Nélio Schneider. São Paulo, Boitempo, 2015].

_____. *The Dialectics of Nature*. Nova York, International Publishers, 1940.

_____. *The Condition of the Working Class in England*. Harmondsworth, Penguin, 1987 [ed. bras.: *A situação da classe trabalhadora na Inglaterra segundo as observações do autor e fontes autênticas*. Trad. B. A. Schumann. São Paulo, Boitempo, 2008].

ENGLISH, John Wesley; CARDIFF, Gray Emerson. *The Coming Real Estate Crash*. New Rochelle, Arlington House, 1979.

ENZENSBERGER, Hans-Magnus. A Critique of Political Ecology. *New Left Review*, n. 84, 1974, p. 3-31.

EXCLUDED Workers Congress. *Unity for Dignity:* Excluded Workers Report, c/o Inter-Alliance Dialogue. Nova York, dez. 2010.

FALK, Richard. *Predatory Globalization:* a Critique. Cambridge, Polity, 2000.

FANON, Frantz. *The Wretched of the Earth*. Harmondsworth, Penguin, 1967 [ed. bras.: *Os condenados da terra*. Trad. Enilce Albergaria Rocha. Juiz de Fora, Editora UFJF, 2006].

FIREY, Walter Irving. *Man, Mind and the Land*. Glencoe, Free Press, 1960.

FISHER, Stephen (org.). *Fighting Back in Appalachia:* Traditions of Resistance and Change. Filadélfia, Temple University Press, 1993.

FLETCHER, Bill; GAPASIN, Fernando. *Solidarity Divided:* the Crisis in Organised Labor and a New Path Toward Social Justice. Berkeley, University of California Press, 2008.

FORTUNE. Edição especial sobre meio ambiente, fev. 1970.

FOUCAULT, Michel. *The Foucault Reader*. RABINOW, Paul (org.). Harmondsworth, Penguin, 1984.

FOULON, Maurice. *Eugène Varlin:* Relieure et Membre de la Commune. Clermont Ferrand, Mont-Louis, 1934.

FOX, Warwick. *Toward a Transpersonal Ecology:* Developing New Foundations for Environmentalism. Boston, SUNY Press, 1990.

FRANK, Andre Gunder. *Capitalism and Underdevelopment in Latin America*. Nova York, Monthly Review Press, 1969.

FRUG, Gerald E. The City as a Legal Concept. *Harvard Law Review*, v. 93, n. 6, 1980. p. 1.059-153.

FUNDO Monetário Internacional e Organização Internacional do Trabalho. *The Challenges of Growth, Employment and Social Cohesion*. Genebra, Organização Internacional do Trabalho, 2010.

FUSS, Diana. *Essentially Speaking:* Feminism, Nature and Difference. Londres, Routledge, 1984.

GAILLARD, Jeanne. *Paris, La Ville, 1852-1870:* L'Urbanisme Parisien à l'Heure d'Haussmann: Des Provinciaux aux Parisiens: La Vocation ou Les Vocations Parisiennes. Paris, H. Champion, 1977.

GERRATANA, Valentino. Marx and Darwin. *New Left Review*, n. 82, 1973, p. 60-82.

GERTLER, Meric. The Limits to Flexibility: Comments on the Post-Fordist Vision of Production and its Geography. *Transactions of the Institute of British Geographers, New Series*, n. 13, 1988, p. 419-32.

GILLS, Barry K. (org.) *Globalisation and the Politics of Resistance*. Nova York, Palgrave, 2000.

GILROY, Paul. *There Ain't No Black in the Union Jack*. Chicago, University of Chicago Press, 1987.

GLACKEN, Clarence. *Traces on the Rhodian Shore*. Berkeley, University of California Press, 1967.

GOETZMANN, William N.; NEWMAN, Frank. Securitisation in the 1920's. *Working Papers*, National Bureau of Economic Research, 2010.

GOLDSMITH, Edward. *The Way:* an Ecological World View. Londres, Rider, 1992.

GONCOURT, Edmonde. *Paris under Siege, 1870-1871*, From the Goncourt Journals. BECKER, George (org.) Ithaca, Cornell University Press, 1969.

GOODIN, Robert. *Green Political Theory*. Cambridge, Polity, 1992.

GOODMAN, Robert. *The Last Entrepreneurs* – America's Regional Wars for Jobs and Dollars. Boston, South End, 1979.

GOSSELINK, James G.; Odum, Eugene P.; Pope, Richard M. *The Value of the Tidal Marsh*. Baton Rouge, Louisiana State University, Center for Wetland Resources, 1974.

GOTTLIEB, Manuel. *Long Swings in Urban Development*. Nova York, National Bureau of Economic Research, 1976.

GOTTLIEB, Robert. *A Life of Its Own:* the Politics and Power of Water. Nova York, Harcourt Brace Jovanovich, 1988.

GOUDIE, Andrew. *The Human Impact on the Natural Environment*. Oxford, Basil Blackwell, 1986.

GOULD, Roger V. *Insurgent Identities:* Class Community and Protest in Paris from 1848 to the Commune. Chicago, University of Chicago Press, 1995.

GOWAN, Peter. *The Global Gamble:* Washington's Bid for Global Dominance. Londres, Verso, 1999 [ed bras.: *A roleta global:* uma aposta faustina de Washington para a dominação do mundo, trad. Regina Bherink, Rio de Janeiro, Record, 2003].

_____; PANITCH, Leo; SHAW, Martin. The State, Globalization and the New Imperialism: a Roundtable Discussion. *Historical Materialism*, n. 9, 2001.

GRANOVETTER, Mark. Economic Action and Social Structure: the Problem of Embeddedness. *American Journal of Sociology*, v. 91, n. 3., 1985, p. 481-510.

GREBLER, Leo; BLANK, David; WINNICK, Louis. *Capital Formation in Residential Real Estate*. Princeton, Princeton University Press, 1956.

GREEN, Howard. Retailing in the New Economic Era. In: STERNLIEB, George; HUGHES, James (orgs.). *America's New Market Geography*. New Brunswick, Rutgers University Press, 1988.

GREGORY, Derek; URRY, John (orgs.). *Social Relations and Spatial Structures*. Londres, Palgrave Macmillan, 1985.

GREIDER, William. The Education of David Stockman. *Atlantic Monthly*, dez. 1981.

GRIGSBY, William et al. *Housing and Poverty*. Filadélfia, Institute for Environmental Studies, University of Pennsylvania, 1971.

GRUNDMANN, Reiner. The Ecological Challenge to Marxism. *New Left Review*, n. 187, 1991, p. 103-20.

_____. *Marxism and Ecology*. Oxford, Oxford University Press, 1991.

GUHA, Ramachandra. *The Unquiet Woods:* Ecological Change and Peasant Resistance in the Himalaya. Berkeley, University of California Press, 1989.

GUILLEMIN, Henri. *Cette curieuse guerre de 70:* Thiers, Trochu, Bazaine. Paris, Gallimard, 1956.

GUNDLE, Stephen. Urban Dreams and Metropolitan Nightmares: Models and Crises of Communist Local Government in Italy. In: SZAJKOWSKI, Bogdan (org.). *Marxist Local Governments in Western Europe and Japan.* Londres, Frances Pinter, 1986, p. 66-95.

GURR, Ted Robert; KING, Desmond. *The State and the City.* Chicago, University of Chicago Press, 1987.

HAILA, Yrjo; LEVINS, Richard. *Humanity and Nature:* Ecology, Science and Society. Londres, Pluto, 1992.

HAJER, Maarten A. The Politics of Environmental Performance Review: Choices in Design. In: LYKKE, Erik (org.). *Achieving Environmental Goals:* the Concept and Practice of Environmental Performance Review. Londres, Belhaven, 1992.

HALL, Stuart. Politics and Letters. In: EAGLETON, Terry (org.) *Raymond Williams:* Critical Perspectives. Cambridge, Cambridge University Press, 1989.

HARAWAY, Donna. *Primate Visions:* Gender, Race and Nature in the World of Modern New York. Nova York, Routledge, 1989.

HARCOURT, Geoffrey. *Some Cambridge Controversies in the Theory of Capital.* Cambridge, Cambridge University Press, 1972.

HARDIN, Garrett. The Tragedy of the Commons. *Science,* n. 162, 1968, p. 1243-8.

HARRISON, Bennett; BLUESTONE, Barry. *The Great U-Turn:* Capital Restructuring and the Polarisation of America. Nova York, Basic, 1988.

HARVEY, David. Population, Resources, and the Ideology of Science. *Economic Geography,* n. 50, 1974, p. 256-77.

_____. The Political Economy of Urbanisation in Advanced Capitalist Countries. In: GAPPERT, Garry; ROSE, Harold (orgs.). *The Social Economy of Cities.* Beverly Hills, Sage, 1975.

_____. *The Limits to Capital.* Oxford, Basil Blackwell, 1982 [ed. bras.: *Os limites do capital.* Trad. Magda Lopes. São Paulo, Boitempo, 2013].

_____. *The Urbanisation of Capital.* Oxford, Basil Blackwell, 1985.

_____. *The Condition of Postmodernity:* an Enquiry into the Origins of Cultural Change. Oxford, Basil Blackwell, 1989 [ed. bras.: *Condição pós-moderna:* uma pesquisa sobre as origens da mudança cultural. Trad. Adail Ubirajara Sobral e Maria Stela Gonçalves. São Paulo, Loyola, 1992].

_____. Between Space and Time: Reflections on the Geographical Imagination. *Annals of the Association of American Geographers,* n. 80, 1990, p. 418-34.

_____. *The New Imperialism.* Oxford, Oxford University Press, 2003 [ed. bras.: *O novo imperialismo.* Trad. Adail Ubirajara Sobral e Maria Stela Gonçalves. São Paulo, Loyola, 2004].

_____. *A Brief History of Neoliberalism.* Oxford, Oxford University Press, 2005 [ed. bras.: *O neoliberalismo:* história e implicações. Trad. Adail Ubirajara Sobral e Maria Stela Gonçalves. São Paulo, Loyola, 2008].

_____. *Paris, Capital of Modernity.* Nova York, Routledge, 2006 [ed. bras.: *Paris, capital da modernidade.* Trad. Magda Lopes e Artur Renzo. São Paulo, Boitempo, 2015].

_____. Assessment: Reshaping Economic Geography. *Development and Change,* n. 40, v. 6, 2009. p. 1.269-77.

_____. *The Enigma of Capital and the Crises of Capitalism*. Londres, Profile, 2010 [ed. bras.: *O enigma do capital e as crises do capitalismo*. Trad. João Alexandre Peschanski. São Paulo, Boitempo, 2011].

_____. History Versus Theory: a Commentary on Marx's Method in Capital. *Historical Materialism*, v. 20, n. 2, 2012. p. 3-38.

HAYTER, Theresa; HARVEY, David (orgs.). *The Factory and the City:* the Story of the Cowley Auto Workers in Oxford. Brighton, Mansell, 1993.

HEGEL, Georg Wilhelm Friedrich. *The Philosophy of Right*, 1967 [ed. bras.: *Princípios da filosofia do direito*. Trad. Orlando Vitorino. São Paulo, Martins Fontes, 1997].

HEIDEGGER, Martin. *Discourse on Thinking*. Nova York, Harper and Row, 1966.

_____. *Poetry, Language, Thought*. Nova York, Harper and Row, 1971.

HEILBRONER, Robert L. *An Inquiry into the Human Prospect*. Nova York, Norton, 1974.

HENDERSON, Jeffrey. Uneven Crises: Institutional Foundations of East Asian Economic Turmoil. *Economy and Society*, n. 28, v. 3, 1999.

HILLE, Kathrin; ANDERLINI, Jamil. China: Mao and the Next Generation. *Financial Times*, 2 jun. 2011.

HOBSON, J. *Imperialism*. Londres, Allen and Unwin, 1938.

HORVATH, Ronald; GIBSON, Kenneth. Abstraction in Marx's Method. *Antipode*, n. 16, 1984, p. 12-25.

INGOLD, Tim. *The Appropriation of Nature:* Essays on Human Ecology and Social Relations. Manchester, Manchester University Press, 1986.

JACKS, Graham Vernon; WHYTE, Robert Orr. *Vanishing Lands*. Nova York, Doubleday, 1939.

JACOBS, Jane. *Cities and the Wealth of Nations*. Nova York, Random House, 1984.

JÄGGI, Max; MÜLLER, Roger; SCHMID, Sil. *Red Bologna*. Londres, Writers & Readers, 1977.

JAMESON, Fredric. Cognitive Mapping. In: NELSON, Cary; GROSSBERG, Lawrence (orgs.). *Marxism and the Interpretation of Culture*. Urbana, University of Illinois Press, 1988.

JELLINEK, Frank. *The Paris Commune of 1871*. Londres, Victor Gollancz, 1937.

JENCKS, Charles. *The Language of Post-Modern Architecture*. Londres, Academy Editions, 1984.

JESSOP, Bob. Accumulation Strategies, State Forms and Hegemonic Projects. *Kapitalistate*, n. 10/11, 1983, p. 89-112.

JOHNSON, Chalmers. *MITI and the Japanese Miracle:* the Growth of Industrial Policy, 1925-75. Stanford, Stanford University Press, 1982.

_____. *Blowback:* the Costs and Consequences of American Empire. Nova York, Henry Holt, 2000.

JOHNSON, Harry G. The Keynesian Revolution and the Monetarist Counter-revolution. *American Economic Review*, v. 16, n. 2, 1971. p. 1-14.

JONQUET, Emile. *Montmartre autrefois et aujourd'hui*. Paris, Dumoulin, 1892.

JUDD, Dennis; READY, Randy. Entrepreneurial Cities and the New Politics of Economic Development. In: PETERSON, George; LEWIS, Carol (orgs.). *Reagan and the Cities*. Washington, Rowman and Littlefield, 1986.

JULIEN, C.-A. et. al. *Les Politiques d'Expansion Impérialiste*. Paris, Presses Universitaires de France, 1949.

KAPP, Karl William. *The Social Costs of Private Enterprise*. Nova York, Schocken, 1950.

KEITH, Michael; PILE, Steve (orgs.). *Place and the Politics of Identity*. Londres, Routledge, 1993.

KERN, Stephen. *The Culture of Time and Space, 1880-1918*. Londres, Harvard University Press, 1983.

KOHN, Margaret. *Radical Space:* Building the House of the People. Ithaca, Cornell University Press, 2003.

KUHN, Thomas. *The Structure of Scientific Revolutions*. Chicago, University of Chicago Press, 1962 [ed. bras.: *A estrutura das revoluções científicas*. 12 ed. Trad. Beatriz Vianna Boeira e Nelson Boeira. São Paulo, Perspectiva, 2013].

KUZNETS, Simon. *Capital in the American Economy:* Its Formation and Financing. Princeton, National Bureau of Economic Research, 1961.

LAVE, Lester B. Congestion and Urban Location. *Papers of the Regional Science Association*, n. 25, 1970, p. 133-52.

LAZARE, Louis. *La France et Paris*. Paris, Bureau de la Bibliothèque Municipale, 1872.

LEAVITT, Jacqueline; BLASI, Gary. The Los Angeles Taxi Workers Alliance. In: MILKMAN, Ruth; BLOOM, Joshua; NARRO, Victor (orgs.). *Working for Justice:* the LA Model of Organising and Advocacy. Ithaca, ILR, 2010.

LEE, Donald C. On the Marxian View of the Relationship Between Man and Nature. *Environmental Ethics*, n. 2, 1980, p. 1-21.

LEE, Keekok. *Social Philosophy and Ecological Scarcity*. Londres, Routledge, 1989.

LEFEBVRE, Henri. *The Survival of Capitalism:* Reproduction of the Relations of Production. Nova York, St. Martin's, 1976.

_____. *The Production of Space*. Oxford, Blackwell, 1991.

_____. *Writings on Cities*. Trad. e ed. E. Kofman e E. Lebas. Oxford, Basil Blackwell, 1996.

LEISS, William. *The Domination of Nature*. Boston, Beacon, 1974.

LEITNER, Helga. *Cities in Pursuit of Economic Growth:* the Local State as Entrepreneur. Minneapolis, University of Minnesota, Department of Geography, 1989.

LÊNIN, Vladímir. *Imperialism:* the Highest Stage of Capitalism. Moscou, Progress, 1963 [ed. bras.: *Imperialismo, estágio superior do capitalismo*. São Paulo, Expressão Popular, 2012].

LEOPOLD, Aldo. *A Sand County Almanac:* and Sketches Here and There. Nova York, Oxford University Press, 1968.

LEPIDIS, Clement; JACOMIN, Emmanuel. *Belleville*. Paris, H. Veyrier, 1975.

LESOURD, Paul. *Montmartre*. Paris, France-Empire, 1973.

LEVINE, Mark. Downtown Redevelopment as an Urban Growth Strategy: a Critical Appraisal of the Baltimore Renaissance. *Journal of Urban Affairs*, v. 9, n. 2, 1987. p. 103-23.

LEWONTIN, Richard. Organism and Environment. In: PLOTKIN, Henry C. (org.) *Learning, Development, and Culture:* Essays in Evolutionary Epistemology. Chichester, Wiley, 1982.

_____; LEVINS, Richard. *The Dialectical Biologist*. Cambridge, MA, Harvard University Press, 1985.

LISSAGARAY, Prosper-Olivier. *Histoire de la Commune*. Paris, Maspero, 1976.

LOGAN, John R.; MOLOTCH, Harvey. *Urban Fortunes:* the Political Economy of Place. Berkeley, University of California Press, 1987.

LOMNITZ-ADLER, Claudio. Concepts for the Study of Regional Culture. *American Ethnologist*, n. 18, 1991, p. 195-214.

LONG, Clarence. *Building Cycles and the Theory of Investment*. Princeton, Princeton University Press, 1940.

LOVEJOY, Arthur Oncken. *The Great Chain of Being:* a Study of the History of an Idea. Cambridge, MA, Harvard University Press, 1964 [ed. bras.: *A grande cadeia do ser:* um estudo da história de uma ideia. Trad. Aldo Fernando Barbieri. São Paulo, Palíndromo, 2005].

LUXEMBURGO, Rosa. *The Accumulation of Capital*. Londres, Routledge, 1968 [ed. bras.: *A acumulação do capital:* estudo sobre a interpretação econômica do imperialismo. Trad. Moniz Bandeira. Rio de Janeiro, Jorge Zahar, 1970].

LYALL, Katherine. A Bicycle Built for Two: Public-Private Partnership in Baltimore. In: FOSLER, Scott; BERGER, Renee (orgs.). *Public-Private Partnership in American Cities*. Lexington, Lexington Books, 1982.

LYOTARD, Jean-François. *The Postmodern Condition*. Manchester, Manchester University Press, 1984 [ed. bras.: *A condição pós-moderna*. Trad. Ricardo Corrêa. Rio de Janeiro, José Olympio, 2004].

MANDEL, Ernest. *Late Capitalism*. Londres, New Left Books, 1975 [ed. bras.: *O capitalismo tardio*. Trad. Carlos Eduardo Silveira Matos, Régis de Castro Andrade e Dinah de Abreu Azevedo. São Paulo, Abril Cultural, 1982. Coleção Os Economistas].

MARKUSEN, Ann. Defense Spending: a Successful Industrial Policy. *International Journal of Urban and Regional Research*, n. 10, 1986, p. 105-22.

MARSH, George Perkins. *Man and Nature:* or, Physical Geography as Modified by Human Action. Cambridge, MA, Harvard University Press, 1965.

MARTIN, Emily. The Egg and the Sperm: How Science Has Constructed a Romance Based on Stereotypical Male-Female Roles. *Signs*, n. 16, 1991, p. 485-501.

_____. The End of the Body?. *American Ethnologist*, n. 19, 1992, p. 121-40.

MARTIN, Peter; COHEN, David. "Socialism 3.0 in China". Disponível em: <the-diplomat.com>, (n. d.).

MARTIN, Ron; ROWTHORN, Bob (orgs.). *The Geography of Deindustrialisation*. Londres, Palgrave Macmillan, 1986.

MARX, Karl. *The Economic and Philosophic Manuscripts of 1844*. Nova York, International Publishers, 1964 [ed. bras.: *Manuscritos econômico-filosóficos*. Trad. Jesus Ranieri. São Paulo, Boitempo, 2004].

_____. *Wages, Price and Profit*. Pequim, Foreign Languages, 1965 [ed. bras.: Salário, preço e lucro. In: GIANNOTTI, José Arthur (org.). *Manuscritos econômico-filosóficos e outros textos escolhidos*. Trad. Elias Chaves. São Paulo, Abril Cultural, 1974. Coleção Os Pensadores. v. 35].

_____. *Theories of Surplus Value*, parte 1. Nova York, International Publishers, 1967.

_____. *Theories of Surplus Value*, parte 2. Nova York, International Publishers, 1968.

_____. *A Contribution to the Critique of Political Economy*. Nova York, International Publishers, 1970.

_____. *Colonialism*. Nova York, International Publishers, 1971.

_____. On the Jewish Question. In: McCLELLAN, David (org.). *Karl Marx:* Early Texts. Oxford, Basil Blackwell, 1971 [ed. bras.: *Sobre a questão judaica*. Trad. Nélio Schneider. São Paulo, Boitempo, 2010].

_____. *Theories of Surplus Value*, parte 3. Nova York, International Publishers, 1972.

_____. *Grundrisse*. Harmondsworth, Penguin, 1973 [ed. bras.: *Grundrisse*. Manuscritos econômicos de 1857-1858: esboços da crítica da economia política. Trad. Mario Duayer e Nélio Schneider. São Paulo, Boitempo, 2015].

_____. *Capital*, v. 1. Londres, New Left Books (Penguin), 1976 [ed. bras.: *O capital:* crítica da economia política. Livro I: *O processo de produção do capital* (1867). Trad. Rubens Enderle. São Paulo, Boitempo, 2011].

_____. *Capital*, v. 2. Londres, New Left Books (Penguin), 1976 [ed. bras.: *O capital:* crítica da economia política. Livro II: *O processo de circulação do capital* (1885). Trad. Rubens Enderle. São Paulo, Boitempo, 2014].

_____. *Capital*, v. 3. Londres, New Left Books (Penguin), 1976 [ed. bras.: *O capital:* crítica da economia política. Livro III: *O processo global da produção capitalista* (1894). Trad. Rubens Enderle. São Paulo, Boitempo, 2017].

_____; ENGELS, Friedrich. *Selected Correspondence*. Moscou, Progress, 1955.

_____. *The German Ideology*. Nova York, International Publishers, 1970 [ed. bras.: *A ideologia alemã*. Trad. Luciano Cavini Martorano, Nélio Schneider e Rubens Enderle. São Paulo, Boitempo, 2007].

_____. *Collected Works*, v. 5. Nova York, International Publishers, 1975.

_____. *The Communist Manifesto*. Londres, Pluto, 2008 [ed. bras.: *Manifesto Comunista* (1848). Trad. Álvaro Pina e Ivana Jinkings. São Paulo, Boitempo, 1998].

MARX, Karl; LÊNIN, Vladímir. *The Civil War in France:* the Paris Commune. Nova York, International Publishers, 1968 [ed. bras.: *A guerra civil na França*. Trad. Rubens Enderle. São Paulo, Boitempo, 2011].

MASSEY, Doreen. The Political Place of Locality Studies. *Environment and Planning A*, n. 23, 1991, p. 267-81.

MAY, Robert. How Many Species Inhabit the Earth?. *Scientific American*, v. 267, n. 4, 1992. p. 18-24.

McCAY, Bonnie; ACHESON, James. *The Question of the Commons:* the Culture and Ecology of Human Resources. Tucson, University of Arizona Press, 1987.

McEVOY, Arthur. Towards an Interactive Theory of Nature and Culture: Ecology, Production and Cognition in the California Fishing Industry. In: Worster, Donald (org.) *The Ends of the Earth*. Cambridge, Cambridge University Press, 1988.

McGANN, Jerome J. *The Romantic Ideology:* Critical Investigation. Chicago, University of Chicago Press, 1983.

McHALE, Brian. *Postmodernist Fiction*. Londres, Routledge, 1987.

McLUHAN, Marshall. *Understanding Media:* the Extensions of Man. Nova York, Signet, 1966.

MEHTA, Uday Singh. *Liberalism and Empire:* a Study in Nineteenth-Century British Liberal Thought. Chicago, University of Chicago Press, 1999.

MERCHANT, Carolyn. *The Death of Nature:* Women, Ecology and the Scientific Revolution. Nova York, Harper and Row, 1980.

MERRIFIELD, Andrew. Place and Space: a Lefebvrian Reconciliation. *Transactions of the Institute of British Geographers, New Series*, n. 18, 1993, p. 516-31.

MÉSZÁROS, István. *Marx's Theory of Alienation*. Londres, Merlin, 1970 [ed. bras.: *A teoria da alienação em Marx*. Trad. Nélio Schneider. São Paulo, Boitempo, 2016].

MITMAN, Gregg. *The State of Nature:* Ecology, Community, and American Social Thought, 1900--1950. Chicago, University of Chicago Press, 1992.

MOLLENKOPF, John Hull. *The Contested City*. Princeton, Princeton University Press, 1983.

MOLOTCH, Harvey. The City as a Growth Machine: the Political Economy of Place. *American Journal of Sociology*, n. 82, 1976, p. 309-32.

MORGENSON, Gretchen; ROSNER, Joshua. *Reckless Endangerment:* How Outsized Ambition, Greed and Corruption Led to Economic Armageddon. Nova York, Times, 2011.

MURRAY, Robin. Pension Funds and Local Authority Investments. *Capital and Class*, n. 230, 1983, p. 89-103.

MUTH, Richard. *Cities and Housing*. Chicago, University of Chicago Press, 1969.

NÆSS, Arne. *Ecology, Community and Lifestyle*. Cambridge, Cambridge University Press, 1989.

NAGEL, Ernest. *The Structure of Science:* Problems in the Logic of Scientific Explanation. Nova York, Hackett, 1961.

NASH, Roderick. *The Rights of Nature:* a History of Environmental Ethics. Madison, University of Wisconsin Press, 1989.

NEGRI, Antonio. *Marx Beyond Marx:* Lessons on the Grundrisse. Londres, Autonomedia, 1991 [ed. bras.: *Marx além de Marx:* ciência da crise e da subversão. Caderno de trabalho sobre os *Grundrisse*. Trad. Bruno Cava. São Paulo, Autonomia Literária, 2016].

NESS, Immanuel; AZZELLINI, Dario (orgs.). *Ours to Master and to Own:* Workers' Councils from the Commune to the Present. Chicago, Haymarket, 2011.

NORBERG-SCHULZ, Christian. *Genius Loci:* Towards a Phenomenology of Architecture. Nova York, Rizzoli, 1980.

NORGAARD, Richard B. Environmental Economics: an Evolutionary Critique and a Plea for Pluralism. *Journal of Environmental Economics and Management*, n. 12, 1985, p. 382-94.

NOYELLE, Thierry; STANBACK, Thomas. *The Economic Transformation of American Cities*. Totowa, Rowman and Allanheld, 1984.

O'CONNOR, James. Capitalism, Nature, Socialism: a Theoretical Introduction. *Capitalism, Nature, Socialism*, n. 1, 1988, p. 11-38.

OLLMAN, Bertell. *Alienation:* Marx's Conception of Man in Capitalist Society. Cambridge, Cambridge University Press, 1971.

_____. Putting Dialectics to Work: the Process of Abstraction in Marx's Method. *Rethinking Marxism*, n. 3, 1990, p. 26-74.

_____. *Dialectical Investigations*. Nova York, Routledge, 1993.

OPHULS, William. *Ecology and the Politics of Scarcity:* a Prologue to a Political Theory of the Steady State. São Francisco, Freeman, 1977.

O'RIORDAN, Tim. *Environmentalism*. Londres, Pion, 1981.

PAEHLKE, Robert. *Environmentalism and the Future of Progressive Politics*. New Haven, CT, Yale University Press, 1989.

PANITCH, Leo. The New Imperial State. *New Left Review*, n. 11, v. 1, 2000.

PARK, Robert E.; BURGESS, Ernest W.; McKENZIE, Roderick D. *The City:* Suggestions for Investigation of Human Behavior in the Urban Environment. Chicago, University of Chicago Press, 1925.

PARSONS, Howard (org.). *Marx and Engels on Ecology*. Westport, Greenwood, 1977.

PEARCE, David William; MARKANDYA, Anil; BARBIER, Edward Burr. *Blueprint for a Green Economy*. Londres, Earthscan, 1989.

PEARSON, Harry. The Economy Has no Surplus. In: POLANYI, Karl; ARENSBERG, Conrad; PEARSON, Harry (orgs.). *Trade and Markets in Early Empires*. Nova York, Henry Regnery Co., 1957.

PERELMAN, Michael. *The Invention of Capitalism:* Classical Political Economy and the Secret History of Primitive Accumulation. Durham, Duke University Press, 2000.

PETERSON, Paul. *City Limits*. Chicago, University of Chicago Press, 1981.

PETRAS, James. A Rose by Any Other Name? The Fragrance of Imperialism. *Journal of Peasant Studies*, n. 29, v. 2, 2002.

_____; VELTMAYER, Henry. *Globalisation Unmasked:* Imperialism in the 21st Century. Londres, Zed Books, 2001.

PINKNEY, David. *Napoleon III and the Rebuilding of Paris*. Princeton, Princeton University Press, 1958.

PRED, Allan. Place as Historically Contingent Process: Structuration and the Time-Geography of Becoming Places. *Annals of the Association of American Geographers*, n. 74, 1984, p. 279-97.

PRICE, Roger. *The Economic Modernisation of France*. Londres, Croom Helm, 1975.

RABAN, Jonathan. *Soft City*. Londres, Picador, 1974.

REDCLIFT, Michael. *Sustainable Development:* Exploring the Contradictions. Londres, Methuen, 1987.

REES, Gareth; LAMBERT, John. *Cities in Crisis:* the Political Economy of Post-War Development in Britain. Londres, Hodder Arnold, 1985.

RELATÓRIO Brundtland. *Our Common Future*. Comissão Mundial sobre Meio Ambiente e Desen-volvimento. Oxford, Oxford University Press, 1987.

RELPH, Edward. Geographical Experiences and Being-in-the-world: the Phenomenological Origins of Geography. In: SEAMON, David; MUGERAUER, Robert (orgs.). *Dwelling, Place and Environment:* Towards a Phenomenology of Person and World. Nova York, Columbia University Press, 1989.

ROCHBERG-HALTON, Eugene. *Meaning and Modernity:* Social Theory in the Pragmatic Attitude. Chicago, University of Chicago Press, 1986.

ROHAULT DE FLEURY, Hubert. *Historique de la Basilique du Sacré-Coeur*. 4 v. Paris, F. Levé, 1903-1909.

ROMAN, Leslie G. On the Ground with Antiracist Pedagogy and Raymond Williams' Unfinished Project to Articulate a Socially Transformative Critical Realism. In: DWORKIN, Dennis; ROMAN, Leslie G. (orgs.). *Views Beyond the Border Country:* Raymond Williams and Cultural Politics. Londres, Routledge, 1993.

ROSE, Hilary; ROSE, Steven. *Science and Society*. Harmondsworth, Penguin, 1969.

ROUGERIE, Jacques. *Procès des Communards*. Paris, Julliard, 1965.

_____. *Paris Libre 1871*. Paris, Seuil, 1971.

ROUSSEAU, Jean-Jacques. *The Social Contract and Discourses*. Londres, Everyman, 1973 [ed. bras.: Discurso sobre a origem e os fundamentos da desigualdade entre os homens. In: *Rousseau*. Trad. Lourdes Santos Machado. São Paulo, Abril Cultural, 1983. Coleção Os Pensadores].

SAGALYN, Lynne. Mortgage Lending in Older Neighborhoods. *Annals of the American Academy of Political and Social Science*, n. 465, jan. 1983, p. 98-108.

SAGOFF, Mark. *The Economy of the Earth:* Philosophy, Law, and the Environment. Cambridge, Cambridge University Press, 1988.

SAID, Edward. Appendix: Media, Margins and Modernity. In: WILLIAMS, Raymond (org.). *The Politics of Modernism*. Londres, Verso, 1989.

SALE, Kirkpatrick. *Dwellers in the Land:* the Bioregional Vision. São Francisco, Sierra Club, 1985.

SASSEN-KOOB, Saskia. *Global Cities*. Princeton, Princeton University Press, 1988.

SAUER, Carl O. The Agency of Man on Earth. In: THOMAS, William L. (org.) *Man's Role in Changing the Face of the Earth*. Chicago, University of Chicago Press, 1956.

SAYER, Andrew. Post-Fordism in Question. *International Journal of Urban and Regional Research*, n. 13, 1989, p. 666-95.

SCHOENBERGER, Erica. From Fordism to Flexible Accumulation: Technology, Competitive Strategies and Location. *Society and Space*, n. 6, 1988, p. 245-62.

SCOTT, Allen. *New Industrial Spaces:* Flexible Production Organisation and Regional Development in North America and Western Europe. Londres, Pion, 1988.

SHILLER, Robert. *Irrational Exuberance*. Princeton, Princeton University Press, 2000.

_____. Housing Bubbles are Few and Far Between. *The New York Times*, 5 fev. 2011.

SIMMEL, Georg. The Metropolis and Mental Life. In: LEVINE, Donald (org.). *On Individuality and Social Form*. Chicago, University of Chicago Press, 1971 [ed. bras.: As grandes cidades e a vida do espírito (1903). Trad. Leopoldo Waizbort. *Mana*, n. 11, v. 2, p. 577-91, 2005].

_____. *The Philosophy of Money*. Londres, Routledge and Kegan Paul, 1978.

SMITH, Michael P. *City, State and Market*. Oxford, Basil Blackwell, 1988.

_____; KELLER, Marlene. Managed Growth and the Politics of Uneven Geographical Development in New Orleans. In: FAINSTEIN, Susan et al. (orgs.). *Regime Strategies, Communal Resistance, and Economic Forces*. Nova York, Longman, 1983.

SMITH, Neil. Dangers of the Empirical Turn. *Antipode*, n. 19, 1987, p. 59-68.

_____. *Uneven Development:* Nature, Capital and the Production of Space. Oxford, Basil Blackwell, 1990.

_____. Geography, Difference and the Politics of Scale. In: DOHERTY, Joe; GRAHAM, Elspeth; MALEK, Mo (orgs.). *Postmodernism and the Social Sciences*. Londres, Macmillan, 1992.

_____; O'KEEFE, Phil. Geography, Marx and the Concept of Nature. *Antipode*, v. 12, n. 2, 1985. p. 30-9.

SNEDEKER, George. Between Humanism and Social Theory: the Cultural Criticism of Raymond Williams. *Rethinking Marxism*, n. 6, 1993, p. 104-13.

SOEDERBERG, Susanne. The New International Financial Architecture: Imposed Leadership and "Emerging Markets". *Socialist Register*, Londres, Merlin, 2002.

SOJA, Edward. *Postmodern Geographies:* the Reassertion of Space in Critical Social Theory. Londres, Verso, 1988 [ed. bras.: *Geografias pós-modernas* – a reafirmação do espaço na teoria social crítica, trad. Vera Ribeiro, Rio de Janeiro, Zahar, 1993].

SPOEHR, Alexander. Cultural differences in the interpretation of natural resources. In: THOMAS, William L. (org.) *Man's Role in Changing the Face of the Earth*. Chicago, University of Chicago Press, 1956.

SPRETNAK, Charlene. The Spiritual Dimension of Green Politics. In: _____; CAPRA, Fritjof. *Green Politics:* the Global Promise. Londres, Paladin, 1985.

_____; CAPRA, Fritjof. *Green Politics:* the Global Promise. Londres, Paladin, 1985.

STANBACK, Thomas. *Cities in Transition:* Changing Job Structures in Atlanta, Denver, Buffalo, Phoenix, Columbus (Ohio), Nashville, Charlotte. Totowa, Allanheld Osmu, 1982.

STEINER, George. *Heidegger*. Londres, Fontana, 1992 [ed. bras.: *As ideias de Heidegger*. São Paulo, Cultrix, 1990].

STERNLIEB, George. *The Tenement Landlord*. New Brunswick, Rutgers University Press, 1966.

STOCKMAN, David. The Bipartisan March to Fiscal Madness. *The New York Times*, 23 abr. 2011.

STOKER, Robert. Baltimore: the Self-Evaluating City. In: STONE, Clarence; SANDERS, Heywood (orgs.). *The Politics of Urban Development.* Lawrence, University Press of Kansas, 1986.

SUGRANYES, Ana; MATHIVET, Charlotte (orgs.). *Cities for All:* Proposals and Experiences towards the Right to the City. Santiago, Habitat International Coalition, 2010.

SWYNGEDOUW, Erik. The Socio-Spatial Implications of Innovations in Industrial Organisation. *Working Paper.* Lille, Johns Hopkins European Centre for Regional Planning and Research, n. 20, 1986.

_____. The Heart of the Place: the Resurrection of Locality in an Age of Hyperspace. *Geografiska Annaler*, n. 71, 1989.

_____. The Mammon Quest: Globalisation, International Competition and the New Monetary Order, the Search for a New Spatial Scale. In: DUNFORD, Mick; KAFKALIS, Grigoris (orgs.). *Cities and Regions in the New Europe.* Londres, John Wiley, 1992.

_____. Territorial Organisation and the Space/Technology Nexus. *Transactions of the Institute of British Geographers*, New Series, n. 17, 1992, p. 417-33.

SZANTON, Peter. *Baltimore 2000.* Baltimore, Morris Goldsecker Foundation, 1986.

TABB, William. *The Long Default:* New York City and the Urban Fiscal Crisis. Nova York, Monthly Review Press, 1982.

TAYLOR, Brandon. *Modernism, Post-Modernism, Realism:* a Critical Perspective for Art. Winchester School of Art Press, 1987.

THOMAS, Brinley. *Migration and Economic Growth:* a Study of Great Britain and the Atlantic Economy. Cambridge, Cambridge University Press, 1973.

THOMAS, Edith. *The Women Incendiaries.* Nova York, George Braziller, 1966.

_____. *Rossel 1844-1871.* Paris, Gallimard, 1967.

THOMAS Jr., William L. (org.) *Man's Role in Changing the Face of the Earth.* Chicago, University of Chicago Press, 1956.

TODES, Daniel P. *Darwin without Malthus:* the Struggle for Existence in Russian Evolutionary Thought. Oxford, Oxford University Press, 1989.

TOFFLER, Alvin. *Future Shock.* Nova York, Random House, 1970 [ed. bras.: *Choque do futuro.* Trad. Marco Aurélio de Moura Matos. Rio de Janeiro, Artenova, 1973].

TRONTI, Mario. The Strategy of Refusal. Turim, Einaudi, 1966. Disponível em: <libcom.org>.

TULLY, John. Green Bans and the BLF: the Labour Movement and Urban Ecology. *International Viewpoint Online*, n. 357, 2004. Disponível em: <internationalviewpoint.org>; acesso em: jan. 2020

TURNER, Graham. *The Credit Crunch:* Housing Bubbles, Globalisation and the Worldwide Economic Crisis. Londres, Pluto, 2008.

URRY, John. *The Tourist Gaze.* Londres, Sage, 1990.

VALDÈS, Nelson P. Health and Revolution in Cuba. *Science and Society*, n. 35, 1971, p. 311-35.

VIRILIO, Paul. *L'Esthétique de la disparition.* Paris, Galilée, 1980 [ed. bras.: *Estética da desaparição.* Trad. Vera Ribeiro. Rio de Janeiro, Contraponto, 2015].

WADE, Robert; VENEROSO, Frank. The Asian Crisis: the High Debt Model Versus the Wall Street-Treasury-IMF Complex. *New Left Review*, n. 228, 1998.

WALTON, John. *Reluctant Rebels:* Comparative Studies on Revolution and Underdevelopment. Nova York, Columbia University Press, 1984.

WEALE, Albert. *The New Politics of Pollution*. Manchester, Manchester University Press, 1992.

WEBBER, Michael; RIGBY, David. *The Golden Age Illusion:* Rethinking Post-War Capitalism. Nova York, Guilford, 1996.

WEISMAN, Jonathan. Reagan Policies Gave Green Light to Red Ink. *Washington Post*, 9 jun. 2004.

WHITE, Eugene N. Lessons from the Great American Real Estate Boom and Bust of the 1920s. *Working Papers*, National Bureau of Economic Research, 2010.

WILLIAMS, Raymond. *Border Country*. Londres, Chatto and Windus, 1960.

_____. The Achievement of Brecht. *Critical Quarterly*, n. 3, 1961, p. 153-62.

_____. *Second Generation*. Londres, Chatto and Windus, 1964.

_____. *The Country and the City*. Londres, Chatto and Windus, 1973 [ed. bras.: *O campo e a cidade:* na história e na literatura. Trad. Paulo Henriques Britto. São Paulo, Companhia das Letras, 2011].

_____. *Marxism and Literature*. Oxford, Oxford University Press, 1977 [ed. bras.: *Marxismo e literatura*. Trad. Waltensir Dutra. Rio de Janeiro, Zahar, 2011].

_____. *The Fight for Manod*. Londres, Chatto and Windus, 1979.

_____. *Problems in Materialism and Culture*. Londres, Verso, 1980.

_____. *Keywords*. Londres, Fontana, 1983 [ed. bras.: *Palavras-chave:* um vocabulário de cultura e sociedade. Trad. Sandra Guardini Vasconcellos. São Paulo, Boitempo, 2007].

_____. *Loyalties*. Londres, Chatto and Windus, 1985.

_____. *People of the Black Mountains:* the Beginning. Londres, Chatto and Windus, 1989 [ed. bras.: *O povo das Montanhas Negras*. Trad. Sergio Flaksman. São Paulo, Companhia das Letras, 1991].

_____. *Resources of Hope:* Culture, Democracy, Socialism. Londres, Verso, 1989 [ed. bras.: *Recursos da esperança*. Trad. Nair Fonseca e João Alexandre Peschanski. São Paulo, Editora Unesp, 2015].

_____. *People of the Black Mountains:* the Eggs of the Eagle. Londres, Chatto and Windus, 1990.

WILLIAMS, William Appleman. *Empire as a Way of Life*. Nova York, Oxford University Press, 1980.

WILSON, Alexander. *The Culture of Nature:* North American Landscape from Disney to the Exxon Valdez. Oxford, Basil Blackwell, 1992.

WORSTER, Donald. *Nature's Economy:* a History of Ecological Ideas. Cambridge, Cambridge University Press, 1985.

_____. *Rivers of Empire:* Water, Aridity and the Growth of the American West. Nova York, Pantheon, 1985.

YOUNG, Iris Marion. *Justice and the Politics of Difference*. Princeton, Princeton University Press, 1990.

YOUNG, Robert. *Darwin's Metaphor:* Nature's Place in Victorian Culture. Cambridge, Cambridge University Press, 1985.

ZELDIN, Theodore. *The Political System of Napoleon III*. Londres, Macmillan, 1958.

_____. *Emile Ollivier and the Liberal Empire of Napoleon III*. Oxford, Clarendon, 1963.

_____. *France, 1848-1945*, v. 1: Ambition, Love and Politics. Oxford, Oxford University Press, 1973.

ZIMMERMAN, Michael. Quantum Theory, Intrinsic Value, and Panentheism. *Environmental Ethics*, n. 10, 1988, p. 3-30.

ZOLA, Émile. *L'Argent*. Paris, Pléiade, 1967.

Créditos das imagens

Figura 4.1 Foto da basílica de Sacré-Coeur.

Figura 4.2 (superior) © Photothèque des Musées de la Ville de Paris/Briant; (inferior) © Photothèque des Musées de la Ville de Paris/Joffre

Figura 4.3 (esquerda) © Photothèque des Musées de la Ville de Paris/Habouzit; (direita) © Photothèque des Musées de la Ville de Paris/Pierrain

Figura 4.5 © Photothèque des Musées de la Ville de Paris/Lifeman

Figura 4.6 © Photothèque des Musées de la Ville de Paris/Joffre

Figura 4.7 © Photothèque des Musées de la Ville de Paris/Joffre

Figura 4.8 © Photothèque des Musées de la Ville de Paris/Joffre

Figura 4.9 © Photothèque des Musées de la Ville de Paris/Degraces

Figura 4.10 © Photothèque des Musées de la Ville de Paris/Joffre

Figura 4.11 © Photothèque des Musées de la Ville de Paris/Degraces

Índice

Publicado em março de 2020, cinco anos após o lançamento brasileiro de *Sobre a questão da moradia*, de Friedrich Engels (também pela Boitempo), livro do século XIX que antecipa discussões sobre concentrações urbanas e sobre como as dinâmicas das cidades capitalistas criam e perpetuam graves problemas de habitação. Composto em Adobe Garamond Pro, corpo 11/13,5, e impresso em papel Avena 80 g/m² pela gráfica Rettec, em março de 2020, para a Boitempo, com tiragem de 4 mil exemplares.